本书的出版获得了国家社会科学基金项目“多语竞争中的中国语言形象建构研究”（批准号：14XYY020，结项证书号：20200891）、广西哲学社会科学规划研究重点项目“广西特色民族语言文化的‘丝路’传播研究”（立项号：20AYY001）、教育部中外语言交流合作中心国际中文教育创新项目“越南本土中文教师培训与资源开发”（立项号：21YH035CX1）、广西学位与研究生教育改革课题“面向东盟区位的汉语国际教育硕士多层级实践能力培养模式研究”（立项号：JGY2021157）和南宁师范大学教育学部教育学一级学科建设经费的资助。

多语竞争中的
中国语言形象建构研究

杨绪明　著

中国社会科学出版社

图书在版编目(CIP)数据

多语竞争中的中国语言形象建构研究/杨绪明著.—北京：中国社会科学出版社，2022.5

ISBN 978-7-5203-9477-2

Ⅰ.①多… Ⅱ.①杨… Ⅲ.①汉语—语言学—研究 Ⅳ.①H1

中国版本图书馆CIP数据核字(2021)第270872号

出版人 赵剑英
责任编辑 田 文
责任校对 杨沙沙
责任印制 王 超

出 版 中国社会科学出版社
社 址 北京鼓楼西大街甲158号
邮 编 100720
网 址 http://www.csspw.cn
发行部 010-84083685
门市部 010-84029450
经 销 新华书店及其他书店

印 刷 北京君升印刷有限公司
装 订 廊坊市广阳区广增装订厂
版 次 2022年5月第1版
印 次 2022年5月第1次印刷

开 本 710×1000 1/16
印 张 25.25
插 页 2
字 数 375千字
定 价 139.00元

序

2015年5月4—5日，第八届全国社会语言学学术研讨会在北京华文学院新校区召开。会议期间，杨绪明博士向我赠送了他的新著《当代汉语新词族研究》（中国社会科学出版社出版）。我多年从事社会语言学研究，关注社会语言生活的发展和变化，也写过关于新词词族的小文章，因此早就读过他的有关论文。见到作者，又收到他的新著，当然非常高兴，跟他进行了长时间的交流。他谈到正在做国家社科基金项目“多语竞争中的中国语言形象建构研究”。我当时具体说了些什么已经不记得了，总的意思是课题很有理论和实践价值之类。这一谈话给我留下了深刻的印象。

2021年5月上旬，忽然收到他的来信，说他的国家社科基金项目最终成果即将由中国社会科学出版社，正在二校中，希望我能写个序。尽管很忙，我还是让他赶快把书稿发来，忙里偷闲，断断续续地读完了全书。

全书分上、中、下三编。上编主要是对中国语言形象相关概念，语言形象建构的理论基础，国家语言形象的构成要素及影响因素，中国语言形象建构的目标、理论与方案，国家语言形象建构的“主体、对象、目标、类型”等；中编主要是对中国语言形象现状及英语、法语的地位与成因进行调查分析，总结了中国语言形象的现有特征与成因，重点分析了英语和法语的世界化传播案例、城市店名和招牌用语形象的案例等；下编主要探讨的是中国语言形象建构实践问题，论述中国语言形象建构的规划、理论和相关策略。

早在2014年，绪明就开始关注国家语言形象研究并强调这一研究的实践意义：可为制定国家发展战略提供理论参考；可统筹并深化孔子学院项目和汉语国际推广工作。这部著作中，作者对国家语言形象问题又有了更深刻的认识。他从语言地位出发，认为国家语言形象是国家形象的组成部分，不仅具有代表性，还具有工具性，它是不可缺少的，并由此作为中国语言形象研究的基础，从特征、影响因素、相关理论、语言与文化的关系以及语言建构的目标、主体、对象与类型等不同方面进行了系统的梳理，对语言的形象感、中国语言形象的现状等开展调查与统计，剖析了中国语言形象的现状成因，明确了其构成要素；分析了新形势下中国语言形象建构的机遇、挑战及策略探讨，尝试通过研究来建构起中国语言形象研究范式。

中国国家语言形象在国际上有不同的表现。有些刻板印象已经深入人心，其中“汉语是世界上最难的语言”就是一例。对此，我曾在不同场合进行呼吁，强调重新认识中文学习的难和易，改变汉语学习中的这种认识或暗示，取得了一些效果，但显然还不够。如何修复这些形象，需要从不同的方面作出努力。正如书中所说，要加强汉语本体研究，认识汉语的特点，明确汉语交际价值、文化价值和政治价值内涵及其实现方式，还要针对语言需求、改变语言态度、提升语言价值，进而综合设计汉语形象，提出有针对性的汉语国际传播策略，并重视书籍的汉—外双向翻译，指导、统合并提升国际民众的汉语认知形象，以走出一条有中国特色的中国语言国际化发展道路。

国际中文教育正在进入一个新的阶段。许多问题摆在我们面前，绪明这本书出版得很是时候，值得从事国际中文教育、传播事业的人阅读，也值得我们语言文字工作者阅读。

郭　熙

2021 年 6 月 18 日

目　录

上编　中国语言形象理念镜源：目标、理论与方案

中编　中国语言形象现状调查：特征、成因及案例

下编 中国语言形象建构实践：规划、理论和策略

上　编

中国语言形象理念镜源：
目标、理论与方案

随着新技术和互联网的飞速发展，人类社会已步入全球化语境时代，语言之间的竞争也越来越激烈。在英语独霸天下的既成现实中，如何独辟蹊径，在保证语言权和语言多样性的前提下，实现中国与世界的有效沟通，进而提升中国语言形象，这既是中国政治家要重点研究的议题，同时也是广大学者特别是中国的语言研究者要特别关注的论题。在当今多语竞争的世界中，在许多场合下，语言及语言所记载的文化业已蜕变成了一种新的世界霸权，如英语，已经成为英美等国霸权的另一种工具，英语等强势语言越来越大地影响着其他语言的生存空间。受此影响，世界各国纷纷把积极向国际社会推广本国语言文化上升为本国重要的国家发展战略之一。伴随着中国经济的快速发展，中国在世界的影响力迅速提升，业已引起了各国人民的赞许。近年来明显出现了世界性的“汉语热潮”，这一现象已备受各国民众的关注，许多人也纷纷参与其中。①

2005年以后，中国的“对外汉语教学”事业在经历了近60年的发展后，全面转向了“汉语国际教育”阶段，特别是2005年世界汉语大会成功召开以后，对外汉语教学的工作重点转向海外，由原来仅重视来华留学教育转向为“重国际”兼顾“国内”。2012年教育部根据时代发展的需求，正式将本科“对外汉语”专业更名为“汉语国际教育”专业，随后伴随着2013年“一带一路”倡议的正式提出和全面实施，“汉语国际教育”事业更是蓬勃地发展起来。细加推敲可知，名称的变化与调整充分反映了我国国家语言意识和语言政策的理智与成熟，也反映出国家对汉语及其形象本身的作用与价值的重视。

李泉、杨志盛（2019）指出：“在当下汉语国际化初始过程中，汉语在各国民众心中是什么样的形象，汉语应该以什么样的姿态走向世界，都值得探讨。……应加强汉语汉字及其教学的形象规划，呈现汉语、汉字的本来面目，确立汉语可教可学乃至易教易学的‘亲民’

---

① 杨绪明、廖扬敏、贾力耘：《全球语境下中国语言形象构建刍议》，《广西师范学院学报》2014年第3期。

形象，……促进汉语的国际化进程。”[①]

从对外的语言视角看，经过半个多世纪的努力与探索，孔子学院项目以及早期的汉语国际教学，已经营造了一个较好的、适应汉语学习、教学和使用的国际舆论环境，为中国既赢得了国际影响力，也增加了亲和力，已日益发展成为“中国形象”塑造的主要助推力量；从对内的语言视角看，基于语言与贫困具有相关性的“费希曼－普尔假说”和胡焕庸线所反映的语言与贫困的关系认知，教育部、国务院扶贫办、国家语委（2018）联合发布的《推普脱贫攻坚行动计划（2018—2020年）》提出了“推普扶贫”的一个“目标定位”、四个“基本原则”和九大“具体措施”，可谓认识到位，举措到位，有望发挥较大作用。[②] 汉语正逐渐成为一种有着巨大推进作用的新的工具和实施手段，在“中国形象”构建和中华民族和平崛起进程中日益凸显出重要的价值。

虽然关于语言文化、国家形象方面的研究成果在国内外已比较丰富，但把二者结合起来的“国家语言形象”这一专题的研究文献至今仍不多见，目前很少有语言学、社会学、教育学、传播学、文化学及语言经济学[③]等综合的“国家语言形象学”研究，因而本书基于调查、英语和法语国际传播案例，从语言学的视角开展了语言形象与国家形象的综合研究，形成独特的“国家语言形象学”研究范式，极好地拓展了国家形象议题的研究空间和研究路径，同时也有利于增强语言学与社会、经济、文化、教育乃至安全等国家发展要件的联系。这正是我们确立国家语言形象课题并开展相关研究的旨趣，希冀通过我们的研究进一步拓展中国形象建构与研究的领域。[④]

---

① 李泉、杨志盛：《完善教学形象规划　提升汉语国际声誉》，《中国社会科学报》2019年4月9日。

② 李宇明：《修筑扶贫脱贫的语言大道》，《语言文字周报》2018年8月1日。

③ 张卫国、刘国辉：《中国语言经济学研究述略》，《语言教学与研究》2012年第6期。

④ 杨绪明、廖扬敏、贾力耘：《全球语境下中国语言形象构建刍议》，《广西师范学院学报》2014年第3期。

第一章　绪论

众所周知，与西方传统哲学不同，集中关注语言问题成了20世纪西方哲学的一个显著特征，这一特征也被称为哲学的“语言学转向”（the Linguistic Turn），即不再像传统哲学那样仅将语言定位于工具，而是把语言作为哲学对自身传统进行反思的基础与起点。“语言学转向”这一术语最早由维也纳学派的古斯塔夫·伯格曼在《逻辑与实在》（*Logic and Reality*，1964）一书中提出，随后因理查德·罗蒂所编《语言学转向——哲学方法论文集》（*The Linguistic Turn：Essays in Philosophical Method*，1967）一书的出版而得到广泛流传和认同。[①] 随后，伊格尔顿在其《二十世纪西方文学理论》中也对“语言的价值”重新进行了确认。“从索绪尔和维特根斯坦直到当代文学理论，20世纪的‘语言学革命’的特征在于承认：意义其实是被语言创造出来的。……我们能够拥有意义和经验仅仅是因为我们拥有一种语言以容纳经验。……想象一种语言就是想象一种完整的社会生活。”[②] 由此可见，无论是从哲学高度，还是从文学视野，现今的语言都获得了人们的极大重视，几近成为各领域研究的中心议题，足可见语言对当代生活的重要性，这也启示我们对其形象进行专门研究是很有价值的。

自2004年全球第一所孔子学院在韩国首尔建立以来，截至2019年12月，据中国汉办官网显示，“全球已有162个国家（地区）设

---

① 百度百科（https：//baike. baidu. com/item/语言学转向/10752903？fr = Aladdin）。

② ［英］伊格尔顿：《二十世纪西方文学理论》，伍晓明译，北京大学出版社2007年版，第76、221页。

立了541所孔子学院和1170个孔子课堂。”① 目前，孔子学院已经覆盖五大洲的众多国家和地区，在传播汉语和中华文化方面发挥着巨大的基地带动作用。

同时，自2013年“一带一路”倡议提出后，沿线国家学习汉语的人数不断增多。教育部统计数据显示：“2017年，‘一带一路’沿线国家来华留学生31.72万人，占总人数的64.85%，增幅达11.58%，高于各国平均增速。”“来华留学规模持续扩大，我国已是亚洲最大留学目的国。”② 单由这些数据就可以看出，汉语在“一带一路”沿线国家相互交流领域中正扮演着越来越重要的角色，“一带一路”倡议已引发了沿线国家及个人对汉语的新需求，这也体现出他们对汉语所彰显的主观认知形象越来越认可，如何继续保持和提升人们对汉语形象的良好主观认知，提升汉语在世界语言领域中的重要角色地位，从而更好地服务“一带一路”建设需求，就显得尤为重要。在此背景下，结合已有研究成果，提出中国语言形象建构研究，拟探讨中国语言形象建构的意义、方法，建构起符合中国发展需求的中国语言形象，并进一步促进中国语言对“一带一路”建设的服务能力，提升汉语的国际地位，藉此扩大中国语言在国际社会的影响力，在国际社会上助推中国国家形象的整体提升。

本章主要界定了中国语言形象研究的目的、意义、思路、方法以及研究的范围。

第一节　主要研究目的

飞速发展的现代信息技术，使得人类进行跨时空的交际成为现实，时间和空间对人们交际方面的限制也越来越小，人类社会已逐渐

---

① 《孔子学院介绍》，汉办官网（http：//www. hanban. org/confucious institutes/node_ 10961. htm）。

② 《规模持续扩大　生源结构不断优化　吸引力不断增强　来华留学工作向高层次高质量发展》，中国政府网（http：//www. gov. cn/xinwen/2018 -03/31/content_ 5278813. htm）。

进入全球化语境时代。信息化加速了语言传播的国际化，世界各主要语种之间的竞争也日益激烈。由此，世界有较大影响力的国家也都十分重视本国官方语言与文化的国际传播工作，因此，我国也较早地意识到了语言国际传播的重要性。

随着我国经济实力和综合国力的不断提高，以及“一带一路”倡议的深入推进，中国的发展正不断地激发着沿线国家丰富多样的语言需求，其中持续升温的“汉语热”已表明汉语在世界语言中的重要性日益凸显，正逐渐受到世界各国人民的青睐，汉语已经成为当前继英语之后最为活跃的外语语种之一，汉语形象正日益彰显，加强中国语言形象的建设及其相关研究业已成为一个新的重要课题。为此我们要通过专门的研究，明确目的、有计划地进行中国语言形象的建构。

一 调查汉语形象现状，分析当前形象形成原因

知己知彼，百战不殆。中国语言形象研究必须明确语言形象建构的起点和基础，明确现实差距和理想目标。因此要通过调查、访谈和比较，弄清汉语在当今世界语言比较中的基本形象状况，基于网络问卷统计，获得汉语形象研究的基本数据，全面分析当前汉语形象形成的可能原因和主要动因。尝试比较不同语种的当前语言形象的差异及其原因，进而总结分析语言形象的构成要素、影响原因和成功的建构策略，为中国语言形象的建构提供参考。

二 借鉴英、德、法语经验，探寻中国语言形象建构策略

主要通过文献法、调查法和个案分析法，反思英语、德语和法语的国际传播现状、经验与存在的问题，在比较分析的基础上借鉴其成功经验，避免其失误。梳理汉语国际传播的历程、现状，分析其面对的机遇和挑战，扬长避短，探索汉语国际传播的适切路径与方式。

文献考察可见，英语的世界传播并奠定当前的强势地位，经历了大约 600 年的发展历程。在 1300 年时，英语还仅限于英格兰地区使用，还不是“上等人”的语言，至于现代英语的形成，已是约 200 年后的 1500 年以后的事了。但英语真正作为国际性语言的是 19 世纪以

后的事情。目前英语的国际性地位主要源于英国早期的世界影响、二战以后美国大国地位的确立、英语语言本身的生命力，英美文化中鼓励创新、能容忍“异己”等的价值观体系，英美媒体强大的市场化倾向、先进科技和时尚潮流的英语话语表达的强势等多种因素形成的合力。[①] 张建萍（2008）[②]、吴坚（2013）[③] 分别介绍了德国语言推广的历史、主要推广机构、推广方式，认为德语推广依托于德国文化和经济实力，在政府积极引导和财政支持下，以民间中介机构为主要实施单位，使得德语推广意识深入人心，成为整个社会的行为；张丽芬、孔德明（2010）探讨了德国“对语言多样性的维护和促进”，从而在英语称霸的形势下维护德语，谋求发展的语言政策[④]；王志强、王爱珊（2014）指出“德语促进”“通过形式多样、内容广泛的德语对外传播项目，……在传播德语的同时，也为德国带来可观的经济效益和社会效益”[⑤]。

基于英语、法语和德语的国际传播案例，结合汉语国际教育现状，全面考察汉语的历史贡献、现实处境和传播历程，思考中国的语言形象与中国政治形象、经济形象、文化形象等之间的关系，以找出中国语言形象落后的原因，探寻对其进行有效建构的规划策略与形象提升路径（法语国际传播案例见第五章第二节）。

三 验证语言形象与国家形象相关性，拓展研究范式

作为符号系统，语言是人们认识世界和改造世界的工具，其本身独具的符号性和工具性，决定了它既是塑造和传播“国家形象”的

---

① 郭可：《国际传播中的英语强势及影响》，《现代传播》2002 年第 6 期。

② 张建萍、李岩：《德国》，张西平、柳若梅：《世界主要国家语言推广政策概览》，外语教学与研究出版社 2008 年版，第 156—196 页。

③ 吴坚：《全球化下国家语言推广战略、政策、模式与中国的借鉴》，科学出版社 2013 年版，第 92—111 页。

④ 张丽芬、孔德明：《由德国语言政策看提高汉语价值观的重要性》，殷桐生：《德意志文化研究（第 6 辑）》，外语教学与研究出版社 2010 年版，第 157—162 页。

⑤ 王志强、王爱珊：《德国对外文化政策视角下德语对外传播及其实践》，《德国研究》2014 年第 4 期。

重要媒介，又是“国家形象”的独特观念表征，兼具了“形象的载体”和“形象的来源”的双重性质，语言对“国家形象”的解读、保持与构建都具有重要的作用。目前在国际交往中，语言的工具性弱化了它的意识形态性，语言因此而能以“和平的方式”来构建和提升“国家形象”。藉此国家形象的系统性与语言的工具性在人们的认知中自然就建立起了关联。因而“国家语言形象”的构建和提升就成为构建并提升国家整体形象的“动力源”和“新手段”。

中国语言形象是在借鉴其他学科理论和方法的基础上构建而成，作为国家形象的分支系统，语言形象研究是国家形象研究的重要组成部分，窥一斑而见全豹，语言形象研究本身也能为国家形象研究提供一种新范式，即基于语言学的视角，综合研究国家形象与语言形象，这样既能为研究国家形象拓展出一片更为广阔的研究空间，同时也能提升语言学的研究境界，增强语言学与其他人文社会科学的联系。

四 探寻语言兴衰与国力强弱的关联互动规律

British Council（2001）曾指出：“一种语言的成功或失败与语言的内在特性并无多大关联，而与使用这种语言的人的力量有很大关系。”① 英语的情况正是这样，18—19 世纪大英帝国凭借工业革命逐步影响世界各个角落。英语也随其士兵、商人的足迹而流传至世界各地，开始迈向“全球性语言”目标。英语很快就被广泛地使用于殖民地，甚至是非英语国家的外交谈判等场合也主要使用英语。目前英语的国际性地位还得益于二战后美国崛起的影响。② 当然，美式英语与英式英语在世界流行的原因稍有不同：不是依靠政治与军事，美式英语走向全世界主要依托的是流行文化和媒体市场的力量，而且其广度和深度都是前所未有的。20 世纪末，经济全球化发展与政治多元

① British Council, “A World Empire by Other Means: The Triumph of English”, *Christmas special of The Economist*, 2001 (12): 63.

② Stevenson R. L. *Global Communication in the 21st Century*, Longman Publishing Group, New York: Longman, 1994: 88.

化也亟须一种“国际性”通用语言，这样英语就成了首选目标。[①]

通过对世界各国语言形象状况的对比研究，主要是借鉴英语、德语的传播经验，反思其失误与不足，能厘清语言与传播、国家语言形象与国际传播的深层次关系，厘清国家语言形象研究的成就与不足，分析其原因，在国家语言形象的国际传播中，充分运用语言与传播之间的相互关系，促成国家语言形象与国际传播之间的良性循环，探寻语言兴衰与国力强弱间的关联互动规律。

五 形成国家语言形象研究理论体系

通过文献研究，明确当前国家形象、国家语言形象和国际传播的国内外研究现状，界定国家语言形象概念并梳理国家语言形象的构成要素及其作用，确立国家语言形象研究的界域。结合现有的关于中国国家形象的定位、时代特征、国际形势以及汉语自身的特点等，对中国语言形象进行当代定位。借鉴议程设置理论，探讨中国语言形象的国际传播与提升途径。同时，运用韦纳的归因理论，探寻国外人士对于汉语产生“难记、难读、难认、难学”等刻板印象的深层次原因，并借鉴班尼特的形象修复理论，为中国语言形象的修复提出相对应的策略，重塑中国语言形象。最后，对中国国家语言形象塑造的一系列问题进行系统思考，重组提炼形成理论成果，撰写《多语竞争中的中国语言形象状况报告》和《中国语言形象研究》专著。

六 基于汉语形象，凝练新的国家品牌和特色标签

“品牌作为质量、性能、服务和企业文化的综合体现，已成为当今市场竞争的主要方式。……创立、培育与发展知名品牌，已成为企业、政府乃至国家的长期发展战略。”[②] 2017 年 5 月，“中国品牌日”获国务院批复设立，至此“发挥品牌引领作用”理念正式上升为国家发展战略。在全球竞争格局正发生重大变化、中国经济进入创新驱

① 郭可：《国际传播中的英语强势及影响》，《现代传播》2002 年第 6 期。

② 范二平：《品牌价值提升策略探讨》，《企业经济》2013 年第 1 期。

动新时代以及消费升级的今天，提升中国品牌的国际竞争力是中国品牌走向世界的重要途径。国家品牌内在地蕴含了产品的概念，既包括公共产品如“一带一路”倡议，也包括文化产品和经济产品等。①

众所周知，语言既是作为个体的身份标签，也可以是作为群体的民族象征，同时，在很多场合中，作为载体并代表着国家文化传统的语言都已然成为了该国的一种国家品牌。因此，中国语言形象也可看成是中国的国家品牌。建构中国语言形象，就是要把汉语为代表的中华民族语言作为中国的国家品牌和特色标签，基于品牌构建和传播理论对之进行审视和重构。总之，中国语言形象品牌化，有利于汉语以全新的姿态展现给世界人民，能使汉语在国际社会获得更为广泛的情感认同和良好印象，增强汉语的国际影响力，推动汉语国际教育事业的发展，进一步提升我国的国家软实力。同时，中国语言形象品牌化，也可修复他人对中国国家整体形象的不利看法，在汉语形象提升的同时能帮助中国在世界各国之间的国家形象竞争中凸显特色和优势，进而助推提升中国的整体国家形象。

第二节 研究意义

语言本身独具的符号性和工具性，使得以汉语为代表的中华民族语言的整体形象得到最大的展现和功效验证。汉语既是中国形象建构的一种潜在“软实力”，也是一种新的可作为资源开发的高能“硬实力”。“形象的确具有惊人的生命力，一旦产生就会长时间地影响人们的思维。”② 建构中国语言形象，对汉语本体而言，有利于将其潜在的软实力和资源硬实力相结合，既能丰富语言本体范式研究，也有利于提升国家语言竞争实力；对个人而言，有利于提升个人在国际交往中的语言自信，从而更好地提高个人语言能力；对国家而言，更是

---

① 段淳林：《从工具理性到价值理性：中国品牌精神文化价值提升战略研究》，《南京社会科学》2018 年第 9 期。

② 姚斌：《拳民形象在美国：义和团运动的跨国影响》，世界知识出版社 2010 年版，序 2。

提升中国整体形象的“和平新手段”和“持久动力源”。因此，对多语竞争中的中国语言形象建构问题进行专门研究，将具有重要的理论意义和实践意义。

一 理论意义

国家语言形象是国家形象的子系统之一，是一个新兴的社会语言学命题。开展中国语言形象建构研究，可丰富国家语言形象研究以及国家形象研究的理论体系。同时也可拓宽政治学、经济学、语言学及传播学等的研究领域，使得以语言学为节点的多门学科理论能够得到进一步交叉和融合，将形成更为完善的语言形象理论体系。

1. 提出并界定国家语言形象概念，通过网络调查、访谈、文献整理等方式对国家语言形象的现状、作用、构成要素、规划策略及构建路径等内容进行系统研究，初步形成了国家语言形象的建构策略和相关理论，既可为提升国家整体形象寻找出和平的实现方式和持久的动力源泉，还能拓展和深化国家形象研究的理论。

2. 较系统地研究国家语言形象命题，包括语言形象规划、语言形象建构主体、现代化语言形象、语言传播媒介形象等，形成国家语言形象研究体系。并基于中国语言形象建构实践，进一步提出了语言形象服务策略，既是对中国语言形象建构理论的进一步完善，同时也进一步丰富了汉语国际传播理论体系，能为服务“一带一路”建设提供一定程度的理论参考。

3. 中国语言形象研究范式是一种新的理论尝试，它以动态的视角来构建中国语言形象，一方面拓宽了汉语国际教育的研究领域，为国家形象的建构研究提供了一个全新的视角和路径；另一方面也丰富了有关汉语国际教育的理论体系。通过研究探寻合意的中国语言形象的生成机制，即运用“国家语言形象质疑链”来描述国家语言形象的产生、改进和演进规律，并通过相应的模型使人们对国家语言形象的认知更为直观。

4. 语言学研究视角和多学科交叉研究方法。国内已有的相关研究中，学者们大多从政治、经济、军事等方面探讨国家形象的建构，而很少从语言视角着手探讨国家形象问题。国家语言形象作为一个新的研究命题，目前可参照和直接借鉴的文献还比较少，必然会涉及多个学科的理论和方法，对国家语言形象进行系统研究，不仅能拓展国家形象研究视角和研究领域，也能加强语言学与其他学科间的联系，还有利于为语言本体研究打开新的研究思路。

二 实践意义

作为中华民族和平崛起梦想的一种新的实践手段，汉语的价值越来越得以凸显，汉语形象已经成为中国国家形象构建的重要组成部分。具体说来，构建中国语言形象不仅有利于推动汉语国际教育工作向深度和广度发展，扩大汉语在国际社会的影响力，同时也是塑造良好中国国家形象的重要工具。

1. 能将汉语国际教育（即早期的“对外汉语”“汉语国际推广”）纳入国家语言形象研究的范畴，在总结早期汉语国际推广实践和近期孔子学院项目推进过程中所获经验和不足的基础上，确定汉语国际教育是提升我国国家语言形象的重要路径之一，进行相关研究能为汉语国际教育探寻更为直接的指导理论。

2. 中国语言形象建构策略的提出既可以统筹汉语国际教育与汉语国际传播工作，提高汉语国际传播的精准度及传播效率，有利于为“一带一路”建设提供精准的语言服务，提高语言服务效率及水平，增加语言经济效益，增强汉语的世界流通度；又可以减少语言和文化模棱两可式的盲目输出，通过语言交流节约中国对外交流成本，助推中国国家形象的整体提升，发掘中国语言形象本身所具有的不可替代的工具价值和情感认同价值。

3. 中国语言形象建构，对内可促进国家认同、民族认同、社会认同以及经济建设和扶贫攻坚等多项任务。通过中国语言形象的研究与建构实践，可让国内民众意识到中国语言的形象问题，注意到语言形象的价值，进而也可让全体社会成员明确语言建设目标、形成语言核心，提升自身的语言能力。通过这一研究，可引导国内民众形成统一认识：语言既是国家认同、社会认同的主要工具，也是推动经济快速发展的重要条件，同时还有助于完成扶贫攻坚任务，促进社会的和谐。学者研究发现语言与贫困联系密切，曾有“费希曼 - 普尔假说”。费希曼（Fishman，1966）观察到，凡是较为富裕的国家，语言都较为统一，即具有“同质性”；而较为贫穷的国家，语言具有较强的多样性，即具有“异质性”。普尔（Pool，1972）研究发现，“一个语言极度繁杂的国家，总是不发达的或半发达的；而一个高度发达的国家，总是具有高度的语言统一性。……语言经济学曾有研究显示，语言能力常常决定着就业机会和收入水平”。①

4. 中国语言形象建构有利于促进中—外跨文化之间的和谐交流。跨文化交际至少可分为跨种族交际、跨民族交际、同一主流文化内不同群体之间的交际和国际性的跨文化交际等四种。个体的年龄、性别、受教育状况、生活方式、社会经历、政治经济状况以及民族性格等共同构成了文化背景。由于现实中的个体存在各种各样的差异性，文化背景也会有差异性，但是差异只是程度上的，不是本质上的，差异是可以学习、理解、适应的，因此，任何人际间的交流都是可能的。语言与文化的关系密切，语言是人类交际的基本工具、是人类表达对客观世界认识的载体，语言是可译的，思想是可交流的，文化是可通过语言及其作品、实践活动体验等方式来学习的。不过在跨文化交际过程中，我们不仅要自知，也要知人，并且还要注意寻觅知音。自知就是要明白自身的地位和形象，中国文化包括中国语言，不仅支撑了中华民族，也是世界文化和语言的重要组成部分，具有世界意义；知人就是要清楚别人眼中的中国文化和中国语言的实际地位和形象，文化和语言的传播不能满足于“刷存在感”，要有对象感和大众意识，要有的放矢；“寻觅知音”提醒我们铭记，中国文化和汉语传播要分对象、分层次，遵循文化和语言的传播规律。“我们不仅要对本民族文化根基抱有信心，也要积极影响世界。作为具有世界影响的负责任大国，中国有必要在自知和自信的基础上将和而不同、天人合一、美美与共等普遍价值，精彩纷呈、独具魅力的中国文化样式传播

① 李宇明：《修筑扶贫脱贫的语言大道》，《语言文字周报》2018 年 8 月 1 日。

给全世界全人类，让世界了解中国、接受中国、欢迎中国，也让更多民族和国家受益于中国文化的影响。"① 只有语言与文化统筹，才能确定中国语言形象建构的方向，抓好汉语国际教育实践，才能奠定中国语言形象构建的基础。这样就可以在借鉴前人有关中国语言和文化的大量研究成果基础上，帮助民众逐步形成中国语言形象的较为稳定的一般印象。

5. 开展中国语言形象的国际传播策略与提升途径研究，有利于修复国外有关汉语的刻板印象，促进汉语更为广泛地传播，进一步提升中国的国际地位。长期以来，西方媒体占据着国际舆论的主导权和话语权，导致了国际社会对于中国国家形象乃至中国语言形象的偏见与误读，如"中国威胁论""汉语威胁论"等等。加上国外人士长期以来对于汉语产生的"难记、难读、难认、难学"的刻板印象，也阻碍了中国良好语言形象的建构。中国要发展，就要在国际事务中掌握更多的话语权，建构良好的国家语言形象并进行有效的国际传播。

第三节 研究方法

一 文献研究法

要实现前述的六个研究目的，就要尽可能全面地收集相关文献资料，以期对相关理论、语言形象及其研究的源流与发展阶段等有一个全面、正确的了解和掌握，这就需要采用文献研究法。目前文献研究法已被广泛运用于各种学科的研究之中。

本课题主要通过图书资源和网络资源等，尽可能收集、整理和分析国内外相关文献资料，重点收集国家形象、语言形象、国际传播、形象构建等方面的文献资料，在此基础上，力争全面地分析相关文献资料，总结已有的国家形象、语言政策与规划、语言比较研究和文化研究等成果，了解国家形象的内涵、特点、作用、构成要素、塑造方法，尝试界定国家语言形象的含义、构成要素、作用、建构的意义，

① 任平：《"三知"：中国文化影响世界的三个支点》，《人民日报》2017年7月21日。

探寻语言与文化的相互关系、总结汉语国际教育进程中的经验与教训等，为中国语言形象建构提供理论基础和实践支撑，通过相关文献的爬梳，为建构国家语言形象策略提供理论参考。通过了解中国语言规划、战略、资源等方面的研究，为中国语言形象研究策略提供方法启示。通过对中国面临的“一带一路”语言服务现状、问题、原因及对策方面的研究，探寻“一带一路”语言服务中的中国语言形象的相关理论基础及策略。

二 案例研究法

案例研究法也称个案研究法，是一种选取某一对象加以调查分析，弄清其特点及其形成过程以期获得普遍认知或揭示一般规律的研究方法。本课题依托的典型案例主要有以下三个：

1. 英语（法语/德语）传播案例。通过选取当前世界上使用范围最广的语言——英语为个案，分析总结英语国际传播的路径与历史经验，同时借鉴德语、法语相关推广经验，分析我国汉语国际传播实践中存在的不足，从而促进中国语言形象的国际传播与提升。

2. 汉语国际推广案例。选取早期的汉语国际推广（后期孔子学院项目）为代表的汉语国际教育实践为个案，分析当代中国的语言形象现状及成因。

3. 店名用语/招牌用语的案例研究。通过具体的案例即以商品名称所使用的语言——店名用语/招牌用语为例，分析商品名称语言组成的类型及特点，以及对不同商品名称显现的语言形象进行对比分析，探讨语言形象建构的重要性。

我们通过对三个案例的剖析，汲取相关教训、总结成功经验，进一步明确当代中国的语言形象发展方向，系统规划中国语言形象建构策略体系。

三 调查研究法

在科学研究中，调查法是有计划、有目的、较系统地搜集与研究对象相关的现实情况、历史面貌的一种常用方法。一般会综合采用观察法、历史法，采取问卷、个案研究、测验或谈话等方式，通过考察和了解研究对象的客观情况，直接获取有关材料，并对这些材料进行整理，发现规律性的知识。科学抽样是调查法的一个基本步骤，一般会通过对所抽取的样本进行问卷调查或访谈，了解并整理分析调查对象的相关资讯。此法能在较短的时间里获得大量资料。问卷调查是调查法最常用的方式，一般会以书面或网站链接的形式提出一定量问题来搜集相关资料，然后对相关资料进行统计、归纳和分析研究。

本课题主要使用了网络问卷和实地走访调查两种调查方式。

网站问卷调查法依托专业化的“乐调查”网站，这样可以不受时间、空间以及语种的限制，尽可能做到全面、客观、大量地收集和处理数据。实地调查也称社会调查、田野调查，我们主要通过对南宁市某一商业区内商品名称语言使用情况进行社会走访调查，收集相关商品名称进行分析，基于国内语言生活的实例为提出合理的中国语言形象建构策略提供相关实证资料。

四 比较研究法

比较研究法就是将人与人、物与物或事件与事件进行比较，以研究、判断它们之间的相似性或相异程度的一种方法。对事物进行比较研究，就是要选取合适的比较标准，通过考察两个或多个相关的事物，对之找同别异，以期寻求有规律性的信息。分类的标准不同，可把比较研究分为不同的类型。按目标分别，有求异和求同差异；按属性多少，有综合比较与单项比较两种；按性质区分，有定性与定量两类；按时空方向的不同，可分为横向比较与纵向比较；按范围大小，有微观和宏观之别。其中，从时间纵向的角度，基于历史资料，对过去事件进行较系统地研究的一种方法是历史研究法。它是比较研究法的一种常用方式，也叫作纵向研究法。

作为一个新被发现的命题，语言形象研究可以直接借鉴的经验与可供参照的文献都比较少，因而本课题通过对汉语的国际传播历程进行纵向梳理和分析，同时将汉语的国际传播和英语、法语、德语等国际影响较大语种的国际传播进行横向对比，借鉴英语、法语、德语在国际传播进程中的成功经验，规避其失误，从而发现汉语在国际传播中的不足并加以改进，全面考察国家的语言形象与国家的政治形象、军事形象、经济形象、文化形象等“国家形象子系统”间的关系，同时借鉴经济学、社会学、文化学、心理学、传播学、语言学、符号学等学科的理论和研究方法，从多学科交叉的视角来分析合意的中国语言形象的生成机制，探讨汉语国际教育的新路径，促进中国语言形象的国际传播，以期最终能构建出国际社会认可的中国语言形象。

五　模型研究法

物理实验上常常采用模型研究法，这是一种通过设计或构拟一个与研究对象近似的直观、可操作的模型来揭示研究对象的形态、特征和本质的方法。模型法常常基于相似性，构拟一个或多个实体物质模型或外化的思想模型，并以之来间接地分析相关的研究对象。通常情况下，模型研究法要以研究对象（原型）的主要特征为参照，然后通过创设一个相似的模型来进行间接研究，以期探寻研究对象（原型）的性质或规律。由于语言形象本身是一种认知印象，比较抽象，所以需要借助一定的思维模型来分析。我们依据汉语的主要特点以及形象构建者与接受者双方主体间的情感因素，构建了一个具有自转属性的多面体形象模型，动态的“国家语言形象质疑链”① 即是这一模型的运转法则，通过模型研究方法梳理语言形象生成过程中的质疑点和影响因素，以之对语言形象的形成过程进行模态研究，最终指向合意的中国语言形象这一目标，可以使中国语言形象更加直观，更方便理解和传播。

六　推断统计法

推断统计（Inferential Statistics）是研究如何利用样本数据来推断

① 陈艳彬：《中国语言形象的构成及其影响因素》，硕士学位论文，广西师范学院，2016 年。

总体特征的统计方法。比如，要了解一个地区的人口特征，不可能对每个人的特征一一进行测量，另如对产品的质量进行检验，往往是破坏性的，也不可能对每个产品进行测量。这就需要抽取部分个体即选择合适的样本进行测量，然后根据获得的样本数据对所研究对象的总体特征进行推断，这就是推断统计要解决的问题。中国语言形象的现状及建构后的实效，涉及太多的人群，不可能对每一个个体都进行调查走访，只能通过抽样进行问卷调查，然后根据统计数据进行推断，获得中国语言形象的总体特征，进一步构拟中国语言形象的规划策略及提升路径。

总之，要从语言符号学的研究视角出发，综合运用定性考察、定量分析、历史比较、逻辑推断等研究方法，才能全面地揭示出中国语言形象的全貌。

第四节 研究思路与范围

一 研究思路

首先，通过文献研究法、调查研究法等收集国内外关于国家形象研究与语言研究的成果，寻找“语言研究”与“国家形象研究”的结合点，明确“国家语言形象”的内涵，分析并整理其构成要素，探寻其对“国家形象”建构方面的独特作用。

其次，通过案例法、比较法等研究方法对世界各国的语言形象进行对比研究，厘清国家语言形象研究的现状与不足，分析其形成原因，寻找语言兴衰与国力强弱间的关联互动规律。

再次，通过调查研究法、推断统计法等方法，结合汉语国际教育现状，全面考察中国的语言形象与中国的政治形象、经济形象、军事形象等各个“中国国家形象”的子系统之间互动共生关系，明确中国语言形象目前状态不佳的诱因，在此基础上提出“中国语言形象”的规划策略，为其确定合适的发展路径。

最后，综合运用比较法、模型研究法等方法，对中国国家语言形象塑造问题进行系统思考，形成理论成果，撰写《多语竞争中的中国语言形象状况报告》和《多语竞争中的中国语言形象研究》专题研究著作。

二 研究范围

作为构成“国家形象”的一个十分重要的分支系统，语言形象很值得研究。当然，要进行此课题研究，必然要先关注其上位概念——国家形象的相关研究。国家形象是国际社会的广大民众对某个国家的一种整体感知印象，具有相对稳定性、总体评价性和主观认知性特征。

与早期凭借军事扩张、经济拉拢、政治渗透、文化感化等传统方式不同，当今时代国家形象的塑造，一般采取话语博弈的方式在社会交往的许多方面悄悄地展开，因而在当今世界，各国在谋取合意国家形象时都格外重视本国代表语言在其中所起的重要作用。

那么在多语种共存的竞争激烈的国际环境中，不同的语言作为符号本身在国际民众心中，自然会有着“优—劣”“高—低”“强—弱”或“美—丑”等不同的形象，必然会形成某种语言的“国际形象”，如果该种语言是某国的代表语言，那么这一语言的形象即为该国的“国家语言形象”。由此定义可知，本课题所界定的“国家语言形象”，其塑造主体有广义和狭义之分，广义主体包括产生该语言认知的本国民众和其他国家的民众。受认知主体影响，某国的语言形象一般都是全球化语境中的形象，这就必然涉及多语种传播历史和现状的比较。

语言不仅是一种符号，同时也是一个民族的身份标志，有时也是一个国家区别于别国的一种重要标志，具有象征意义。“米歇尔·福柯有一句经典名言：话语即权力。就国家形象而言，谁掌握了国家形象的话语制造权，谁就掌握了国际权力斗争的制高点。”① 因而在国际竞争环境下，语言对国家形象的建构具有重要意义。国家语言形象是国家形象的子系统，对此，有必要对国家语言形象进行建构，提高

① 董青岭：《国家形象与国际交往刍议》，《国际政治研究》2006 年第 3 期。

国家语言的国际地位，从而进一步提高国家的竞争力，因此，国家语言形象建构必然会涉及政治学领域。

目前许多国家都有多种语言，那么在全球化语境下的多语言国家，其国家语言形象是某一主体民族的语言（代表语言）的形象还是该国多种语言综合在一起的有机形象？杨绪明等（2014）认为“中国语言形象是指国际社会中形成的以汉语普通话为代表的中华民族语言的整体形象”[①]。从中国语言形象的定义可以看出，中国语言形象应是一个跨学科范畴，既属于语言学领域，因为语言形象建构离不开语言本体，即汉语语音、语法、词汇等，是语言学范围内的概念，同时，它又涉及政治学、社会学和传播学等多个学科领域，具有一定的交叉性、实用性和功利性。随着“一带一路”倡议的快速推进，“一带一路”沿线国家学习汉语人数不断增加，促进了汉语国际教育的发展，同时也促进了语言产业的快速发展，对语言的需求也进一步增加，这对中国语言形象建构提供了历史机遇。

因此，我们的研究范围大致涵盖以下十个方面：

（1）语言形象的相关概念界定与比较研究；

（2）语言形象建构所依据的理论来源研究；

（3）中国语言形象的现实状况调查；

（4）中国语言形象的各类构成因素及其影响因素研究；

（5）国家语言形象建构的主体、对象、目标、类型研究；

（6）中国语言形象本体特征研究；

（7）语言形象的国际定位研究；

（8）语言兴衰与国力强弱间的关联互动规律研究；

（9）国家语言形象的建构策略与提升途径研究；

（10）中国语言形象建构的理论体系研究等。

---

① 杨绪明、廖扬敏、贾力耘：《全球语境下中国语言形象构建刍议》，《广西师范学院学报》2014 年第 3 期。

第五节 中国语言形象及相关概念

要构建合意的中国语言形象，必然要研究以下几个方面问题：语言是什么？什么是语言形象？语言形象和国家形象是什么关系？国家形象是国家语言形象的上位概念，有关国家形象内涵的界定及其构成要素的分析等会对国家语言形象研究提供基础性借鉴意义。构建中国语言形象的一个重要目的是更好地助推汉语国际教育工作，因此要重点关注汉语国际教育的策略问题。同时，诸如语言战略、语言规划、语言能力、语言资源等相关的学科范畴问题也是中国语言形象建构必须关注的重要议题。

一 语言与符号

“什么是语言？”这是一个早就受到广大学者关注的问题。爱德华·萨丕尔（Edward Sapir，1921：7）认为：“语言是‘人类所特有的、非本能的、借助一系列自然产生的符号来表达思想、情感及需求的手段’。”① 该观点指出了语言的作用，从人类运用语言的角度阐释语言是人类不可或缺的一种工具，其作用是不可替代的。

“语言是一个符号系统”，语言是人同其他动物相区别的极为重要的一个本质特征。“语言是以语音为物质外壳、以词汇为建筑材料、以语法为结构规律而构成的体系。”② 目前这一认识已为学界普遍接受。

那么，什么是符号？显然这是一个更为基本的问题。“符号是一种记号、标记”［见《现代汉语词典》（第5版）第421页］，符号是人类社会约定用来表征某种事物的一种独特标记，如交通标志牌和信号灯、电报代码、旗语等。它的作用是传递信息，通过可感知的物质

---

① Sapir，E.，*Language：an Introduction to the Study of Speech*，New York：Harcourt Brace，1921. 转引自［英］苏·赖特《语言政策与语言规划——从民族主义到全球化》，陈新仁译，商务印书馆2012年版，第4、7页。

② 王力：《王力语言学词典》，山东教育出版社1995年版，第658—659页。

形式来表达内容。确定符号的标准有两个：标记和约定性。比如冒烟是有火的标记，但烟却不是火的符号。只有当人们通过约定，把烽火作为有敌情的标记时，“烽烟”才成为一种符号。① 任何符号都包括能记［表现成分，也称“能指”（significant）］和所记［被表现成分，也称“所指”（signified）］两个方面。能记是能为人们以某种方式（如视觉和听觉）感知到的外在形式，所记是符号形式所表示的意义或内容。能记和所记是互相依存、不可分割的统一体，正如纸的正面和反面一样。能记和所记既无相似之处，又无相关之点，它们联系在一起只不过是一种约定关系。② 符号有两种：一是视觉符号，如红绿灯；二是听觉符号，如古代打仗时的鼓声（表示进军）、锣声（表示收兵）等。每种符号都能表示一个完整的意思。赵毅衡（2013）在其符号学研究论文中曾有相关定义：“符号是被认为携带意义的感知。……符号的用途是表达意义。……没有意义可以不用符号表达，也没有不表达意义的符号”③。

符号有很多种。至于语言与符号的关系，从内部结构看，语言是音义结合的符号系统。语言的符号性表现在词的符号性质上，语言中的词本质上也是一种符号。词是用一定的声音表示一定的意义（即代表一定的事物或概念）的语言符号，都有“所指”和“能指”。词的“能指”指的词的语音，而词的“所指”指的是所代表的概念或者事物，词的“所指”就是词所包含的意义。由此可见，语言中的“词”具备了符号的基本特点，所以我们说语言也是一种符号。④ 目前大家基本都赞同“语言是一个符号系统”，有时也混称为“语言符号”。

二 映像、映象、印象、印像与形象

（一）“映像”与“映象”（yìng xiàng）

作为物理学术语，“映像”是指由光线的物理反射作用产生影像。

① 颜迈：《现代汉语复式教程》，高等教育出版社 2009 年版，第 1 页。
② 胡裕树：《现代汉语（重订本）》，上海教育出版社 2011 年版，第 1 页。
③ 赵毅衡：《重新定义符号与符号学》，《国际新闻界》2013 年第 6 期。
④ 颜迈：《现代汉语复式教程》，高等教育出版社 2009 年版，第 1 页。

映像具有实体，有参照物，与参照物伴随发生。例如：投影幕布上的每一幅映像都是我们工作的结晶；作为一个现象学术语，映像（Abbildung）通常意义上一般被译为“反映”，意指人类意识对客观现实存在的反映。

“映象”是与“映像”有区别的不同概念。“映象”是一个较为抽象的心理学、社会学名词，意指抽象事物的情状在另一方面或者层面的体现。例如杨丽萍老师领衔演出的大型歌舞“云南映象”，就是云南文化（大概念）用舞蹈形式（小层面）演绎及体现出来的。

可见，映像就是物体产生的影子，是视觉上的；映象就是人的大脑产生的记忆，记忆的内容（包括图片、影像）可能是具体的，但映象本身却是抽象的。

（二）印象（yìn xiàng）

印象，名词，客观事物在人的头脑里留下的迹象，如“深刻的印象/他给我的印象很好。”［见《现代汉语词典》（第5版）第1630页］根据心理学理论，印象指认知主体（具体的人）认知客体事物时在头脑中所产生的形象。

“印象（yìn xiàng）”与“映象（yìng xiàng）”都是抽象名词，都与人的心理有关，是指认知主体头脑中有关客体的认知形象。除了语音上鼻音的差异外，“映象（yìng xiàng）”在抽象程度上稍逊于“印象（yìn xiàng）”，但二者整体差异不大，很多时候可混用。

（三）印像（yìn xiàng）

“印像（yìn xiàng）”指形体映在水或镜等中的影子，与物理学的“映像（yìng xiàng）”，二者的差异表现在语音上，前鼻音与后鼻音不同。同时，此词在意义上也接近“影像（yǐng xiàng）”。因此多用于物理、计算机等专业领域，注重客观描摹，几乎不涉及认知主体的主观意识和评价。

（四）形象

什么是形象？一般认为，它是一个心理学概念，是感觉与知觉的综合再现，是指人们通过各种感觉器官在大脑中形成的关于某种事物的整体印象和综合评价。据此，我们可先看看词典的定义。

《现代汉语词典（第5版）》第1526页中的词条“形象”主要有三个义项，其中两个为名词、一个为形容词，义项一为“指能引起人的思想或感情活动的具体形状或姿态”。《韦氏大百科辞典》（Wesbster´s Encyclopedic Unabridged Dictionary，1994）中 image 也有三个最基本的含义，三个义项都是名词，其义项三为“大脑的反映、观念或概念”。其中《韦氏大百科辞典》image 的第三个义项和《现代汉语词典（第5版）》“形象”一词第一个义项接近。《朗文当代英文词典》中的释义也为“指人脑海中对某人、某事形成的图像”①。

综合来看，本书所论“形象”指能引起人的思想或感情活动的具体形状或姿态，是指“客观具体事物在主体认知过程中所形成感觉印象的基础之上，通过认识主体大脑的认知、反映而折射出的客观事物的映像”②（杨绪明等，2014）。由定义可见，形象是以认知为存在前提的，形象是认知主体和认知客体互动的结果。“纵观古今中外，历史上至少已经出现过四种形象理论：《周易》的形象论试图揭示的是天人关系；文艺领域的形象论试图揭示的是艺术与人的关系；心理学领域的形象论试图揭示的是表象与心理的关系；公共关系领域的形象论则试图揭示社会组织与公众的关系”③（杨绪明等，2014）。前文已经论述，符号是一种客体，客体一旦被主体感知就会产生形象。语言是一种符号系统，因此当某种语言在进入人们的认知视野后，就会是一个特定的认知对象，成为客体的存在物，相对于认知主体而言，不同的语言也必然存在着不同的认知形象了。

张岱年、方克立（2004）对《周易》中的“形象”进行了描述，指出《周易》一书依托形象符号阐发事物的抽象意义，“崇尚一种观

① 朗文出版有限公司：《朗文当代英文词典》，外语教学与研究出版社2004年版。

② 杨绪明、廖扬敏、贾力耘：《全球语境下中国语言形象构建刍议》，《广西师范学院学报》2014年第3期。

③ 杨绪明、廖扬敏、贾力耘：《全球语境下中国语言形象构建刍议》，《广西师范学院学报》2014年第3期。

物取象、立像尽意的思维方式”[①]。

“在天成象，在地成形”，这就是所谓“形象”，形象指的就是客观的物象和事象。“形”即轮廓、状态，因“象”而定“形”；“象”即造型，“象”借“形”得以显现。“象”与“形”互生。[②]

映象、印象与形象，都能表达认知主体的一种认知状态，在某些场合是可以互通的概念，都可指“客观事物在人的头脑里留下的迹象”，但在主客体关系中，“映象、印象”两词中的主体较为凸显，如常说“我对他/这件事有印象”“他/这件事给我留下很深的印象”；而“形象”一词与“映象、印象”相比，其客体的凸显度要高一些，如常说“要注意自己的形象”“他试图给我/大家留下一个好形象”。因而在具体的语言使用实践中，客体事物产生的“形象”，处于主语位置的占比要高一些；基于客体事物所形成的“映象”或“印象”，多处于宾语的位置或主体的属格位置。

三 语言形象

世界上至今仍活跃着的语言有几千种，许多人一生只熟悉甚或可能仅听说过其中的一种或几种。然而仅就一个人所知的这些语言来说，不同的语言在其认知中的地位也是有差异的。一般来说，对于同一个主体，有的语言会使其感到亲切、高雅、有用、流行、强大，或是产生值得重视和学习的欲望等；有的语言会让其感觉一般、普通、中性、可有可无，或处于虽然经常使用却不被重视的境况等；而有的语言，无论掌握与否，都可能被认为是霸道的、侵略性的，卑俗的、低贱的或是不受欢迎甚至是遭到厌恶和痛恨的，因而不同的语言在人们的心目中会产生出或正面、或中性、或负面等不同的认知形象。若从群体上或是更大的层面上看，有的语言能在国际上获得“好的、正面的、合意的形象”，有的语言却不能给国际民众留下“好的、正面

---

① 张岱年、方克立：《中国文化概论（修订版）》，北京师范大学出版社 2004 年版，第 258 页。

② 张像鄂：《论俄语成语汉译中的“用形象译形象”原则及其应用》，《湖北大学学报》2003 年第 3 期。

的、合意的形象”。为什么会出现这种情况呢？这一问题启示了我们：语言作为一个认知对象，其本身是具有形象性特征的，语言及其感知后产生的形象，就是语言形象。简单定义，语言形象就是语言作为客体存在物在人们的感知或记忆中所呈现出的某种主观映象。

虽然刘自匪（2002）曾提出了“语言形象”的概念，但其将之界定为“通过语言创造的形象被称为语言形象。……言语的形象性是指语言的形象表达功能……而语言的形象性严格地讲是指作为符号工具的语言自身的具象性，二者虽然都与形象有关，但相互之间却没有直接的联系”①。

刘自匪（2002）也曾区分了“语言的形象性”和“言语的形象性”两个概念，并从语言本体出发，指出了中国汉字具有独特的形象意义。“语言作为一种物质存在，它是以语音和字形（有文字以后）为基本的物质载体和外壳的，这就决定了语言本身是有形的、具象的。”② 刘氏的以上论述为我们的中国语言形象概念研究提供了语言本体研究和语用研究等方面的参考。但汉语作为一种独特的客观存在物，涵括了由汉语词汇形象、汉语语音形象、汉字形象、汉语语法形象等各个“子形象”统合而成的“整体形象”，同时也包括其所负载的中华文化形象等内容，所以，中国语言形象既存在于国内民众心目之中，也存在于国际民众脑海之中，当然也与中国的国家形象胶合在一起。

根据时代特征和传播媒介的不同，语言形象又可分为传统语言形象和现代语言形象，以及语言本体形象和语言媒介形象等不同的分支。

（一）传统语言形象

传统语言形象又可称为“语言的传统形象”，是指在语言传播历程中，一国语言通过经贸、外交、军事扩张、文化辐射等手段向国内外受众所传递的形象。早期社会由于互联网尚未出现，语言仅能凭借

① 刘自匪：《语言形象的生成与实现》，《北方论丛》2002 年第 3 期。
② 刘自匪：《语言形象的生成与实现》，《北方论丛》2002 年第 3 期。

典籍、书信、报刊、文化展演、外交使节和商品等介质向国内外受众传播，因而受到时效性和途径的局限，遂形成了节奏舒缓、质地厚重、感官刺激较单一、回味浓烈久远等具有传统社会特点的语言认知形象。

（二）现代语言形象

现代语言形象又可称为“语言的现代化形象”，是指包含现代思想并将现代技术与当代语言相结合而形成的具有现代化信息特点的语言认知新形象。即在“互联网 +”“大数据”背景下，将计算机技术与“语言”相结合，通过动态语言资源库、数字化语言建设等举措构建的创造性、动态化、数字化、高效率的现代语言形象。

（三）语言本体形象

语言本体形象指语言作为一种物质存在，依托其有形的、具象的语音和字形（有文字以后）以及书、报、网等载体而产生的形象，语言的音形特征被认知主体直接感知后，主体就会对语言符号本身形成或是听觉的、或是视觉的、或是二者混合化的感知形象。语言本体形象是一种基于语言符号本身的符号认知表征。

（四）语言衍生形象：语言媒介形象

语言媒介形象指语言在不同媒介传播下基于媒介自身所彰显的整体认知形象。该种认知形象主要建立在媒介传播语言的过程中所体现的特点与作用上。媒介不同，其彰显的整体语言形象有别，语言传播的效果也就不同。建立良好的语言媒介形象有利于提升语言传播的效率，从而加快推进语言形象的建构。

四 国家形象

较早提出“国家形象”概念的是布丁（Boulding，1959），他认为，“国家形象是一个国家对自己的认知以及国际体系中其他行为体对它的认知的结合”[①]。

---

① Boulding, K. E.,“National Images and International Systems”, *The Journal of Conflict Resolution*, 1959（2）：120－131.

国内学者对此概念内涵的界定，可谓见仁见智。较早的文献有："国家形象是一个国家在国际新闻流动中所形成的形象。"① 很显然，这一界定是从国际传播视角看待和阐释国家形象的，范围还是较小。随后管文虎等（1999）提出"国家形象是一个综合体，它是国家的外部公众和内部公众对国家本身、国家行为、国家的各项活动及其成果所给予的总的评价和认定。国家形象具有极大的影响力、凝聚力，是一个国家整体实力的体现"②。这一观点得到了许多学者的认可，目前的引用率较高，比较通行。孙有中认同管文虎等区分"内部公众"与"外部公众"的主张，他认为"国家形象是一国内部公众和外部公众对该国政治、经济、社会、文化与地理等方面状况的认识与评价，可分为国内形象与国际形象，……它在某种程度上是可以被塑造的"③。孙氏的界定较为详细，并提出了该概念应包含文化要素的内涵，还进一步提出了国家形象塑造理念，这为后续学者进行国家形象建构研究奠定了基础。随后李寿源提出"国家形象是一个主权国家和民族，在世界舞台上所展示的形状相貌以及国际环境中的舆论反映"④。

关于"国家形象"的内涵、特征、构成要素以及其研究现状等，刘艳房、张骥（2008）⑤，陈世阳（2009）⑥ 等早期曾有相关综述。李溢（2009）基于哲学解释学和心理学的相关理论，指出"人们对一个事物的印象、评价、想象一般是由事实、传播和公众评价三大要素构成的"⑦。由此可推出，国家形象也应该是由该国的经济、政治、文化、语言等的现实状况、该国的国际地位、媒介的传播水平以及国内外公众所固有的价值观等共同决定的。

---

① 徐小鸽：《国际新闻传播中的国家形象问题》，《新闻与传播研究》1996 年第 2 期。

② 管文虎：《国家形象论》，电子科技大学出版社 1999 年版，第 23 页。

③ 孙有中：《国家形象的内涵及其功能》，《国际论坛》2002 年第 3 期。

④ 李寿源：《国际关系与中国外交：大众传播的独特风景线》，北京广播学院出版社 1999 年版。

⑤ 刘艳房、张骥：《国家形象及中国国家形象战略研究综述》，《探索》2008 年第 2 期。

⑥ 陈世阳：《"国家形象战略"研究综述》，《南京政治学院学报》2009 年第 4 期。

⑦ 李溢：《对"国家形象论"引入文艺批评后的理论思考》，《文艺争鸣》2009 年第 5 期。

综合各类文献可知，关于国家形象的内涵，国内目前引用较多的是管文虎的论述。众所周知，与石油、天然气、各种矿藏等有形的战略资源不一样，国家形象已经被看作是“一种无形的战略资源”，成为了一个新的激烈的竞争焦点。国家形象系统包含着国家的经济形象、政治形象、外交形象、科教形象、军事形象、文化形象、语言形象等多个子系统，这些分支系统又各自包含着不同的构成因素，有些还可分成更小的小系统，这就是国家形象的系统性。因而只有对各个分支系统展开全面的、综合的研究，才能实现合意的国家形象的塑造。目前国家经济形象、国家政治形象等分支形象系统已经出现了颇丰硕的研究成果，但专门研究“国家语言形象”的成果还不多。

当然，已有文献中的这些关于“形象”的论见，作为参照和原型，催生了“国家语言形象”理念的产生，启示我们应重点研究受众对于语言符号的情感认知状况，因为国家语言形象是语言符号的再造符号（杨绪明等，2014）[①]。

五 国家语言形象

“国家形象是国际民众对一个国家相对稳定的总体评价，是一种非物质性的观念表征系统。”[②]（杨绪明等，2014）良好的国家形象已成为各国竞相争夺的又一个目标，与经济、军事等不同，这一次的竞争多是采取话语博弈的形式展开，主要争夺的是国家形象塑造的主导权，可见语言对于国家形象塑造的重要价值。在全球化竞争语境下，各种语言在国际民众心中也就具有了不同的形象，这就是本书研究“国家语言形象”的意义所在。

客观地讲，多语言国家一般会拥有多种语言形象，那么，多语言国家的语言形象是采用某种代表语言的形象，还是综合了多种

① 杨绪明、廖扬敏、贾力耘：《全球语境下中国语言形象构建刍议》，《广西师范学院学报》2014 年第 3 期。

② 杨绪明、廖扬敏、贾力耘：《全球语境下中国语言形象构建刍议》，《广西师范学院学报》2014 年第 3 期。

语言的形象？这“多种语言的形象”各自又会在该国语言形象中分别占多大比例？因此国家语言形象应指语言国际比较中某国语言在不同主体的认知过程中所彰显的主观认知形象，是国家形象和国家精神的符号载体。①

由于认知主体和认知时空的差异，国家语言形象又可分为不同的类型，如本国语言形象和他国语言形象、静态语言形象和动态语言形象等。

（一）本国语言形象

本国语言形象是指认知主体在语言使用过程中所形成的有关本国语言的主观认知形象。本国语言形象是认知主体基于本国文化的长期熏陶，以本国代表性语言的语音、词汇、语法以及文字作为形象感知的对象，经过整合而塑造出的具有民族认同、身份认同、文化认同和国家认同等多方面价值的国家语言形象。由于认知主体长期受到本民族语言文化的浸染和熏陶，再加上亲情、友情、生活习惯和心理适应惯性的影响，认知主体一般都会对本国语言有着根深蒂固的情感认同，所以本国语言形象往往具有极强的稳固性、内涵丰富性，常常还带有情感夸张性。

（二）他国语言形象

他国语言形象也可称为“他国语言映像”，是认知主体在语言使用过程中所形成的对别国语言的主观认知形象。由于语言是文化的重要组成部分，跨语言和跨文化理解受到政治、经济、文化、宗教、个人受教育程度等多种因素影响，因而认知主体所形成的“他国语言形象”通常情况下都会带有片面性，常会以偏概全——或夸大、或贬损。例如受意识形态、价值观念等因素影响，他国的认知主体，一般不会像中国的认知主体那样，带着深厚的情感去认同汉语，他们的汉语形象与中国人的汉语形象经常会有很大差异，有时会偏离甚至明显贬低中国的真实语言形象。比较明显

① 杨绪明、廖扬敏、贾力耘：《全球语境下中国语言形象构建刍议》，《广西师范学院学报》2014 年第 3 期。

的情况如，因近代中国的落后，汉语的形象一直偏向负面；而当今，在存在较大意识形态差异和竞争压力等情况下，外国认知主体对汉语所形成的“他国语言映像”，多数是不真实的，常常还是扭曲的中国语言映像。

（三）静态语言形象

这是指基于语言本身的特点，认识主体在语言使用过程中所形成的有关某国语言的相对稳定的主观认知评价。静态语言形象是在较长时段内，或是基于共同文化、或是基于文化偏见、或是基于认知惰性、或是基于盲从心理、或是基于主流媒体的宣传等因素，对某国语言所产生的相对稳定的知觉形象。静态语言形象既可以是对本国语言的，也可是对外国语言的，即“他国语言形象”。由于认知主体长期受到某种文化暗示、舆论宣传、教育、同伴观点或语言学习经验的影响，会对某种语言形成一个概念化的映像，这也符合心理学中知觉恒常性特征和“质—量”转化互变规律。因而某种语言形象一旦形成就容易固化，一定时期内处于相对静态之中，所以静态语言形象往往具有稳固性和刻板化特征。

（四）动态语言形象

根据认知心理学的观点，主体的认知会受到社会、经济、政治、认知主体成长经验等等多种因素影响，其中的任何一个因素的变化都可能引发主体认知的改变，这些因素的差异和变化也都会或直接或间接地影响到语言形象的变化；同样，语言形象的形成也遵循一般认知规律，是一个从无到有的建构过程。而静态语言形象就是语言形象形成过程中的一个个关节点，在两个节点之间，或是从“主体对某一语言的开始认知到主体完全认知该语言”这一时间段中，语言的形象是处于不断变动着的状态之中的，这就是动态语言形象。它是结合国家形象的定位、当前的国际形势等情况，在静态语言形象的基础上，赋予该国语言一些时代特征，使之更符合国情、舆情，符合世界潮流和趋势的发展。

六 中国语言形象

自古以来，中国就是一个多民族多语言的国家，汉语长期都很稳定地处于官方语言的地位，因此，“中国语言形象是指国际社会中形成的以汉语普通话为代表的中华民族语言的整体形象”。它在实现富国梦、强国梦的“中国梦”中将具有不可替代的工具价值和情感认同价值。[①] 根据认知时空、认知主体、包含语种的多少与反映的内容等方面的差异，中国国家语言形象又可分为不同的类型，如中国静态语言形象和中国动态语言形象，广义中国语言形象和狭义中国语言形象等。

（一）中国静态语言形象

根据认知主体的可能差异，又可将之分为中国人的“中国静态语言形象”和外国人的“中国静态语言形象”两类。

“中国人的中国静态语言形象”是指中国籍认知主体对中国语言的感知评价，它是中华文化背景之下主体语言——汉语的代表性形象，同时综合方言和各少数民族语言及其文献，在主体认知机制的有机整合下而构建出的具有中华文化认同、民族认同、国家认同、身份认同和价值认同特征的中国语言形象。

“外国人的中国静态语言形象”指中国籍之外的认知主体对中国语言的感知评价，作为一种相对稳定的知觉形象，外国人的中国静态语言形象一般是受到某种舆论宣传、文化暗示、同伴观点、教育或汉语学习经验等因素的影响而形成的一个概念化的映像，这种映像的形成动因多是语言的工具价值、经济价值、文化价值或是某些特殊目的，因而这种映像一般不具有身份认同、民族认同或文化认同等价值。虽然静态语言形象往往具有稳固性和刻板化特征，但“外国人的中国静态语言形象”在稳定性上一般不如“中国人的中国静态语言形象”。

---

① 杨绪明、廖扬敏、贾力耘：《全球语境下中国语言形象构建刍议》，《广西师范学院学报》2014 年第 3 期。

（二）中国动态语言形象

因语言形象有静态和动态之分，同样“中国语言形象”也有静态和动态之分。受到认知主体影响，中国动态语言形象相对也就可分为“中国人的中国动态语言形象”和“外国人的中国动态语言形象”两类。

上文已有论述，“本国语言形象往往具有极强的稳固性、内涵丰富性，甚至是情感夸张性”，因而，“中国人的中国语言形象”变化性特征不明显，可能的变化轨迹一般为：由形象感不明显到明显、由对之无意识到拥有较浓的满意度和自豪感，相反的情况很少。简单说，“中国人的中国动态语言形象”指中国籍的认知主体在受到社会、政治、经济、文化、宗教、教育及成长经验等因素影响下，对以汉语为代表的中国语言进行认知所产生的由形象感不明显到明显、由对之无意识到拥有较浓的满意度和自豪感的变化过程，这一变动中的形象就是“中国人的中国动态语言形象”。

“外国人的中国动态语言形象”指非中国籍的认知主体在对中国语言的感知过程中，在经受社会、政治、经济、文化、宗教、教育及成长经验等因素变化的影响下，“对已有中国语言形象进行调整改变的结果”，具有较强的动态性，是由多元因素通过不同主体的交互认知、围绕“国家语言形象质疑链”① 整合形成的，如果中外主体能对中国语言达成一致认知，则可构建起合意的中国语言形象；反之，则会形成“错位国家语言形象”而归入“他国语言映像”之中。当然，这种错位、扭曲的“中国语言形象”对中国的国家形象建构常常会产生负面的影响，需要适时进行相应的“修复”。

（三）广义中国语言形象

根据包含语种的多少和认知反映的内容差异，中国语言形象有广义和狭义之分，广义中国语言形象指“国际社会中形成的以汉语普通

---

① 陈艳彬：《中国语言形象的构成及其影响因素》，硕士学位论文，广西师范学院，2016 年。

话为代表的中华民族语言的整体形象”①。广义中国语言形象的受众主要为国际民众，认知反映的内容全面，包含中国的多种语言。

（四）狭义中国语言形象

狭义的中国语言形象指国内社会生活各个领域中语言使用所显现的汉语形象，也称“领域语言形象”，是广义中国语言形象的重要组成部分。其受众不仅包括国内人民，也包括国际友人。中国社会各个领域语言使用不仅包括普通话，还包括方言、民族语言、外语等，在如此复杂的语言环境下，狭义的“中国语言形象”专指汉语普通话的形象。中国语言形象建构需要对中国语言生活的各个领域进行汉语使用形象建构，并在此基础上建构国家语言形象。“普通话推广的‘四大重点领域’：学校、党政机关、广播影视媒体和公共服务行业。”② 从这个角度看，领域语言形象指的是建立在四大重点领域基础上汉语使用所显现的语言形象。不同的领域使用的语言不尽相同，因此显现的语言形象也有所不同，语言使用是否准确得体，会影响该领域行业的整体形象。

七 国家语言形象质疑链

这一概念最早由陈艳彬在本人指导下于2016年提出，所谓“国家语言形象质疑链”，是国家语言形象在建构过程中，建构主体对某种语言所产生的“感知—理解—质疑—修正”的链条式动态形象建构过程，这一过程是可循环的、螺旋式上升的，其重点在于“质疑”，“质疑”正是国家语言形象建构的动力系统。具体过程可模型化为：中国语言形象“主动构建方”质疑“形象接受方”眼中的“他国语言映像”歪曲中国语言形象，同时接受方也质疑构建方夸大了中国语言形象，需要经历一个“现有形象（静态语言形象）→质疑→新形象＝‘现有形象’（‘新形象’经过一定时段就会固化成‘现有形象’）→质疑→新形象＝固化成‘现有形象’→质疑”的不断交互改

① 杨绪明、廖扬敏、贾力耘：《全球语境下中国语言形象构建刍议》，《广西师范学院学报》2014年第3期。

② 李宇明：《领域语言规划试论》，《华中师范大学学报》2013年第3期。

进提升过程，这个以“质疑”为驱动力交互过程就是语言形象“质疑链”。

由上面的展示可见，“国家语言形象质疑链”既包含着静态的语言形象，也孕育着动态的语言形象，两者在“质疑链”中互为存在，相互作用，一旦达到企稳状态，某一特定国家的整体语言形象就能得以生成。在这一过程中若仍存在有“质疑”而不能够被消解掉的情景，那么就会形成“错位的语言形象”，当然，刚好形成的“错位形象”就是“现有形象”（也是“他国语言映像”），因为不是“主动构建方”的理想形象，因而需要继续建构，直到构建双方达成一致为止。“‘国家语言形象质疑链’是合意的中国语言形象的生成机制，是一个可循环推进的认知系统。”[①]“质疑”能为国家语言形象的建构提供改进和革新的动力。

① 陈艳彬：《中国语言形象的构成及其影响因素》，硕士学位论文，广西师范学院，2016 年。

第二章　中国语言形象的理论基础与理念源流

第一节　中国语言形象建构的理论基础

语言，是人类社会所独有的交际工具和生活景象。而语言学，是以人类语言为研究对象的学科。它的研究范围包括语言的本质、结构、发展规律及其应用以及其他与语言相关的问题。[①] 索绪尔最早提出了“言语”和“语言”概念，指出语言是概括的、抽象的，言语是可感知的、具体的。建构语言形象必须要有一定的语言理论指导，当然还需要认知理论、社会学理论、传播理论等，这样才能实现中国语言形象的建构、传播、修复、提升等目标。

一　认知理论

“20 世纪 60 年代，认知心理学兴起。其理论基础是皮亚杰（Piaget, J.）的发生认识论。皮亚杰认为每种智力活动都会包含一定的认知结构。……客体只有被主体的认知结构进行加工改造以后才能被认识，而这一认识程度完全取决于主体具有怎么样的认知结构。”[②] 前文已述，语言形象既是一种客体形象，更是一种主体认知形象，其产生和变化都会受到人类认知心理的影响。因此，中国语言形象建构首先建立在认知主体对以汉语普通话为代表的中华民族语言进行理解

---

① 王力：《王力语言学词典》，山东教育出版社 1995 年版，第 662 页。

② 朱纯：《外语教学心理学》，上海外语教育出版社 1994 年版，第 6—7 页；徐子亮：《对外汉语教学心理学》，华东师范大学出版社 2007 年版，第 4 页。

加工的基础之上，然后还需要把汉语普通话相关信息整合在已有的认知结构中，才能为建构稳定的中国语言形象奠定基础。中国语言形象这一概念的形成及改进过程，必然会受到认知主体的影响，是认知主体进行相关概念建构、整合的过程，因而必然会涉及建构主义、主体间性与概念整合等分支理论。

（一）主体间性理论

主体的认知具有能动性，每个主体都会基于自身条件、阅历、时空环境等来认知事物，个体的差异性一般会导致主体之间在认知上存在着差异性。但在实际社会生活中，主体之间会基于交际合作原则进行相应的互动与调整，这种关系一般被称为“主体间性”。它是主体之间的一种能动性，能在先前单纯的“主体—客体”认知中进行穿插调节，重视交往媒介（中介）的作用，主张把两个主体之间的交往活动看成是一个整体，主客体之间的关系应为“主体—中介—主体”关系，现实交往中的主体实际上是互为主体的关系。基于这种认识，中国语言形象的认知主体就会以认知对象——汉语为中介，从而建立起一个主体之间的交际框架。陈艳彬认为，在中国语言形象建构的过程中，通常情况下，交际双方会先比较各自“汉语认知形象”所存在的异同，在承认“中国语言形象在各自认知中可能存在差异”的基础上，最终通过互动与调适达成对“中国语言形象”的和谐一致的看法。①

（二）概念整合理论

基于认知的一般理论，从概念生成的过程来看，认知主体有关“汉语认知形象”的形成，实际上也是一种概念整合过程，即认知主体依照一定的逻辑将不同的概念或特征整合在一起形成一个新的概念，这就是概念整合理论。这一理论的基本思维方式和认知形式是“合二为一”，强调“整体大于部分之和”。特别要注意的是，概念整合不是二元论的非此即彼，整合过程中必然带有认知主体的主观色

① 陈艳彬：《中国语言形象的构成及其影响因素》，硕士学位论文，广西师范学院，2016 年。

彩，不同的主体可能会用不同的尺度去衡量，但经过人为的调整，即主体间性的作用，整合后的概念对于认知双方来说，总体上一般不会有太大的出入。中国静态语言形象就是在共同文化因素的基础上，由中国语音形象、中国词汇形象、中国语法形象和中国文字形象等分支部分整合而成的，合意的中国语言形象传递的是中国语言的一个整体形象特征。中国静态语言形象再与“他国语言映像”整合，最终构建出合意的中国语言形象。由此可知，国家语言形象也正是指某国语言经由主体认知所彰显出来的主观认知形象。

（三）建构主义理论

作为认知理论的一个分支，“建构主义（constructivism）也译作结构主义，其最早提出者可追溯至瑞士心理学家皮亚杰。他认为，儿童是在与周围环境相互作用的过程中，逐步建构起关于外部世界的知识，从而使自身认知结构得到发展。在皮亚杰的上述理论的基础上，斯腾伯格和卡茨等人则强调了个体的主动性在建构认知结构过程中的关键作用”①。后来基于维果斯基理论的部分学者提出“在人类的社会实践活动中则形成了公共文化知识，在个体的学习中，这种知识首先以语言符号的形式出现，由概括向具体经验领域发展”②。由此可见，语言在人类活动中发挥着重要作用。语言既是认知的工具，其本身也是认知的对象，所以语言本身也必然存在着形象性问题，其形象产生与改变也需要建构。

总之，中国语言形象建构也应是在主体的认知结构中，结合认知主体的心理机能通过社会性相互作用而内化形成的结果，因而要重视发挥个体主观能动性，以汉语普通话形象为重点，逐渐形成中华民族语言的整体认知，这是对语言符号本身的一种认知过程。其中，这个认知过程将会随着个人经验的积累以及社会环境的变化而不断循环并反复调整，从而最终达到一个相对稳定的状态，这一相对稳定的状态就是“静态的语言形象”。

---

① 何克抗：《建构主义——革新传统教学的理论基础（上）》，《电化教育研究》1997年第3期。

② 陈琦、张建伟：《建构主义学习观要义评析》，《华东师范大学学报》1998年第1期。

二 语言规划与服务理论

（一）语言规划理论

语言规划是“国家或社会团体为了对语言进行管理而进行的各种工作的统称”[①]。“语言规划”是指政府、社会组织或学术部门等对语言生活所做的干预、管理及相关计划，其中包含语言政策的制定及其实施等内容。美国语言学家威因里希（Uriel Weinreich）1957年在一次研讨会上首次提出“语言规划（Language Planning）”这一术语，稍后经由艾纳·豪根（Einar Haugen）于1959年在《现代挪威的语言规划》一文中正式使用[②]，随后，语言规划问题就持续受到人们关注。在艾纳·豪根（1968）观点[③]的基础上，Kloss（1969）等基于公民语言选择和语言行为的方式，认为语言规划包括语言本体规划和语言地位规划，前者是着眼于改变语言自身及其内部结构规则的语言规划行为，主要涉及内在的语言规则；后者是指在某一特定社会中以改变一种语言或语言变体的使用和功能为目的的语言规划行为，主要关心语言之间的关系及语言、语境和说话者之间的关系。关于语言规划的类型，目前学术界提到的主要有“本体规划、地位规划、教育语言规划及形象和声望规划”[④]。根据已有研究可知，语言规划一般要涉及民族共同语的确立、推广、规范和完善、语言调查、语言选择、语言协调、科技术语的统一和标准化以及文字创制和改革等多项内容。库珀（Cooper，1989）“后来又增加一项，即为习得规划（acquisition planning）。……地位规划确定语言（包括文字）及其变体的社会地位，内容较多涉及语言政策，比如国语的选择、民族共同语的确定等等。本体规划是在地位规划的前提下进行的，目标是促进国语、民族

---

① 许嘉璐：《语言文字学及其应用研究》，广东教育出版社1999年版，第156页。

② Haugen，E.，“Planning for a Standard Language in Norway”，*Anthropological Linguistics*，1959（3）.

③ Haugen，E.“Language Planning in Modern Norway”，in J. Fishman（ed.），*Readings in the Sociology of Languages*，Berlin：Mouton de Gruyter，1968：4.

④ 邬美丽：《国外语言规划研究述评》，《天津外国语大学学报》2012年第2期。

共同语等这些有社会地位的语言不断规范、完善，使其能够很好发挥地位规划赋予的语言职能。本体规划的内容，包括文字的创制与改革，语音、词汇、语法等方面的规范，拼音或注音方案的创制，以及各种语言技术的发展等等。……习得规划一般用来描述那些为了让公民获得‘国家语言’‘官方语言’或是‘教育媒介语言’等的运用能力而引进的政策、策略等”[①]。

语言形象作为国家形象的分支系统，旨在对一国语言进行宏观统筹，由此可见，语言形象建构和语言规划的旨趣在很多方面是相向的，但语言形象建构更全面、更系统，概念更温和。当然，中国语言形象的建构必然要事先做好相应的规划：语言地位规划实践有利于为中国语言形象建构提供明确的建构对象和实践目标；语言本体规划为中国语言形象建构提供规范、完善的语言本体基础，是在准备“建筑材料”；语言教育规划本身是语言形象建构的一个重要领域，相当于一个“样板”和“个案”；语言习得规划有利于进一步促进人们掌握某种语言，积极地、有意识地参与建构，培养自身语言能力，提升语言自信，充分调动和发挥个体的“能动性”；而“声望”本身就是一种“形象”，所以，语言声望规划是语言形象建构的重点，语言声望规划既是其他四类语言规划的目标，也是其他四类语言规划的结果。

（二）语言服务理论

筹办“2008 北京奥运”时，“语言服务”概念首次出现于中国翻译协会的翻译中，汉语中正式出现“语言服务”说法，但语言服务概念至今尚无定论。屈哨兵曾将之归入社会语言学，并把语言服务产业分为“四个方面（语言翻译产业、语言教育服务、语言支持服务和特定行业领域的语言服务）、五个系统（语言服务资源系统、语言服务业态系统、语言服务领域系统、语言服务层次系统、语言服务效能系统）”[②]。徐大明认为：“语言服务应该是指国家为人民提供的语言服务，是国家所提供的全部服务的一部分。”[③] 郭晓勇认为：“语言

---

① Cooper, R., *Language Planning and Social Change*, Cambridge University Press, 1989: 4.

② 屈哨兵：《语言服务研究论纲》，《江汉学术》2007 年第 6 期。

③ 徐大明：《语言资源管理规划及语言资源议题》，《郑州大学学报》2008 年第 1 期。

服务包括翻译与本地化服务、语言技术工具开发、语言教学与培训、语言相关咨询业务等。”①

李现乐曾将语言服务分为宏观和微观两个层面。② 赵世举认为语言服务是行为主体以语言文字为内容或手段为他人或社会提供帮助的行为和活动。有语言知识服务、语言技术服务、语言使用服务、语言康复服务、语言教育服务③六种类型。邵敬敏也对语言服务进行了六大门类的划分，并提出了建立“语言服务公司”④ 的设想。李宇明认为：“语言服务就是利用语言（包括文字）、语言知识、语言艺术、语言技术、语言标准、语言数据、语言产品等等语言的所有衍生品，来满足政府、社会及家庭、个人需求。”⑤

2014 年，李宇明提出了语言服务链条、语言消费等观点，他认为既是服务，就要有服务的提供者和接受者，形成服务链条；链链勾连，织成服务网络。换一个角度看，语言服务的接受者就是“语言消费者”。语言消费概念的提出，表明语言服务就是一种产品。无偿的语言服务就是免费产品，这一产品若是由政府提供的，就是“语言福利”；若是由社会提供的，就是“语言事业”。“有偿的语言服务便是商品，服务者和消费者之间是贸易关系，语言贸易形成语言服务市场，形成各种语言产业，当然也就产生语言红利。”⑥

由于视角不同，学者们对语言服务进行了不同的界定，不同程度地丰富了语言服务的内涵。但国内语言服务研究多停留在理论层面，国外研究多“集中于语言翻译服务、语言行业产业以及语言服务的经

① 郭晓勇：《中国语言服务行业发展状况、问题及对策——在 2010 中国国际语言服务行业大会上的主旨发言》，《中国翻译》2010 年第 6 期。

② 李现乐：《语言资源和语言问题视角下的语言服务研究》，《云南师范大学学报》2010 年第 5 期。

③ 赵世举：《从服务内容看语言服务的界定和类型》，《北华大学学报》（社会科学版）2012 年第 3 期。

④ 邵敬敏：《“语言服务业”与“语言服务学”》，《北华大学学报》（社会科学版）2012 年第 2 期。

⑤ 李宇明：《语言服务与语言消费》，《教育导刊》2014 年第 7 期。

⑥ 李宇明：《语言服务与语言消费》，《教育导刊》2014 年第 7 期。

济价值研究，比中国目前的研究领域和范围更广泛和深入”①。

概括来看，语言服务的内涵十分丰富，既有个体或社团的“社会语言活动”，也包括国家或党政机关的“大众语言服务”；既涵盖微观层面的合理开发和利用语言资源，也指国家层面对语言所做出的宏观规划和政策；其狭义概念可单指“语言翻译服务”，其广义概念就要涵括语言教育、培训、咨询、翻译、供给独特行业用语等无形语言服务，以及提供语言技术、语言产品等有形语言服务。

中国语言形象建构与语言服务息息相关，语言服务水平的高低、效率等问题影响语言服务接受者对语言的整体评价与认知；良好的中国语言形象也必然能为广大受众提供更为优质的中国语言服务。中国语言形象建构与语言服务相结合，发挥语言服务优势，有利于接受者建立积极的中国语言形象。

三 议程设置与形象修复理论

（一）议程设置理论

“‘议程设置’理论是由美国学者马克斯韦尔·麦库姆斯（Maxwell E. Mccombs）与唐纳德·肖（Donald L. Shaw）于1972年提出来的。”② 具体来源为二人于1972年在《舆论季刊》（*Public Opinion Quarterly*）上发表的论文——《大众传播的议程设置功能》（“The Agenda - setting Function of Mass Media”），明确提出了这一理念。“媒介报道什么，受众便注意什么；媒介越重视什么，受众就越关心什么。换言之，媒介的议程不仅与受众的议程吻合，而且受众的议程就来自媒介的议程。”③ 而且“新闻报道已成为上层建筑领域中控制、操纵社会意识的得天独厚的一种意识形态”。④ 可见媒介的议程设置功能对公众议程具有潜移默化的作用。中国语言形象建构既是一个主动

① 张文、沈骑：《近十年语言服务研究综述》，《云南师范大学学报》（对外汉语教学与研究版）2016年第3期。

② 关锐、李智：《母语传播概论》，中国传媒大学出版社2011年版。

③ 李彬：《大众传播学》，中央广播电视大学出版社2000年版。

④ 刘建明：《宏观新闻学》，中国人民大学出版社1991年版，第25页。

的、积极的、有意识行为，又是一个引导性的、可接受的必然结果，恰当的议程设置将会极大地促进这一目标的达成。

（二）形象修复理论

“形象修复理论（Image Repair）属于危机传播研究中的修辞学取向，最早由威廉·班尼特（William L. Benoit）在1995年提出。班尼特认为，危机发生后，组织应该主动承担责任，争取在较短的时间内将组织形象受损的程度与范围控制在最小的限度。”[①] 班尼特提出了形象修复五步策略，即“否认、规避责任、减少敌意、纠正行为、表达歉意，得到组织的广泛认可和引用”[②]。后来，该理论被广泛运用到政府、事业单位及企业危机等领域的公关处理，很快也被引入国家形象的建构与修复中，有利于为人们在进行形象修复的过程提供相关理论指导，以帮助人们提出更加合理、具体的形象修复策略和途径。这一理论对中国语言形象建构也具有指导价值。

四 交往行动与归因理论

（一）交往行动理论

1981年，德国哲学家、社会学家哈贝马斯（Jurgen Habermas）出版了《交往行动理论》一书，该书指出“交往行动”是指“使参与者毫无保留地在交往后意见一致的基础上，使个人行动计划合作化的一切内在活动”[③]。再者，“哈贝马斯的交往行动理论是一种试图通过人们内在的活动，即学习、思维、辩论等主观因素，参与当代社会政治生活，推动当代社会发展的社会演变论”[④]。哈贝马斯认为：“社会交往以一定的形式成为社会发展的动力，社会交往不仅是现存发展方

① 吴小冰：《政府公共危机沟通策略探讨——归因理论与形象修复理论的视角》，《东南传播》2010年第6期。

② 田卫东：《对班尼特形象修复策略的商榷》，《新闻知识》2015年第12期。

③ ［德］哈贝马斯：《交往行动理论·第一卷——行动的合理性和社会合理化》，洪佩郁、蔺青译，重庆出版社1994年版，第410页。

④ ［德］哈贝马斯：《交往行动理论·第一卷——行动的合理性和社会合理化》，洪佩郁、蔺青译，重庆出版社1994年版，第9页。

式的再生产过程中的动力，而且也是社会发展模式改变的动力。”①（中译本序）哈贝马斯在其著作中提出了“目的性行动（又称作工具性行动）、规范调节的行动、戏剧式行动和交往行动四种合理的社会学行动”②。由此可知，哈贝马斯的交往行为理论对中国语言形象建构也是十分有价值的——语言是人类社会联系与沟通的纽带，是交往行动产生效果的基础工具，交往行动是语言形象建构的实践手段。

（二）归因理论

归因理论（Attribution theory）是关于认知主体推断和解释他人与自己行为原因的一种重要的社会心理学理论，1958 年由奥地利社会心理学家 F. 海德（Fritz Heider）在其《人际关系心理学》中首次提出。归因理论是基于通俗心理学（Naive psychology）的角度提出的，旨在解释人们是如何为日常的生活事件寻找原因的。根据海德的观点，人一般都会有两种强烈的动机——能“对周围环境形成一贯性理解”和能“控制环境”，这两种动机会驱动人们去对“他人行为”进行预测，即“每个人（不只是心理学家）都试图解释别人的行为，并都具有针对他人行为的理论”。依据原因归结的方向（是个人内部，还是外部环境）海德曾将人的归因分为“外向归因”和“内向归因”两种。后来 B. 维纳（Weiner）及其同事在 1972 年对归因理论的理论体系进行了完善③，他们进一步提出了“归因的三大维度（责任归属、稳定性、可控性）”④。归因理论已被广泛用于教育、社会管理等各大领域，帮助人们解释一些复杂的人类行为，并在此基础上达到进一步预测和控制其之后相关行为的作用。

韦纳曾通过研究提出，一个人通常会从努力程度、自己能力、外

① ［德］哈贝马斯：《交往行动理论·第一卷——行动的合理性和社会合理化》，洪佩郁、蔺青译，重庆出版社 1994 年版，第 5 页。

② 唐晓群：《哈贝马斯的交往行为理论》，《中国社会科学院研究生院学报》1997 年第 6 期。

③ Weiner, B., “Intrapersonal and Interpersonal Theories of Motivation from an Attribution Perspective”, *Educational Psychology Review*, 2000, 12 (1).

④ Weiner, B., “Spontaneous Causal Thinking”, *Psychological Bulletin*, 1985, 99 (2).

界状况、运气好坏、工作难度、身心状况[①]等六个方面来对自身行为进行归因。由于主体对自身行为进行不同方向的归因的惯性思维会在行为动机上影响他后面的同类行为，因而人们常常采用归因论来解释各种行为之所以发生的潜在动机。

语言形象的建构过程，建构者不管是个体，还是国家或社会组织，作为语言形象建构主体都会有成效归因或失利归因的问题，归因理论能为中国语言形象现状中负面评价的原因分析提供思路，特别是能从“行为动机”这一独特视角为合意中国语言形象的建构提供重要指导作用。

第二节 中国语言形象理念源流

目前，中国语言形象建构研究虽有部分学者涉足，但国家语言形象仍是一个新兴的研究领域，相关方面研究成果目前仍很少，可以直接借鉴的东西也不多，因此需要全面借鉴其他研究领域的相关成果。国家形象包括语言形象，因此首先要加强国家形象方面的研究。

建构中国的整体语言形象，离不开国家在政治、经济及语言政策等方面的支持，贯彻中国语言规划、语言教育、语言资源管理等语言方面政策，能从不同的侧面给中国语言形象的建构提供更多的指导。如今，“一带一路”倡议已获得了国际社会的广泛响应，围绕其展开的语言服务策略研究定将有利于提升“一带一路”各领域发展进程中的中国语言服务能力，促进各领域快速发展，进而也可帮助提升汉语在国际上的地位和形象。因此，应充分了解国家形象的内涵、特点、构成要素、塑造方法等，奠定国家语言形象研究的基础和方向。此外，还应充分了解国家语言形象的含义、特点、要素、建构意义等，为提出建构国家语言形象策略提供有力支撑。对已有研究下文将从5个方面进行分析。

---

① 《关于社会心理学》（https：//zhidao. baidu. com/question/5172683. html? fr = iks&word = % BA% A3% B5% C2% 28Fritz + Heider% 29% A1% B6% C8% CB% BC% CA% B9% D8% CF% B5% D0% C4% C0% ED% D1% A7% A1% B7&ie = gbk）。

一 形象基础：语言与文化关系

要研究语言问题，首先要关注语言与文化的关系。

语言是人类文明的标志。语言与文化的关系密切，语言既是文化的载体，又是文化的重要组成部分，二者密不可分，这已是学界共识。Malinowski（1923）认为："语言深深地扎根于文化现实和该民族人民的习俗、生活之中，语言研究离不开这一宽泛的语言行为环境。"[①] 自鲍阿斯和萨丕尔以来，人类语言学家们都认为语言与它所处的社会文化环境是密不可分的，语言研究的对象不仅仅是语言系统本身，而且还涉及与语言系统紧密相关并赖以生存的文化系统。[②] 语言彰显着文化，一个国家、民族的语言形象，必然负载着该国、该民族的文化内涵，中国语言形象构建必须厘清这二者之间的关系，既要以语言形象为目标，也要兼顾文化。因此，厘清语言与文化的关系，应是进一步探讨中国语言形象问题的前提。

（一）一元论观点

关于语言与文化的关系，世人意见并不统一，很多人秉持二元论立场，也有少数人持一元论观点。如洪堡特（Humboldt）曾说过"一个民族的语言就是他们的精神，一个民族的精神就是他们的语言"[③]。洪氏大概应是一元论的代表人物，他认为语言与文化之间是"重合关系"，但稍作思辨，二者实际上是有着不少差异的两个概念，比如语言的工具性就明显独立于文化的情感性和认知性等特征。

（二）二元论观点

洪堡特等的语言与文化"重合关系论"受到语言文化二元论者的批评，但是二元论者在讨论语言与文化关系时意见也并不统一。比

---

① Malinowski, B., "The Problem of Meaning in Primitive Languages", In C. K. Ogden, & I. A. Richards (Eds.), *The Meaning of Meaning*, London: K. Paul, Trend, Trubner, 1923, pp. 296 – 336.

② 曹越明：《社会性别与语言文化——俄语语言世界图景中的男女形象》，《齐齐哈尔大学学报》2015 年第 4 期。

③ 顾嘉祖：《跨文化交际——外国语言文学中的隐蔽文化》，南京师范大学出版社 2000 年版，第 235 页。

如，哈德森（Hudson）就认为“语言的大部分内容包括在文化之中，语言与文化的交叉部分就是从他人处学来的语言部分”①。这种“交叉关系论”获得了部分学者的支持，但也有部分学者对此质疑，他们认为二者应是“包含关系”，如陈建民曾把文化分成物质或器物文化（表层）、制度文化（中层）和观念或心理文化（深层）等三个层次。在他的这种分类中，语言被包含于制度文化之中，处于文化的中间层级。不过陈建民也认为“语言与文化是一张皮，……要进行语言和文化关系的双向交叉研究”②。这种认识可归为“一体两面论”，也从另一个侧面说明了二者之间的密切关系。

关于二者的关系，除了上述比较宏观的、历时层面上的方法论关系之外，从共时层面上看二者又是何种关系呢？目前主要有如下三种主张：

1. “文化决定论”

鲍阿斯在其《美洲印第安语手册》（*Handbook of American Indian Language*）第一卷序言中提出：“一个民族思想的简洁、明了在很大程度上依赖于该民族的语言。”③ 正是基于这样的语言与思维之间关系的思考，他认为在文化深层结构中“思维是一个重要构件”，生活方式决定言语形式，即文化决定着语言。因此，鲍阿斯也就理所当然地被看成了“文化决定论”的代表人物。

2. “语言决定论”

人类学经典理论“萨丕尔—沃尔夫假说”是此主张的典型代表。萨丕尔曾指出“语言也不脱离文化而存在，就是说，不脱离社会流传下来的、决定我们生活面貌的风俗和信仰的总体”④。其学生沃尔夫则认为“是语言系统本身造就了我们的思想”，与萨丕尔相比，他的观点更为偏激。“萨丕尔 - 沃尔夫假说”从问世至今，曾受到不同时

① R. A. Hudson, *Sociolinguistics*, Oxford, U. K：the Alden Press, 1980：83 - 84.

② 陈建民：《文化语言学的理论建设》，《语文建设》1999 年第 2 期。

③ 顾嘉祖：《跨文化交际——外国语言文学中的隐蔽文化》，南京师范大学出版社 2000 年版，第 253—264 页。

④ ［美］爱德华·萨丕尔：《语言论》，商务印书馆 2002 年版，第 186 页。

期研究者的质疑，虽有些许偏激的地方，但也间接地说明了语言之于文化的重要性，可看作古代语言塔布（Taboo）[①] 信仰的延续，见仁见智亦是常态。语言是文化的产物和载体，反映着特定的文化内容。

3. “语言—文化双向决定论”

显然，前两种主张对“语言—文化”关系各执一端，有失偏颇，于是一些学者采取了折中的办法，认为语言与文化是相互制约、相互影响的关系。或是受到中庸文化思想的影响，许多中国学者都支持这一观点。如贺显斌认为语言和文化之间关系可概括为“反映关系、工具关系、互动关系”[②]。张岱年、方克立提出“语言文字既是文化的载体，又是人类文化的重要组成部分。汉语汉字对中国文化的传承、发展和传播作出了重要贡献，因而要了解汉语汉字的历史、特点及其文化功能”[③]。唐素华也曾提出“文化的形成和表达离不开语言，语言中存储了前人的全部劳动和生活经验”[④]。稍后吴平也提出“一个民族的语言形态反映了该民族的文化并对它起重要作用”[⑤]。董晓波（2017）认为“语言的趋同意味着文化的趋同和权利的丧失。……我国如何立足国情以适应语言国际化的浪潮，如何通过保护本国语言文化主权与文化安全、提高民族语言文化认同感、促进语言文化对外传播来提升语言文化软权力，从而维护国家文化发展战略，应是目前国家语言教育政策的目标定位与制定思路”[⑥]。

综上可见，无论是从宏观的历时层面上的方法论关系来看，还是从微观的共时层面上的相互影响和相互制约关系来看，学者们关于语言与文化关系的论争也可以归结为人们对“语言的文化属性”问题

---

① 语言禁忌最初是从塔布（Taboo）产生的。塔布是波利尼西亚宗教观念之一，原指被认为具有曼纳（指一种非人格的超自然的神秘力量或作用）而不可接触的人或事物。后泛指为禁令或禁忌。

② 贺显斌：《语言与文化关系的多视角研究》，《西安外国语学院学报》2002 年第 3 期。

③ 张岱年、方克立：《中国文化概论（修订版）》，北京师范大学出版社 2004 年版，第 107 页。

④ 唐素华：《论文化语言学中的语言与文化》，《现代语文》2008 年第 6 期。

⑤ 吴平：《对外汉语教学中的文化词语》，世界图书出版公司 2012 年版，第 23 页。

⑥ 董晓波：《语言教育是国家软实力的组成部分——西方语言规划观对我国语言教育的启示》，《中国教育报》2017 年 9 月 15 日第 5 版。

的不同角度的探索。“语言具有原文化的性质。语言是一种文化现象，语言本身就是语符形式与文化内容的有机整体。……语言不仅是一种文化现象，而且是历史文化的活化石，是一种特殊的、综合性的文化凝聚体。”①

综合来看，“语言是一个符号系统，是人们认识和改造世界的工具，也是民族文化的存在形态。”② 这就是我们关于语言与文化关系的定位。

二 上位概念：国家形象的内涵、要素、特征及功能

“国家形象作为一个系统是由国家政治、经济、语言、文化、外交、科教、军事等多个形象子系统构成的。”③ 近年来国家形象方面的研究成果已有很多，其中有关国家政治形象、经济形象等子系统的研究涌现出的研究成果最多，但其中对作为形象表征符号和塑造工具的国家语言形象这一分支系统的研究至今还很少见。

（一）国家形象内涵研究

“国家形象” 较早是布丁（Boulding，1959）提出的，“指一个国家对自己的认知以及国际体系中其他行为体对它的认知的结合”④。关于此概念内涵的界定，可谓见仁见智。从手头可及的文献考察，在国内学者中，徐小鸽较早对国家形象的内涵进行了界定，“国家形象是一个国家在国际新闻流动中所形成的形象”⑤。很显然，他是从国际传播视角看待和阐释国家形象的，当时的关注范围相对较小。

关于国家形象的内涵，管文虎、孙有中、段鹏、吴一敏等先后都表达了不同的观点。管文虎等认为“国家形象是一个综合体，它是国家的外部公众和内部公众对国家本身、国家行为、国家的各项

---

① 杜道明：《语言与文化关系新论》，《中国文化研究》2008 年第 4 期。

② 杨绪明、廖扬敏、贾力耘：《全球语境下中国语言形象构建刍议》，《广西师范学院学报》2014 年第 3 期。

③ 杨绪明、廖扬敏、贾力耘：《全球语境下中国语言形象构建刍议》，《广西师范学院学报》2014 年第 3 期。

④ 肖国忠：《让中国形象挺立世界》，《光明日报》2009 年 12 月 3 日第 6 版。

⑤ 徐小鸽：《国际新闻传播中的国家形象问题》，《新闻与传播研究》1996 年第 2 期。

活动及其成果所给予的总的评价和认定”[①]。他们同时指出：“国家形象是国家力量和民族精神的表现与象征，是主权国家最重要的无形资产，是综合国力的集中体现。”[②] 管文虎的观点得到了许多学者的认可，目前的引用率较高，比较通行，其专著和系列论文也为国内的国家形象研究奠定了基础。孙有中认同管文虎等区分“内部公众”与“外部公众”的主张，但也指出管文虎等并未注意到这两类人群所做判断可能存在的明显差异。根据前文主体间性认知，人们对事物的判断常常受限于他们所实际获取的相关信息及其具体的视角、知识、经历、价值观乃至情感。因此，“国家形象是一国内部公众和外部公众对该国政治、经济、社会、文化与地理等方面状况的认识与评价，可分为国内形象与国际形象，两者之间往往存在很大差异。国家形象在某种程度上是可以被塑造的”[③]。孙有中不仅对国家形象内涵进行了全新的界定，提出了国家形象应该包含政治、经济、社会、文化与地理等多种要素，其论文还进一步提出了国家形象塑造的相关理念，这为后续学者进行国家形象建构研究提供了借鉴。如王家福、徐萍（2005）[④]，段鹏（2007）[⑤]，刘继南、何辉（2006）[⑥]，刘艳房、张骥（2008）[⑦] 等都有相关论述。刘康（2008）提出“国家形象是现代民族—国家为确保国家利益，通过政府与民间的公关、文化表述、传媒、学术等方式，向本国国民和国际社会展示、传播的形象”[⑧]。吴一敏（2012）提出“国家形象被理解为社会公众对一国的基本印象与总体评价。……是国家在政治、经济、社会和文化等各方面的整体呈现”[⑨]。陈燕玲（2014）认为：“国家

① 管文虎：《国家形象论》，电子科技大学出版社 1999 年版，第 23 页。

② 管文虎：《国家形象论》，电子科技大学出版社 1999 年版，参见“内容简介”。

③ 孙有中：《国家形象的内涵及其功能》，《国际论坛》2002 年第 3 期。

④ 王家福、徐萍：《国际战略学》，高等教育出版社 2005 年版，第 115 页。

⑤ 段鹏：《国家形象建构中的传播策略》，中国传媒大学出版社 2007 年版，第 8—12 页。

⑥ 刘继南、何辉等：《中国形象——中国国家形象的国际传播现状与对策》，中国传媒大学出版社 2006 年版，第 5 页。

⑦ 刘艳房、张骥：《国家形象及中国国家形象战略研究综述》，《探索》2008 年第 2 期。

⑧ 刘康：《如何打造丰富多彩的中国国家形象?》，《新闻大学》2008 年第 3 期。

⑨ 吴一敏：《中国国家形象及其定位研究综述》，《经济师》2012 年第 5 期。

形象是一种主观印象，包含正面的和负面的。”①

已有文献的这些国家形象定义多数倾向于传播学或国际关系的视角，侧重于外在表现，即传递国家力量或者民族精神，甚至是综合国力，是一种无形资产，对国家形象概念的整体轮廓看法一致，认为是一个国家整体实力的映像，但这些学者大都忽视了认识主体的复杂性问题，虽有内—外公众的区分，但没能注意到这些认知主体所形成的国家形象认知差异的原因，这极有可能会导致双方的误判。同时，人们往往站在一个相对宏观的角度对国家形象展开研究，涉及面宽广。而从微观角度对国家形象构成要素特别是语言要素的研究相对较少。

总之，综合已有文献关于国家形象的定义，不是从传播学角度入手，就是从国际关系角度分析，这也正表明了国际关系和传播学对塑造国家形象都很重要。因而，作为其重要的子系统，语言形象的构建也必须考虑国际关系和传播方面，因为语言形象也是在国家间互动的关系中建立的，在构建国家语言形象时应适当借鉴国家形象研究成果，综合传播学、国际关系和语言学等观念来定义国家形象。

（二）国家形象的综合研究

在国外，国家形象的概念，早在两次世界大战期间就已在西方出现；二战后西方的研究也日益系统化。如 Boulding（1959）认为“一个国家对另一个国家的观念和形象往往会影响其对该国的政策和行为”②；Robert Jervis（1970）认为“良好的国家形象不仅能补充其他力量形式，而且是达到目标的不可或缺的手段”③；Spence（1990）从学术著作和虚构文学两方面探索了中国形象在西方的历史演变，并认为制约西方中国形象的主要不是中国的现实而是西方自身的需要和问题；Abbas Malek（1997）提出“国际传媒上塑造的国家形象对一

① 陈燕玲：《非律宾青少年关于中美日国家形象的认知——基于“词语自由联想”测试的分析》，《当代修辞学》2014 年第 2 期。

② Boulding, K. E.,“National Images and International Systems”, *The Journal of Conflict Resolution*, 1959, 3 (2): 120 - 131.

③ Robert Jervis, *The Logic of Image in International Relations*, Princeton: Princeton University Press, 1970.

个国家的外交政策通常是一个重要的评估"[1]；Joseph Jr. Nye（2004）认为国家的形象建构是建立在国家硬实力和软实力相互增长的基础上的。[2] 约瑟夫·奈认为，"'硬实力'是由经济、科技、军事实力等表现出来的吸引力，而'软实力'是由文化、价值观、意识形态、制度吸引力等表现出来"[3]。国家软实力与硬实力之间既相互区别，又相互联系，二者相辅相成。"硬实力是软实力的基础和后盾，软实力对硬实力具有反作用，既有促进作用，同时又有阻碍作用。"[4]

国内的国家形象研究兴起于20世纪80年代，近年又有很大发展。如段连城（1988）对我国国际形象的历史演变做了回顾与总结[5]；管文虎（1999）的专著综述了新中国成立以来几代领导人领导下的中国国家形象[6]；韩源（2005）剖析了全球化背景下中国的大战略[7]；李正国（2006）指出良好国家形象是大国成功崛起的必要条件，建构国家形象需要七种手段[8]；周明伟（2008）提出了国家形象构成的七个渠道[9]；杜雁芸（2008）探讨了中国国家形象塑造问题[10]；杨冬云（2008）探讨了国家形象的构成要素与软实力的关系问题[11]；冯惠玲、胡百精（2008）基于北京奥运会探寻了构建文化中国国家

① Abbas Malek, *News Media and Foreign Relations: Amulti - faceted Perspective*, Norwood: Ablex publication, 1997.

② Joseph Jr. Nye, *Soft Power: The Means to Success in World Politics*, New York: Public Affairs, 2004.

③ Joseph S. Nye, Jr., *Bound to Lead: The Changing Nature of American Power*, New York: Basic Books, Inc., Publishers, 1990.

④ 洪晓楠、郭丽丽:《国家硬实力与软实力发展的辩证关系探析》,《文化学刊》2010年第6期。

⑤ 段连城:《对外传播学初探》，中国建设出版社1988年版。

⑥ 管文虎:《国家形象论》，电子科技大学出版社1999年版，第23页。

⑦ 韩源:《全球化与中国大战略》，中国社会科学出版社2005年版。

⑧ 李正国:《国家形象建构》，中国传媒大学出版社2006年版。

⑨ 周明伟:《国家形象传播研究论丛》，外文出版社2008年版。

⑩ 杜雁芸:《国家形象的内涵及中国国家形象塑造》，《南京政治学院学报》2008年第4期。

⑪ 杨冬云:《国家形象的构成要素与国家软实力》，《湘潭大学学报》(哲学社会科学版) 2008年第5期。

形象的问题[①]；王啸（2010）从国际话语权角度提出了中国国际形象塑造问题[②]。此外，朱凯兵等（2006）[③]，汤光鸿（2004）[④]，张昆（2006）[⑤]，刘继南、何辉（2008）[⑥]，刘明（2007）[⑦]，程曼丽（2007）[⑧] 等从传播学角度分别进行相关研究。

2019 年 8 月 12 日，在宁夏银川开幕的第六届全国对外传播理论研讨会，当代中国与世界研究院在开幕大会上分享了《中国国家形象全球调查 2018》报告的主要内容。报告显示，中国作为全球发展贡献者的形象更加鲜明。当代中国与世界研究院院长于运全依托《中国国家形象全球调查 2018》的主要数据，就如何精准定位和传播好新时代中国形象进行了深度解读。他表示，新时代的中国目前处于最佳发展时期，“国际社会对中国道路的认知认同不断加深，期待中国为世界提供更多中国智慧，做出更大贡献。同时，当前中国与世界的相互认知也处于重要磨合期，精准塑造和传播新时代中国国家形象处于关键窗口期”[⑨]。

综上可见，“国家形象是可以主观塑造的”，基于国际关系视角下的“国家形象”研究，多是动态的国家实况展示；基于传播学视角的“国家形象”研究，多是静态的综合国力考量，两种研究角度都有创见，不分伯仲，都各有可取之处，都是我们中国语言形象研究应该借鉴的研究角度，当然还需要用更多的视角来分析国家语言形象。

迄今为止，国内外的研究多集中于国家形象的概念、作用、形成

---

① 冯惠玲、胡百精：《北京奥运会与文化中国国家形象构建》，《中国人民大学学报》2008 年第 4 期。

② 王啸：《国际话语权与中国国际形象的塑造》，《国际关系学院学报》2010 年第 6 期。

③ 朱凯兵、成曦：《论中国国际形象的定位、塑造与展示》，《南京政治学院学报》2006 年第 6 期。

④ 汤光鸿：《论国家形象》，《国际问题研究》2004 年第 4 期。

⑤ 张昆：《大众媒介的政治属性与政治功能》，《武汉大学学报》（人文科学版）2006 年第 1 期。

⑥ 刘继南、何辉：《当前国家形象建构的主要问题及对策》，《国际观察》2008 年第 1 期。

⑦ 刘明：《历史和全球视野下的中国形象》，《对外大传播》2007 年第 8 期。

⑧ 程曼丽：《大众传播与国家形象塑造》，《国际新闻界》2007 年第 3 期。

⑨ 《〈中国国家形象全球调查 2018〉发现：中国作为全球发展贡献者的形象凸显》，今日中国网（http：//news. china. com. cn/2019 - 08/12/content_ 75091787. htm）。

过程、影响因素、媒体作用及其与国家综合国力、软实力的关系等方面，已有研究多数从宏观角度对国家形象内涵进行了较为全面的论述，国内学界十分关注并研究中国国家形象问题。但也未发现有关国家语言形象的专门研究成果，而从微观角度对其符号载体语言的形象研究仍有较大的研究前景，鉴于语言在国家形象呈现和构建中的重要性，有必要对国家语言形象进行研究，建构符合国家实际的语言形象，从而提升国家语言形象在公众中的认知，为进一步提升中国形象作出贡献。

（三）国家形象的构成要素、特征及功能

1. 国家形象的构成要素

构成要素是组成国家形象的基石，因而首要解决的就是如何厘清其构成要素的问题，管文虎认为“物质基石、制度支撑和精神烘托是构成国家形象的三要素”[①]。孙津也提出了“三要素”，但具体内容有别，是“传统与现代的关系，共同体的整体实力，以及意识形态”[②]。这一看法体现出国家形象是历史传承、意识形态和综合国力的统一体，二者的观点启发我们，应恰当处理历史因素对构建国家形象的影响，同理语言形象的建构应充分考虑语言历史的发展，并正确处理古今语言之间的关系。

谢晓娟认为应该从外交理念、民族性、思想性等因素来定位国家形象。[③] 刘继南、何辉表达了类似的观点，并把其要素具体化，“国家形象包括政治、经济、军事、外交、文化、自然环境、社会、教育、科技、体育、国民等方面”[④]。张昆等认为“国家形象主要包括物质要素、精神要素和制度要素”[⑤]。该观点是对管文虎观点的继承与发展，同时也是对刘继南、何辉观点的概括与升华。刘继南、何辉

① 管文虎：《国家形象论》，电子科技大学出版社 1999 年版，第 25—31 页。

② 孙津：《赢得国家形象》，河南美术出版社 2001 年版，第 13 页。

③ 谢晓娟：《论软权力中的国家形象及其塑造》，《理论前沿》2004 年第 19 期。

④ 刘继南、何辉等：《中国形象——中国国家形象的国际传播现状与对策》，中国传媒大学出版社 2006 年版，第 10 页。

⑤ 张昆、徐琼：《国家形象刍议》，《国际新闻界》2007 年第 3 期。

把文化纳入国家要素范围，刘艳房、张骥指出："从不同的要素来分析和研究，可以区分出不同的国家形象，其实一国的国家形象是各构成要素相互作用和整合的结果，是一种综合体现，只是有时在一定的历史或特定时期某一要素主导国家形象之间的构成要素而表现为国际社会所认知的某一国家形象。"① 这一观点明确指出国家形象是由不同要素彰显的形象综合而成的，因此，有必要从其不同的组成要素进行研究，从而发挥不同形象的作用，更好地建构国家形象。

"国家形象的构成要素包括物质基础、政治制度、文化理念、意识形态和民族精神等，这些要素总是有机整合形成一国的国家形象。……国家语言形象的构成要素有历时和共时之分。"② 杨绪明等对国家形象的构成要素做了进一步概括，"国家形象作为一个系统是由国家政治、经济、语言、文化、外交、科教、军事等多个形象子系统构成的。"③ 该观点不仅将语言作为单独要素纳入了国家形象的构成系统，还明确指出了目前尚缺乏"国家语言形象"的专门研究，这成为本书重要的前期研究基础。

2. 国家形象的基本特征

国家形象一般具有哪些基本特征？学者们基于自身学识和兴趣，有不同见解。

认为国家形象具有复杂性、客观性、主观性的有管文虎(2006)④，刘继南、何辉（2006)⑤，韩源（2006)⑥ 等。

---

① 刘艳房、张骥：《国家形象及中国国家形象战略研究综述》，《探索》2008 年第 2 期。

② 陈艳彬：《中国语言形象的构成及其影响因素》，硕士学位论文，广西师范学院，2016 年。

③ 杨绪明、廖扬敏、贾力耘：《全球语境下中国语言形象构建刍议》，《广西师范学院学报》2014 年第 3 期。

④ 管文虎：《国家的国际形象浅析》，《当代世界》2006 年第 6 期。

⑤ 刘继南、何辉等：《中国形象——中国国家形象的国际传播现状与对策》，中国传媒大学出版社 2006 年版，第 7 页。

⑥ 韩源：《全球化背景下的中国国家形象战略框架》，《当代世界与社会主义》2006 年第 1 期。

认为国家形象具有稳定性、多样性的学者有张昆[1]，张昆、徐琼[2]，韩源等。

认为其具有动态性的学者有刘继南、何辉，张昆、徐琼，韩源等。

此外，刘继南、何辉还认为国家形象具有本源性[5]，韩源认为国家形象具有民族性、可传播性和可塑性。

因此，国家形象的特征可以概括为客观性、复杂性、整体性、多样性、主观性、本源性、民族性、动态性、相对稳定性、对内对外的差异性、可传播性以及可塑性。

由此可见，国家形象的构成要素“与特征是密切相关、相互作用的，不同的构成要素体现国家形象特征的变化，反过来，国家形象特征的多样性也就决定了构成要素的多元化，同时这样的辩证关系也为研究国家语言形象提供了可靠参考”[3]。

3. 国家形象的功能

孙有中（2002）以美国等国为例，对国家形象的功能进行了深入考察，他提出了国家形象具有政治、外交和商贸等三大实用功能，并分别阐述了这三大功能的具体表现与作用。孙有中援引贾非和内本扎尔《国家形象与竞争优势》一书的论见：“每一个国家都有一个形象，或有利的或不利的形象，或正面的或负面的形象。……它们都影响着投资者或消费者对一国之国家‘品牌’的判断。而这些判断将部分决定该‘品牌’的销路，或影响其出口，或左右外国投资者的选择。”[3] 基于此，贾非和内本扎尔呼吁政府部门和企业界携手共创国家品牌，为本国的商业活动在国际上赢得竞争优势。[4]

综上可见，“国家形象是一个国家综合实力和全面影响力的具体

① 张昆：《国家形象传播》，复旦大学出版社 2005 年版，第 187—189 页。

② 张昆、徐琼：《国家形象刍议》，《国际新闻界》2007 年第 3 期。

③ Eugene D. Jaffe, Israel D. Debenzahl., *National Image and Competitive Advantage: The Theory and Practice of Country - of - Origin Effect*, Copenhagen: Copenhagen Business School Press, 2001.

④ 孙有中：《国家形象的内涵及其功能》，《国际论坛》2002 年第 3 期。

表现。形象就是凝聚力、吸引力、号召力；形象就是信誉；形象就是效益”①。“一国之国际形象不仅决定了该国家所处的国际舆论环境，而且直接或间接地影响着该国家在国际上的生存和发展空间。”②

（四）中国国家形象建构相关研究

关于中国国家形象建构，学者们大多通过传播学和国际关系学的视角对其进行研究，如管文虎在《国家的国际形象浅析》一文中指出：“一个国家要塑造良好的国际形象，首先要练好‘内功’：发展经济、政治、科技、文化、教育，同时奉行和平、友好、合作的对外政策，包括正确对待本国的历史。增强本国的综合国力，推进国家的社会进步，是塑造良好国际形象的基础。要通过国内媒体的对外宣传和国际媒体树立国家良好的国际形象。”③ 很显然，该观点从国家形象中的对外形象出发，较全面地阐述了国际形象建构的策略，练好“内功”、增强本国的综合实力的策略同样适用于语言形象建构。谢照提出了“国家形象‘柔性构建’，即通过变通的方式使其构思并建立”④。该观点符合国家形象构成要素动态性特征，不同历史时期的条件决定了其形象建构的策略同样具有动态性。宋羽田认为中国国家形象塑造的策略为：“树立和谐发展的大国形象；树立和平崛起的大国形象；树立负责任的大国形象。”⑤ 刘康（2009）认为：“国家形象塑造的一切产品本质上都是公共产品，是必须由政府的规划、组织来实施的，同时也必须有全社会各层面普遍参与，有最广泛的社会基础与共识。……一个民主、开放、和平、自信的国家形象是中国现代化转型的不可缺少的有机部分，这一动态、复杂但又确实可信的真实形象，就是世界所理解、认可、接受的中国形象。中国的国际话语必须

---

① 明安香：《关于国家形象传播的思考》，《对外大传播》2007 年第 9 期。

② 潘一禾：《“国家形象”的内涵、功能之辨与中国定位探讨》，《杭州师范大学学报》2011 年第 1 期。

③ 管文虎：《国家的国际形象浅析》，《当代世界》2006 年第 6 期。

④ 谢照：《国家形象的柔性构建和传播》，硕士学位论文，天津师范大学，2008 年。

⑤ 宋羽田：《国际传播视角下中国国家形象塑造研究》，硕士学位论文，吉林大学，2008 年，第 21 页。

是多元多样化的，要实现话语创新，建立更为国际化的议程设置和主题。"[①] 吴飞、陈艳认为"国家形象的建构包括物化层面与符号层面"[②]，要分别进行建构。蒙象飞从中国文化符号角度出发阐述了"中国文化符号对中国形象建构及传播具有重要意义"[③]。

通过了解国家形象的内涵、构成要素、功能、特征及中国国家形象建构等内容，我们可以发现中国国家形象的建构与其构成要素关系十分密切，组成要素是建构国家形象的基础。语言形象是国家形象的组成部分，对中国语言形象进行建构就能更好地建构中国国家形象。

三 语言本体：语言形象构成要素研究

语言从本体上一般都包括有语音、词汇、语法等要素，若加上其记写的工具——文字，一共就有四大主体部分内容，因而语言形象研究至少应该包括这几个方面，若再加上语用中的语体特征（语域的正式，或是非正式），那么语言形象的内容就更加丰富和立体化。

单从语言学角度看，汉语的形式因素如声调、语调、节奏和韵律等本身就具有了一种形式美。语言学家王力就认为："语言形式美……是从多样中求整齐，从不同中求协调，让矛盾统一，形成了和谐的形式美。"[④] 王力先生所说的形式美，正是汉语本身所具有的一种美的形象展现，是我们需要挖掘的汉语形象因素。

王一川（1999）曾基于美学研究的视角，把现代汉语形象问题概括为如下五个方面：（1）古今语言问题，即现代汉语与古代汉语的关系问题。（2）中西语言问题，即古汉语传统与西方语言的关系。（3）文学语言与官方语言问题。（4）雅俗语言问题，即现代精英语言与日常语言、或雅语与俗语、或书面语言与口头语言的关系问题。

---

① 刘康：《如何打造丰富多彩的中国国家形象？》，《新闻大学》2008 年第 3 期。

② 吴飞、陈艳：《中国国家形象研究述评》，《当代传播》（汉文版）2013 年第 1 期。

③ 蒙象飞：《中国国家形象建构中文化符号的运用与传播》，博士学位论文，上海外国语大学，2014 年，第 83 页。

④ 王力：《中国古典文论中谈到的形式美》，《龙虫并雕斋文集》（第 1 册），中华书局 1980 年版，第 460 页。

（5）文学语言本体问题，即现代文学中汉语自身的内在本性、表达极限或存在价值问题。[①] 王娅（2009）曾结合 *Pride and Pejudice* 中典型人物形象塑造的语域特征分别对英语的语音、词汇、语法的形象表现进行了分析。[②] 下文将分别评述语言形象的各分支形象研究状况。

（一）语音形象的相关研究

语音形象是某种语言凭借其语音在交际中诉诸受众的听觉而形成的关于该语言的局部认知形象，包括不同语言间进行比较时产生的关于该语言的语音认知印象，通常也被称为声音形象，是语言形象本体的主要构成要件之一。刘自匪（2002）曾指出："语言的形象性是以语音和字形为基本的物质载体和外壳的，这就决定了语言本身是有形的、具象的；音形特征既是语言能够被人直接感知的基本物质条件和符号属性，同时也构成了语言自身的外在形象。"[③] 该观点从语言本体出发，指出了语音和字形都具有形象意义，是语言本体形象研究的基础。

1. 语音形象存在的问题

以汉语为例，当前语音形象方面存在的问题一般会有：①普通话说得不标准、不规范；②语音表达技巧差（如语调平淡，声音过大或过小，随意停顿，没有感染力，结结巴巴等现象），导致意思表达不清，沟通不顺畅；③对受众关注不够，没有对象感，留下不佳印象，等等。

2. 语音形象的价值认知

林语堂（1939）注意到了汉语"单音节性"对于文学的特殊意义："这种极端的单音节性造就了极为凝练的风格，在口语中很难模仿，因为那要冒不被理解的危险，但它却造就了中国文学的美。"[④]

---

① 王一川：《汉语形象与汉语形象美学》，《浙江学刊》1999 年第 1 期。

② 王娅：《语域分析与形象塑造——试从语音、词汇和语法角度对 *Pride and Pejudice* 典型人物性格分析》，《科技信息》2009 年第 6 期。

③ 刘自匪：《语言形象的生成与实现》，《北方论丛》2002 年第 3 期。

④ 林语堂：《中国人（1939）》，郝志东、沈益洪译，学林出版社 1994 年版，第 222—223 页。

他还进而就汉语的语音形象和词法形象在诗歌形象体系中的重要性作了具体阐明："诗歌需要清新、活跃、利落，汉语恰好清新、活跃、利落。诗歌需要运用暗示，而汉语里充满意在言外的缩略语。诗歌需用具体形象来表达意思，而汉语中表达形象的词则多得数不胜数。最后，汉语具有分明的四声，且缺乏末尾辅音，读起来声调铿锵，洪亮可唱，殊非那些缺乏四声的语言可比拟。"①他对汉语形象的认知是十分深刻和到位的。

王一川（1998）曾指出，语音形象"是指汉语的语音组织在表意过程中体现出来的艺术形象系统"。语音形象是诗的"美"的重要成分之一，也是汉语形象的"美"的一个极重要方面。轻视语音形象必然不能完整地理解诗以及汉语形象的美。②

朱光潜（1981）指出："声音节奏在科文（自然科学论文）里可不深究，在文学里却是一个最主要的成分，因为文学须表现情趣，而情趣就大半要靠声音节奏来表现。……声音节奏对于文章是第一件要事。"③ 这充分表明了他对于语音形象的极度重视立场。

3. 语音形象的构成研究

郭锦桴（1993）曾提出，语音形象从构成上可以分为声调（字调）形象、语调形象、节奏形象和韵律形象等四个方面。声调（也叫字调），指每一音节所固有的能区别词汇或语法意义的声音的高低升降状况；语调则指整句话或整句话中的某个片段在语音上的高低升降状况；节奏指由声调和语调共同构成的语音整体在一定时间里呈现的长短、高低、轻重和音质等有规律的变化状况；韵律形象则指上述语音变化所形成的内部和谐状况。④ 可见，汉语依托其独特的声调（字调）、语调、节奏和韵律等来凸显其语音形象，由于语气形象指整句话或整句话中的某个片段在语音上所呈现的人的感情状况，我们认为语音形象还应包括语气形象，因而，从构成上，汉语语音形象可

① 林语堂：《中国人（1939）》，郝志东、沈益洪译，学林出版社 1994 年版，第 242 页。
② 王一川：《汉语形象及其基本地位》，《诗探索》1998 年第 11 期。
③ 朱光潜：《散文的声音节奏》，《艺文杂谈》，安徽人民出版社 1981 年版，第 82—83 页。
④ 郭锦桴：《汉语声调语调阐要与探索》，北京语言学院出版社 1993 年版。

以分为声调（字调）形象、语调形象、语气形象、节奏形象和韵律形象等五个方面。

（1）汉语韵律的形象性

赵元任以唐代岑参离别诗的开头四句音韵为例，指出“这种变化暗示着从冰天雪地到春暖花开两个世界。换句话说，这是韵律象征着内容。同样，我们可以说，象形字和表意字象征着它们所代表的事物”①。可见，汉语的韵律变化并不只是语音（外在形式）上的，而是与内容的变化有着很大的联动性，或者说是韵律的变化直接导致了表达内容的变化，这就是赵元任所言的“韵律象征着内容”。

（2）汉语声调的形象性

陈望道对声调的形象性也有恰当的论述。他指出：“辞的声调是利用语言文字的声音以增饰语辞的情趣所形成的形象。”并举例说“‘滴’字的音，同雨下注阶的音相近，‘击’字的音同持械敲门的音相近，……‘瀑’字的音近于瀑布的声音之类”②。

4. 语音形象的跨语言比较与应用研究

汉语的一大特点是有平上去入四声（现代为阴、阳、上、去），前二者为平声，后二者为仄声。“平声与仄声，不仅有音高的区别，音长也不一样。平声字调平缓，仄声曲折多变。平仄相间，便能收到抑扬顿挫，节奏鲜明的效果。”③

（1）文学中的语音形象

重视文学语言的语音形象美感是我国古典文学的一个优良传统，“与中国古代重视语音形象、现当代有所忽视的趋向相反，西方现代语言学家及语言学理论越来越注重语音形象的研究”④。张爱玲的《金锁记》在叙述故事的同时，“也用语符的声、韵、调为我们弹奏出一曲深沉哀怨、凄幽宛转的旋律。这种以汉字声、韵、调为基础在

① 赵元任：《谈谈汉语这个符号系统（1973）》，《赵元任语言学论文选》，叶蜚声译，中国社会科学出版社 1985 年版，第 73—74 页。

② 陈望道：《修辞学发凡》，新文艺出版社 1957 年版，第 228—229 页。

③ 刘焕辉：《修辞学纲要》，百花洲文艺出版社 1997 年版，第 123 页。

④ 凯塞尔：《语言的艺术作品》，上海译文出版社 1984 年版，第 121—123 页。

文学语言的组织过程中呈现出的语音变化……我们可以把这种特殊的'美的世界'称为语音形象"[①]。杜悦曾以汪曾祺小说为例，探讨了其中富于独特美感的汉语语音形象。认为汪曾祺小说"充分发挥汉语音节停顿和字句组合方式的优势，在音节和句子组织上寻求整齐美和参差美；声调配合上讲求抑扬美；从韵脚的选择上求得一种回环美；拟声摹状词和叠音词的创造性使用，使其小说语言生动传神，声色兼备"[②]。

（2）影视艺术的语音形象

王巧霞探讨影视艺术语音形象塑造的基本原则时认为，影视剧中成功的语音形象"应该是颇富个性和层次感。……一句话，成功的语音形象，对人物形象乃至整部作品的成败都有至关重要的作用"[③]。

（3）普通话测评中的语音形象

刘玉琴（1995）从提高普通话测评信度的视角，认为语音形象指的就是测评员头脑中再现出来的利用听觉的形象记忆所感知的各等级普通话的具体形象。进而分析了语音形象的三个特性，语音形象具有可感知性，易于为测评员掌握。语音形象具有导向性，利于测评员形成一种整体评价的能力。语音形象具有规范性，易于统一标准。[④]

（4）语音形象的跨语言比较

汉语采用表意文字，可归为形象语言；英语采用表音文字，可归为声音语言。表意文字以取象为主，因而汉字本身从来源上就具有"人文形象的审美信息"。一般说来，表音或拼音文字，与其反映的客观事物之间没有任何联系，加上英语音素组合的任意程度很大，英语语言形式所蕴含的信息量很低，词的形式和词义之间没有太多理据性（motivation），因而与汉语相比，其相应的英语单词大多只说明功

① 吴进：《低沉哀怨 凄幽宛转——张爱玲〈金锁记〉的语音形象分析》，《名作欣赏》2001 年第 4 期。

② 杜悦：《富于独特美感的语音形象——汪曾祺小说探微》，《浙江学刊》1999 年第 4 期。

③ 王巧霞：《略论影视艺术语音形象塑造的基本原则》，《重庆师范大学学报》2005 年第 3 期。

④ 刘玉琴：《试述建立语音形象之必要——关于如何缩小误差，提高普通活测评信度的思考》，《昆明师专学报》1995 年第 4 期。

能，极少具备事物的形象性。[①]

多位学者已就语音形象存在的问题、价值、构成、跨语言比较及应用等问题进行了卓有成效的探讨，不过他们所研究的“语音形象”并不是某种语言的本体形象，而是语音的功能及其应用形象，跨语言的比较研究还很少，关于某种语言的语音本身所具有的形象，至今尚少有专门研究。

（二）词汇形象的相关研究

词汇形象是在交际中某种语言凭借其词语（个体）或词汇（整体）诉诸受众的视觉、听觉等感官而形成的关于该语言的部分认知形象，也包括不同语言间进行比较时产生的关于该语言的“词语”认知印象，通常也称作“语词形象”，是语言本体形象的另一个重要构成要件。词汇是社会发展变化的晴雨表和缩影，透过词汇的发展变化可以看到整个社会物质生活的改变、经济的发展、科技的进步、观念的变迁等。可以说，作为语言建筑材料的词汇对社会的发展变化是最为敏感的，反映着整个语言系统的发展与变化。词语之于语言的重要性表明了进行词汇形象研究的重要价值，学者们业已从不同的侧面进行了相关探索。

1. 词语的形象色彩研究

（1）词语形象色彩的内涵与来源

“所谓形象色彩，就是词所引起的人们对现实中某些形象的联想。”[②] 刘叔新（1990）指出：“现代汉语相当多的词语带有表达色彩。……形象色彩的丰富，是现代汉语词汇的一种可贵特色。很多词语含有对于所指明的对象的某种形象感。……汉语极为有力地发挥了形象色彩这种利于表物明意的功能。”[③] 杨爱芬等（2002）也曾就词语的形象色彩的内涵进行了探讨，认为“形象色彩是词语的一种表达色彩，……有助于理解词义的事物外在的形象方面的特征。形象色彩的产生所凭借的不是抽象概念，而是具体表象，更进一步说是头脑中

---

① 连淑能：《英汉对比研究》，高等教育出版社2002年版，第48—55页。

② 高名凯、石安石：《语言学概论》，中华书局1963年版，第113—114页。

③ 刘叔新：《汉语描写词汇学》，商务印书馆1990年版，第187—194页。

所留存的事象的形象特征”①。

艾尔肯·肉孜·艾尔图其（2006）提出“词的形象色彩意义很大程度上在词的自由意义的基础上产生，但主要是在非自由意义的范围内生成，是在具有某种特性的物质的基础上经过人在意识中的联想而产生的一种附加意义”②。现代汉语词语形象色彩的形成，从语言基础看，运用了比喻法、借代法、摹声法等造词方式和复合式、附加式、重叠式等构词方式。③ 马琳（2003）研究发现，词语的形象色彩主要来自五类词语。④

可见，词语形象色彩，来源上指构词语素所显示出来的具体生动的直觉形象感，也被称为词语形象感；主观上是词语在读者的意识中引起的一种情绪联想。由于词语的形象感可能会随着具体的语境发生一定的变化，因而不能被看成词语本身内涵意义的一部分。这些都是词语的属性或意义等所展现出来的形象，还不是词语自身作为认知对象的形象问题。

（2）词语形象感的认知机制与产生原因

许静、孔洁（2011）基于图形—背景理论对词语形象感的认知机制进行了有益的探讨，指出“词语的形象感也恰恰体现出人类的心理认知机制：图形—背景的分离（figure/ground segregation）⑤。……语言中的图形和背景与视觉场中的图形和背景是不太一样的。视觉场中的图形和背景往往是具体的实体，而语言中的图形和背景既可以是空间中运动事件或方位事件中两个彼此相关的实体，也可以是在时间上、因果关系上或其他情况中彼此相关的两个事件。”⑥

---

① 杨爱芬、冯丽娜、毛俊萍：《词语的形象色彩与词汇教学》，《天津大学学报》2002年第4期。

② 艾尔肯·肉孜·艾尔图其：《俄—维词语的形象色彩义比较研究》，《喀什师范学院学报》2006年第2期。

③ 周国祥：《现代汉语词语形象色彩的形成和功用》，《菏泽学院学报》2007年第6期。

④ 马琳：《试论汉语词语的形象色彩及其表达功能》，《南昌大学学报》2003年第2期。

⑤ 匡芳涛、文旭：《图形—背景的现实化》，《外国语》2003年第4期。

⑥ 许静、孔洁：《词语形象感的认知机制及其教学的运用》，《管理工程师》2011年第1期。

更早一些，苏宝荣（2000）也曾从东—西方思维和文化差异的视角分析了汉语词语的形象色彩产生原因，指出“汉语反映客观事物，习惯于用具体、形象的词语，用意象组合的方法，使语言的表达富于图像化。即使是在论述抽象的概念道理，也常用意象的比附，使语言具体、形象、生动”①。

综合来看，以上学者基于汉语的实际，分别从表现、来源、语用心理、思维方式及文化差异等角度对词语的形象色彩进行了可贵的探索，是我们进行语言形象研究的基础，不过这些研究仍是语言本体的研究，并不是把词语这一语言符号作为独立的感知对象来认识的，也未能进行跨语言的词语比较认知研究，即已有文献未能进行不同语种词汇的认知形象对比研究，更为宏观的词汇形象研究仍付之阙如。

2. 词语的形象功能

众所周知，丰富多彩的汉语词汇中存在着大量的具有鲜明形象色彩的词语。如“鸡冠花”一词，除了表示“一种植物的花”这一类概念外，在区别特征方面还会让人联想到这种花的形状与鸡冠的形状相像，进而在这一联想过程中产生生动的形象感。词语本身带有的这种具体生动的形象能诉诸人的视觉、触觉、听觉、味觉、嗅觉等感觉器官，传递给人以形象的美感的功能一般称之为词语的形象功能。

关于汉语词语的形象色彩及其表达功能，马琳（2003）曾引述黑格尔、车尔尼雪夫斯基和鲁迅的相关观点进行了相应说明。如黑格尔认为“美只能在形象中见出，因为只有形象才是外在的显现”②；车尔尼雪夫斯基认为“形象在美的领域中占着统治地位”③；鲁迅先生在《汉文学史纲要》中也指出，汉语“具三美：意美以感心，一也；音美以感耳，二也；形美以感目，三也”④。在该文中马琳进一步指

① 苏宝荣：《词义研究与辞书释义》，商务印书馆 2000 年版，第 16—18 页。

② ［德］黑格尔：《美学》（第 1 卷），朱光潜译，商务印书馆 1979 年版，第 87—161 页。

③ 北京大学美学教研室：《西方美学家论美和美感》，商务印书馆 1980 年版，第 242、251 页。

④ 鲁迅：《鲁迅全集》（第 8 卷），人民文学出版社 1963 年版，第 257 页。

出词语形象色彩表达功能的三个表现：增强词义的明晰性、表现同义词的细微差别、使语句内容表达得具体真切、富于色彩变化。[①]

关于词语形象功能的产生来源，薛梅（2006）曾进行了探求，指出词语的形象功能“是造词时从外形、动态、声音、颜色等角度描述事物的特点而产生的，是客观存在的语言现象”[②]。周国祥（2007）认为现代汉语词语形象色彩的功用主要表现在命名取号、精确表义和构成风格要素等三个方面。它是词语中客观存在的事实。[③]

关于词语形象功能（色彩）的研究价值，杨爱芬等（2002）分析了形象色彩的表意特点、类别和教学意义[④]。随后，许静、孔洁（2011）认为“词语形象感的认知机制为图形—背景的分离。……通过对词语形象感的学习，不仅可以对学生进行语言文化的教授，还能进一步让学生了解元语言知识，了解语言与思维”[⑤]。胡范铸等（2010）曾就词语修辞对国家形象传播的价值问题进行了较深入地探讨。[⑥] 陈燕玲（2014）从修辞学的角度，运用“词语自由联想”测试法分析了菲律宾青少年关于中—美—日三国国家形象的认知差异及其原因，以期为我们的国家形象修辞构筑提供一些切实的参考。[⑦] 范勇（2009）基于美国主流媒体《纽约时报》等涉华报道的内容、主题、倾向及报道用词的实证研究，分析西方媒体涉华报道中大量使用了意识形态偏见词汇，这些意识形态偏见词汇对“中国形象”的塑造已产生了诸多不利影响。[⑧]

---

① 马琳：《试论汉语词语的形象色彩及其表达功能》，《南昌大学学报》2003 年第 2 期。

② 薛梅：《词语的形象功能与修辞审美》，《平原大学学报》2006 年第 4 期。

③ 周国祥：《现代汉语词语形象色彩的形成和功用》，《菏泽学院学报》2007 年第 6 期。

④ 杨爱芬、冯丽娜、毛俊萍：《词语的形象色彩与词汇教学》，《天津大学学报》2002 年第 4 期。

⑤ 许静、孔洁：《词语形象感的认知机制及其教学的运用》，《管理工程师》2011 年第 1 期。

⑥ 胡范铸、薛笙：《作为修辞问题的国家形象传播》，《华东师范大学学报》（哲学社会科学版）2010 年第 6 期。

⑦ 陈燕玲：《菲律宾青少年关于中美日国家形象的认知——基于“词语自由联想”测试的分析》，《当代修辞学》2014 年第 2 期。

⑧ 范勇：《美国主流媒体涉华报道中的意识形态偏见词汇与“中国形象”塑造——基于对〈纽约时报〉的实证研究》，《湖北社会科学》2009 年第 8 期。

学者们关注到汉语词汇中存在着大量的形象色彩词语，并对形象色彩词语的来源、表达功能及其价值进行探讨，特别是对词语形象的教学价值、工具价值等进行了一定的研究，但这些研究所关注的“词语形象”仍是词语内涵与反映对象的形象，所指并不是本课题语言形象分支的“词语形象”——词语本身作为认知对象的形象。

3. 特色词汇形象及其跨语言比较研究

“语言深深地扎根于文化现实和该民族人民的习俗、生活之中，语言研究离不开这一宽泛的语言行为环境。”[①] 可见，要想理解某一种语言，除了要了解言说者的整个文化背景及其生活方式外，还可通过其词语来理解。词语内涵的形象既受到传统文化的影响，也受到特定的交际语境的影响，积淀着某种文化基因，进而带上了明显的民族文化色彩。比如我们汉民族就特别注重事物整体的具象感知，围绕着词语的“理性义”形成一系列附属的色彩义，从而使语言表达更加生动、细致而形象。“汉语词汇，作为汉民族认识世界的工具，其组构形式及意义也明显带上了汉民族具象思维的特征。因此，汉语词汇的词形结构在书面上多以形象示义，在语素复合上注重形象描绘。”[②]

韩彩英（1998）通过中西语言比较发现，从词汇层面看，英语通常倾向于使用抽象词。英语有丰富的词缀如 - tion， - ness， - ity， - ship 等用来表示抽象性。而汉语则常常倾向于使用具体形象的词，一个突出的表现就是量词的大量使用。[③] 由此可见，与英语等语言相比，汉语词汇凸显着更为鲜明的形象性。

李庆祥（2000）通过对中日形象词语进行比较，指出形象词语以主体对客观对象的形象认识为基础，由词所反映的巩固在词的形式中的某种形象性特征，引发主体对客观存在展开想象、联想，以达到语言表达既有鲜明的生动感又有强烈的美感之目的。……中日形象词语

---

① Malinowski, B. , “The Problem of Meaning in Primitive Languages”, In C. K. Ogden, & I. A. Richards (Eds.), *The Meaning of Meaning*, 1923, London, pp. 296 - 336. K. Paul, Trend, Trubner. Malinowski, *The Meaning of Meaning*, 1921, S 306.

② 常敬宇：《词汇与文化》，北京大学出版社 2000 年版，第 16 页。

③ 韩彩英：《中西语言文字的形象与抽象》，《山西农业大学学报》1998 年第 4 期。

受各自文化和语言的影响而呈现出差异。[①]

张晓青（2001）的论文用“杜鹃”“牛”两个词的汉—德翻译为例，阐述了两种语言词语负载形象的差异，最后指出“每个词语背后都隐藏着深厚的文化内涵，而且具有鲜明的民族特色和相对固定的文化形象，这些文化形象的不同也把不同民族文化差异的深层体现在了词汇的层面上来”[②]。尚榕（2006）也以动物词汇“龟”和“牛”跨语言的不同文化形象表现实例，分析了中日文化的差异。[③] 艾尔肯·肉孜·艾尔图其（2006）通过俄—维两种语言中部分词语的形象色彩义的比较，认为“任何一种语言里的词语都有独特的形象色彩意义，它们都包含着非常丰富的民族文化内涵，在语言中占有很重要的位置”[④]。

以上诸位学者通过特色词汇的跨语言形象比较探讨，认为不同语言的形象之间虽然具有一定的相通性，但受到文化、习俗、地理环境、语言系统和认知方式等因素的影响也表现出较大的差异性。这些虽然不是词汇符号本身的认知形象研究，但也间接地验证了不同语言的“词语”整体作为认知对象必然会存在各自不同的形象，即汉语词语与英语词语各自不同的形象特征，汉语词汇因受到汉民族具象思维的影响，整体倾向于直观性、具体性、形象性；英语词汇基于古希腊文化的“求真”精神形成了西方文化的抽象思维，整体倾向于思辨性、概括性、抽象性。这也凸显了我们进行词语形象专门研究的独特价值。

4. 词语与国家形象关系研究

作为中国语言形象理论的基石之一，中国词汇形象这一本体理论的相关研究尚处于空白阶段，但一些学者已经意识到了词汇之于塑造

---

① 李庆祥：《中日形象词语比较》，《日语学习与研究》2000 年第 6 期。

② 张晓青：《从动物词汇文化形象看中德文化差异》，《天津外国语学院学报》2001 年第 1 期。

③ 尚榕：《从动物词汇文化形象看中日文化差异——关于“龟”和“牛”》，《宜宾学院学报》2006 年第 3 期。

④ 艾尔肯·肉孜·艾尔图其：《俄—维词语的形象色彩义比较研究》，《喀什师范学院学报》2006 年第 2 期。

国家形象的独特作用。如：范勇（2009）通过对美国主流媒体之一《纽约时报》的涉华报道的样本进行细读、分析和记录，从《纽约时报》的涉华词汇这一微观层面，揭示美主流媒体在“中国形象”塑造用词中存在着明显的意识形态偏见。并认为词汇这一话语方式体现着较为强烈的意识形态性，影响着国家的形象塑造，认识到了具有意识形态性的词汇是塑造国家形象的一种有效途径。[①] 而张结海等（2012）基于词汇联想法，考察了西方视野下的中国人形象。虽然该领域的研究目前刚起步，但张结海等人所进行的研究是首次采用词汇联想法（受访者母语）对西方受众眼中的中国男性、中国女性形象进行直接测量，也是对形象这一主观概念进行了量化研究尝试。结果发现中国男性、中国女性形象都由身体形象和个性形象两大部分组成，其中每部分都包含若干个正面形象维度和负面形象维度。最为可贵的是，该研究说明了词汇具有反映主观意识形态的功能，是形成和表达认知形象的手段之一[②]。

综合来看，范勇认为体现着意识形态性的词汇影响着国家的形象塑造，即词汇是塑造国家形象的有效途径。而张结海等人以词汇为测量手段和参考范式，依据心理学中联想网络记忆模型、采用词汇联想法对受试者进行测量，并对样本进行描述，说明了词汇是形象测量的有效应用手段。这两篇文献涉及“词汇”与国家形象塑造两者之间的关联，初步建立起“词汇”与“国家形象”塑造之间的连接点，范勇、张结海等学者以词汇测量形象的方法在研究视角上是很独特的，不过他们所研究的“形象”并不是词汇的本体形象，而是词汇的语义或功能所塑造的对象的形象，且他们测量所关注的“词语”仍是英文词语，关于某种语言的词汇本身所具有的形象，至今少有专门研究，更未上升至“国家词汇形象”这一理论层面。

---

① 范勇：《美国主流媒体涉华报道中的意识形态偏见词汇与“中国形象”塑造——基于对〈纽约时报〉的实证研究》，《湖北社会科学》2009 年第 8 期。

② 张结海、曲玉萍、吴瑛、康岚：《西方视野下的中国人形象测量研究——基于词汇联想法的发现》，《现代传播》2012 年第 2 期。

（三）语法形象的相关研究

王一川（1999）基于美学的视角探寻了汉语形象的美学价值，指出“文学中的汉语的修辞性形象是汉语在语音、词法、句法、篇法、辞格和语体等方面呈现出来的富于表现力及独特个性的美的形态”①。前文已对语音形象、词语形象进行了论述，下面谈谈语法形象。

语法形象是某种语言凭借其语法（包括本体及其介质）在交际中诉诸受众的感知而形成的关于该语言的部分认知形象，包括不同语言间进行比较和习得时产生的关于该语言的语法规则的认知印象，通常也被称为“语理形象”，是语言形象本体的主要构成要件之一。

1. 语法形象的构成

王一川（1998）曾探讨了“汉语的文法形象、辞格形象、语体形象等。文法形象是汉语的语词、语句和语篇组织在表意过程中体现出来的富于修辞性的形象系统；辞格形象是通过辞格的成功运用而使汉语所呈现出的动人的‘形象’魅力；语体形象是针对诗本文中的多种文类、语式或体式运用而言的，指诗本文当其为着造成特殊的表达效果而综合地混杂或并用多种不同文类、语式或体式时呈现的汉语形象”②。

从本体上来看，语法形象应该包括词法形象、句法形象和篇章形象，由于语法与修辞、语体关系密切，因而语法形象应该包括词法、句法、篇章、辞格和语体等五个既可独立又密切关联的分支形象。

2. 语法形象的应用研究

随着中国经济、政治等世界影响力的日益提升，中国受到外国媒体越来越多的关注，中国的发展离不开世界，如何让世界了解一个全新的中国，这对中国的发展有着巨大意义。在这种形势下，中国必须依靠多种媒介来全面提升国家形象。这正是我们语言形象建构的基础和目标。

李先婷（2016）尝试借鉴社会符号学的视觉语法理论，基于多模

---

① 王一川：《汉语形象与汉语形象美学》，《浙江学刊》1999 年第 1 期。

② 王一川：《汉语形象及其基本地位》，《诗探索》1998 年第 11 期。

态语篇视角，以韩国纪录片《超级中国》为例对国家形象传播进行了相应分析。论文探讨了韩国纪录片《超级中国》中的多模态语篇是如何构建、传播中国形象的，以及该纪录片对我国的对外形象传播工作可能带来的相关启示。[①] 王敏（2018）基于视觉语法和符号学理论，研究了《战狼Ⅱ》这部电影叙事画面的互动意义和构图意义。分析了该电影在叙事过程中如何通过画面和有声语言共同构建中国在新时代的国家形象[②]。此二者虽然都借鉴社会符号学的视觉语法理论并涉及语法和中国形象问题，但二人论文中的“语法”仅是一个理论标签，其形象也只是国家形象，并不是真正意义上的语法形象及其应用研究。

杨志梅（2016）从人际语法隐喻角度，通过对比分析奥巴马两次就职演讲探讨了“好朋友和领导者形象”建构问题。[③] 潘晓瑜（2019）从语法隐喻理论视角探讨了英语新闻语篇中的中国形象建构问题。[④] 二者虽然都采用了语法隐喻理论视角并涉及语法和形象问题，但其中的语法仅是手段，其形象也只是国家和领导者形象，并未涉及语法的本体形象。

（四）文字形象的相关研究

罗兰·巴特尔（Roland Barthes）从符号学视角，指出文字始终是任何一种发展成熟、功能齐全的语言所不可或缺的要素。6000 年前人类创造文字后，文字逐渐成为思考、酝酿理念以及创作的凭借，并成为人类自身存在的一种方式。[⑤]

有文字的语言，其文字对语言的传承和传播起着重要媒介作用，

---

① 李先婷：《多模态语篇视角下国家形象传播的视觉语法分析——以韩国纪录片〈超级中国〉为例》，《佳木斯职业学院学报》2016 年第 9 期。

② 王敏：《视觉语法下〈战狼Ⅱ〉与国家形象构建》，《新闻爱好者》2018 年第 2 期。

③ 杨志梅：《好朋友和领导者形象建构——从人际语法隐喻角度对比分析奥巴马两次就职演讲》，《中山大学研究生学刊》2016 年第 2 期。

④ 潘晓瑜：《从语法隐喻理论视角看英语新闻语篇中的中国形象建构》，《齐齐哈尔大学学报》2019 年第 4 期。

⑤ 万宇：《书写者的永恒形象——读〈文字与书写：思想的符号〉》，《中国图书评论》2003 年第 6 期。

文字自然也就成了现代语言的重要组成部分之一。从第一性上来说，文字是视觉的，虽然后起的盲文是依靠触觉来感知和“阅读”的，但整体上文字都是作为有形的构件才进入人类认知视野的，因而文字本身就拥有具象性特征，这就是文字形象。具体说来，文字形象是某种语言在交际中凭借其文字本身的符号形态诉诸受众视觉而形成的关于该语言的部分认知形象，也包括不同文字之间进行比较时产生的关于该语言的文字的好—坏、优—劣、难—易等认知印象，通常也可被称为字体形象，是语言本体形象的主要构成要件之一。

虽然文字是依靠视觉来感知和阅读的，但除了其本身的认知形象，文字还能通过其负载的语音和语义来帮助我们形成听觉形象及其客体事物想象，同样地，它还能在一定条件下帮助我们沟通触觉形象、嗅觉形象、动觉形象等其他感觉形象及相关客体事物想象。比如，文字通过比喻，帮助主体“看”到形象、“听”到声音、感受形体等。这些都是文字形象的衍生功能。

1. 汉字形象的内涵

王一川（1998）曾从诗论美学角度关注到“汉字形象”和基于汉字的“书法形象”，认为“汉字本身就有着‘形象’，甚至可以说是‘美’的形象，这是由汉字的方块形体特征决定的。……汉字的一个特殊性在于，当它的笔墨形体本身按专门的书法艺术或美学规范组织起来，形成具有书写者独特个性和特殊感染力的形式、节奏和气韵整体时，就成为艺术形象，这属于汉字书法艺术形象（简称汉字书法形象）。”① 刘自匪指出：“音形特征既是语言能够被人直接感知的基本物质条件和符号属性，同时也构成了语言自身的外在形象——听觉的形象和视觉的形象，特别是作为象形类文字的中国汉字，更具有鲜明的、丰富的形象意义。”②

二位学者虽然视角不同，前者从诗论美学的角度、后者从语言本体的角度，但都确认了中国汉字所具有的独特认知形象意义，为我们

① 王一川：《汉语形象及其基本地位》，《诗探索》1998 年第 11 期。
② 刘自匪：《语言形象的生成与实现》，《北方论丛》2002 年第 3 期。

的中国语言形象研究奠定了本体认知基础。

2. 汉字的造型形象

世界上几乎所有的文字在创制之初都会带有图画性和表意性，如古代苏美尔文字、古埃及楔形文字等，但绝大部分文字在从古到今这一漫长的演变进程中，逐渐丧失了它们的表意性，变成了当前只是单纯表音符号的拼音文字，如英、法、德等语言的书写文字；只有极少数文字至今仍保留着表意性，汉字就是这一表意文字的典型代表。作为人类视觉符号的一种，汉字的形象是通过刻写等书写手段和视觉形式得以展现的。在历史演进的漫长岁月中，汉字的外在形象先后经历了壁书、甲骨文、金文、大小篆、隶书、楷书以及简体等各种形体的演变，但汉字却始终没有改变其“象形表意”的独特性。

与拼音文字相比，汉字具有拼音文字不可替代的造型形象上的优势，汉字的造型形象优势主要体现在“六书”上，“六书造字”奠定了汉字“所指”与“能指”联系的基础，因而其视觉价值与传播价值就明显优于拼音文字。汉字的形象优势还表现在对汉字的书写、运用而衍生的篆刻、书法艺术和民间文学艺术上。[①]

3. 汉字形象的来源

聂振斌（1997）认为：“从象形到符号，是从具体到抽象；从符号到形象，是从抽象到具体——实际是一种更高层次的抽象。前一个‘具体’来自自然物，后一个‘具体’来自人生理想。”[②] 陈晓强（2015）通过分析《说文·叙》对“象”的阐释和运用，挖掘出了“客观物象——主观取象——汉字形象”这一早期汉字的生成机制。指出汉字形象要承担记录词义的功能，还要经历象中取意的转化。其文对汉字之“象”进行研究，有助于加深对汉字生成机制和汉字记词功能的认识，也有助于加深对“象形、象事、象意、象声”之“象”的理解。[③] 罗礼平、邱志芳（2005）通过汉字文献梳理和民俗汉字及其装饰的实例考察，探讨了汉字审美的意象化过程，指出汉字

① 罗礼平：《汉字的形象优势及其在标志设计中的运用》，《福建艺术》1999 年第 2 期。

② 聂振斌：《汉字何以成为艺术》，《中国书法》1997 年第 4 期。

③ 陈晓强：《论汉字的“象”》，《古汉语研究》2015 年第 1 期。

首先经历了“从象形到形象”的演变，并在“艺术实践中不断升华”，这应该是汉字形象的一个可信来源。“象形是对事物的摹写，既是汉字构形的基础，也是汉字走向艺术的基点；……汉字的象形是对图画的再创造，是对某类事物的概括与抽象，比图画更加简约、规范。汉字形象是汉字在艺术中超越了原初之形体，在艺术实践中不断升华，升华为审美意象。”①

4. 汉字的形象优势

对于汉字所独具的形象优势，罗礼平（1999）结合标志设计的问题曾对之进行了探讨，“就字体形象运用于标志设计而言，拉丁字母走在汉字的前面，并涌现出许多杰出的标志。……然而，中国汉字有几千年的历史，常用字就有三千……其视觉意义与传播意义优于拼音文字，而且书法、篆刻及民间文学艺术又更加丰富了汉字的表现力。在标志设计中，汉字的潜力极大，它书体众多，风格多样，因不同的对象而产生不同的标志形象、尽取所需”②。

5. 汉字的艺术形象

汉字因其本身的图像特征，比其他文字更有艺术形象性，如已经成熟的汉字的篆刻艺术、图形艺术、书法艺术和民间装饰艺术等。“汉字作为中国历史文明的资产，它的独特性、唯一性，使其在某些情况下代表了整个中国文化和中国特色，起到了‘标志’一样的识别作用。除了汉字本身的结构造型能给人们带来这样的情感之外，汉字的传统艺术表现也具备了这样的功能，如汉字的图形、篆刻、书法等艺术形式，这些都是具备中国民族风情、本土特色的文化艺术形式，在一定条件下与品牌形象相结合，不仅能提升品牌的视觉表现力，也能提高品牌的文化涵养和市场竞争力”③。

汉字和世界上其他文字相比，最突出的特点是多数汉字都能“以

① 罗礼平、邱志芳：《从象形到形象：汉字审美的意象化过程——兼谈民俗观念下的汉字及其装饰》，《文艺评论》2005 年第 1 期。

② 罗礼平：《汉字的形象优势及其在标志设计中的运用》，《福建艺术》1999 年第 2 期。

③ 柳林、胡菁奕：《传统汉字在品牌形象设计中的创意表现》，《安徽文学》2010 年第 5 期。

形表意”，“汉字的赋形与书写是二维的、平面的，天生具有图形性，而且这种具有特殊形体的文字在发展演变过程中，和汉民族的审美理念发生了机缘性的碰撞和融合，繁衍出艺术价值极高、具有独立审美范畴和体系的书法、篆刻艺术，从而使自身逐渐发展成为审美对象”①。

我国的书法艺术是“充满中华民族文化色彩的传统艺术，最初由官方文字的简便或潦草写法而生，是具有民间传统风格的艺术形式。……它不单是给人鉴赏的纯粹艺术形式，也是人们在生活中广泛应用的必然产物，折射出中国人民对艺术的热爱和追求。……优秀的书法作品应该既聚神又有形，结构均匀笔画生动的韵律节奏能唤起人们的向往，在使人阅览的同时，达到陶冶情操引人入胜的艺术效果。……书法艺术的审美特征，表现在用笔技巧上，笔画的变化和笔形的变形应该和运动相结合、与生命相呼应，要能反映出书写者自由自在的心境、跌宕起伏的感情”②。

汉字除了是交际工具，在民间交往中常常还衍生出许多装饰性作品，罗礼平、邱志芳（2005）指出：“汉字崇拜是民间汉字装饰艺术的源生动力。民俗汉字的装饰源于汉字的象形，而且把‘象形’这一特性演化成为一种装饰手段，字中有画，画中有字，图文相生。民间汉字装饰艺术，是人们在长期使用汉字的生活过程中发展起来的一种艺术形式，和传统的书法、篆刻、文人字画等艺术形式有很大的不同。……汉字在书法艺术中的审美，是象形——抽象——意象的过程，而民俗中的汉字装饰更接近图画，朴素直观。”③

6. 汉字形象的认知与应用

教学活动中，对汉字的认知水平会影响汉字的学习效率。刘鸣

---

① 罗礼平、邱志芳：《从象形到形象：汉字审美的意象化过程——兼谈民俗观念下的汉字及其装饰》，《文艺评论》2005 年第 1 期。

② 柳林、胡菁奕：《传统汉字在品牌形象设计中的创意表现》，《安徽文学》2010 年第 5 期。

③ 罗礼平、邱志芳：《从象形到形象：汉字审美的意象化过程——兼谈民俗观念下的汉字及其装饰》，《文艺评论》2005 年第 1 期。

（1996）认为：“汉字字形学习水平的高低优劣，与学习者的字形分解组合的视觉表象操作水平具有十分密切的关系，字形学习水平优良者，其表象操作水平，即有关形象思维操作水平也相应优良。……与拼音文字相比，汉字在其笔画、结构方式和表意性上都具有十分突出的图形特征，这在学习者的视知觉与视觉表象的操作活动方面就必然会导致与拼音字母具有一定差别的认识特征，而在相应的大脑半球机能分工特性上也会表现出一定的不同。……学习者有关汉字的形象思维操作水平与能力是影响汉字认知效果的重要心理因素，在实际的汉字教学过程中，必须有目的、有意识地采用一定的方法和手段来切实地加以培养和训练，这样可以有效地改善和提高汉字认知学习活动的实际效果。”[①] 张姣（2010）提出以汉字形象打造视觉时尚的观点，认为汉字是现在世界上唯一“活着”的象形文字，有极大的可塑性，这是其他的文字所不能比拟的。[②] 汉字在平面设计上的这一优势，中国设计师应该充分继承和发扬。刘慈萱（2014）以北京市为例，基于网络对旅游目的地文字形象认知符号进行了分析和探讨。[③] 唐伦（2018）基于创新应用与实践的目标探讨了文字形象教学在汉语言中的独特价值。[④]

可见，对汉字的合理认知，影响着汉字的学习、使用和研究，即汉字认知形象具有多方面价值，应该成为一个专题，给予足够的重视。

7. 汉字与拼音文字形象的比较及其应用研究

一种文字符号体系，不管它是通过所谓的表音方式，还是依赖于表意方式，拟或是依托其他别的什么方式来记录语言，它和语言无非是“载体和信息”的关系，若要衡量、辨别其优劣高下，就要把其

---

① 刘鸣：《汉字认知与形象思维》，《华南师范大学学报》1996 年第 4 期。

② 张姣：《以汉字形象打造视觉时尚》，《大舞台》2010 年第 9 期。

③ 刘慈萱、宋保平、畅雅静：《基于网络分析的旅游目的地文字形象认知符号探讨——以北京市为例》，《东南传播》2014 年第 7 期。

④ 唐伦：《文字形象教学在汉语言当中的创新应用与实践》，《吉林广播电视大学学报》2018 年第 7 期。

“视觉形象的好坏”作为一项最重要的标准。因此，考查和评价一种文字体系，还要看其符号图形是否适宜于我们的视觉器官的视读——即该文字符号的“宜读程度”。一种文字，如果其使用的符号的数量及其内部的结构方式都是恰到好处的，但是其符号与符号之间却因为图形过分相似或者别的什么原因，导致人们在阅读中对它们的辨识发生困难，那么，这种文字的视觉形象便是不够理想的。文字符号的“视觉形象”越是符合人们视读认知的心理规律，则它的“宜读程度”就越高，这是显然的。分析文字的视觉形象，可以从视读的认知过程着手，这一认知过程是一个动态的心理过程。拼音文字中，起区别作用的元素是字母，字母的书写顺序是从左到右、按线形排列的，所形成的只能是一维图形。汉字中，起区别作用的是笔画，每个汉字的笔画则是在等量大小的方形框内按平面进行分布的，所形成的都是二维图形。“从复杂度上看，当元素数量均等时，平面分布的二维图形的复杂度是线性一维图形的复杂度的平方倍。汉字的构字部件多达数百，比之一般拼音文字的三五十个字母，在数量上高出数十倍，再加上汉字区别特征在平面上的组合比之拼音文字的线形排列显得更为灵活，更为复杂。因此在视觉上，汉字字形相区别的性能，比之拼音文字存在一定程度的优越性是可信的”①。可见，汉字的形象特征也更为鲜明，比之拼音文字，汉字形象更易得到凸显。

在抽象程度方面，韩彩英（1998）对中西文字进行比较，指出：“从字形上说，西方文字已由原始的图画文字发展为表音的线性文字，它的符号性和抽象性都比汉字更强。从字义来说，西方文字具有极强的抽象性，文字符号与其所传递的信息之间几乎看不出内在的联系，它非常受理性的规定。而汉字却具象可感，‘它的方块象形结构具有若隐若现的图象性，从而与意义挂上了钩，使文字符号的任意性减少，表义性加强’②，带有较强的可解性。在语言方面，西方语言与

① 揭春雨：《文字的视觉形象初论——认知过程、区别特征结构及其模糊性》，《汉字文化》1990年第2期。

② 刘宓庆：《汉英对比研究的理论问题（上）》，《外国语（上海外国语学院学报）》1991年第4期。

汉语言也表现出了抽象与形象的不同倾向——汉语言文字的形象具有相对性，而西方语言文字的抽象具有绝对性。……汉语言虽然在某些方面较西方语言形象，但从总体上说，它是抽象的。因而，汉语言文字也同样适合表达各种抽象概念。”① 李晓燕、李光群（2007）通过象形文字具体意义的展示，探讨了两种语言的象形文字在表意功能方面的异同以及二者在构词和构句上各自不同的语用特点。②

8. 汉字与拼音文字认知的大脑差异

汉字认知是充分展现了大脑右半球的机能优势，还是处于两半球机能的平均化优势？目前的研究还不能完全证实，但“汉字在任何方式的认知情况下都有与大脑右半球机能优势倾向相联系的实验考察结果被报告，这与拼音文字的情况大不相同”③。

文字，是用来记录人类自然语言的书面符号系统，是语音体系之外的又一种传递语言信息的重要载体。语音，是耳治的；而文字，则是目治的，是用来视读的——视，然后读。视，是识别文字的图像；读，是发出声音和获得意义。在文字视读中，人们的视觉器官（或者触觉器官，如果是盲文的话）最先接触到的，是文字符号的具体图像信息，即文字的视觉形象④。综合来看，文字除了在视读过程中会产生“视觉形象”，文字作为一种符号、一种认知对象也应该具有一定的具体图像信息。这样一来，每种文字作为一个个“个体”，每一种文字的“个体”形象也应该是有差异的，即汉语形象、英语形象、德语形象、法语形象等“个体”形象都是有差异的，这正是开展文字形象研究的独特价值。

四 理念浮现：国家语言形象及其直接研究

由于“国家形象是国际民众对一个国家相对稳定的总体评价”，

① 韩彩英：《中西语言文字的形象与抽象》，《山西农业大学学报》1998 年第 4 期。

② 李晓燕、李光群：《英汉象形文字的应用与翻译》，《西安外国语大学学报》2007 年第 2 期。

③ 郭可教：《汉字认知与神经语言学研究简述》，《心理科学通讯》1989 年第 3 期。

④ 揭春雨：《文字的视觉形象初论——认知过程、区别特征结构及其模糊性》，《汉字文化》1990 年第 2 期。

而当今各国对良好国家形象的争夺多是以“话语权博弈”的方式来间接实现的，因而语言对国家形象的构建就具有了极其重要的作用。在全球化语境下，各国语言之间的竞争也愈演愈烈。各种语言在国际民众心中因之也就具有了不同的形象——在重要场合经常使用的语言相对于其他语言自然也就具有了较高的国际形象，这正是我们提出“国家语言形象”理念并进行此课题的专门研究的重要现实依据。

通过现有文献考察，我们在国外文献中并未查到“国家语言形象”概念，但作为一个独特的认知对象和具有重大研究价值的领域，在国家形象研究日渐兴盛和日益成熟的大背景下，“国家语言形象”概念的衍生和提出已是迟早的事。杨绪明等（2014）立足于全球化语境下的语言生态现状，将“语言本身”提升到国家发展战略的高度来认知，将语言的工具性和符号性功能所衍生的语言形象与国家形象相融合，基于“国家形象”母概念提出“国家语言形象”这一子概念并初步探讨了它的存在价值，认为“国家语言形象应指国际社会中某国通过其代表性语言所彰显的国家形象，国家语言形象是国家形象的重要组成部分、重要载体和国家精神的主要表征符号”①。

杨绪明等（2014）不仅建构了“国家语言形象”这一全新的概念系统，还明确了国家语言形象研究应重点关注的五个方面议题，即语言形象本体研究、国家语言形象的构成及影响因素研究、语言形象的现状调查研究、语言形象的国际定位研究、语言形象的国际传播策略与提升途径研究。杨绪明等还指出，从语言的国际地位角度来看，国家语言形象不仅具有代表性，还具有工具性以及不可缺少性。②

① 杨绪明、廖扬敏、贾力耘：《全球语境下中国语言形象构建刍议》，《广西师范学院学报》2014年第3期。

② 杨绪明、廖扬敏、贾力耘：《全球语境下中国语言形象构建刍议》，《广西师范学院学报》2014年第3期。

五 理论拓展：国家形象与国家语言形象关系

杨绪明等（2014）认为“国家形象作为一个整体，涵盖着政治形象、经济形象、文化形象、军事形象、外交形象、科教形象、语言形象等多个子系统，这就是国家形象的系统性。因而要塑造合意的国家形象，必须对国家形象系统进行全面研究”。因为语言本身具有符号性和工具性，它作为国家形象的重要表征符号，对国家形象的解读、保持与构建都具有重要的作用，因此要加强语言形象研究。

陈艳彬（2016）也对二者关系展开了探讨，认为“国家语言形象与国家形象相辅相成，国家形象是语言形象的背景，而且是国家语言形象产生积极效果后要实现的目标”[①]。曹然（2018）从传媒视角，以巴基斯坦主流英语报刊涉华报道为例，对中国形象建构策略进行了分析，认为在推进国家形象工程建设时，相应的媒体策略不可或缺，主要包括“自塑”与“他塑”两种手段。“他塑”，即由国际舆论、他国媒体进行国家形象塑造，是战略传播中的重要一环。[②] 该论文基于“一带一路”倡议背景下的中巴关系，客观分析了巴基斯坦媒体在建构中国国家形象方面存在的问题，并提出了相应的建构策略。

综合杨绪明等（2014）、陈艳彬等（2016）的观点可知，国家语言形象既是国家形象和国家精神的符号载体，又是构成国家形象的分支系统，二者关系紧密，既是母概念与子概念的上下位关系，又有整体与部分的分支关系，还存在内容与载体的表现关系等。这一认识奠定了我们下一步研究的基础。

---

① 陈艳彬：《中国语言形象的构成及其影响因素》，硕士学位论文，广西师范学院，2016年。

② 曹然：《“一带一路”视域下中国形象媒体建构策略分析——以巴基斯坦主流英语报刊涉华报道为例》，《苏州科技大学学报》2018年第1期。

第三章　中国语言形象建构主体、对象、目标与类型

前文已述，语言形象就是语言作为“客体对象/存在物”在人们的感知或记忆中所呈现出的某种主观映象。此种“主观映象”的产生除了受到语言客体自身特质的影响外，也必然存在认知主体的能动性影响，如选择性感知、先入为主印象等。“在皮亚杰提出建构主义观点基础上，斯腾伯格和卡茨等人则强调了个体的主动性在建构认知结构过程中的关键作用。”① 可见，认知得以发生，个体在认知过程中充当着建构主体的角色，其作用是不可替代的。因此，在中国语言形象建构中，首先应该明确的是建构主体，同时还要进一步确立建构客体（对象），只有明确建构主体和建构对象，才能有效发挥主体的主动性、能动性以及主客体间的互动性。与此同时，还要明确中国语言形象建构的目标并对其建构类型进行分类。这是因为，明确建构目标有利于建构主体准确把握建构方法、建构进度、建构效果。而建构类型的划分有利于细化建构任务并逐步推进，使建构主体明确建构方向、减轻建构压力并采取针对性的方法和策略。

一　中国语言形象的建构主体

关于主体与客体的概念，学界多有论见。一般认为，主体是指各

---

① 何克抗：《建构主义——革新传统教学的理论基础（上）》，《电化教育研究》1997年第3期。

类认识活动、实践活动的实施者、发动者，客体是指主体的认识活动与实践活动的承受者、受动者或行为的对象，是与认识的主体相对立的客观对象。李星（2011）曾有更为详细的表述，他认为“广义的主体是指在普遍存在的事物相互作用中能动的、主动的一方；广义的客体是指事物相互作用过程中受动的、被动的一方，它是相对于‘主体’、相对于能动的、主动的一方而言的。在广义的主客体概念中，人并不是天生的‘主体’，物也不是天生的‘客体’，由于相互作用过程中地位的不同，人与物都有可能成为‘主体’”①。鉴于主体与客体关系的复杂性，中国语言形象的建构主体主要指承担建构任务、责任的个人及个人组成的群体及其相关机构等。只有明确中国语言形象建构主体，才能从根本上保证中国语言形象建构得以顺利开展。

中国语言形象建构主体应该包括中国语言的使用个人、群团、机构、国家性实体以及国外关注中国语言的相关的个人、群团、机构、国家性实体等。主体的复杂性决定了中国语言形象展现的多样性，必然会存在正面与负面、善意与恶意、向心性与离心性、主流与分支等众多不同的语言形象，但合意的中国语言形象的建构只能依托国内主体、母语者主体和公正与道义者主体，需要各类主体尽职而为与通力合作，才能有效地完成语言形象构建的具体目标。

从现象学的视角，可以把“讲好中国故事”看成是中国语言形象展现的一个具体实践。范勇鹏（2014）曾从“讲好中国故事”的角度对相关主体问题有过分析，他认为“讲好中国故事需要‘多元主体’，不一定要由官方机构和媒体来讲，学术界、文化界乃至民间，都有义务承担起这个使命”②。由前文分析可知，中国语言形象建构是一项系统工程，其主体必然是多元化的，根据主体与语言的关系，建构主体可分为母语建构者和非母语建构者；根据主体的国别差异，建构主体可分为本国建构者和外国建构者；根据主体的目的性差异，建构主体可分为有意建构者和无意建构者；根据主体积极性差异，建

① 李星：《论主体与客体的辩证关系及其当代意义》，《辽宁医学院学报》（社会科学版）2011 年第 3 期。

② 范勇鹏：《讲好中国故事需要“多元主体”》，《人民日报》2014 年 12 月 18 日。

构主体可分为主动积极建构者和被动消极建构者；等等。鉴于实施主体的多元化特征，可根据实际需要，将中国语言形象建构主体分为语言形象官方建构机构、语言形象媒体建构机构、语言形象学术建构机构、语言形象公共服务机构、中国语言的学习者和使用者等，各类语言形象建构主体将会根据所处领域特点，或有意或无意地分别承担各自所处语言领域的语言形象建构任务。

主体多元化虽然有利于博采众长、广泛动员和扩大影响，但也会出现众口难调、影响时效的困境。就中国语言形象建构主体来说，重点要关注因国别差异形成的本国建构者和外国建构者双方在语言形象建构目标上的相向与相背问题，重点要改变“他国语言形象”中的“语言刻板印象”。此外，还要关注非母语建构者与文化圈差异者的语言形象形成走向，激发向心力，引导各类主体一起画好合意中国语言形象建构的同心圆。

（一）政府机构

政府机构历来是人们获取信息、形成认知的主要渠道，由于政府机构具有极强的政治、经济、文化、教育、行政等影响力，所以中国语言形象建构主体必须包含政府机构。具体来说，政府部门是否有专门的语言管理机构、政府部门的行政办公语言以及行政人员的语言使用等都会影响语言的形象。同时语言立法、司法机构也应该制定相应的语言法规，主动运用语言法规监督和规范相关领域的语言生活。此外，隶属政府的语言文字工作委员会、语言监测中心等也应该做好语言现状调查、语言形象研判、语言政策建议以及提供语言违法处置建议等。这样政府部门、语言立法司法机构、语委及语言监测中心等共同代表官方主体，实施、监测中国语言形象建构，才能主导中国语言形象建构向着合意的目标迈进。

（二）媒体与传播机构

报纸、杂志、出版社、广播、电视、电台、网络平台等新闻媒介，虽然其主要功能不是语言形象建构，但语言都是他们不可或缺的工具之一，与这些媒介的主体功能有着不可分割的关系，他们使用语言的方式和时机、对语言要素的组合以及所呈现的语言产品，都能表现出不同的语言形象，从这一意义上来说，这些大众传媒都充当了语言形象建构主体的角色。当然，伴随网络和人工智能的飞速发展，平台、网站等新媒体的流行，微博、QQ、微信等自媒体的发展等，又为语言形象的建构平添了更多的主体角色。因而，关注和拓展媒体与传播机构等主体，是中国语言形象建构的一项重要内容。

（三）学术团体和研究机构

建构什么样的中国语言形象？这是关涉理论和目标方向的宏大思维，必须要有专门的理论、专门的机构和相应的专家参与。可见，语言研究所、语言学会、语言学科团队、语言技术研究机构等学术团体，作为语言形象建构的精英群体，他们理所当然地要担当起语言形象的设计者角色，他们的水平决定了中国语言形象顶层设计水平，因而要重视发挥语言研究所、语言学会、语言学科团队、语言技术研究机构等学术机构和团体的语言形象建构主体的作用。

（四）教育、文化及公共服务机构

由于世界是发展变化的，合意的中国语言形象设计好后，还要通过一定方式让其他主体接受并进行实践和传承。那么各级各类学校、语言培训机构、语言康复机构、语言器械生产及语言服务机构等就成了这一“接力棒”的主要“二传手”。因而要重视各级各类学校、语言培训机构、语言康复机构、语言器械生产及语言服务机构等教育、文化及公共服务机构的中国语言形象的建构主体功能，以之为纽带扩大语言形象塑造和传承的实效。

（五）语言学习和使用者

作为个体，教师、学生、家长、语言作品创作者、语言研究者等既是语言形象的承接者、使用者，也是语言形象的生产者，是他们在使用中塑造了语言的不同形象，这一个个特色的语言形象汇聚成某一语言的整体形象。所以，语言的学习者和使用者是语言形象建构的基层主体。虽然他们具有泛众化特点，但他们作为基底民众，决定了语言形象的最终走向。

（六）国外普通民众

与前五类主体不同，国外普通民众对中国语言的了解和接受一般较少，多是通过国际交流活动、新闻媒体、网络平台、朋友介绍或个人旅游、商品消费等方式接触到中国语言，他们关于汉语本身影响力的熟悉程度、生活环境中对汉语话题的评论、消费时的语言选择趋向及个人性格特征等都会影响到他们对汉语的印象。囿于时空、经济、政治、文化、兴趣、汉语水平及交友等多种内外因素的影响，国外普通民众所形成的中国语言形象会随着接触程度、媒体宣传、友伴示范等加深或改变，他们的语言形象会具有很大的感召力。国外普通民众作为“形象基底”，既是形象建构的对象，也是形象建构的主体，他们是形象建构的“终端”，其作用是十分重要的。因而，国外普通民众是中国语言形象建构要重点发展和维持的主体群体。

二 中国语言形象的建构对象

中国语言形象建构的客体，也是中国语言形象建构的对象，主要是以汉语普通话为代表的中国语言。广义的中国语言形象关涉的应该是所有中国语言的整合形象，中国语言形象建构是源生于中国并带有中国印记的各种语言的形象建构，这将是一项十分宏大的叙事，受限于时间和精力，并基于认知的典型理论（典型可以表征其所属事物的类），这里重点探讨汉语普通话为代表的语言形象建构问题，把汉语普通话形象作为狭义的中国语言形象，把汉语普通话形象作为典型客体进行狭义的中国语言形象建构。

（一）语言及语言研究

语言形象，是人们对语言本身的印象，因而语言及语言研究是其形象形成的基础，是形象得以产生的触发点，也是形象萌生和能否散发持久魅力的营养基。因而，一种语言自身的语音、语汇、语法、文字等特征，以及其研究典籍、理论水平、历史贡献和现代化水平等都能对广大受众产生影响，形成不同的形象。因而，语音、语汇、语法、文字等语言要素及其研究、语言典籍及其理论水平、语言世界贡献及其现代化水平（或称“与新技术的适应性”），语言与政治、经济、文化的关系等都是语言形象建构的首要关注对象。

中国语言形象的直接研究对象，是指中华民族的所有语言的形象问题。一般说来，一种语言的形象，受其成熟程度、表达的有效度、内部结构的严密性和系统性、语言在人类历史上的功绩以及其在现实社会生活中的影响力等诸多因素的影响，还会受到其语音、词汇、语法、文字、语用规则及其理据性等因素的影响，同时还会受语言本体及其应用研究成果的多寡与水平高低的影响。对于语言本体的认知和研究，已有十分丰富的成果，许多可直接借鉴；对中国语言形象建构而言，更应关注的是语言的教学与接受、语言的传承与传播、语言的比较与整合、语言的文化背景与思维基础等方面内容的研究。

一般说来，囿于生存条件与所关心的问题，每一个民族都在历史演进中形成了自身的特色，他们赖以生存的环境条件以及所面临的问题就构成了该民族生存与思维的客观背景，促进该民族思维的形成和发展。“东西方文明的差异都可在思维的差异中寻找到踪迹。……思维方式是一个民族文化的最深层的部分，会影响到一个民族的各个方面，而语言作为最重要的思维与交际工具，集中体现了一个民族的思维方式与特征。因此，汉民族的形象思维对汉语的形成和发展起到了举足轻重的作用。……汉民族的形象思维模式以直观感性为特征，重视实践和经验的积累，借助知觉、体验和想象从总体上把握认识对象的内在本质和规律。体现在语言上，汉语用词倾向于具体，常以具体的形式表达抽象的内容和意义，看重所指称的抽象含义或本体意义，却不重视理性逻辑；擅长形象语言，却不善于运用抽象语言；强调

‘意在言外’，‘言出意表’，注重语言背后的象和意。”[①] 中西思维方式比较研究表明，“英美民族善于抽象思维，汉民族趋于形象思维。从语言结构看，英语是综合性语言，重形合，英美民族以分析性思维为主导；汉语是分析性语言，重意合，汉民族以综合性思维为主导”[②]。

（二）语言（汉语）使用者

由于语言的使用，可分为个人使用语言情况、群体性机构语言使用情况、国家性机构使用语言情况，那么，从对象化的角度来看，作为中国语言形象建构主体的人或机构，同时也可以作为中国语言形象建构客体的载体而存在，同时兼有了客体性，也是中国语言形象建构的对象，不过需要归入“特殊的客体”进行研究。下面就重点探讨一下作为语言形象建构客体的国内民众和国外民众。

作为客体的国内民众，他们因母语、祖国、民族、亲人等天然的纽带关系，对中国语言形象的建构多有本能的亲和感，一旦形成中国语言形象意识，多会积极地、主动地支持并参与中国语言形象建构的事务之中。即使那些尚未形成中国语言形象意识的国内民众，也比较容易诱发、动员并形成建构意识，很快就会融入中国语言形象建构队伍之中，也会很快发生角色转换（由“客体”对象，唤醒主体意识），较积极地承担起建构主体的责任。因而国内民众的语言水准、语言行为、语言能力、语言服务态度及其个体的语言产出物（语音形象、用词情形、语法合规状态、汉字使用情况、修辞水平、语篇和语体的得体性等）等都可和语言本体一样作为建构的对象而适用相应的建构策略。

语言使用者，其中的教育者、学习者和研究者是必须高度重视的三个群体，他们对语言的关注度最高，最为敏感，最了解某种语言的比较优势与不足等，他们所形成的语言形象也最为深刻、全面、持

① 游甜：《浅谈形象思维与汉语言文字》，《南方论刊》2007 年第 8 期。
② 胡胜高：《中西思维方式差异对语言的影响》，《重庆工学院学报》2005 年第 2 期。

久，当然也是最活跃的语言形象。因而，这三个群体应是语言形象建构的中坚力量。

不过就中国语言形象建构的对象而言，借鉴任平《“三知”：中国文化影响世界的三个支点》中对“中国文化”的相关分析，通过类推可以发现，关注中国语言的国外民众是复杂的，应该可分成至少三个层次：一是国外专业的中国语言研究机构与学者，如各国的汉学家、专业学者，他们依托各自的学术背景和立场对中国语言有较为深入的理解；二是国外各级各类的汉语教师和汉语学习者，出于工作和生存需要，他们对中国语言有较深入的了解；三是国外的普通大众，他们对中国语言的了解和接受一般较少，多是通过国际交流活动、新闻媒体、网络平台、朋友介绍或个人旅游、商品消费等方式接触到中国语言，国外的普通大众还会因对汉语本身影响力的熟悉程度、环境中的语言选择趋向及个人兴趣的差异等影响而对中国语言的认知有所不同。①

由此可见，就语言和文化的本性和结构而言，走向世界的中国语言与文化，被国外的普通大众理解和接受的过程必然是分层次、分阶段、有规律的，通常是由外入内、由浅入深。这是中国语言形象建构进程中理应引起重视并着意遵循的路径。

（三）汉语的使用情况

中国语言形象建构的对象还应包括语言的使用情况，主要有语言使用的场合（语域）、使用者身份、使用过程、使用过程中产生的物化结果等。

汉语的使用情况最终多会以物化的形式呈现，其典型代表是汉语的言语产品，包括传统的纸质作品（书籍、书法作品、字画）和碑刻、金石铭文等，现代纸质的、电子的以及网络的各类汉语言语产品。

语言的使用过程，是一个动态的、多变的场景，囿于多种因素，

---

① 任平：《“三知”：中国文化影响世界的三个支点》，《人民日报》2017 年 7 月 21 日。

存在诸多不可控性，因而只能靠预先规划、积极倡导、违规惩戒、优胜奖励等柔性方式建构，仍需要进一步研究和验证。

语言在不同的语域中使用，会有不同的特点，当然也会形成不同的形象特色，这方面的专门研究被称为领域语言学。从领域语言学的角度，中国语言形象建构的对象至少应该包括：学校、党政机关、广播影视媒体和公共服务行业四大重点领域汉语普通话主体的语言使用情况及其诉诸受众的言语形象，这些主体包括个人使用汉语情况以及机构使用汉语情况两类。具体说来，不同领域中所使用的汉语普通话会显现出不同的汉语形象，对之进行分析研究，可建构起独具特色的领域语言形象，这些成果可为国家语言形象建构提供策略参考。拓展一下，中国领域语言形象研究对象的范围要包括国内外使用汉语的个体或群体。

四大重点领域又可以根据不同内容分为若干领域，如学校领域可以按照级别不同分为中小学、高等学校等领域；党政机关领域可以根据职能不同分为外交、教育、文化和旅游等部门领域；广播影视媒体可以根据传播手段分为电视、报刊、广播、电影、网络等领域；公共服务领域又可以根据服务内容的不同分为基础公共服务、社会公共服务、经济公共服务、公共安全服务等领域。[①] 各小领域下还可根据不同分类原则再细分。中国语言形象建构要以具体语言使用领域为研究对象，也只有明确了建构对象，通过对具体的领域语言使用情况进行分析，才能提出更加符合实际的中国语言形象建构策略。

三 中国语言形象的建构目标

俗话说“有的放矢”，目标是一切行为的方向。可见目标的确立对行动的成效起着重要的作用。中国语言形象建构必须预先设置好适切的目标，因此可以借鉴 Locke & Latham 等的目标设置理论，这是一

① 百度百科：《公共服务》（https：//baike. baidu. com/item /% E5% 85% AC% E5% 85% B1% E6%9C%8D% E5%8A% A1/5268657？ fr = aladdin）。

种在组织心理学研究的基础上发展起来的绩效管理理论。“目标的设置从四个方面影响着个体的绩效水平：①目标调节着个体的努力程度。②目标影响着个体对活动的坚持性。③目标吸引个体注意力朝向目标活动，离开无关任务。④具体的目标可让个体在行动前制定计划、注重反馈，在过程中摒弃无效策略，提出有效策略。”[①] 由此，明确中国语言形象的建构目标十分重要，可帮助建构主体进一步明确方向，实时把握建构的进度，进而提出有效的建构策略，或适时调整相关策略。

中国语言形象建构的最终目标是建构起以汉语普通话为代表的中华民族语言形象，重点是提高汉语的国际地位，获取并进一步提升汉语的国际话语权，建构合意的中国语言形象，进而助推提升中国国家形象。为了提高中国语言形象建构的效率，还应细化中国语言形象的建构目标，因而可将之进一步分为短期目标、中期目标、远期目标。

短期目标可以设定为：做好规划，加强中国语言研究，尝试语言理论创新，充分了解中国语言形象建构的机遇及挑战；明确领域语言形象建构的价值；初步建立起语言形象理论体系；完成中国语言形象建构规划；依托现有的孔子学院（或孔子课堂）等专设的汉语教育和中华文化的海外机构，统合各种资源和力量成立专业的语言形象建构机构。

中期目标可以设定为：在前期研究和实践的基础上，进一步丰富中国语言研究，提升理论水平，积极谋求先进技术、优秀文化、最新研究等引领世界的成果，扩大中国语言形象认知的主体范围；逐步建构起有一定研究成果和实践实绩的重要领域语言形象；提高主要行业领域的语言服务能力，增强语言形象的感染力。

远期目标可以设定为：中国语言研究更为丰富，理论水平巨大提升，中国语言成为先进技术、优秀文化、最新研究的首发语言，中国语言形象建构体系发展成熟，建构起以汉语普通话为代表的符合汉语规范、体现领域特色、有较强吸引力，具有权威性、实用性、通用

① 李燕平、郭德俊：《目标理论述评》，《应用心理学》1999 年第 2 期。

性、经济价值性、易习得性等特点的中华民族语言形象；汉语的国际地位得到显著提高，中国国家形象得到进一步提升。

综合来看，其中短期目标是基础，中期目标是关键，是提出中国语言形象建构策略的主要依据，远期目标是短期目标和中期目标建构的动力所在。

四 中国语言形象的建构类型

由前面的分析可知，语言形象建构从内在视角来看其实是一种认知过程，而认知过程一般包括“记忆、理解、运用、分析、评价及创造”等多个渐进性的认知阶段。根据布卢姆认知目标分类学的观点，主体若能有意识地对目标进行分类，将“有助于我们在认知领域制定更全面、更高级的目标”①。从认知主义角度出发，中国语言形象建构首先建立在对汉语普通话为代表的中华民族语言进行理解加工的基础上，然后还需要把汉语普通话相关信息整合进已有的认知结构之中，最后才能建构起相应的语言形象。正如布卢姆认知目标分类学所反映的教学活动观那样，只有“将教学目标归入相应的类别，然后才能‘按图索骥’，找到合适的达成目标的方法”②。因此，从不同的认知角度出发，会建构起不同的语言形象，中国语言形象建构作为一个有机整体，有必要对其进行形象建构分类，从而有利于将建构目标与分类有机结合，从而找出分层次完成目标的有效方法。鲍宗豪（1988）曾提出知识客体分类的抽象性原则，“即主体根据客体的抽象性程度来划分知识类型的原则”③。

中国语言形象建构的对象（客体）为个人使用语言情况以及代表整体形象的机构使用语言的情况，既具备一定的具体性，又具备一定

---

① 王小明：《布卢姆认知目标分类学（修订版）对课程目标制定的启示》，《全球教育展望》2011 年第 4 期。

② 王小明：《布卢姆认知目标分类学（修订版）的教学观》，《全球教育展望》2016 年第 6 期。

③ 鲍宗豪：《知识分类的原则和方法新探》，《社会科学》1988 年第 5 期。

的抽象性。在此基础上，根据定义的不同，又可以分为语言地位形象、语言本体形象、语言习得形象、领域语言形象、语言传播形象等。根据使用主体的不同，可分为个体语言形象和群体语言形象。由于不同研究对象的特殊性，其分类标准也应该有所不同，除了按照定义、使用主体分类，还可以从中国语言的构成要素出发，如分为语音形象、词汇形象、语法形象、汉字形象。还可以根据使用领域的不同，分出不同的领域语言形象，如可分为学校、党政机关、广播影视媒体和公共服务行业四大重点领域形象。

领域汉语形象主要表现在不同领域中汉语使用所体现的整体形象，而这一类型语言形象建立在受众对汉语使用的认知上，即需要受众对具体领域语言使用情况进行内化加工后形成对汉语的整体认知。又如行政用语形象、教学语言形象、商品名称语言形象、媒体用语形象等，各小类中又可以根据语言使用特点分为不同类型的语言表现形式，其中“领域汉语”的表现形式受到词语使用、修辞手法、字体形式、字体大小、字体美化等多种因素的影响，同时也受到受众对不同“领域语言”使用的认知能力的影响，如受众的年龄、性别、国籍、文化程度、职业等。

后文将重点基于定义，从语言要素和领域表现等角度来具体探讨中国语言形象的建构策略与路径问题。

中　编

中国语言形象现状调查：特征、成因及案例

第四章　中国语言形象的现状、特征及成因

国家语言形象的现状调查是国家语言形象构建的基础，只有全面调查才能获得汉语的真实形象状况，以便展开针对性的建构。和英语、法语、俄语、阿拉伯语、西班牙语、德语等当今世界影响力较大的语言相比，当代中国的语言形象是处于竞争劣势的。比如在许多国家的外语教学及其民众的语言认知中，与英语、法语、俄语、阿拉伯语、西班牙语、德语等目前已经获得传播优势的语种相比，汉语并未获得和他们一样的平等待遇，在很多场合英语等强势语言的形象与地位实际上是高于或优于汉语的，具体表现在以下方面：

1. 在教学和学习时段选择上，白天上课还是夜晚上课？是在当地一天中的“黄金时段”还是一般时段教学？是否会选择在非工作日安排时间来学习？

2. 在学习主导动机上，是内部学习动机主导还是外部学习动机主导？是直接动机主导还是间接动机主导？是从众选择还是独立选择？

3. 在选读人数的多少和学习者的社会分层上，选读人数是主流趋向还是末流趋向？选读人员是当地社会的精英阶层还是普通民众阶层？

4. 在使用场合是否正式与经常性上，重要场合使用还是一般场合使用？经常使用还是偶尔使用？使用场合反映了人们对某种语言重要性程度的价值判断和主观认知，而这种判断和认知正印证了语言作为个体存在物本身所具有的形象差异性。

5. 在使用的主动性与对象的针对性上，是主动地使用还是被动地使用？是仅对其母语国民众专门使用，还是针对多国对象的广泛使用？

6. 在使用目的及其多样性上，是单一的政治目的、经济目的、文化目的、军事目的或生活目的等，还是具有多样化的语言使用目的？在学习和运用的心理趋向上是求雅还是媚俗？有明确的实用性目的，还是单纯的兴趣、娱乐、跟风抑或仅是应景？

经过考察发现，英语等强势语言在以上诸多方面大都占据着相对优势，表现为多是在白天的黄金时段教与学、多是精英阶层选读、是当前的大众主流趋向、多是在重要场合主动地使用、是针对多国对象使用、有着多样化的学习和使用目的、大都是求雅的心理倾向等等。而在国际上很长时间以来，汉语几乎没有受到这样的礼遇。这种不利地位既是英语等强势语言不对等竞争的结果，也是我国语言观念滞后、产业化信息化水平较低以及过分强调英语作用等诸多因素综合造成的。因而，要想提升中国语言的整体形象，就要全面调查中国语言形象的真实现状，明确其成就与不足，找准形象受损、地位不佳的原因，才能对之进行有针对性的、系统的修正和规划，为合意中国语言形象的建构寻找一个合理的基础。

第一节 中国语言形象的调查设计

随着国际间交往的扩大，语言学习已成为世人共同关注的热门话题。在当今这个外语学习被普遍重视的时代，对于将要学习的外语，人们却在语种的选择、学习的目的、学习的动机、学习的态度等多个方面存在着很大的差异。曾有一位教师朋友于2009年被派往非洲一所孔子学院从事汉语教学及文化交流工作，虽然该国与中国早已建交并且两国关系融洽，但在该孔子学院初办阶段，他们却只能选择在晚上上汉语课。探寻其原因，却很是让人深思：虽然英语、法语、汉语及其他语种同为该国的外语，但当地的学习者却在教学和学习时段的选择上做出了明显的区别对待，他们选择在白天上英语、法语课，在晚上上汉语课等他们认为不重要的课程，他们认为重要的语言要在黄金时段学习，一般时段或休闲时段多用来学习他们认为不够重要或不被看重的语言。受此案例启发，我们初步设计了汉语印象调查问卷并开展了相关调查。

一 调查目的

为了进一步了解汉语教学和传播状况、提高汉语教学效率，为各国人民提供更好的汉语服务，特设计了“汉语印象调查问卷”，以期通过问卷统计分析，来了解当今人们所形成的实际的汉语印象，分析当前这种汉语形象的形成和受到影响的原因，有针对性地提出一些改进建议，并据此提升汉语国际教学的效率，促进汉语学术研究以及汉语国际形象的规划与建构。具体如下：

1. 通过调查，印证语言形象存在的普遍性，进一步规划并设置语言形象研究议题，进而引起人们对此课题的关注。

2. 弄清汉语形象在当今世界的基本状况及其具体表现，通过统计获得汉语形象研究的基本数据，并基于调查数据分析形成当前汉语形象的可能原因。

3. 以英语、德语等优势语言为参照，尝试从“学”和“用”两大方面进行不同语种的语言形象比较，梳理英语等语种强势的成因，反思汉语形象差距的形成原因。

4. 基于调查结果，进行理论思考，分析语言形象的构成要素、影响原因、规划与建构策略，提出中国语言形象的建构方案和理想目标。

5. 验证语言形象与国家形象的相关性，从语言视角为国家形象的建构提供相关建议。

6. 全面审视调查方案及实施过程，总结经验与不足，为进一步的理论研究提供数据支撑。

二 调查及研究构想

语言自身存在形象性，但这一课题目前尚未能引起学界的足够关注。在国际上，当代中国的语言形象与当今中国的实际政治和经济地位等是不相称的，因而需要通过问卷调查和访谈等方式了解各国民众对汉语的真实印象。

1. 选择合适的调查工具和手段。纸质问卷虽然有现场性强、回收率高、互动性好等优点，但也存在耗时、费力、费用高、统计工作量大、容易出错等缺陷，而网络调查却可以规避纸质问卷调查的这些不足，而且容易进行大规模、更客观的调查，因此我们依托“乐调查”网站进行大规模问卷调查。随着网络技术的发展和互联网的普及，当今人类已经进入全球语境时代，各种先进技术如“互联网＋”等使得我们的研究更易于操作。为了克服空间距离、各国时差、文化差异等不利因素可能对调查产生的影响，为了尽可能了解到更多不同国家、不同阶层民众对汉语的印象实情，也为了最大范围送达问卷、方便受访人填写和调查结果统计，我们采用了网络问卷的调查方式（依托“乐调查”网站进行）实施本课题调查。

2. 预设调查对象。由于大部分人都会有比较强劲的母语自豪感，因此我们对汉语母语者不做专门调查，把调查的对象主要设定为国外民众，调查问卷需要找中国人以外的朋友填写，调查者的个人因素不同，其所形成的语言印象也可能会存在差异，因此要把调查对象预设为不同年龄段、不同职业、不同性别、不同文化水平的人，设置成不同的选项来让受访者勾选和填写。不同的国家，其国民的语言态度也会有差异，为了便于判断国家在语言形象构建上的作用，各代表国家计划各完成50—100份。

3. 控制影响调查实施的相关变量。对语言印象的调查，首要考虑问卷语言的问题，为了尽可能地降低问卷题干和题项用语对调查的不利影响，我们精心设计问卷的语种、版本和链接方式，以减少语言障碍和手机/电脑等技术手段的限制，保证调查的可操作性。本次网络调查共设计了汉—英双语、汉—俄双语、汉—法双语、汉—德双语、汉—韩双语、汉—泰双语、汉—越双语等7份中外文结合的问卷，每份问卷都设计了“微信版”和“网页版”两种链接方式，以方便填写和保证调查顺利实施，基本做到了问卷的语种和版本较为丰富，可供选择性强，无论会不会中文、有没有“微信账号”的受调查者都可以使用电脑或手机等终端工具填写。

4. 信度控制措施。网络调查虽然方便，但也会出现一个受访者重复填写多份问卷、软件刷屏、恶意灌水等有水分的、无效的问卷，这些有可能会造成统计困难、数据失真、调查无效等问题，因而要对访问终端预先进行限制，对提交程序也须加以限定，让问卷系统能自动剔除无效问卷，以保证数据的真实性、客观性。

5. 遵守人文道德规范，做好隐私保护。问卷实施网络匿名自愿填写，既很好地保护受调查者权益，又可以保证被调查者能真实地进行填写，保证调查数据的真实性、客观性。

6. 主观与客观结合，提高数据的可分析性。问卷大部分题项的统计及相关图表的制作主要依靠专业网站自动完成，其中部分开放性选项与相关建议内容进行人工统计和相应分析，保证了认知类调查的共性与个性的兼顾与统合，提高了调查的信度和效度。

三 研究假设

语言虽然是人类社会的创造物，就如同人类本身一样，也必然会成为人类意识的烛照客体。前文已初步介绍，作为一种认知对象，语言本身也是有形象的。语言形象的形成与改变既会受到国别、性别、年龄等个体背景变量的影响，也会受到社会文化因素的影响，还会受到语言本身的构成要素及其对人类发展的历史贡献的影响；此外，语言的使用者，语言的源生国，语言源生国的政治、经济、军事、科技、教育及文化等方面的影响力和国际地位等多种因素都会对语言的形象产生不同程度的影响。基于这些认识，我们提出以下研究假设：

1. 语言形象的形成与改变，会受到国别、性别、年龄、学历（或文化水平）、职业、岗位性质、工作职责、是否有来华经历、交友及新闻兴趣等个体背景变量的影响；

2. 语言形象的好坏会影响到对该语言的熟悉程度、该语言水平的高低以及有关该语言的未来学习计划等，同时后者也会反过来影响该语言形象的形成与变化趋向；

3. 影视、音乐、文化活动、新闻收看频率、工作关涉度、网络等通行工具的可及性程度等都会影响语言形象的建构；

4. 语言学习目的、语种之间的比较等也会影响语言形象的相关评价；

5. 在所在地是否有专设的语言教学与传播机构很大程度上会影响到该语种的语言形象；

6. 语言的内部构成要素或其载体成果的形式、种类及传播效果等影响着该语言形象的形成与构建；

7. 语言源生国的政治、经济、军事、科技、教育及文化等方面的影响力和国际地位等多种因素影响该国语言形象，语言的源生国与受众国二者之间的历史交往和当下关系也会影响受众对该语言的形象认知。同时，语言形象与该国的国家形象之间存在关联互动关系。

四 调查对象范围

为了获得较真实、客观和全面的数据，在调查对象的设定上主要关注了如下因素：

1. 受访者要覆盖东西方不同的文化背景；

2. 受访者国家与中国亲密度要存在相应的差异；

3. 受访者国家的汉语教学历史要存在差异性；

4. 受访者接触有关中国的新闻报道要在“是否经常”和“正面—负面”方面有差异；

5. 受访者要在性别、年龄、职业、岗位性质、工作职责、学历（或文化水平）、是否有来华经历、是否交有中国朋友及中国产品消费倾向等个体特征方面有差异；

6. 受访者要包括来华留学生和非来华留学生、会汉语与不会汉语的各类人员；

7. 计划要有10个以上国家，争取每个国家能完成30份以上的有效问卷，且每个人只能完成一份有效问卷。

以上七个维度的设计，主要是为了保证调查的全面性、公开性、真实性，保证本次调查的信度和效度，为后文汉语的国际教育发展路径研究、中国语言形象的分析和构建以及中国国家形象研究等提供必要的数据支撑。

五 问卷设计

（一）链接推送提示语设计

链接推送提示语，是为了表明调查目的、获得受访者支持并使之参与调查而设计引导语，因而设计时要考虑有亲和力、目标明确、用语简洁、注意事项简短、热情有礼。以下是我们设计的调查问卷“链接推送提示语”。

“各位朋友，我们想调查一下外国朋友对汉语的印象，请您帮忙。刚才的链接有中英版、中泰版、中越版、中俄版、中韩版、中德版、中法版等不同的版本，会不会中文的都可以填写，需要找中国人以外的朋友填写，最好是不同年龄段、不同职业、不同性别、不同文化水平的人来填写。不同的国家我们想完成100份左右，若方便也请您的外国朋友帮填写一下。谢谢!”

（二）调查问卷的构成

问卷主要由三部分构成，问卷提示语、受访者基本信息和问卷主体内容。

问卷提示语主要是说明调查目标、问卷填写指引、受访者权益保护声明、问卷结果使用说明及感谢等内容；受访者基本信息多是根据调查目标需要而设定，一般要把与调查主题相关的、可能影响调查结果的受访者的个体变量因素考虑进去，分别设计成选择题，以方便受访者回答；问卷的主体内容是调查问卷的核心变量，一般要围绕调查主题分层次、多维度设计。问卷主体部分可以是选择题，但选择项要充足，并明确写明是单选还是多选，还要考虑所列选项之外是否存在其他选项的可能性，有时要设一个“其他”选项，并留下填写意见的位置。为了保证意见收集的全面性，问卷主体部分一般还应包括1—2项问答类题项，以保证受访者能充分发表对本次调查的相关意见和建议。以下是具体内容：

一）问卷提示语

亲爱的朋友：

您好！随着国际间交往扩大，语言学习已成为大家共同关注的话题。为了进一步研究汉语、改进汉语教学，为各国人民提供更好的汉语服务，请根据您的真实意愿选择相应的选项，或在空白处写上您的建议。本调查问卷仅供学术研究和教学参考。谢谢您的配合与支持！

二）受访者基本信息

由于本调查预设语言形象，会受到国别、性别、年龄、学历（或文化水平）、职业、岗位性质、工作职责、是否有来华经历、交友及新闻兴趣等个体背景变量的影响，因而这部分问卷共设计了10个题目，包括受访者国别（因国家太多，选项不宜列出，需要填写）、性别、年龄（分为5个选项）、学历（分为7个选项）、职业（分为7个选项）、岗位性质（分为6个选项）、岗位（即工作职责，分为5个选项）、是否有来华经历（分为2个选项）、是否有中国朋友（分为2个选项）、是否关注中国新闻（分为2个选项）。

三）问卷主体内容

为保证调查的效度和信度，问卷主体设计应分成不同维度的多个题目，同一维度的题目可以集中在一起，便于受访者形成整体意识；也可以稍微分散，让受访者有更长的思考时间，选项可以是封闭的，可以是半开放性的，也可以是主观性的。下面是问卷主体的具体设计思路：

1. 维度一：考察“语言的熟悉程度、水平高低与该语言形象的好坏是否相关”。基于此维度，问卷设计了第11、12题两个调查题目。对受访者的“汉语水平”设计了5个选项，对受访者是否“做过与汉语有关的工作”设计了2个选项。

2. 维度二：主要是考察“影视、音乐、文化活动、新闻收看、工作关涉度等因素是否会对语言形象产生影响”。基于此维度，问卷设计了第13题这个调查题目，调查受访者接触或喜欢的关于“中国电影/音乐/表演/新闻”的版本，设计了“汉语版”和“本国语言翻译版”2个选项。

3. 维度三：旨在考察“语言学习目的、语种比较是否会影响语言形象”。基于此维度，调查问卷设计了第16、18、19题三个调查题目。第16题，引导受访者审视自己对于外国语言（比如英语/汉语/法语/俄语/阿拉伯语/西班牙语等）感觉好、感觉一般或感觉不好的不同感觉，以证实语言形象存在的客观性。虽只设计了“有”和“没有”2个选项，但在每个选项后面留空白请受访者在方便的情况下写一下理由，此设计是想进一步让受访者认真思考自己认定的“语言形象”存在或不存在的原因。第19题，旨在调查受访者的汉语形象状况，设计了“很好、一般或不好”3个选项，引导他们从与英语、法语、德语、俄语等外语相比的思考中做出选择，此题主要是从语种比较的角度来考察语言形象的可能影响因素。第18题，主要是考察受访者外语学习选择的依据，为不限定的可多选题型，设计了包括开放选项在内的7个选项，试图从文化因素、经济因素、政治因素、留学、旅游、朋友推荐等方面考察受访者外语学习目的，以便能从侧面印证语言形象的形成和影响机制。

4. 维度四：考察“是否有专设的语言教学与传播机构对语言形象的影响情况”。基于此维度，问卷设计了第14、15题两个调查题目。第14题，调查受访者国家是否设有孔子学院（或孔子课堂）等专设的语言教学与传播机构，预设了“有”和“没有”2个选项，第15题是在第14题的基础上，考察孔子学院（或孔子课堂）等专设的语言教学与传播机构的作用，设计为不限定的可多选题型，从帮助对汉语学习、了解中国文化、认识中国朋友、体验中国生活及其他可能作用等5个方面考察语言形象的获得途径和影响因素。

5. 维度五：旨在考察“语言的内部构成要素或其载体成果是否影响该语言形象”。基于此维度，问卷设计了第20题这个调查题目，旨在调查受访者对汉语的某种感觉的形成依据，选项包括汉语语音、词语、语法、汉字等汉语内部构成要素和书法、中国文化、朋友推荐及其他等相关语言影响因素两部分7个选项，第20题设计为不限定的可多选题型，以方便受访者填写真实意见。

6. 维度六：考察“语言形象是否影响该语种的学习、去该国旅游、同该国人民交往以及该国的国家形象”。基于此维度，问卷共设计了第17、21题两个调查题目。第17题主要从宏观的角度，调查受访者对某种外语的印象是否会影响到他对这个国家形象的好坏评价，设计了“不会、一般会、严重影响”3个选项，直接考察语言形象与国家形象的关联情况，第21题从稍微间接一些的个案角度考察受访者的汉语形象是否会影响到他的汉语学习、到中国旅游的计划、与中国人交往或对中国的评价，虽只设计了“影响”和“不影响”2个选项，但在每个选项后面留空白请受访者在方便的情况下写一下理由，此设计是想进一步让受访者认真思考自己认定的“影响”或“不影响”的原因。

7. 维度七：旨在收集进一步的相关建议。为达成此维度的目标，问卷最后设计了第22题这个开放性的调查题目。第22题“怎样才能让更多的外国人喜欢汉语?”是期望受调查者能为“合意的汉语形象建构”进一步填写个人的具体建议。

六 调查步骤

问卷设计好后就进入实测阶段，一份可靠的调查，一般要经过前期试测（预测）、修改与调整、全面实测、统计分析、总结报告等步骤。

（一）预测与调适

我们先在课题负责人所在大学的部分来华留学生中进行了前期预测，预测时发放的为纸质问卷，大部分问卷采取了当场集中填写方式，回收的有效问卷为26份。经过初步分析，基于回收率、有效填写情况、填写时的疑问以及统计的方便和准确性等情况，我们对早期问卷做出了如下修改和调整：

（1）增加了“职业、岗位性质、岗位”等3题，即正式问卷中的第5、6、7题；

（2）合并了关于受访者所接触的“中国电影/音乐/表演/新闻

等”的语言版本调查的4个题目，成为正式问卷中的第13题；

（3）把受访者国家是否设有孔子学院（或孔子课堂）和孔子学院（或孔子课堂）的作用分设为2个题目，即正式问卷中的第14、15题；

（4）对部分题目增加了填写理由的选项，即正式问卷中第4、7、15、16、18、20、21题，以改进调查的信度和效度；

（5）把纸质调查方式改为网络调查方式，以方便发放问卷、方便统计、保证统计的有效性和准确性，以“微信入口”和“网页入口”两种网络链接方式进行问卷推送，依托“乐调查”网站的相关统计工具进行进程监控和结果统计。

（二）调查实施过程

调查实施的过程大致为：

第一阶段：2015年1—12月　研读相关问卷及调查操作文献，进行了早期问卷制作；

第二阶段：2016年1—12月　开展了前期预测及初步统计，但由于来华留学生在国别、来华留学地、来华留学数量、性别、年龄、职业、专业背景、调查的参与度等方面存在较大差异，发现设计的选项及其呈现方式存在一些欠缺，需要进行改进；

第三阶段：2017年1—6月　基于前期预测和统计，查阅相关文献，进一步明确研究目标和重点调查方向，对问卷进行了修改和调整；

第四阶段：2017年7月至2018年1月　主要进行了“微信”推送链接方式的调查，链接发送到国内部分高校的留学生群体，并请他们尽可能发送给他们国家的朋友，全面展开调查；

第五阶段：2018年3月以后，根据问卷填写进度，考虑到国外许多人并不使用微信，增加了网页入口这种网络链接方式，但2018年9月在新加坡单独调查时，有调查者提出进入问卷网页时有收集微信用户名称、地理位置等个人信息要求，又对问卷进行了进入权限的修改，但目前《汉语印象调查问卷》送达情况与回收量方面与预期还有较大差距，数据样本目前仍不够大，条件许可情况下，仍需要进一步扩大调查范围。

第六阶段：2018 年 9 月至今，对问卷数据进行统计分析，撰写调查报告，对整体研究进行全面总结和理论提升，做好结题工作。

七　数据采集与价值初析

由于事先设置了问卷提交限制，即未完成所有题目的问卷不能提交，结果中也无法显示所填写的情况。“乐调查”网站会自动对问卷进行筛查，只统计了完成全部题目的问卷，因而未完成的问卷也无法看到具体信息。截至 2019 年 5 月 31 日，参与网络问卷填写的人数为 2317 人，实际完成所有选项的有效问卷的人数为 768 人，问卷的实际完成率 33.15%，因此，我们也只能下载和统计这 768 人的问卷信息。拟打算以下面九个方面 22 个点对调查数据进行分析（具体数据分析，参见下一章）。

（一）人口学特征

人口统计学特征（demographic characteristic ）一般是指搜集、整理和分析有关人口现象数量资料的整个工作过程。人口统计学特征一般包括如下一些基本指标：人口总数、性别、年龄、职业、婚姻、健康状况、文化水平、收入、生育率等。其中年龄、性别、职业、经济收入、文化程度、生育率等事项常常是多种研究领域关注的基本指标，根据研究目的，本问卷重点关注有效填写问卷的这 768 名被调查者的性别分布、年龄分层、学历结构、职业类型、单位性质、岗位身份等指标的选项情况，以期探明中国语言形象在这些方面的具体表征（具体情况参见第 2、3、4、5、6、7 等题的调查数据）。

（二）地理空间、文化距离与国家关系

心理研究表明，人们一般会凭借亲疏关系来认知事物，地理空间的距离远近有可能会影响到人们的认知和评价，国与国之间的历史和现实交往经验也有可能会影响到人们的认知和评价。因而，我们的问卷拟主要通过国别选项（因国家太多，问卷中此选项不宜全部列出，采取了由受访者填写的方式）、是否到过中国、是否有中国朋友、是否关注中国新闻（这里未限定新闻所使用的语言）等四个维度，来尝试验证并分析国别差异（或地理空间）、文化距离、国

家关系、中国经历、中国朋友、中国新闻等受调查者关于中国语言形象的认知和影响状态（具体情况参见第1、8、9、10等题的调查数据）。

（三）语言的熟悉程度、水平高低、工作关涉度与该语言形象好坏的相关性考察

我们预设：语言形象的形成与改变，与受调查者对该语言的熟悉程度及其水平高低、工作和生活关涉度（即是否做过与之相关的工作，以及生活中是否有机会经常接触到该语言）等因素存在相关性。我们的问卷拟对此相关性进行验证和分析（具体情况参见第11、12题的调查数据）。

（四）影视、音乐、文化交流活动、新闻收看等的语言版本因素对语言形象的影响情况

通过调查受访者对使用该语言的影视、音乐、文化交流活动、新闻报道等生活事项的关注情况，特别是这些文化生活事项及其产品所使用的语言版本的选择，可在一定程度上透视出受访者语言认知的倾向性特征，而这些认知倾向性特征一般也会对该语言形象的形成与变化产生相应的影响，因此，我们的问卷将对这些情况进行取证和相应分析（具体情况参见第13题的调查数据）。

（五）语种比较、语言学习目的、外语学习选择排序等是否会影响语言形象

语言的形象正如其他认知对象一样，本是一个早已存在的现象，但由于人们的认知兴趣、关注焦点、认知水平等因素的局限，先前并未能很好地被大众清晰地认知。因此有必要通过调查对语言形象存在的客观性、语言形象的具体表现性状及其形成原因等问题进行确认，同时希望通过问卷这种独特的确认方式唤醒人们更为有意识地去审视、认知语言形象议题，进而去主动构建该语言的合意形象（具体情况参见第16、18、19题的调查数据）。

（六）确认并尝试分析专设的语言教学与传播机构对语言形象的影响情况

基于马克斯韦尔·麦库姆斯（Maxwell E. Mccombs）与唐纳德·

肖（Donald L. Shaw）的“议程设置”理论①，“媒介报道什么，受众便注意什么；媒介越重视什么，受众就越关心什么”②。可见，专设的语言教学与传播机构可能会对该语言形象的产生、建构与变化产生影响，因此我们需要通过问卷调查来确认这种影响情况，进而重点考察我国海外孔子学院（或孔子课堂）等专设的汉语教学与传播机构当前的作用及其工作中存在的不足，计划从汉语学习、了解中国文化、认识中国朋友、体验中国生活及其他可能作用等5个方面来考察中国语言形象的形成途径和影响因素，目的是为更好地建构语言形象提供参照与思路（具体情况参见第14、15题的调查数据）。

（七）了解语言的内部构成要素或其载体成果等对该语言形象的影响情况

要调查受访者对汉语的某种感觉的形成依据，就要对汉语的语音、词汇、语法、汉字等汉语内部构成要素对汉语形象建构的实际贡献率进行具体调查，同时还要明确“书法、中国文化、朋友推荐”及其他可能的语言相关影响因素是否对汉语形象产生影响，并分析这些因素对汉语形象的产生、建构与变化产生影响的原因（具体情况参见第20题的调查数据）。

（八）考察语言形象与“到该国旅游、与该国国民交往、语言学习、该国形象”间的关联互动规律

语言形象与国家形象的关联情况是一个宏观命题，具体表现为受访者对某种外语的印象是否会影响到他对这个国家形象的好坏评价，这个问题可直接考察也可间接验证，可以间接从一些个案角度考察受访者所形成的汉语形象是否会影响到他的汉语学习、到中国旅游的计划、与中国人交往或对中国的评价，认真思考自己认定的“影响”或“不影响”的原因（具体情况参见第17、21题的调查数据）。

（九）相关建议的进一步收集

由于调查对象个体是不确定的，而问卷的调查题目一经设定就

---

① Maxwell E. McCombs, Donald L. Shaw, “The Agenda - Setting Function of Mass Media”, *Public Opinion Quarterly*, 1972, 36 (2): 176 - 187.

② 李彬：《大众传播学》，中央广播电视大学出版社2000年版。

是固定的，特别是网络调查，问卷一经发放，对之就很难再进行修改，所以谁也不可能保证每一次问卷调查都是全面且合理的，因而，为弥补这一缺陷需要设置开放性的“建议”类题目进行专门填写。开放性题目是期望受调查者能进一步为“合意的汉语形象建构”填写个人的具体建议。这一题虽然增加了问卷填写和统计的工作量和难度，但此题的预期是收集到“有价值的建议”（具体情况参见第22题的调查数据）。

第二节 语言形象调查的数据特征

语言形象是人们在对某一对象语言进行感知后所产生的整体印象，其形成与改变必然会受到认知主体的相关个体因素影响。影响认知主体语言形象的这些个体背景变量一般包括国别、性别、年龄、学历（或文化水平）、职业、岗位性质、工作职责（岗位）、是否有来华经历、语言学习目的、语言的熟悉程度、水平高低、是否有中国朋友以及对中国新闻的兴趣度等方面。除了个体因素，影响认知主体语言形象的社会因素一般应包括地理空间、文化距离、国家关系、影视、音乐、文化活动、新闻收看、工作关涉度、是否有专设的语言教学与传播机构、语种比较、该语言的内部构成要素或其载体成果等。此外，语言形象反过来也会对语种学习、到该国旅游、与母语为该语种的人交往以及该国的国家形象等产生影响。因而，下面我们结合问卷对这些事项进行调查统计和分析。

一 人口学统计特征

（一）受访者性别分布

“社会语言学把由于人的性别、年龄、职业、城乡等因素而导致的言语现象看作是语言的变异现象而逐个进行研究”[①]，得出性别会

① 赵蓉晖：《语言与社会性别——俄语研究的新方向》，《外语研究》2002年第4期。

对人们言语产生影响的结论。其实，人类社会会根据男女的家庭责任、社会角色、言行特征等形成不同的期待和规范，自觉不自觉地对男女性别进行人为的划分，这样就形成了具有区别性特征的男女社会性别，这一现象表明“人类最基本的性别特征也可能因社会文化的作用而成为某种模式，并影响着人们的意识和行为”①。

曹越明（2015）曾提出：“社会性别因素是社会文化的一种，也是语言社会属性的一个重要组成方面。虽然语言本身没有性别，但却体现着性别。同一种语言在同一个社会共同体中同时被男女两类人群所使用，但是这两类人的总体言语特点以及他们在语言世界图景中的形象却存在着许多差异。”② 魏淑华（2008）曾通过研究发现“女教师的职业认同水平极其显著地高于男教师”③。Gao 和 Smyth（2011）研究发现，“普通话的熟练程度可以显著影响他们的收入，同时普通话对女性收入有影响显著，对男性则不显著”④。陈媛媛（2016）发现“女性更多参与到了与本地人接触较多的职业中。……有些行业对普通话的依赖性更强”⑤。

综合上述文献来看，由于不同性别的人群在思维方式、兴趣爱好、接受新事物的程度、语言感知特点、个性倾向、职业传统等方面存在差异，性别也可能会对“汉语形象的生成和改变”产生潜在的影响，我们问卷的第 2 题也正是基于这样的假设，目的之一是想验证“性别”对“汉语形象”是否会产生影响，目的之二是想通过相关性分析，弄清“性别”与其他题目的相关性强弱。

问卷统计发现，被调查者性别分布的基本情况为：女性 484 人，占比 63.02%；男性 284 人，占比 36.98%（本章中各题项的具体分

---

① 赵蓉晖：《语言与性别——口语的社会语言学研究》，上海外语教育出版社 2003 年版，第 57 页。

② 曹越明：《社会性别与语言文化——俄语语言世界图景中的男女形象》，《齐齐哈尔大学学报》2015 年第 4 期。

③ 魏淑华：《教师职业认同研究》，博士学位论文，西南大学，2008 年。

④ Wenshu Gao, Russel Smyth, “Economic Returns to Speaking Standard Mandarin' among Migrants in China's”, *Economics of Education Review* , 2011, 30 (2): 342 - 352.

⑤ 陈媛媛：《普通话能力对中国劳动者收入的影响》，《经济评论》2016 年第 6 期。

析详见下一章相关内容，以下不再注明）。

表4－1 **被调查者性别分布情况**

性别	问卷的响应数	占比（%）
女	484/768	63.02
男	284/768	36.98

（二）受访者年龄分布

年龄往往是一个人心智成熟与否的标志，政治或法律上也通常将之作为是否具有某些社会行为能力的判断标准，年龄对语言形象的形成与改变应该具有影响。据此，我们的问卷根据人们接触外语的一般倾向，把年龄分为5个阶段选项，即18岁及以下、19—30岁、31—45岁、46—60岁、61岁及以上。由于许多国家都以18岁作为法定成年的标准，18岁以下为未成年人，他们的语言形象的影响因素和稳定性多不同于成年人。19—30岁为青年阶段，他们精力充沛，认知的主动性和接纳新事物的能力强，他们的语言形象的影响因素比较集中，稳定性也较好。31—45岁为中年阶段，世界观、人生观都已趋向固定，成熟、稳健是他们的特质，他们的语言形象的影响因素多样，但稳定性和灵活性都很好。46—60岁为中老年阶段，睿智、远见是他们的特点，但同时也会有些刻板，灵活性减退，他们的语言形象对外的影响力较大，但也不会轻易改变。61岁及以上为老年阶段，多倾向于怀旧、刻板、抱怨，他们的语言形象多根深蒂固，灵活性很低。

统计发现，问卷中被调查者的年龄基本分布情况为：18岁及以下94人，占比12.24%；19—30岁587人，占比76.43%；31—45岁75人，占比9.77%；46—60岁5人，占比0.65%；61岁及以上7人，占比0.91%。

表 4－2 **被调查者年龄分布情况**

年龄段	问卷的响应数	占比（%）	排序
18 岁及以下（18 years or below）	94/768	12.24	2
19—30 岁	587/768	76.43	1
31—45 岁	75/768	9.77	3
46—60 岁	5/768	0.65	5
61 岁及以上（61 years or above）	7/768	0.91	4

（三）受访者学历状况

学历指的是一个人的求学经历或受教育经历，一般分为小学、初中、高中、大学、研究生等，不同的学历不仅表明一个人学习时间的长短，往往也是一个人阅历深浅、学识高低的标志。虽然每个人的求学目的会有差异，但学历却能间接显示学历获得者大致的知识水平、认知能力、心智状态，有时也能透视出一个人的大致精神境界。综合各国学历基本情况，可分为小学学历、初中学历、高中学历、高职高专学历、本科学历、硕士以上学历和其他类共 7 个选项，以方便受访者填写。

统计发现，问卷中被调查者的学历分布情况为：小学学历 6 人，占比 0.78%；初中学历 33 人，占比 4.30%；高中学历 175 人，占比 22.79%；高职高专学历 109 人，占比 14.19%；本科学历 339 人，占比 44.14%；硕士以上学历 86 人，占比 11.20%；其他类 20 人，占比 2.60%。

表 4－3 **被调查者学历分布情况**

学历层次	问卷的响应数	占比（%）	排序
①小学	6/768	0.78	7
②初中	33/768	4.30	5

续表

学历层次	问卷的响应数	占比（%）	排序
③高中	175/768	22.79	2
④高职高专	109/768	14.19	3
⑤本科	339/768	44.14	1
⑥硕士以上	86/768	11.20	4
⑦其他（请填写）	20/768	2.60	6

（四）受访者职业分布

职业是一个人日常生活的重要组成部分，通常是一个人赖以谋生的事务，通常寄托着他们的所思、所想、所为。“职业类型简称‘职类’，是在内容、范围、职责和作用等方面具有共同特征的社会劳动分工。随着科技发展和生产工具改进，社会劳动分工在不同层次、水平上逐渐扩大，形成许多新的产业门类。”[①] 顾明远的前述分类是传统的职业类型，一般而言，当代职业类型可以分为六种：技能型，研究型，艺术型，经管型，社交型，事务型。[②] 类型不同，人们对语言的使用和评价会有差异。基于语言研究视角，我们预设了管理（Administrator）、商业（Business Owner）、农业（Farmer）、教育（Teacher/Professor）、工业（Industrial Worker）、旅游服务业（Tourism Service Consultant）、其他（主要是学生）等7个选项。

统计发现，有效问卷中被调查者职业类型的分布情况为：管理（Administrator）36人，占比4.69%；商业（Business Owner）42人，占比5.47%；农业（Farmer）5人，占比0.65%；教育（Teacher/Professor）177人，占比23.05%；工业（Industrial Worker）11人，占比1.43%；旅游服务业（Tourism Service Consultant）22人，占比2.86%；其他（主要是学生）475人，占比61.85%。

① 顾明远：《教育大辞典》，上海教育出版社1998年版。

② 百度百科：《职业类型》（https://baike.baidu.com/item/职业类型/1188724）。

表 4－4 被调查者职业分布情况

职业类型	问卷的响应数	占比（%）	排序
①管理（Administrator）	36/768	4.69	4
②商业（Business Owner）	42/768	5.47	3
③农业（Farmer）	5/768	0.65	7
④教育（Teacher/Professor）	177/768	23.05	2
⑤工业（Industrial Worker）	11/768	1.43	6
⑥旅游服务业（Tourism Service Consultant）	22/768	2.86	5
⑦其他（请填写）［Others（Please fill in）］	475/768	61.85	1

（五）受访者工作单位性质

单位性质是指“机关、团体、法人、企业等非自然人的实体或其下属部门的性质，是用来区分工薪阶层上班的地方的类别关系”①。不同的单位有不同的单位性质，我们依据其对语言使用和评价的可能影响，分为政府部门、公共事业、企业、旅游服务业、商业、其他（主要是学生）等 6 个选项。

统计发现，有效问卷中被调查者的工作单位性质的分布情况为：政府部门 105 人，占比 13.67%；公共事业 49 人，占比 6.38%；企业 43 人，占比 5.60%；旅游服务业 20 人，占比 2.60%；商业 41 人，占比 5.34%；其他（主要是学生）510 人，占比 66.41%。

表 4－5 被调查者工作单位性质分布情况

工作单位性质	响应数	占比（%）	排序
①政府部门	105/768	13.67	2
②公共事业	49/768	6.38	3

① 百度百科：《单位性质》（https：//baike.baidu.com/item/单位性质/10199678？fr = Aladdin）。

续表

工作单位性质	响应数	占比（%）	排序
③企业	43/768	5.60	4
④旅游服务业	20/768	2.60	6
⑤商业	41/768	5.34	5
⑥其他（请填写）	510/768	66.41	1

（六）受访者的岗位身份

岗位身份，是指在机关或团体中执行一定任务的位置，是一个人受雇水平或工作职责的表征，比如对待同一事物，处于领导岗位的人与处于职员岗位的人会有不同的视角和认知，教师和学生对待语言也会有不同的认知。因此，我们预设了领导岗位、职员岗位、教师岗位、学生岗位和其他等5个选项。

统计发现，有效问卷中被调查者的岗位身份（Employment Level）的分布情况为：领导岗位13人，占比1.69%；职员岗位73人，占比9.51%；教师岗位52人，占比6.77%；学生岗位581人，占比75.65%；其他49人，占比6.38%。

表4－6 **被调查者岗位分布情况**

工作岗位	问卷的响应数	占比（%）	排序
①领导	13/768	1.69	5
②职员	73/768	9.51	2
③教师	52/768	6.77	3
④学生	581/768	75.65	1
⑤其他（请填写）	49/768	6.38	4

二 地理空间、文化距离与国家关系

（一）受访者国别（地区）

国与国的历史交往、现实关系、人员往来等都会影响其国民对对方国家的相关事、物、人等的认知与评价，不同国家的人对汉语及中国的相关语言都可能会有不同的认知形象，因而设计了调查问卷的第一题，主要为了收集受访者的国别信息，帮助我们考察汉语形象的产生与改变是否会受到地理空间、文化距离和国家关系等因素的影响。因想获得尽可能多的国家民众的意向，涉及国家较多，选项不宜全部列出，故“国别（地区）”设计成了需要填写内容的形式。经过统计，参与调查的完成有效问卷者覆盖了47个国家和地区，共768人（其中中国香港、中国澳门两个地区共有15份问卷，对整个问卷部分题目的影响不大，所以没有专门剔除）。问卷整体完成情况如表4－7所示。

表4－7 被调查者国别（地区）分布情况

国家/地区	响应人数	占比%	排序
越南（Việt Nam）东南亚	230	29.95	1
泰国（Thailand）东南亚	121	15.76	2
老挝（Laos）东南亚	107	13.93	3
韩国（Republic of Korea）东亚	48	6.25	4
印度尼西亚（Indonesia）东南亚	43	5.60	5
印度（India）南亚	33	4.30	6
巴基斯坦（Pakistan）南亚	27	3.52	7
美国（U.S.A.）北美	12	1.56	8
尼泊尔（Nepal）南亚	10	1.30	9
哈萨克斯坦（Kazakhstan）中亚	10	1.30	10

续表

国家/地区	响应人数	占比（%）	排序
柬埔寨（Cambodia）东南亚	10	1.30	11
斯里兰卡（Srilanka）（印度洋海上）南亚	10	1.30	12
土库曼斯坦（Turkmenistan）中亚	9	1.17	13
喀麦隆（Camerounaise）非洲中西部	6	0.78	14
俄罗斯（Russia）欧亚两大洲	6	0.78	15
新加坡（Singapore）南亚	5	0.65	16
坦桑尼亚（Tanzania）非洲东部	5	0.65	17
缅甸（Myanmar）东南亚	4	0.52	18
英国（UK）欧洲	4	0.52	19
蒙古（Mongolia）亚洲	4	0.52	20
马来西亚（Malaysia）东南亚	4	0.52	21
瑞典（Sweden）北欧	4	0.52	22
意大利（Italy）欧洲	3	0.39	23
朝鲜（Korea）东亚	3	0.39	24
日本（Japan）东亚	3	0.39	25
乌干达（Uganda）非洲东部	3	0.39	26
刚果（布）（Congo）非洲	3	0.39	27
法国（France）欧洲	2	0.26	28
贝宁（Benin）西非中南部	2	0.26	29
吉尔吉斯斯坦（Kyrgyzstan）中亚	2	0.26	30
乌兹别克斯坦（Uzbekistan）中亚	2	0.26	31
埃及（Egypt）非洲东北部	2	0.26	32
孟加拉国（Bangladesh）南亚	2	0.26	33
苏丹（Sudan）非洲东北部	2	0.26	34

续表

国家/地区	响应人数	占比（%）	排序
奥地利（Austria）欧洲中部	1	0.13	35
塔吉克斯坦（Таджикистан）中亚	1	0.13	36
新西兰（New Zealand）南太平洋	1	0.13	37
马里（Mali）西非	1	0.13	38
也门（Yemen）阿拉伯半岛西南端	1	0.13	39
冈比亚（Gambia）非洲西部	1	0.13	40
葡萄牙（Portugal）欧洲西南部	1	0.13	41
伊拉克（Iraq）亚洲西南部，阿拉伯半岛东北部	1	0.13	42
塞拉利昂（Sierra Leone）非洲	1	0.13	43
突尼斯（Tunisia）非洲	1	0.13	44
乍得共和国（Tchad）非洲中部	1	0.13	45
加纳（Ghana）非洲西部	1	0.13	46
中国（香港、澳门）	15	1.95	47
总计：47 个国家和地区	768	100	

（二）受访者是否有来华经历

作为群体成员之一，个人的人生经历一般会或多或少地对其思想与性格产生影响。在某种程度上，人生经历是决定一个人的性格和思想的前提和条件，一般会影响他对世界的认知和评价。一个人是否有来华经历也会影响他对汉语及中国语言的形象评价。赵利缘（2014）在其硕士学位论文中探讨了“来到中国的经历”对于外国人对中国形象认知与评价的影响。其文采用了问卷调查、访谈、小组座谈和观察等多种方法，对广州部分高校的非洲留学生心中的“中国形象”进行考察。[①] 结果表明“中国经历”会影响他们心中的“中国形象”。

① 赵利缘：《广州非洲留学生心目中的中国形象》，硕士学位论文，暨南大学，2014 年。

这正佐证了经历对一个人的影响程度，据此我们设计了这一题目，以期考查“来华经历”对中国语言形象认知的影响。

统计发现，有效问卷中被调查者“是否到过中国”情况为：来过中国的 622 人，占比 80.99%；没有来过中国的 146 人，占比 19.01%。

表 4-8 被调查者的中国经历情况

是否到过中国	问卷响应数	占比（%）
是	622/768	80.99
否	146/768	19.01

（三）是否有中国朋友

“现代心理学研究表明，人们在形成对某一事物态度的过程中，许多时候并不取决于理性的思考，而是取决于情感的好恶。”① 对于每个人来说，成长都是一个持久的过程。从小到大，成长经历中总有许多令人难以忘记的故事、难以忘记的人。不论是学习伙伴、娱乐伙伴、心理伙伴，还是事业或商业伙伴，伙伴的存在本身就是一种生命力量。《论语·里仁》曰：“见贤思齐焉，见不贤而内自省也。”汉语中还有“爱屋及乌”等成语故事，因为人的情绪和习性是会互相传染的，朋友身上的某些特性也会通过交往和共情等潜移默化地转移到自己身上。“是否有中国朋友”可能会影响受访者有关汉语形象的认知和评价，所以我们设计了这个调查题项。

统计发现，有效问卷中被调查者“是否有中国朋友”的情况为：有中国朋友 538 人，占比 70.05%；没有中国朋友 230 人，占比 29.95%。

① 汤劲：《紧贴时代 还原生活——试论 2004 年英模人物通讯特色》，《新闻爱好者》2005 年第 7 期。

表 4－9　　被调查者的中国交友情况

是否有中国朋友	响应数	占比（%）
有	538/768	70.05
没有	230/768	29.95

（四）受访者是否关注中国新闻

关于新闻的起源，卡斯柏·约斯特认为："人类同时又被赋有无尽的好奇心，它创造了一种对事物不断的兴趣……这些对于事物的好奇心和兴趣，是新闻欲的源泉。"① 郑贞铭（1984）也曾有类似论述："人类需要新闻，是基于好奇的天性使然。……由于人类需要新闻，而传播新闻又是任何群居动物的本能，所以新闻传播的活动早就发生。"②

新闻是人们每天都会浏览的信息，一般情况下，人们通过对这些信息的浏览，去了解社会上发生的各种事件，这既是人们融入社会的一种方式，也是其扩大视野、获取信息、形成或改变个人认知的一个重要途径。语言是新闻信息的主要载体和工具，而随着时代的发展和新闻传播方式的变化，新闻对人们生活的影响也越来越大。当然，中国新闻对汉语形象的形成和改变必然产生着一定的影响，这正是本题设计的意旨。

统计发现，有效问卷中被调查者"是否关注中国新闻"的情况为：关注中国新闻的有 502 人，占比 65.36%；不关注中国新闻的有 266 人，占比 34.64%。

表 4－10　　被调查者的中国新闻关注情况

是否关注中国新闻	响应数	占比（%）
是	502/768	65.36
否	266/768	34.64

① ［美］卡斯柏·约斯特：《新闻学原理》，王海译，中国传媒大学出版社 2017 年版，第 10 页。

② 郑贞铭：《新闻学与大众传播学》，台北：三民书局 1984 年版，第 13 页。

三 语言熟悉度、水平与其形象好坏的相关度

（一）语言水平与汉语形象好坏的相关度

一个人汉语水平的高低往往标示着他对汉语的熟悉程度；同样，一个人对汉语越熟悉，他的汉语水平一般也会越高。社会心理学研究表明，熟悉能增加喜欢的程度，但喜欢程度与交往频率之间并不是直线型的共变关系，通常情况下呈现的是倒 U 型曲线关系，只有在交往频率处于中等程度水平时，双方喜欢对方的程度才处于较高的水平，过高的交往频率可能会抑制双方喜欢的程度，过低的交往频率激发不起也不可能提高双方的喜欢程度。喜欢是一种由内向外的、非迫切需要的心理倾向性，是在维持自身生存之外的得到与占有心理趋向，喜欢更多的是希望得到情感上的满足。从情绪发生发展的角度来看，喜欢是对好感的进一步升华，不同种类的好感往往对应着不同种类的喜欢，它是人类更为稳定的情感——爱的基础。如果一个人对汉语产生了好感，随着熟悉程度提升、汉语水平提高，进而喜欢汉语，甚至爱上汉语，那么他的汉语形象就会很好，就会有进一步的汉语学习计划或积极向他人推荐汉语；反之，一个人对汉语不熟悉、水平很低甚至不会汉语，那么他的汉语形象一般很难是好的评价，也就不太会有进一步的汉语学习计划，一般也不会向他人推荐汉语，甚至可能会向别人提出反面的建议。基于此，我们设计了对受访者的“汉语水平”调查的 5 个选项。

统计发现，有效问卷中被调查者的汉语水平分布情况为：“没有学过，不会”选项 36 人，占比 4.69%；“学过，会一点点儿”选项 149 人，占比 19.40%；“能基本会话”选项 246 人，占比 32.03%；“中级水平”选项 226 人，占比 29.43%；“高级水平”选项 111 人，占比 14.45%。

表4－11 被调查者汉语水平分布情况

汉语水平	问卷响应数	占比（%）	排序
①没有学过，不会	36/768	4.69	5
②学过，会一点点儿	149/768	19.40	3
③能基本会话	246/768	32.03	1
④中级水平	226/768	29.43	2
⑤高级水平	111/768	14.45	4

（二）汉语有关工作与汉语形象好坏相关度

子曰："知之者不如好之者，好之者不如乐之者。"（《论语·雍也》）在心理学理论中，"知"指的是认知、观念，认知包括感觉、知觉、意识和注意、记忆、思维等内容，整体来看是一个逐步上升、逐步整合的过程；"情"指的是情绪、情感，是人们对事物的一种态度；"意"指的是意志，是人们自觉地确定目标，并根据目标调节支配自身行动、克服困难、实现预定目标的心理倾向；"行"指的是行为，是举止行动，是指受思想支配而表现出来的外表活动。知、情、意是相互关联的三种心理状态，"行"是外显的行为，实践和体现着"知、情、意"，同时也会触发、影响和改变"知、情、意"。知、情、意、行四个基本要素应是相互作用的，其中，"知"是基础，"行"是关键，"情"是动力，"意"是持久耐力。陆游有诗曰："纸上得来终觉浅，绝知此事要躬行。"（陆游《冬夜读书示子聿》）诗人认为知识的获取，一是要"花气力"，二是要"躬行"，这是诗人对勤奋学习的经验总结。由此可知，"行为"经历对人的事物"认知"具有重要的影响作用。这正是我们设计"做过与汉语有关的工作"题目选项的目的。

统计发现，有效问卷中被调查者"是否做过与汉语有关的工作"的分布情况为："是"选项304人，占比39.58%；"否"选项464人，占比60.42%。

表4－12 被调查者的汉语工作经历情况

是否做过与汉语有关的工作	问卷响应数	占比（%）
是	304/768	39.58
否	464/768	60.42

四 工作、影视新闻及文化活动的语言形象影响

影视观赏、音乐收听、文化活动的参与、新闻信息的收看频率、工作与之的关涉度、网络等通信工具的可及性程度等都会对语言形象的建构产生影响，这种影响的直接结果可以从这些事项语言版本的选择倾向上获得验证。因此问卷设计了第13题，调查受访者接触或喜欢的关于“中国电影/音乐/表演/新闻等”的版本，设计了“汉语版”和“本国语言翻译版”2个选项。

统计发现，有效问卷中被调查者中国电影/音乐/表演/新闻等语言版本的选择情况为：“汉语版的”选项509人，占比66.28%；“本国语言翻译过来的”选项259人，占比33.72%。

表4－13 被调查者的中国电影/音乐/表演/新闻等语言版本选取情况

中国电影/音乐/表演/新闻等语言版本的选择	响应数	占比（%）
汉语版的（Chinese version）	509/768	66.28
本国语言翻译过来的（Translated to your native language）	259/768	33.72

五 语言学习目的、语种比较等的语言形象影响

我们假设，受访者的语言学习目的、语种之间的比较等因素也会影响他们对语言形象的相关评价。

（一）语言形象感的确认

英国经验主义者、哲学家乔治·贝克莱（1685—1753）在其《人类知识原理》（1710）中曾提出“存在就是被感知”，这一说法虽带有唯心主义色彩，但也从另一方面表明：认知具有主观能动性，

人们对事物的认知和评价，无论是好是坏，一般情况下都是有意识的、态度鲜明的。但由于受到认知环境和主体自身因素的影响，有时人们对事物的认知和评价却可能是意识不明晰的，或是无意识的，这就需要通过一定的方式对之进行唤醒、再认和确认。心理学中，再认（recognition）是指过去经验或识记过的事物再次呈现在面前时仍能确认和辨认出来的过程。确认是指明确辨认，是主体对事物进行"肯定"的过程，而不是对事物的直接"肯定"。基于此，我们的问卷第16题的设计旨在通过引导受访者明确审视自己对于外国语言（比如英语/汉语/法语/俄语/阿拉伯语/西班牙语等）"感觉好""感觉一般"或"感觉不好"的不同认知，以期通过此题来证实"语言形象"存在的客观性。虽只设计了"有"和"没有"2个选项，但在每个选项后面留空白请受访者在方便的情况下写一下理由，此题的设计是想进一步让受访者认真思考自己认定的"语言形象"存在或不存在的原因。同时，此题还含有不同语言间"语言形象"比较的观测点。

统计发现，有效问卷中被调查者对外国语言是否有不同感觉的分布情况为："有"选项569人，占比74.09%；"没有"选项199人，占比25.91%。

表4－14　　被调查者对外国语言是否有不同感觉情况

对外国语言是否有不同感觉	响应数	占比（%）
有（若方便，请填写理由）	569/768	74.09
没有（若方便，请填写理由）	199/768	25.91

（二）外语选择的依据：语言形象感展现

现代社会，国家交往频繁，民间交往更是如火如荼。国际交往扩大了外语的应用范围，极大地刺激了外语学习的需求，每个国家都很重视外语教育，这种重视程度除了在国家外语教育政策上有所体现外，也在国民所学语种的多寡上得以体现。对于主体（个人、家庭、社团、学校或国家)，面对多语种选择的依据是什么？他们会根据什么标准对之进行排序？这些选择依据正是主体有关这一语种形象的间接表征。基于此，我们设计了第18题，主要是想考察受访者外语学习选择的依据，为不限定的可多选题型，设计了包括开放选项在内的7个选项，试图从文化因素、经济因素、政治因素、留学选择、旅游意向、朋友推荐等方面考察受访者外语学习目的、外语选择和重要性排列的标准，以便从侧面探寻或印证语言形象的形成和影响机制。希望在语言形象感获得确认的基础上，为语言形象的具体建构提供相应的数据支撑。

统计发现，有效问卷中被调查者外语学习的选择依据的分布情况为:“文化因素”选项395人，占比51.43%；“经济因素”选项367人，占比47.79%；“政治因素”选项114人，占比14.84%；“留学”选项454人，占比59.11%；“旅游”选项359人，占比46.74%；“朋友推荐”选项83人，占比10.81%；“其他”选项54人，占比7.03%。

表4-15 **被调查者的外语学习选择依据**

外语学习的选择依据（可多选）	响应数	占比（%）	排序
①文化因素	395/768	51.43	2
②经济因素	367/768	47.79	3
③政治因素	114/768	14.84	5
④留学	454/768	59.11	1
⑤旅游	359/768	46.74	4
⑥朋友推荐	83/768	10.81	6
⑦其他（请填写）	54/768	7.03	7

（三）汉语的比较印象

比较是指对比几种同类事物的异同、高下。比较首先要有标准，其次，还要有“比的方向”——是求同还是找异？比较也是人们认识和把握世界的一种基本思维方式。上一题目“选择依据”虽也含有比较和排序标准的考察，但重在“面上”考察，不是“点上”的直接考察，语言形象通常不是抽象或普遍的，而是具体和个体的。基于此，第 19 题旨在直接调查受访者的汉语形象状况，设计了“很好”“一般”“不好”3 个选项，引导他们从与英语、法语、德语、俄语等外语相比的思考中做出选择，此题主要是从语种比较的角度来进一步考察“语言形象”的可能影响因素。

统计发现，有效问卷中被调查者的汉语与英、法、德、俄等的比较印象情况为：“很好”选项 501 人，占比 65.23%；“一般”选项 251 人，占比 32.68%；“不好”选项 16 人，占比 2.08%。

表 4－16 被调查者的汉语与英、法等语种的比较印象

汉语与英、法、德、俄等的比较印象	问卷响应数	占比（%）	排序
很好	501/768	65.23	1
一般	251/768	32.68	2
不好	16/768	2.08	3

六 专设语言教学与传播机构等的语言形象

语言形象是主体对语言的一种认知印象，它不像客观实体事物那样具有定型性、自适性，其本身通常需要依托一定的凭借（主要是认知主体、专门机构等）进行赋形和传播。我们据此认为，语言专设机构的存在与否会对语言形象的赋形、变化及其传播产生重要影响。当然这需要进一步的调查和验证，以期明确所在地是否有专设的语言教学与传播机构，这在很大程度上会影响该语种的语言形象，这一数据将对语言形象的建构提供路径参照。

前文已说明，“孔子学院（课堂）是在借鉴英语、法语语言经验

的基础上，在海外设立的以教授汉语和传播中国文化为宗旨的非营利性公益机构”①。其对汉语形象和中国形象的提升作用日益突显，其现状也需要专门调查。

为此，在问卷中设计了“14、15”两个调查题目。第14题，调查受访者国家是否设有孔子学院（或孔子课堂）等专设的语言教学与传播机构，预设了“有”和“没有”2个选项，第15题是在第14题的基础上，考察孔子学院（或孔子课堂）等专设的语言教学与传播机构的作用，设计为不限定的可多选题型，从帮助汉语学习、了解中国文化、认识中国朋友、体验中国生活及其他可能作用等5个方面考察语言形象的形成途径和影响因素。

（一）孔子学院（或孔子课堂）等专设语言机构情况

受访者国家有没有孔子学院（或孔子课堂）将会影响到他对后面题目的回答，同时这也能在一定程度上透视出“语言教学与传播机构”与“语言形象”的相关性。这里不严格区分“实际上有，受访者因自己不知而填写‘没有’”与“确实没有”情况，因为“实有而不知”对认知主体来说就等于“没有”，对其关于这一“实有”事物的认知的影响比较小。

被调查者国家是否有孔子学院（或孔子课堂）的分布情况为：“有”选项515人，占比67.06%；“没有”选项253人，占比32.94%。

当今世界，语言博弈已成为国际竞争的无烟战场。如英国文化委员会在全世界80多个国家和英国的主要城市设有几百个办事处，旨在推广英语和英国文化；法语联盟已在138个国家设立1100个分部……印度推出“甘地学院”计划。②

---

① 国家汉办：《孔子学院介绍》（http://www.hanban.org/confuciousinstitutes/node_10961.htm）。

② 郝平：《大力推广普通话 积极构建和谐语言生活》，2009年12月12日在全国语言文字工作研讨会上的讲话（http://www.china-language.gov.cn/11/2009_12_21/1_11_442kmmm7_0_1261359154453.html）。

表 4－17　　被调查者国家孔子学院（或孔子课堂）情况

本国孔子学院（或孔子课堂）情况	问卷响应数	占比（%）
有	515/768	67.06
没有	253/768	32.94

（二）孔子学院（或孔子课堂）的作用认知

孔子学院（或孔子课堂）的设立，其主要作用是开展汉语教学和中外教育、文化等方面的交流与合作。[①] 这是中方的介绍，是外在的一种推送，但从接受者的角度，他们对孔子学院（或孔子课堂）的作用又有什么样的认知呢？这一认知又有多少是关乎汉语形象的呢？这就是我们问卷第 15 题的设计意旨。

被调查者关于孔子学院（或孔子课堂）的作用认识的分布情况为："帮助汉语学习"选项 583 人，占比 75.91%；"帮助了解中国文化"选项 513 人，占比 66.80%；"认识中国朋友"选项 225 人，占比 29.30%；"体验中国生活"选项 277 人，占比 36.07%；"其他"选项 54 人，占比 7.03%。

表 4－18　被调查者对孔子学院（或孔子课堂）作用评价情况

孔子学院（或孔子课堂）的作用（可多选）	问卷响应数	占比（%）	排序
①帮助汉语学习	583/768	75.91	1
②帮助了解中国文化	513/768	66.80	2
③认识中国朋友	225/768	29.30	4
④体验中国生活	277/768	36.07	3
⑤其他（若方便，请填写）	54/768	7.03	5

七　语言内部构成要素或载体成果的语言形象影响

形象是一种认知，认知易受到情绪影响，通常带有较强的主观

① 国家汉办：《孔子学院介绍》（http：//www. hanban. org/confucionsinstitutes/node－10961. htm）。

性；同时，认知也易受视角、关注焦点以及认知阈限的影响，常常在全面性和深刻性等方面出现个体差异性。基于此，我们预设，语言形象也会因其内部构成要素或其载体成果的不同感知状况而出现差异性，这就是问卷第20题的设计旨趣，意欲调查受访者对汉语的某种感觉的形成依据，选项包括汉语语音、词语、语法、汉字等汉语内部构成要素和书法、中国文化、朋友推荐及其他等相关语言影响因素两部分7个选项，为更全面地获取相关数据，此题设计为不限定的可多选题型，以方便受访者填写真实意见。

被调查者汉语印象的影响因素分布情况为："汉语语音"选项405人，占比52.73%；"汉语词语"选项362人，占比47.14%；"汉语语法"选项300人，占比39.06%；"汉字"选项402人，占比52.34%；"书法"选项210人，占比27.34%；"中国文化"选项453人，占比58.98%；"朋友推荐"选项56人，占比7.29%；"其他"选项33人，占比4.30%。

表4-19　　被调查者汉语印象的影响因素分布情况

汉语印象的影响因素（可多选）	问卷响应数	占比（%）	排序
①汉语语音（Chinese Phonetics）	405/768	52.73	2
②汉语词语（Chinese words and expressions）	362/768	47.14	4
③汉语语法（Chinese grammar）	300/768	39.06	5
④汉字（Chinese characters）	402/768	52.34	3
⑤书法（Chinese calligraphy）	210/768	27.34	6
⑥中国文化（Chinese culture）	453/768	58.98	1
⑦朋友推荐（Recommendation by friends）	56/768	7.29	7
⑧其他（请填写）[Others]	33/768	4.30	8

八　语言形象对该国形象、语种学习、旅游的影响

"主观能动性是一个哲学概念，亦称'自觉能动性'，它指人的主观意识和实践活动对于客观世界的能动作用。主观能动性有两方面的

含义：一是人们能动地认识客观世界；二是在认识的指导下能动地改造客观世界。在实践的基础上使二者统一起来，即表现出人区别于物的主观能动性。”[①] 人类的认知具有主观能动性，语言形象是主体对某语言产生的一种认知印象，所以语言形象一经产生，一般会对主体的某些行为或随后的认知产生影响。这就是我们问卷第 17、21 题两题的设计依据。第 17 题主要想从宏观的角度，调查受访者对某种外语的印象是否会影响到他对这个国家形象的好坏评价，设计了“不会”“一般会”“严重影响”3 个选项，直接考察语言形象与国家形象的关联情况，第 21 题从稍微间接一些的个案角度考察受访者所形成的汉语形象是否会影响到他的汉语学习、到中国旅游的计划、与中国人交往或对中国的评价，虽只设计了“影响”和“不影响”2 个选项，但在每个选项后面留空请受访者在方便的情况下写一下理由，此设计是想进一步让受访者认真思考自己认定的“影响”或“不影响”的原因。

（一）外国语言印象与该国国家形象认知关系

“世界上的一切事物、一切过程都可以分解为若干部分，整体是由它的各个部分构成的，没有整体就无所谓部分。整体和部分的划分是相对的，某一事物可以作为整体包容着部分，该事物又可以作为部分从属于更高层次的整体。部分与整体之间的关系不是静态的，而是动态的。”[②] 语言形象是国家形象的分支系统，二者具有“整体与部分”的逻辑关系，那么语言形象会影响国家形象吗？在多大程度上影响国家形象？基于调查数据，不仅可以验证这种影响的存在，也可通过相关性分析，明确语言形象与国家形象之间的关联互动关系。

被调查者外语印象是否影响该国国家形象的分布情况为：“不会影响”选项 346 人，占比 45.05%；“一般会影响”选项 311 人，占比 40.49%；“严重影响”选项 111 人，占比 14.45%。

① 百度百科：《主观能动性》（https：//baike. baidu. com/item/主观能动性/694878？fr = Aladdin）。

② 百度百科：《部分与整体》（https：//baike. baidu. com/item/部分与整体/14101450？fr = Aladdin）。

表 4－20 **被调查者外语印象是否影响该国国家形象情况**

外语印象是否影响该国国家形象	问卷响应数	占比（%）
不会影响（Does not affect at all）	346/768	45.05
一般会影响（Partially affect）	311/768	40.49
严重影响（Strongly affect）	111/768	14.45

（二）汉语印象对其学习、中国旅游与交友的影响

根据马克思主义观点，事物是普遍联系的。那么，汉语印象一经形成就会对主体的汉语学习、中国旅游与交友等产生影响，当然，这需要进行再验证，也是对“语言形象与国家形象之间存在关联互动关系”的验证，是对语言形象建构意义的确认和支持。这正是我们问卷第 21 题设计的旨趣。

被调查者的汉语印象对汉语学习、中国旅游与交友的影响的分布情况为：“影响”选项 525 人，占比 68.36%；“不影响”选项 243 人，占比 31.64%。

表 4－21 **汉语印象对其学习、中国旅游与交友的影响情况**

汉语印象对汉语学习、中国旅游与交友的影响	响应数	占比（%）
影响（请填写理由）（In which case, please elaborate）	525/768	68.36
不影响（请填写理由）（In which case, please elaborate）	243/768	31.64

九 汉语形象建构的相关建议

前文已述，考虑到问卷填写者的不确定性，而问卷题目却是固定的（可能会存在一定局限或缺陷）、不可逆的，最好的弥补措施就是在问卷中设置一定的开放性题目，如“建议”类题目，以期受调查者能从容地为“合意的汉语形象建构”填写个人的具体建议。此类题目虽然增加了填写和统计的工作量与难度，但通常能收集到许多“有价值的建议”，这就是第 22 题的设计意图。第 22 题“合意的汉

语形象建构”的768条建议大致分布如下：

（一）建议主题情况统计

被调查者就“怎样才能让更多的外国人喜欢汉语?”提出了不同的建议，我们先按主题类别进行统计，分布情况为：

1. 中国文化类，有168人谈到，主要是介绍、宣传、推广中国文化，占比21.88%；

2. 汉语本体及教学类，有239人谈到，主要是有关汉语拼音、词语、语法及汉字的教与学，教师、教学方法，汉语学习形式，等等，占比31.12%；

3. 中国美食类，有3人谈到，建议通过美食来推广汉语，占比0.39%；

4. 中国形象、国民素质类，有50人谈到，主要是部分法语问卷和韩语问卷谈到中国形象和中国人素质需要改进的建议（虽然可能是偏见，但却反映了这些国家人们的认知现实），占比6.51%；

5. 中国经济、旅游、环境类，有35人谈到，主要是建议靠经济、旅游、环境等来扩大影响，进而提升汉语形象，占比4.56%；

6. 国际交往、中国政策类，有65人谈到，主要谈到扩大国际交往，和在国外的中国人交往，中国政策主要是开放、奖学金、交流、国际合作等，占比8.46%；

7. 孔子学院（或孔子课堂）类，有5人谈到，主要是建立孔子学院、教学情况、宣传、组织活动、体验中国文化，占比0.65%；

8. 其他类，有203人，占比26.43%，其中“没有”（受访者书写建议包括没有、不知道，用更简单的方法、不明白、不清楚、无意义等）有157人，占比20.44%，另有一些受访者书写建议如非常好、出色的、漂亮女生、帅哥、美女、玩游戏，等等。

（二）建议词频情况统计

被调查者就“怎样才能让更多的外国人喜欢汉语?”提出了不同的建议，我们对这768条建议中的部分词语进行了词频统计，具体情况为：

1. 国家、国人

中国326次、中国人49次、国家45次、外国103次（其中88

次指“中国”）

这些出现较高的词频表明：语言形象是和国家形象紧密联系的，提起汉语必然会想到中国、中国人等词语，这些词语也部分地显示出受访者在作答时存在着进行国家比较的迹象，这也间接证实“语言形象常常是一种比较形象”。

2. 文化经贸

文化 195 次

书法 6 次、武术 3 次、中医 2 次、茶道 2 次

经济 26 次、环境 8 次、贸易 2 次、科技 3 次

“文化”一词的高频出现表明：在受访者意识中语言和文化紧密关联，文化传播是汉语形象建构的重要手段，中国文化是汉语的形象背景，其中的典型文化事项如“书法、武术、中医”等对汉语教学及汉语形象的建构具有标记功能、品牌功能。在众多建议中“经济”的高词频反映中国当今的经济发展成就是当今“汉语热”的直接推动力量，虽由其支撑的汉语形象建构或多或少地带有功利性和片面性，但也证实经济因素对汉语形象的巨大影响力。同时“环境、贸易、科技”不同程度地被提出，说明这些方面对汉语形象的产生和变化也存在着明显的影响。

3. 大众传媒

电影（45 次）、电视（影视、视频）（36 次）、动画（5 次）

歌（16 + 音乐 + 歌曲）18 次

明星 6 次

书（书籍）15 次、杂志 3 次

媒体 13 次

影视歌曲及动画、书籍等大众传媒类词语总共出现了 141 次，占 768 条相关建议的 18.36%，可见大众传媒本身的形象性会对语言形象的产生和改变有潜在影响，加之不同“形象”之间具有浸染效应，再进一步分析可见，影视歌曲、明星等大众传媒载体的形象对语言形象的传播具有很大的顺化影响。这也启示我们，进行中国语言形象建构时应充分利用影视歌曲及动画、书籍、明星等大众传媒方式与载

体，尽可能地拓展形象建构的途径。

4. 工作、生活

旅游（经典8）43次

工作14次

美食（+菜）6次

旅游和工作是人们都关注的话题，旅游还给人们的沟通提供了大量的实践机会。工作及各种人际沟通都需要语言，这一进程除了能凸显语言的工具性外，也展现了语言的形象性。因而，语言形象的建构也可从这些领域获得灵感，来中国旅游或做与汉语有关的工作，必然置身于汉语环境之中，旅游和工作是汉语形象的真实的感知和体验过程，因而这些词语会被受访者多次提出。

5. 教育、教学

教育11次、奖学金（免费教育、免费课程）43次、学（308次，其中教学22次、学习99次、教学方法8次）、方法17次、老师10次、教师10次

汉语216次、课程13次、外语9次、英语13次

字31次（汉字26次）、拼音5次、语法3次、词7次

教育对人类社会的发展具有重要作用，相关词语的高频出现表明受访者希望能接受相关的教育。但有些人希望免费享有这种权益，于是就有很多人希望获得奖学金（免费教育、免费课程），这真实地反映了人们的需求状况。当然，给予学习优秀者以奖学金或免费教育、免费课程，这也是对其他学习者和潜在学习者的激励，不过要充分发挥奖学金的促进作用，奖学金的发放还是要进行严格筛选，以充分发挥其奖励、吸引和带动效应。“学”的高频出现，不管是“学习、教学、学生”，还是“教学方法、学习方法”，说明受访者都很看重语言的学习，“汉语、外语”的高频出现也佐证了这一点。“方法、老师、教师、课程、英语、字（汉字）、拼音、语法、词”等在问卷“建议”中多次出现，反映出受访者根据自身情况所表现出来的、对汉语教学相关内容的关注，这些都证实汉语形象是真实存在的，汉语形象也主要通过这些事项得以彰显。

6. 人际交往

朋友 36 次、友谊 44 次、友好 8 次、聊天 5 次

帅哥（+美女）34 次

交（朋友、交往、交流）68 次、了解 40 次、活动 26 次、发展 20 次、体验 7 次、参与 2 次

人作为主体，是形象的设计者、改造者；作为客体，其本身及其行为表现也是形象的载体。因而，“朋友、伙伴、偶像（包括帅哥、美女等）”等主体的语言使用情况往往也具有较为直观的形象感染力和形象标志作用。“人际交往”这一类词语的高频出现表明其对语言形象建构的重要作用，可以把它作为语言形象建构的凭借和途径。“交往、交流、发展、活动、参与、体验、了解”等相关动词的使用，表明语言形象是在一定活动中建构的，是动态的，因而合意的语言形象应进行主动建构，要在改变刻板的不利语言形象的活动和进程中培育出优良的形象要素，要重视语言形象的正面赋形、多方合力才能塑造出合意的语言形象。

7. 介绍传播类

介绍 73 次 + 宣传 19 次 + 广告 23 次 + 推广 28 次 + 传播 10 次 + 营销 2 次 + 展示 7 次 = 162 次

形象（美好、礼貌）10 次、平台 5 次

在现代社会，传播对世界的影响乃至建构的力量是巨大的，正所谓“媒介报道什么，受众便注意什么；媒介越重视什么，受众就越关心什么”①，而且“新闻报道已成为上层建筑领域中控制、操纵社会意识的得天独厚的一种意识形态”②。可见媒介的议程设置功能对公众议程具有潜移默化的作用。当然，“介绍、宣传、传播、营销”等类词语在受访者建议中高频出现，表明受访者或者说建构对象已然习惯了“形象需要介绍、宣传或推广”的理念，这也启示我们必须重视并要妥善利用传播途径。此外，“形象、平台”等词语

① 李彬：《大众传播学》，中央广播电视大学出版社 2000 年版，第 63 页。

② 刘建明：《宏观新闻学》，中国人民大学出版社 1991 年版，第 25 页。

的高频使用，说明受访者认为好的形象应该有合适的平台作为交流、共建的载体。

8. 评价判断

好（很好、好处、美好）104 次、多 186 次、喜（欢）40 次、兴趣 28 次、重要 24 次、吸引 20 次、易 13 次、爱 8 次、优 5 次、积极 5 次、美妙 3 次、努力 2 次

难 16 次、偏见 5 次、不好 5 次、歧视 3 次、错误 2 次

在第 22 题“合意的汉语形象建构”的 768 条建议之中，对所使用的价值判断的词语的考察也能窥探出受访者所形成的汉语语言形象的优劣。其中“好（很好、好处、美好）、多、喜（欢）、兴趣、重要、吸引、易、爱、优、积极、美妙、努力”等正向评价词语的频次高达 438 次，表明受访者所形成的汉语形象整体倾向正面，但“难、不好、歧视、偏见”等负面形象的词语也有较多频次，特别是法语问卷和韩语问卷中，出现了一些类似的词语和语句，说明负面的汉语印象也一定程度地存在着，这需要我们去分析其中的原因，采取有针对性的策略进行相应的建构。

负面评价举例：

法语问卷中有受访者曾写道：“首先，应该引导外国人爱上中国，让他们有宾至如归的感觉。**对中国有太多的歧视**。通过重视中国文化，向他们展示过去和未来学习普通话的挑战和好处。充分了解汉语和中国文化的同时，更好地融合他们，接受他们的差异，增加相互感兴趣的参与活动。”

“我们**对中国的偏见很严重**，我原来在学习中文和在中国生活之前，也对中国很有**偏见**。但是一边学中文，一边在中国生活的时候，那个**偏见**就断裂了，我的想法改变了。并且对中国产生了更大的兴趣，更加喜欢中国。像我一样，可能很多人会对中国有**偏见**，但学了中文后，产生了自信心，有了在中国生活的经验后，说不定会更喜欢中国。”

“普通韩国人想起**中文时都有一种很吵的印象**。比起没有声调的韩文，中文是有声调的，所以韩国人很难喜欢中文，但在认识了声调后也可能会感兴趣，所以要告诉他们语言的特性。”

“希望**中国不要一直强调她的伟大就好了**，多让我们了解有魅力的中国传统文化。”

“我觉得因为汉字和发音要一起记忆，所以在各种外语入门中，**中国语是很难的外语之一**，比起从语法入门，通过对话或会话的课程来首先熟悉语言会比较好。”

“我希望看到更多的中国人与其他民族交流。我们经常看到他们在自己的社区感到很满足，**但不愿意与其他民族交往**。”

泰语问卷中出现“中国在外国人的眼里，**‘卫生间’是不尽如人意的**，尤其是在旅游景点的卫生间，因此中国应该改善这一点”，等等。

第三节 中国语言形象特征及相关因素分析

一 问卷样本人口统计学变量的特征与统计

（一）问卷样本的国籍一般分布特征

根据表 4 -7 可知，人口统计学变量“国籍”的数据分析结果表明，越南的被调查者人数（共有 230 人）最多，占比 29.95%；泰国的被调查者人数（共有 121 人）次之，占比 15.76%；而其他国籍的被调查者的人数较少。由此可见，被调查者的国籍主要是：东南亚的越南、泰国和老挝三国。

（二）问卷样本国籍的地理分布特征

根据表 4 -22 可知，东南亚的越南、泰国、老挝、印度尼西亚、柬埔寨、新加坡、马来西亚、缅甸 8 国共有 524 份有效问卷，占比 68.23%；东亚的韩国、朝鲜、日本 3 国有 54 份有效问卷，占比 7.03%；南亚的印度、巴基斯坦、尼泊尔、孟加拉国、斯里兰卡 5 国有 82 份有效问卷，占比 10.68%；中亚的哈萨克斯坦、土库曼斯坦、吉尔吉斯斯坦、乌兹别克斯坦、蒙古 5 国有 27 份有效问卷，占比 3.52%；欧洲的英国、瑞典、意大利、法国、奥地利、葡萄牙 6 国有 15 份有效问卷，占比 1.95%；非洲的坦桑尼亚、喀麦隆、乌干达、刚果（布）、贝宁、埃及、苏丹、马里、冈比亚、塞拉利昂、突尼斯、乍得共和国、加纳13国有29份有效问卷，占比3.78%；美国有12份有效问卷，占比1.56%；俄罗斯有6份有效问卷，占比0.78%；其他一些国家和地区占比相对较少。

表4-22　　样本中的国家所在地理位置分布特征

	频数	百分比	州别	百分比（%）
越南（Việt Nam）	230	29.95	东南亚8国	68.23
泰国（Thailand）	121	15.76		
老挝（Laos）	107	13.93		
印度尼西亚（Indonesia）	43	5.60		
柬埔寨（Cambodia）	10	1.30		
新加坡（Singapore）	5	0.65		
马来西亚（Malaysia）	4	0.52		
缅甸（Myanmar）	4	0.52		
韩国（Republic of Korea）	48	6.25	东亚3国	7.03
朝鲜（Korea）	3	0.39		
日本（Japan）	3	0.39		
印度（India）	33	4.30	南亚5国	10.68
巴基斯坦（Pakistan）	27	3.52		
尼泊尔（Nepal）	10	1.30		
斯里兰卡（Srilanka 印度洋海上）	10	1.30		
孟加拉国（Bangladesh）	2	0.26		
哈萨克斯坦（Kazakhstan）	10	1.30	中亚5国	3.52
土库曼斯坦（Turkmenistan）	9	1.17		
吉尔吉斯斯坦（Kyrgyzstan）	2	0.26		
乌兹别克斯坦（Uzbekistan）	2	0.26		
蒙古（Mongolia）	4	0.52		

续表

	频数	百分比	州别	百分比（%）
英国（UK）	4	0.52	欧洲6国	1.95
瑞典（Sweden）	4	0.52		
意大利（Italy）	3	0.39		
法国（France）	2	0.26		
奥地利（Austria）	1	0.13		
葡萄牙（Portugal）	1	0.13		
坦桑尼亚（Tanzania）	5	0.65	非洲13国	3.78
喀麦隆（Camerounaise）	6	0.78		
乌干达（Uganda）	3	0.39		
刚果（布）（Congo）	3	0.39		
贝宁（Benin）	2	0.26		
埃及（Egypt）	2	0.26		
苏丹（Sudan）	2	0.26		
马里（Mali）	1	0.13		
冈比亚（Gambia）	1	0.13		
塞拉利昂（Sierra Leone）	1	0.13		
突尼斯（Tunisia）	1	0.13		
乍得共和国（Tchad）	1	0.13		
加纳（Ghana）	1	0.13		
美国（U.S.A.）	12	1.56	北美	1.56
俄罗斯（Russia）	6	0.78	欧亚	0.78
新西兰（New Zealand）	1	0.13	南太平洋	0.13
也门（Yemen）	1	0.13	阿拉伯半岛	0.13
伊拉克（Iraq）	1	0.13		0.13
中国（香港、澳门）	15	1.95		1.95

数据分析可见，由于受到与中国交往的影响，各大洲受访者占比差异很大。亚洲21国共有687份有效问卷，占比89.45%（其中

东南亚 8 国占 68.23%），占了绝对多数；说明距离的远近可以影响人们对语言形象的认知，对某种语言的熟悉程度是该语言形象建构的重要因素。其次，文化具有相近性（历史上与中国有密切交往的情况，或当今受到中国经济、文化的影响，或者划入汉字文化圈）的国家，对汉语的认知度要高于其他国家。欧美等发达国家受访者较少，对汉语的态度复杂。非洲虽然受访响应的人数不多，但国家数却较多，表明中国与非洲的关系日益亲密，汉语的认知形象正在慢慢显现。

（三）样本性别、年龄、职业、学历等特征

表 4 - 23　　问卷中的人口统计学指标分布情况

类别	特征	频数	百分比（%）
性别	男	284	37.0
	女	484	63.0
年龄	18 岁及以下	94	12.2
	19—30 岁	587	76.4
	31—45 岁	75	9.8
	46—60 岁	5	0.7
	61 岁及以上	7	0.9
学历	小学	6	0.8
	初中	33	4.3
	高中	175	22.8
	高职高专	109	14.2
	本科	339	44.1
	硕士及以上	86	11.2
	其他	20	2.6
职业	管理	36	4.7
	商业	42	5.5
	农业	5	0.7

续表

类别	特征	频数	百分比（%）
职业	教育	177	23.0
	工业	11	1.4
	旅游服务业	22	3.0
	其他	475	61.9
工作单位	政府部门	105	13.7
	公共事业	49	6.4
	企业	43	5.6
	旅游服务业	20	2.6
	商业	41	5.3
	其他	510	66.4
岗位	领导	13	1.7
	职员	73	9.5
	教师	52	6.8
	学生	581	75.7
	其他	49	6.4

根据表4－23数据统计显示，女性占被调查者较大比例（共有484人，占比63.0%）；而男性占被调查者比例稍小（共有284人，占比37.0%），即两性被调查者的人数比例相差26.0个百分点，表明女性语言的敏感度优于男性，女性的语言形象有着更为鲜明的倾向。由于“社会性别不同于自然性别，它取决于男女在社会生活中的分工角色和地位等因素。社会性别属于社会文化的组成部分，并可以在该民族的语言中得到反映。语言本身没有性别，却又体现着性别”①。这一数据也可证明性别差异对语言形象建构有着很大的影响，因此，要充分关注这一差异，尽可能有针对性地开展汉语形象建构的相关工作。

① 曹越明：《社会性别与语言文化——俄语语言世界图景中的男女形象》，《齐齐哈尔大学学报》2015年第4期。

“年龄”选项的数据统计表明，“19—30 岁”的被调查者最多，共有 587 人，占比 76.4%；“18 岁及以下”的被调查者次之，共有 94 人，占比 12.2%；其他年龄的被调查者人数较少。综合来看，30 岁以下（含 30 岁）的受访者占了 88.6%，表明被调查者的年龄普遍较低。这一数据显示，30 岁及以下的年轻人思维活跃、热情、参与度高，对语言更为敏感，更愿意尝试认知或分析某种语言，他们对语言形象的建构与传播有着巨大的影响作用。

其中“学历”选项的数据统计显示，“本科”学历的被调查者最多，共有 339 人，占比 44.1%；“高中”学历的被调查者次之，共有 175 人，占比 22.8%；其他学历的被调查者较少。本科以上（含本科）学历共占了 55.3%，表明被调查者学历普遍较高。可见，学历与语言形象的形成与变化存在一定程度的相关性，学历越高，对语言的认知度越高，越容易形成较客观的语言认知形象；处于语言学习状态的学生更易于形成语言认知形象。

“职业”选项的数据统计结果显示，“教育”职业的被调查者最多，共有 177 人，占比 23.0%；“商业”职业的被调查者次之，共有 42 人，占比 5.5%；其他职业的被调查者较少。更为详细的问卷考察发现，有 61.9% 的被调查者是学生。这一数据表明，教育及正在接受教育的人群对问卷的响应度最高，受职业的影响，他们对“语言形象”这一新理念认知的动机（或曰欲望）较强，他们更愿意思考语言形象议题，他们应是语言形象建构与传播的主体力量。

“工作单位”选项的数据分析表明，在“政府部门”工作的被调查者最多，共有 105 人，占比 13.7%；在“公共事业”工作的被调查者次之，共有 49 人，占比 6.4%。更为详细的问卷考察发现，有 66.4% 的被调查者目前没有工作（多是学生）。由于处于学习状态，学生关于语言形象的认知是最为活跃的，也是最容易改变的，可能具有较大的不稳定性。“公共事业、企业、商业、旅游服务业”等单位整体占比虽然较小，但因受它们的公共服务属性和公信力的影响，人们一般会先入为主接受这些部门的评价，因而这些部门的主体对语言形象的认知倾向必定是某一语言形象得以形成或改变的重要影响力量。

选项“岗位”的相关数据表明，“学生”身份的被调查者最多，共有581人，占比75.7%；“职员”身份的被调查者次之，共有73人，占比9.5%；其他岗位的被调查者人数较少。对问卷更为详细的考察发现，有75.7%的被调查者是学生。这一数据显示，年轻学生是语言形象认知的主体，良好形象的建构必须依赖当代青年学生，抓住了他们就等于抓住了语言形象建构的主导权。因而，合意的汉语形象的建构重点人群是年轻学生，除了继续发挥中国经济因素的影响外，还要通过介绍、宣传、教育及旅游等方式大力宣传汉语，帮助受众形成良好的汉语认知，同时改变汉语的刻板印象，凭借青年的成长优势，逐步达成合意汉语形象的建构目标。

人口统计学变量数据显示，语言形象的形成、改变不同程度地受到性别、年龄、国别、汉语水平等个体背景变量的影响；国家距离的远近、文化的亲密程度影响着人们的语言认知；女性受访者正面语言形象水平显著高于男性受访者；不同年龄受访者语言形象的形成与灵活性存在显著的差异；学历和教育水平也对受访者的语言形象产生影响。

二 调查问卷样本的相关因素分析

（一）中国接触度与其汉语水平、版本选择相关性

1. “中国经历”与其“汉语水平”相关性

一般认为“是否来过中国”会影响其对汉语的认知，汉语的认知通常会与其“汉语水平”高低有关，这也正是我们调查前的基本假设。表4－24是调查问卷的统计结果。

根据表4－24可知，被调查者是否来过中国与其汉语水平的相关性经卡方检验法计算，结果显示出检验的卡方值为165.467，显著性检验对应的概率P值为0.000，小于显著性水平0.05，应拒绝检验的零假设，即我们认为被调查者是否来过中国与其汉语水平存在显著性差异，即“来过中国的被调查者”相比于“未来过中国的被调查者”，他们的汉语水平明显会更高。这一结果启示我们，要提升受访者的汉语水平，来中国实地考察、体验等形式的亲历行为应是一条重

表4－24　　**“中国经历”与其“汉语水平”相关性**

		否	是	卡方值	P值
没有学过，不会	计数	18	18	165.467	0.000
	百分比（%）	12.3	2.9		
学过，会一点点儿	计数	74	75		
	百分比（%）	50.7	12.1		
能基本会话	计数	41	205		
	百分比（%）	28.1	33.0		
中级水平	计数	12	214		
	百分比（%）	8.2	34.4		
高级水平	计数	1	110		
	百分比（%）	0.7	17.7		

注：检验的显著性水平为0.05。

要的途径。同时增加主体的中国体验活动的次数、时间、深入程度等，也将有助于合意汉语形象的建构。

2. “中国经历”与其“汉语工作”相关性

一般认为“是否来过中国”不仅影响受访者的汉语认知，也会影响其对“汉语有关工作”的选择，调查前我们持有这种假设。表4－25是我们对调查问卷进行统计分析的情况。

根据表4－25可知，被调查者是否来过中国与其从事汉语有关工作的相关性经卡方检验法计算，卡方值为55.993，显著性检验对应的概率P值为0.000，小于显著性水平0.05，应拒绝检验的零假设，即我们认为被调查者是否来过中国与其从事汉语有关工作之间存在显著性差异，即“来过中国的被调查者”相比于“未来过中国的被调查者”，他们从事与汉语有关的工作的可能性明显会更高。这也间接说明，来过中国的被调查者的汉语认知度要明显高于没有来过中国的被调查者的汉语认知度，前者更易于形成良好的汉语形象。

表 4－25 “中国经历”与其“汉语工作”相关性

		否	是	卡方值	P 值
否	计数	128	336	55.993	0.000
	百分比（%）	87.7	54.0		
是	计数	18	286		
	百分比（%）	12.3	46.0		

注：检验的显著性水平为 0.05。

3. “中国经历”与其“中国电影/音乐/表演/新闻等”版本相关性

调查前我们假设：来过中国的受访者相比于未来过中国的受访者更喜欢汉语版的中国影视艺术与新闻等。表 4－26 是调查问卷相关数据的统计分析情况。

表 4－26 “中国经历”与其“中国电影/音乐/表演/新闻等”版本相关性

		否	是	卡方值	P 值
本国语言翻译过来的	计数	79	180	33.518	0.000
	百分比（%）	54.1	28.9		
汉语版的	计数	67	442		
	百分比（%）	45.9	71.1		

注：检验的显著性水平为 0.05。

根据表 4－26 可知，被调查者的“中国经历”与其“中国电影/音乐/表演/新闻等”版本相关性经卡方检验法计算，卡方值为 33.518，显著性检验对应的概率 P 值为 0.000，小于显著性水平 0.05，应拒绝检验的零假设，即我们认为被调查者“中国经历”与其“中国电影/音乐/表演/新闻等”的版本选择存在显著性差异，即“来过中国的被调查者”相比于“未来过中国的被调查者”，其更喜欢汉语版的“中国电影/音乐/表演/新闻等”。由此可见，增加被调查者的“中国经历”，就会提升他们的汉语认知度，增加他们汉语版“中国电影/音乐/表演/新闻等”选择动机的强度，必然会提升他们的汉语水平。

4. “中国交友经历”与其“汉语水平”相关性

前文已述，朋友、伙伴对一个人的认知倾向具有较大的影响。因此，我们假设：有中国交友经历的受访者相比于没有中国朋友的受访者的汉语水平更高，其汉语的好感度也更高。表 4－27 是调查问卷数据对此假设的验证情况。

表 4－27 **“中国交友经历”与其“汉语水平”相关性**

		没有	有	卡方值	P 值
没有学过，不会	计数	19	17	108. 307	0. 000
	百分比（%）	8. 3	3. 2		
学过，会一点点儿	计数	82	67		
	百分比（%）	35. 7	12. 5		
能基本会话	计数	86	160		
	百分比（%）	37. 4	29. 7		
中级水平	计数	37	189		
	百分比（%）	16. 1	35. 1		
高级水平	计数	6	105		
	百分比（%）	2. 6	19. 5		

注：检验的显著性水平为 0. 05。

根据表 4－27 可知，被调查者“中国交友经历”与其“汉语水平”相关性经卡方检验法计算，卡方值为 108. 307，显著性检验对应的概率 P 值为 0. 000，小于显著性水平 0. 05，应拒绝检验的零假设，即我们认为被调查者中国交友经历与其汉语水平存在显著性差异，即“有经常交往的中国朋友的被调查者”相比于“无经常交往的中国朋友的被调查者”，其汉语水平明显会更高。可见，中国交友经历明显影响被调查者的汉语水平，在汉语教学中应鼓励汉语学习者勇于同汉语母语者交往，他们交往的亲密度既能深刻影响学习者的汉语水平，也会影响到他们的汉语形象建构。因而，中国人的主动交往，以及外国主体的主动交友都是汉语形象建构的重要路径之一。

5. “中国交友经历”与其“从事汉语工作”相关性

心理学、教育学和社会学的研究表明，典型案例或是榜样的影响作用，在教育及人际交往中都有着很大的行动感召力，模仿、从众心理及“对已知的拷贝”是一个人应对外界事物的一种惯常性行为方式。因此，我们假设：有中国交友经历的受访者相比于没有中国朋友的受访者更可能从事与汉语相关的工作，其汉语的好感度也更高。表4-28是调查问卷数据对此假设的验证情况。

表4-28 **“中国交友经历”与其“从事汉语工作”相关性**

		没有	有	卡方值	P值
否	计数	192	272	73.016	0.000
	百分比（%）	83.5	50.6		
是	计数	38	266		
	百分比（%）	16.5	49.4		

注：检验的显著性水平为0.05。

根据表4-28可知，在被调查者“中国交友经历”与其“从事汉语工作”相关性的分析中，经卡方检验法计算的卡方值为73.016，显著性检验对应的概率P值为0.000，小于显著性水平0.05，应拒绝检验的零假设，即我们认为被调查者中国交友经历与其从事汉语工作存在显著性差异。

上述数据分析表明，“有经常交往的中国朋友的被调查者”相比于“无经常交往的中国朋友的被调查者”，其从事与汉语有关的工作的可能性明显会更高。因此，要想建构合意的汉语形象，最直接、最有效的途径是引导、帮助或推动建构主体从事与汉语有关的工作，达到以“行”获“知”、以“行”催“情”、以“行”励“意”、以“行”推“行”的不断推进、螺旋上升的汉语形象建构目标。

6. “中国交友经历”与其“中国电影/音乐/表演/新闻等”版本相关性

人们在欣赏“中国电影/音乐/表演/新闻等”时，是选择汉语版的还是母语翻译版的？这一选择趋向往往有着一定的规律，其中“有无中国朋友”对被调查者的选择将会产生一定的影响，这是我们实施调查前的一个假设。表4－29是调查问卷的相关数据。

表4－29 “中国交友经历”与其“中国电影/音乐/表演/新闻等”版本相关性

		没有	有	卡方值	P值
本国语言翻译过来的	计数	126	133	65.144	0.000
	百分比（%）	54.8	24.7		
汉语版的	计数	104	405		
	百分比（%）	45.2	75.3		

注：检验的显著性水平为0.05。

根据表4－29可知，在被调查者“中国交友经历”与其“中国电影/音乐/表演/新闻等”版本相关性的分析中，经卡方检验法计算，卡方值为65.144，显著性检验对应的概率P值为0.000，小于显著性水平0.05，应拒绝检验的零假设，即我们认为被调查者“中国交友经历”与其“中国电影/音乐/表演/新闻等”的版本选择存在显著性差异。

从上述数据分析结果可知，“有经常交往的中国朋友的被调查者”相比于“无经常交往的中国朋友的被调查者”，他们喜欢汉语版的“中国电影/音乐/表演/新闻等”，这一数据验证了我们问卷开始前的假设。同时也启示我们，中外朋友一起欣赏汉语版的“中国电影/音乐/表演/新闻等”，能提升外国朋友的汉语水平，也是对汉语形象的一个极好的展示机会和平台，理应成为汉语形象建构的有效路径之一。

7. “中国新闻”关注度与其“汉语水平”相关性

前文已述，新闻传播特别是“新闻设置的议程”对一个人的认知具有很大的影响力。因此，我们假设：关注中国新闻的受访者相比于不关注中国新闻的受访者的汉语水平要高，其汉语形象也更趋向于正面性。表4-30是调查问卷数据对此假设的验证情况。

表4-30 “中国新闻”关注度与其“汉语水平”相关性

		否	是	卡方值	P值
没有学过，不会	计数	21	15	41.803	0.000
	百分比（%）	7.9	3.0		
学过，会一点点儿	计数	75	74		
	百分比（%）	28.1	14.8		
能基本会话	计数	87	159		
	百分比（%）	32.6	31.7		
中级水平	计数	63	163		
	百分比（%）	23.6	32.5		
高级水平	计数	21	90		
	百分比（%）	7.9	18.0		

注：检验的显著性水平为0.05。

根据表4-30可知，在关于被调查者“中国新闻”关注度与其“汉语水平”相关性的分析中，卡方检验法计算的卡方值为41.803，显著性检验对应的概率P值为0.000，小于显著性水平0.05，应拒绝检验的零假设，即我们认为被调查者的“中国新闻”关注度与其“汉语水平”存在显著性差异。

从上述数据的分析结果可知，“经常关注中国新闻的被调查者”相比于“不关注中国新闻的被调查者”，其汉语水平明显更高。这既证实了新闻报道对人们认知普遍的影响力，同时也表明收看中国新闻也是一条很好的汉语学习途径，中国新闻在汉语形象的建构中具有重要的方法论价值，必须充分利用新闻媒介，合理设置相关汉语议程，助推合意的汉语形象、中国语言形象以及中国国家形象的建构。

8. “中国新闻”关注度与其“从事汉语工作”经历相关性

一个人经常关注新闻传播，对中国事项感兴趣，一般也愿意从事与汉语相关的工作，其汉语形象也会更好，这是我们的又一个假设。表4－31是相关的调查问卷数据。

表4－31 “中国新闻”关注度与其“从事汉语工作”经历相关性

		否	是	卡方值	P值
否	计数	194	270	25.651	0.000
	百分比（%）	72.7	53.9		
是	计数	73	231		
	百分比（%）	27.3	46.1		

注：检验的显著性水平为0.05。

根据表4－31可知，在关于被调查者“中国新闻”关注度与其“从事汉语工作”经历相关性的分析中，卡方检验法计算的卡方值为25.651（显著性检验对应的概率P值为0.000，小于显著性水平0.05），应拒绝检验的零假设，即我们认为被调查者“中国新闻”关注度与其“从事汉语工作”存在显著性差异。

从上述的分析结果可知，“经常关注中国新闻的被调查者”相比于“不关注中国新闻的被调查者”，其从事过与汉语有关的工作的可能性明显更高；从事过与汉语有关工作的被调查的中国新闻的关注度也较高。这一数据与上一条数据可一起佐证：中国新闻报道与从事汉语相关工作对汉语水平、汉语好感度都有影响，建构合意汉语形象要充分利用“新闻媒介”以及“与汉语相关工作”的途径和方式，拓展形象形成通道，营造适切的形象环境，可有效地达成既定目标。

9. “中国新闻”关注度与其“中国电影/音乐/表演/新闻等”版本相关性

“中国电影/音乐/表演/新闻等”版本的选择，直接反映被调查者对汉语接受和认可程度。因而我们假设：选择汉语版“中国电影/音乐/表演/新闻等”的被调查者，其汉语形象也会更好。表4－32是调查问卷的相关数据。

表4－32 **“中国新闻”关注度与其“中国电影/音乐/表演/新闻等”版本相关性**

		否	是	卡方值	P值
本国语言翻译过来的	计数	114	145	14.743	0.000
	百分比（%）	42.7	28.9		
汉语版的	计数	153	356		
	百分比（%）	57.3	71.1		

注：检验的显著性水平为0.05。

根据表4－32可知，在关于被调查者的“中国新闻”关注度与其“中国电影/音乐/表演/新闻等”版本相关性的分析中，卡方检验法计算的卡方值为14.743，对应的概率P值为0.000，小于显著性水平0.05，应拒绝检验的零假设，即我们认为被调查者的“中国新闻”关注情况与其所喜欢的“中国电影/音乐/表演/新闻等”版本选择之间存在显著性差异。

从上述的分析结果可知，“经常关注中国新闻的被调查者”相比于“不关注中国新闻的被调查者”，他们更喜欢汉语版的“中国电影/音乐/表演/新闻等”。中国的影视、音乐、表演等文化事项既是汉语形象的载体，也是新闻报道的具体内容，同时也具有部分的新闻形象，这是和汉语形象相辅相成的。优秀的汉语版“中国电影/音乐/表演/新闻等”也是汉语形象建构的重要载体和途径，要纳入汉语形象建构的策略之中。

10. 中国熟悉度与汉语水平、汉语版本选择相关度

一般说来，一个人若对中国比较熟悉，那么他对汉语的态度也较正向，这是我们调查前的一个假设。因而需要通过数据来了解“中国

相关熟悉度（到过中国、有经常交往的中国朋友、关注有关中国新闻）”与“汉语水平高低、做过与汉语有关工作、汉语版本选择”的交叉相关性。表4－33是问卷相关数据的交叉分析情况。

表4－33 中国熟悉度与汉语水平高低、汉语版本选择相关性

		接触中国的程度	汉语水平及喜欢程度
接触中国的程度	r	1	
	P值		
汉语水平及喜欢程度	r	0.518＊＊	1
	P值	0.000	

＊. 表示在0.05的水平（双侧）上显著相关；

＊＊. 表示在0.01的水平（双侧）上显著相关。

根据表4－33可知，相关分析法的计算结果显示出，“接触中国的程度”与“汉语水平及喜欢程度”的相关系数为0.518，也就是说，被调查者接触中国的程度与其汉语水平及喜欢程度之间存在显著的正向相关关系。这正好验证了我们的假设，“中国相关熟悉度（到过中国、有经常交往的中国朋友、关注有关中国新闻）”与“汉语水平高低、做过与汉语有关工作、汉语版本选择”之间存在正相关，即一个人对中国的相关熟悉度越高，其汉语水平越高、越容易接受与汉语有关的工作、更喜欢汉语版的中国影视艺术与新闻；同样，一个“汉语水平高、做过与汉语有关的工作、喜欢汉语版中国影视艺术与新闻”的人，他对中国的相关熟悉度会更高。

王志强（2008）指出：“一国对另一国国家形象的构建是一国对另一国关系界定的结果。”[①] 类推可知，主体建构某种语言形象是其对某一语言及其相关联事物关系认知的结果。可见，语言形象建构主体“是否有来华经历”“是否有中国朋友”“是否关注中国新闻”影

① 王志强：《国际关系的关系性和跨文化性》，《国际观察》2008年第3期。

响其对中国语言形象的建构。

（二）他国语言印象与汉语印象相关性

1. “他国语言感觉”与“汉语感觉”相关性

前文已述，作为一种认知对象，语言本身也是有“客体形象”的，语言是有形象的。那么，如果一个人能对他国语言产生一定的形象感，他也会对汉语产生形象感。这是我们的又一个调查假设。表4－34是问卷相关数据的双向交叉分析情况：

表4－34 **“他国语言感觉”与“汉语感觉”相关性**

		没有	有	卡方值	P值
不好	计数	5	11	3.514	0.173
	百分比（%）	2.5	1.9		
一般	计数	75	176		
	百分比（%）	37.7	30.9		
很好	计数	119	382		
	百分比（%）	59.8	67.1		

注：检验的显著性水平为0.05。

根据表4－34可知，在关于被调查者“他国语言感觉”与“汉语感觉”相关性的分析中，卡方检验计算的卡方值为3.514，显著性检验对应的概率P值为0.173，大于显著性水平0.05，不应拒绝检验的零假设，即我们认为被调查者“他国语言感觉”与“汉语感觉”之间无显著性差异。

从上述数据分析结果可得，“对他国语言有感觉的被调查者”与“对他国语言无感觉的被调查者”相比，二者对汉语的感觉无明显的差异，表现差不多。稍有不同的是，被调查者对他国语言有“好、一般或不好”的感觉，也会对汉语产生这三种中的任何一种感觉，也就是说，被调查者对汉语和其他国家语言都会“有感觉”。这个分析结果说明，一个人若对他国语言有形象感，对汉语也会有形象感，即语言是有形象的。当然，仅据此数据，我们并不能说“他国语言形象和汉语形象具有一致性”（二者是否具有好或者不好的一致性，还需要其他数据验证）。

2. “他国语言感觉”与其“汉语学习、中国旅游及交友”相关性

如果被调查者对汉语和其他国家语言一样都“有感觉”，那么这个“感觉”不管是“好、一般或不好”中的哪一种，都会影响他的“汉语学习、到中国旅游的计划、与中国人交往”等事项，这是我们的又一个调查假设。表3－35是二者双向关系的数据分析情况。

表4－35 **“他国语言感觉”与其“汉语学习、中国旅游及交友”相关性**

		没有	有	卡方值	P值
不影响	计数	85	157	15.621	0.000
	百分比（%）	42.7	27.6		
影响	计数	114	412		
	百分比（%）	57.3	72.4		

注：检验的显著性水平为0.05。

根据表4－35可知，在关于被调查者对他国语言有无感觉与是否会影响其汉语学习、去中国旅游的计划、与中国人交往的分析中，经卡方检验法计算，卡方值为15.621，显著性检验对应的概率P值为0.000，小于显著性水平0.05，应拒绝检验的零假设，即我们认为被调查者对他国语言有无感觉与“是否会影响其汉语学习、去中国旅游的计划、与中国人交往”之间存在显著性差异。

从数据分析的结果可知，“对他国语言感觉好的被调查者”相比于“对他国语言感觉差的被调查者”，其明显会更加影响自己的“汉语学习、到中国旅游的计划、与中国人交往”事项。这说明，如果一个被调查者对他国语言有“好、一般或不好”的感觉，那么他的这个“感觉”（不管是“好、一般或不好”中的哪一种）都会影响他的“汉语学习、到中国旅游的计划、与中国人交往”等，呈正向相关，这一假设成立。可见，对他国语言有“好”感觉的被调查者，更愿

意主动学习汉语，他们一般都会有到中国旅游的计划，也更愿意与中国人交往；对他国语言有“不好”感觉的被调查者，他们的汉语学习一般不够主动，他们“到中国旅游”和“与中国人交往”的意愿也会受到一些影响。同时，被调查者对他国语言没有“好、一般或不好”感觉的问卷数在“影响”这一向度上也有较大响应数，说明“汉语学习、到中国旅游的计划、与中国人交往”等还受其他因素影响。

3. “外语印象影响该国形象评价”与其“汉语感觉”间相关性

调查前，我们假设：如果被调查者的“外语印象会影响他对该外语所代表国家的形象的好坏评价”，那么他的“汉语感觉”也会受到影响。表3－36是二者双向交叉关系的相关性分析情况。

表4－36 “外语印象影响该国形象评价”与其“汉语感觉”间相关性

		不会影响	一般影响	严重影响	卡方值	P值
不好	计数	7	4	5	15.856	0.003
	百分比（%）	2.0	1.3	4.5		
一般	计数	95	124	32		
	百分比（%）	27.5	39.9	28.8		
很好	计数	244	183	74		
	百分比（%）	70.5	58.8	66.7		

注：检验的显著性水平为0.05。

根据表4－36可知，在关于被调查者“外语印象影响该国形象评价”与其“汉语感觉”间相关性的分析中，卡方检验法计算的结果显示出，卡方值为15.856，显著性检验对应的概率P值为0.003，小于显著性水平0.05，应拒绝检验的零假设，即我们认为被调查者“外语印象影响该国形象评价”与其“汉语感觉”之间存在显著性差异。

数据分析结果显示，“对语言所用国形象的评价无影响的被调查者”相比于“对语言所用国形象的评价有影响的被调查者”，其对汉语的感觉明显会更好。若不论影响的好坏，“受到影响”这一假设得以验证。但仔细分析这种双向交叉关系的相关性分析结果，可发现“其语言感觉不影响该语言所用国形象”的被调查者相比于“其语言感觉影响该语言所用国形象”的被调查者，出现反向相关，其对汉语的感觉反而会更好一些。不过，汉语印象“很好”的问卷数在“不会影响、一般影响、严重影响”三个向度上都有较大响应数，说明受访者的汉语形象整体趋向上是正向的。

4. “外语印象影响该国形象评价”与其“汉语学习、中国旅游及交友”相关性

调查前，我们假设：如果被调查者的“外语印象会影响他对该外语所代表国家的形象的好坏评价”，那么他的“汉语学习、中国旅游及交友”也会受到相应影响。表4－37是二者双向交叉关系的相关性分析情况。

表4－37 **“外语印象影响该国形象评价”与“汉语学习、中国旅游及交友”相关性**

		不会影响	一般影响	严重影响	卡方值	P值
不影响	计数	173	59	10	103.509	0.000
	百分比（%）	50.0	19.0	9.0		
影响	计数	173	252	101		
	百分比（%）	50.0	81.0	91.0		

注：检验的显著性水平为0.05。

根据表4－37可知，在关于“外语印象影响该国形象评价”与“汉语学习、中国旅游及交友”相关性的分析中，卡方检验法的计算结果显示，卡方值为103.509，显著性检验对应的概率P值为0.000，小于显著性水平0.05，应拒绝检验的零假设，即我们认为“外语印象影响该国形象评价”与“汉语学习、中国旅游及交友”之间存在显著性差异。

从上述的分析结果可得，“对语言所用国形象的评价有影响的被

调查者”相比于“对语言所用国形象的评价无影响的被调查者”，其明显会更加影响自己的汉语学习、去中国旅游的计划、与中国人交往等事项，这是一种正向相关，验证了开始的假设。同时，“某人外语印象影响他对该国形象的评价”这一向度在对应的对其“汉语学习、中国旅游及交友”产生“不会影响、一般影响、严重影响”这三个检验维度上也分别出现“50.0%、81.0%、91.0%”等逐渐加大的趋势，正相关性更为凸显。

5.“他国语言感觉”与其“汉语感觉”水平（双侧）检验

前面的数据分析发现“对他国语言有无感觉”的被调查者在对“汉语的感觉”上无显著性差异，我们已进一步对它进行了水平（双侧）检验，表3-38是相关性分析情况。

表4-38 **“他国语言感觉”与其“汉语感觉”水平（双侧）检验**

		对汉语的感觉	对他国语言的感觉
对汉语的感觉	r	1	
	P值		
对他国语言的感觉	r	0.485 * *	1
	P值	0.000	

*. 表示在0.05的水平（双侧）上显著相关；

* *. 表示在0.01的水平（双侧）上显著相关。

根据表4-38可知，相关分析法的计算结果显示出，受访者对“他国语言感觉”与其对“汉语感觉”间的相关系数为0.485，也就是说，被调查者对他国语言的感觉与其对汉语的感觉之间存在显著的正向相关关系。这一数据表明，一个人的语言敏感度也会正向地在汉语形象上出现相应梯级的反应，那么在语言形象的建构途径上要充分认识这一趋向并加以合理引导，才能促进语言形象的建构。

（三）专设语言教学与传播机构对语言形象的影响

1. 孔子学院（或孔子课堂）与被调查者“中国经历”相关性

我们假设：被调查者国家的孔子学院（或孔子课堂）设置情况及

其对它的认知，与他的“中国经历”存在一定的相关性。表4－39是问卷相关数据的双向交叉分析情况。

表4－39 **孔子学院（或孔子课堂）与被调查者“中国经历”相关性**

		没有	有	卡方值	P值
否	计数	57	89	3.035	0.081
	百分比（%）	22.5	17.3		
是	计数	196	426		
	百分比（%）	77.5	82.7		

注：检验的显著性水平为0.05。

根据表4－39可知，在关于被调查者国家有无孔子学院（或孔子课堂）与其“中国经历”的相关分析中，卡方检验的卡方值为3.035，显著性检验对应的概率P值为0.081，大于显著性水平0.05，不应拒绝检验的零假设，即我们认为“被调查者国家有无孔子学院（或孔子课堂）”与其“是否来过中国”之间无显著性差异。

从上述的分析结果可知，“本国有孔子学院（或孔子课堂）的被调查者”与“本国无孔子学院（或孔子课堂）的被调查者”相比，他们在“是否来过中国”选项上无明显的差异，表现差不多。这一数据表明，我们的假设不存在。由此可见，孔子学院（或孔子课堂）对被调查者“是否来过中国”不产生影响，这可能因为来中国的成本较高所致，其中应该有着经济的、政治的、文化的、时间的因素，抑或是认知、动机等心理方面的因素。这多方面因素会对海外孔子学院（或孔子课堂）的定位或作用有启示，因此也提醒我们在进行介绍或宣传时，在没弄清这些原因时，不宜夸大孔子学院（或孔子课堂）的价值或作用。

2. 孔子学院（或孔子课堂）与被调查者“中国交友”相关性

被调查者国家的孔子学院（或孔子课堂）设置情况是否会影响他们的“中国交友”呢？我们的假设是有孔子学院（或孔子课堂）更方便他们交到中国朋友。表4－40是问卷相关数据的双向交叉分析情况。

表4－40 **孔子学院（或孔子课堂）与被调查者“中国交友”相关性**

		没有	有	卡方值	P值
没有	计数	94	136	9.339	0.002
	百分比（%）	37.2	26.4		
有	计数	159	379		
	百分比（%）	62.8	73.6		

注：检验的显著性水平为0.05。

根据表4－40可知，在关于被调查者本国有无孔子学院（或孔子课堂）与其“中国交友”之间的相关分析中，经卡方检验法计算，卡方值为9.339，显著性检验对应的概率P值为0.002，小于显著性水平0.05，应拒绝检验的零假设，即我们认为“被调查者本国有无孔子学院（或孔子课堂）”与其“有无经常交往的中国朋友”之间存在显著性差异。

数据分析结果可知，“本国有孔子学院（或孔子课堂）的被调查者”相比于“本国无孔子学院（或孔子课堂）的被调查者”，其明显“有经常交往的中国朋友”。与“来过中国”相比，“交中国朋友”是更容易达成的事项，本国设有孔子学院（或孔子课堂）会引起他们对中国的进一步认知，基于对这一“身边事物”（本国的孔子学院或孔子课堂，其中的中方院长、中国教师或中国汉语志愿者教师）的认知，他们易于“真实地”或通过网络去接触中国人，交到中国朋友。这正是在海外设立孔子学院（或孔子课堂）的重要价值和作用，也能启示我们在进行中国语言形象建构时，要统合孔子学院（或孔子课堂）等专设的语言教学与传播机构，以充分发挥它们的基地作用，并提升专设机构的业务水平和引领作用。

3. 孔子学院（或孔子课堂）与被调查者“中国新闻关注度”相关性

一般情况下，被调查者的国家设立了孔子学院（或孔子课堂），不管是中方院长、中国教师或是中国汉语志愿者教师的教学与相关活动，都会影响被调查者的“中国新闻关注度”。这是我们的一个研究假设。表4－41是问卷相关数据的双向交叉分析情况：

表4－41 孔子学院（或孔子课堂）与被调查者“中国新闻关注度”相关性

		没有	有	卡方值	P值
否	计数	114	153	17.627	0.000
	百分比（%）	45.1	29.7		
是	计数	139	362		
	百分比（%）	54.9	70.3		

注：检验的显著性水平为0.05。

根据表4－41可知，在关于孔子学院（或孔子课堂）设置与被调查者“中国新闻关注度”之间的相关分析中，卡方计算结果显示，卡方值为17.627，显著性检验对应的概率P值为0.000，小于显著性水平0.05，应拒绝检验的零假设，即我们认为“孔子学院（或孔子课堂）设置与被调查者‘中国新闻关注度’之间存在显著性差异”。

从分析结果可得，“本国有孔子学院（或孔子课堂）的被调查者”相比于“本国无孔子学院（或孔子课堂）的被调查者”，其明显会更加关注中国新闻。这一结果表明，孔子学院（或孔子课堂）等专设的语言教学与传播机构本身具有重大的新闻传播价值，这一价值对汉语形象的建构和传播具有推动作用。因而理应基于孔子学院（或孔子课堂）的语言教学与文化传播功能，进一步明确目标，充分发挥海外专设机构的语言形象乃至国家形象塑造、改进和方向引领的基地作用。

4. 孔子学院（或孔子课堂）与被调查者“汉语水平”相关性

一般认为，被调查者的国家若设立了孔子学院（或孔子课堂），他对于汉语和汉语学习认知就会比没有设立孔子学院（或孔子课堂）国家的受访者深刻，那么他的“汉语水平”也应该受到影响。这就是我们的前期假设。表4－42是问卷相关数据的双向交叉分析情况。

表4－42 **孔子学院（或孔子课堂）与被调查者“汉语水平”相关性**

		没有	有	卡方值	P值
没有学过，不会	计数	20	16	18.321	0.001
	百分比（%）	7.9	3.1		
学过，会一点点儿	计数	56	93		
	百分比（%）	22.1	18.1		
能基本会话	计数	88	158		
	百分比（%）	34.8	30.7		
中级水平	计数	64	162		
	百分比（%）	25.3	31.5		
高级水平	计数	25	86		
	百分比（%）	9.9	16.7		

注：检验的显著性水平为0.05。

根据表4－42可知，在关于被调查者本国有无孔子学院（或孔子课堂）与其“汉语水平”的相关分析中，卡方检验结果显示，卡方值为18.321，显著性检验对应的概率P值为0.001，小于显著性水平0.05，应拒绝检验的零假设，即我们认为被调查者“本国有无孔子学院（或孔子课堂）”与其“汉语水平”间存在显著性差异。

从上述的分析结果可见，“本国设有孔子学院（或孔子课堂）的被调查者”相比于“本国没有设立孔子学院（或孔子课堂）的被调查者”，其汉语水平明显会更高。统计数据表明，孔子学院（或孔子课堂）等专设的语言教学与传播机构对受访者汉语水平的提升有着促进作用，基于前文分析可知，受访者汉语水平对汉语形象的认知有着正向影响。因此，合理规划孔子学院（或孔子课堂）等专设的语言教学与传播机构，既可以按预设方向正面且有效地提升汉语形象，还可通过改变可能存在的汉语“刻板印象”，间接地修复汉语形象。

5. 孔子学院（或孔子课堂）与被调查者“做汉语工作”相关性

被调查者的国家设立了孔子学院（或孔子课堂），表明该国对汉语、“中国文化”及其他涉华事项有较高的认知，民众对汉语和中华文化有较大的学习和认知需求，该国一般也会有更多的与汉语有关的工作机会。基于这一假设，我们对问卷相关数据进行了双向交叉分析。表 4 -43 是具体的情况。

表 4 -43 **孔子学院（或孔子课堂）与被调查者“做汉语工作”相关性**

		没有	有	卡方值	P 值
否	计数	172	292	9.035	0.003
	百分比（%）	68.0	56.7		
是	计数	81	223		
	百分比（%）	32.0	43.3		

注：检验的显著性水平为 0.05。

根据表 4 -43 可知，在关于孔子学院（或孔子课堂）与被调查者“做汉语工作”的相关分析中，卡方计算结果显示，卡方值为 9.035，显著性检验对应的概率 P 值为 0.003，小于显著性水平 0.05，应拒绝检验的零假设，即我们认为孔子学院（或孔子课堂）与被调查者“做汉语工作”之间存在显著性差异。

从上述的分析结果可知，“本国设立了孔子学院（或孔子课堂）的被调查者”相比于“本国没有设立孔子学院（或孔子课堂）的被调查者”，其从事与汉语有关的工作的可能性明显会更高。统计数据验证了开始的预设。某国家设立了孔子学院（或孔子课堂），能提升该国民众对汉语、“中国文化”及其他涉华事项的认知水平，刺激本国民众对汉语和中华文化的学习和认知需求，创造和提供更多的与汉语有关的工作机会和岗位。根据前文介绍的形象产生、形成与提升的“知、情、意、行”演化过程规律，“行”对“知、情、意”有着更大的促进作用。“做与汉语有关的工作”是一种“行”，是对汉语形象的建构和提升的一种实际体验和验证，是应该作为一种基本的构建路径和构建策略加以研究的。

6. 孔子学院（或孔子课堂）与被调查者“中国电影/音乐/表演/新闻等”语言版本选择相关性

被调查国家孔子学院（或孔子课堂）的设置状况，是否会影响他们对“中国电影/音乐/表演/新闻等”的语言版本的选择呢？我们的假设是有孔子学院（或孔子课堂）国家的民众更喜欢汉语版本的“中国电影/音乐/表演/新闻等”。表4－44是问卷相关数据的双向交叉分析情况。

表4－44 **孔子学院（或孔子课堂）与被调查者“中国电影/音乐/表演/新闻等”语言版本选择相关性**

		没有	有	卡方值	P值
本国语言翻译过来的	计数	95	164	2.470	0.116
	百分比（%）	37.5	31.8		
汉语版的	计数	158	351		
	百分比（%）	62.5	68.2		

注：检验的显著性水平为0.05。

根据表4－44可知，在关于孔子学院（或孔子课堂）与被调查者“中国电影/音乐/表演/新闻等”语言版本选择相关性的分析中，卡方计算结果显示，卡方值为2.470，显著性检验对应的概率P值为0.116，大于显著性水平0.05，不应拒绝检验的零假设，即我们认为孔子学院（或孔子课堂）设置情况与被调查者“中国电影/音乐/表演/新闻等”语言版本选择之间无显著性差异。

从上述的分析结果可知，“本国有孔子学院（或孔子课堂）的被调查者”与“本国无孔子学院（或孔子课堂）的被调查者”相比，二者对中国电影/音乐/表演/新闻等语言版本选择无明显的差异，表现差不多。由此可见，孔子学院（或孔子课堂）的存在与否，对中国电影/音乐/表演/新闻等语言版本选择影响不大，后起的孔子学院（或孔子课堂），作为中国的一张名片，其影响领域和影响力是有限度的；中国电影/音乐/表演/新闻等大众传媒有着独特的影响力，二者既能相互关联、互相促进，又能各自为政、单兵作战，都有助于汉语形象建构和提升，理应成为中国语言形象建构这一“主体”的“两翼”。

7. 孔子学院（或孔子课堂）与被调查者“他国语言感觉”相关性

被调查者国家的孔子学院（或孔子课堂）设置情况是否会影响他们的“他国语言感觉”呢？我们的假设是被调查者国家设立了孔子学院（或孔子课堂）会影响他的“他国语言感觉”。表4－45是问卷相关数据的双向交叉分析情况。

表4－45 孔子学院（或孔子课堂）与被调查者“他国语言感觉”相关性

		没有	有	卡方值	P值
没有	计数	78	121	4.755	0.029
	百分比（%）	30.8	23.5		
有	计数	175	394		
	百分比（%）	69.2	76.5		

注：检验的显著性水平为0.05。

根据表4－45可知，在关于孔子学院（或孔子课堂）与被调查者“他国语言感觉”相关性的分析中，卡方计算结果显示，卡方值为4.755，显著性检验对应的概率P值为0.029，小于显著性水平0.05，应拒绝检验的零假设，即我们认为孔子学院（或孔子课堂）设置与被调查者“他国语言感觉”之间存在显著性差异。

从上述的分析结果可知，“本国有孔子学院（或孔子课堂）的被调查者”相比于“本国没有设立孔子学院（或孔子课堂）的被调查者”，其对他国语言的感觉明显会更好。这说明孔子学院（或孔子课堂）作为一个典型的中国语言和中国文化事项、品牌，对民众的他国语言认知有着明显的提醒和强化效应，使“他国语言”能进入认知的视野，从而成为认知对象，形成了有关“他国语言”“很好、一般或不好”的感觉。这是孔子学院（或孔子课堂）设立至今，要重新定位和宣传的一个衍生价值。

8. 孔子学院（或孔子课堂）与其“语言形象影响国家形象”相关性

被调查者国家的孔子学院（或孔子课堂）设置情况是否会影响他

们对“语言形象影响国家形象情况”的认知？我们的假设是国家设立了孔子学院（或孔子课堂）的被调查者更认可“语言印象影响该国的国家形象评价”这一观点。表4-46是问卷相关数据的双向交叉分析情况。

表4-46　**孔子学院（或孔子课堂）与其“语言形象影响国家形象”相关性**

		没有	有	卡方值	P值
不会影响	计数	130	216	7.695	0.021
	百分比（%）	51.4	41.9		
一般影响	计数	96	215		
	百分比（%）	37.9	41.7		
严重影响	计数	27	84		
	百分比（%）	10.7	16.3		

注：检验的显著性水平为0.05。

根据表4-46可知，在关于孔子学院（或孔子课堂）与被调查者“语言形象影响国家形象”相关性的分析中，卡方检验法计算结果显示，卡方值为7.695，显著性检验对应的概率P值为0.021，小于显著性水平0.05，应拒绝检验的零假设，即我们认为孔子学院（或孔子课堂）设置与被调查者“语言形象影响国家形象”之间存在显著性差异。

从上述的分析结果可知，“本国设立了孔子学院（或孔子课堂）的被调查者”相比于“本国没有设立孔子学院（或孔子课堂）的被调查者”，其语言形象会更加明显地影响自己对语言所用国形象的评价。由数据相关性分析结果可见，孔子学院（或孔子课堂）等专设的语言教学与传播机构的存在，既影响受访者的“他国语言感觉”，一般也会影响其“语言印象影响该国的国家形象”的认知和评价，这一结果也表明“孔子学院（或孔子课堂）等专设的语言教学与传播机构”的设置可通过影响汉语形象进而影响中国国家形象的建构，这多方面的价值也进一步支持“中国的发展需要在海外设立更多的孔子学院（或孔子课堂）等专设语言文化机构”的主张。

9. 孔子学院（或孔子课堂）与其“汉语感觉”水平（双侧）检验

前面的数据分析发现“对他国语言有无感觉”的被调查者在对“汉语的感觉”上无显著性差异，由此我们进一步对它进行了水平（双侧）检验，表4-47是相关性分析情况。

表4-47 **孔子学院（或孔子课堂）与其“汉语感觉”水平（双侧）检验**

		没有	有	卡方值	P值
不好	计数	5	11	0.155	0.925
	百分比（%）	2.0	2.1		
一般	计数	85	166		
	百分比（%）	33.6	32.2		
很好	计数	163	338		
	百分比（%）	64.4	65.6		

注：检验的显著性水平为0.05。

根据表4-47可知，在关于孔子学院（或孔子课堂）与被调查者“汉语感觉”水平（双侧）检验的相关分析中，卡方计算结果显示，卡方值为0.155，P值为0.925，大于显著性水平0.05，不应拒绝检验的零假设，即我们认为孔子学院（或孔子课堂）设置与被调查者“汉语感觉”之间无显著性差异。

从上述的分析结果可知，“被调查者的国家孔子学院（或孔子课堂）的设置情况”对其“汉语的感觉”整体上无明显的影响，他们的汉语感觉不受孔子学院（或孔子课堂）等专设机构存在与否的影响，两种情形的表现差不多。但因我们问卷“汉语的感觉”包括“很好、一般、不好”三个选项，在“很好”这一维度上，没有孔子学院（或孔子课堂）的响应数为163人，有孔子学院（或孔子课堂）的响应数为338人，二者共有501人响应，说明三分之二的受访者在不受“孔子学院（或孔子课堂）”设置的影响下有着“很好”的汉语形象，表明“孔子学院（或孔子课堂）的设置”只是汉语形象建构的一种策略或是一条途径，汉语形象的建构还应探索并拓展其他的相关途径。

10. 孔子学院（或孔子课堂）与其“汉语学习、中国旅游及交友”相关性

孔子学院（或孔子课堂）作为中国在海外的一张名片，对所在国的被调查对象的“汉语学习、中国旅游及交友”事项是否会产生影响？这既是国家汉办/孔子学院总部想证实的问题，也是我们课题“汉语形象建构”的一个重要假设。表4－48是问卷相关数据的双向交叉分析情况。

表4－48 孔子学院（或孔子课堂）与其“汉语学习、中国旅游及交友”相关性

		没有	有	卡方值	P值
不影响	计数	91	151	3.474	0.062
	百分比（%）	36.0	29.3		
影响	计数	162	364		
	百分比（%）	64.0	70.7		

注：检验的显著性水平为0.05。

根据表4－48可知，在关于被调查者国家有无孔子学院（或孔子课堂）是否会影响自己的汉语学习、去中国旅游的计划、与中国人交往的差异分析中，卡方计算结果显示，卡方值为3.474，P值为0.062，大于显著性水平0.05，不应拒绝检验的零假设，即我们认为被调查者国家有无孔子学院（或孔子课堂）与其“是否会影响自己的汉语学习、去中国旅游的计划、与中国人交往”之间无显著性差异。

上述相关性分析结果表明，被调查者的国家有没有孔子学院（或孔子课堂），不会明显影响他们的“汉语学习、到中国旅游的计划、与中国人交往”这一综合选项，两种情况的表现差不多。也就是说孔子学院（或孔子课堂）等专设机构存在与否，对所在国民众的汉语学习选择、到中国旅游的计划、与中国人交往等没有明显的因果关

联，促使他们“选择学习汉语、计划到中国旅游或与中国人进行交往”还有其他更重要和直接的因素。这也说明当前的汉语形象影响力还较弱，需要重视汉语形象的研究，以之统合孔子学院（或孔子课堂）等专设机构作为汉语形象的建构和实践基地，同时还要拓展汉语形象建构的途径和方式。

（四）汉语感觉差异的人口学分布特征：交叉相关性

前文已述，调查数据汇总统计后显示，“与英、法、德、俄等外语相比”，选择“很好”选项的501人，占比65.23%；选择“一般”选项的251人，占比32.68%；选择“不好”选项的只有16人，仅占2.08%。我们假设：“国籍、性别、年龄、学历、职业、单位性质、岗位、中国经历、中国交友、中国新闻的关注度”等会影响被调查者对汉语产生“很好、一般或不好”的感觉，它们之间会存在较为复杂的相关性。以下是分项进行的具体相关分析。

1. 被调查者“国籍”与其“汉语感觉”相关性

一般说来，被调查者的国家与中国之间空间距离的远近、关系的亲密程度，会影响他们对汉语产生“很好”“一般”或“不好”的感觉，这种差异具有一定的相关性。

表4-49 **被调查者“国籍”与其“汉语感觉”相关性**

国家/地区		不好	一般	很好	卡方值	P值
越南（Việt Nam）	计数	1	57	174		
	百分比（%）	0.4	24.6	75.0		
泰国（Thailand）	计数	1	28	91		
	百分比（%）	0.8	23.3	75.8		
老挝（Laos）	计数	5	36	65		
	百分比（%）	4.7	34.0	61.3		
韩国（Republic of Korea）	计数	2	27	21		
	百分比（%）	4.0	54.0	42.0		

续表

国家/地区		不好	一般	很好	卡方值	P值
印度尼西亚（Indonesia）	计数	0	17	26		
	百分比（%）	0.0	39.5	60.5		
印度（India）	计数	1	10	22		
	百分比（%）	3.0	30.3	66.7		
巴基斯坦（Pakistan）	计数	3	18	7		
	百分比（%）	10.7	64.3	25.0		
美国（U.S.A.）	计数	0	6	6		
	百分比（%）	0.0	50.0	50.0		
尼泊尔（Nepal）	计数	0	3	7		
	百分比（%）	0.0	30.0	70.0		
哈萨克斯坦（Kazakhstan）	计数	0	7	4		
	百分比（%）	0.0	63.6	36.4		
柬埔寨（Cambodia）	计数	0	3	7		
	百分比（%）	0.0	30.0	70.0		
斯里兰卡（Srilanka）	计数	0	2	8		
	百分比（%）	0.0	20.0	80.0		
土库曼斯坦（Turkmenistan）	计数	0	4	5		
	百分比（%）	0.0	44.4	55.6		
喀麦隆（Camerounaise）	计数	0	3	3		
	百分比（%）	0.0	50.0	50.0		
俄罗斯（Russia）	计数	0	2	4		
	百分比（%）	0.0	33.3	66.7		
新加坡（Singapore）	计数	0	0	5		
	百分比（%）	0.0	0.0	100.0		
坦桑尼亚（Tanzania）	计数	0	3	2		
	百分比（%）	0.0	60.0	40.0		
缅甸（Myanmar）	计数	0	1	3		
	百分比（%）	0.0	25.0	75.0		

续表

国家/地区		不好	一般	很好	卡方值	P值
英国（UK）	计数	0	4	0		
	百分比（%）	0.0	100.0	0.0		
蒙古（Mongolia）	计数	0	1	3		
	百分比（%）	0.0	25.0	75.0		
马来西亚（Malaysia）	计数	0	0	4		
	百分比（%）	0.0	0.0	100.0		
瑞典（Sweden）	计数	0	1	3		
	百分比（%）	0.0	25.0	75.0		
意大利（Italy）	计数	0	2	1		
	百分比（%）	0.0	66.7	33.3		
朝鲜（Korea）	计数	1	0	0		
	百分比（%）	100.0	0.0	0.0		
日本（Japan）	计数	0	2	1		
	百分比（%）	0.0	66.7	33.3		
乌干达（Uganda）	计数	1	1	1		
	百分比（%）	33.3	33.3	33.3		
刚果（布）（Congo）	计数	0	2	1		
	百分比（%）	0.0	66.7	33.3		
法国（France）	计数	0	0	2		
	百分比（%）	0.0	0.0	100.0		
贝宁（Benin）	计数	1	0	1		
	百分比（%）	50.0	0.0	50.0		
吉尔吉斯斯坦（Kyrgyzstan）	计数	0	0	2		
	百分比（%）	0.0	0.0	100.0		
乌兹别克斯坦（Uzbekistan）	计数	0	1	1		
	百分比（%）	0.0	50.0	50.0		
埃及（Egypt）	计数	0	0	2		
	百分比（%）	0.0	0.0	100.0		

续表

国家/地区		不好	一般	很好	卡方值	P 值
孟加拉国（Bangladesh）	计数	0	0	2	198. 263	0. 000
	百分比（%）	0. 0	0. 0	100. 0		
苏丹（Sudan）	计数	0	2	0		
	百分比（%）	0. 0	100. 0	0. 0		
奥地利（Austria）	计数	0	0	1		
	百分比（%）	0. 0	0. 0	100. 0		
新西兰（New Zealand）	计数	0	1	0		
	百分比（%）	0. 0	100. 0	0. 0		
马里（Mali）	计数	0	1	0		
	百分比（%）	0. 0	100. 0	0. 0		
也门（Yemen）	计数	0	1	0		
	百分比（%）	0. 0	100. 0	0. 0		
冈比亚（Gambia）	计数	0	1	0		
	百分比（%）	0. 0	100. 0	0. 0		
葡萄牙（Portugal）	计数	0	0	1		
	百分比（%）	0. 0	0. 0	100. 0		
伊拉克（Iraq）	计数	0	1	0		
	百分比（%）	0. 0	100. 0	0. 0		
塞拉利昂（Sierra Leone）	计数	0	0	1		
	百分比（%）	0. 0	0. 0	100. 0		
突尼斯（Tunisia）	计数	0	0	1		
	百分比（%）	0. 0	0. 0	100. 0		
乍得共和国（Tchad）	计数	0	0	1		
	百分比（%）	0. 0	0. 0	100. 0		
加纳（Ghana）	计数	0	0	1		
	百分比（%）	0. 0	0. 0	100. 0		
中国（香港、澳门）	计数	0	3	11		
	百分比（%）	0. 0	21. 4	78. 6		

注：检验的显著性水平为0. 05。

根据表4－49的分析结果可知，在被调查者“国籍”与其“汉语感觉”的相关性分析中，卡方计算结果显示，卡方值为198.263，P值为0.000，小于显著性水平0.05，应拒绝检验的零假设，即我们认为国籍不同的被调查者对汉语的感觉存在显著性差异，被调查者“国籍”与其“汉语感觉”呈现正向相关性。

具体分析可知，受访者数量前三位的越南、泰国、老挝具体情形有异，越南有75.0%的调查者选择了“很好”，仅有0.4%的调查者选择了“不好”；泰国有75.8%的调查者选择了“很好”，仅有0.8%的调查者选择了“不好”；老挝有61.3%的调查者选择了“很好”，有4.7%的调查者选择了“不好”。越南、泰国的被调查者相比于老挝的被调查者，其对汉语的感觉明显会更好。排在第四的韩国，只有42.0%的调查者选择了“很好”，有54.0%的调查者选择了“一般”，可见韩国受访者对汉语的亲切度不如前三个国家。巴基斯坦只有25.0%的调查者选择了“很好”，有64.3%的调查者选择了“一般”，另有10.7%的调查者选择了“不好”，虽然巴基斯坦目前和中国的关系很好，但“巴铁”的受访者对汉语的感觉却出奇的“冷静”和“中立”，中亚的哈萨克斯坦、非洲东部的坦桑尼亚、东亚的日本等三国的情况与巴基斯坦的统计结果差不多，选择“一般”的占比最大，这可能是我们的汉语教学或相关宣传没有做好。美、英两国的调查者人数虽少，但美国有一半的调查者选择了“很好”，一半的调查者选择了“一般”；英国的调查者全都选择了“一般”，可见发达国家的受访者还没有摆脱优越感，对汉语仍存在一定的偏见。

2. 被调查者“性别”与其“汉语感觉”相关性

我们假定：性别不同，他们对汉语的感觉在“很好”“一般”或“不好”三个选项上会有差异，性别会影响人们语言感觉的极性。表4－50是相关数据分析。

表 4－50　　被调查者“性别”与其“汉语感觉”相关性

		不好	一般	很好	卡方值	P 值
男	计数	10	102	172	7.420	0.024
	百分比（%）	3.5	35.9	60.6		
女	计数	6	149	329		
	百分比（%）	1.2	30.8	68.0		

注：检验的显著性水平为 0.05。

根据表 4－50 的数据分析结果，在关于性别不同的被调查者对汉语的感觉的差异分析中，卡方计算结果显示，卡方值为 7.420，P 值为 0.024，小于显著性水平 0.05，应拒绝检验的零假设，即我们认为性别不同的被调查者对汉语的感觉存在显著性差异，被调查者“性别”与其“汉语感觉”呈现相关性。

从上述的分析结果可见，女性有 329 人选择了“很好”，占全体被调查者的 42.8%，占女生被调查者的 68.0%；男性有 172 人选择了“很好”，占全体被调查者的 22.4%，占男性被调查者的 60.6%。女性被调查者相比于男性被调查者，其对汉语的感觉明显更好。

3. 被调查者“年龄”与其“汉语感觉”相关性

我们假定：年龄不同，他们对汉语的感觉在“很好”“一般”或“不好”三个选项上会有差异，年龄会影响人们语言的感觉。表 4－51 是相关数据分析。

根据表 4－51 可知，在关于被调查者的“年龄”与其对“汉语感觉”的相关分析中，卡方计算结果显示，卡方值为 8.649，P 值为 0.373，大于显著性水平 0.05，不应拒绝检验的零假设，即我们可认为“年龄不同的被调查者对汉语的感觉无显著性差异，年龄不影响人们语言感觉的极性”。

从上述的分析结果可知，年龄不同的被调查者对汉语的感觉无明显的差异，表现差不多。“很好”选项在“18 岁及以下、19—30 岁、31—45 岁、46—60 岁、61 岁及以上”等五个年龄段内各自占比分别为 61.7%、66.6%、61.3%、80.0%、28.6%；“一般”选项在“18

岁及以下、19—30岁、31—45岁、46—60岁、61岁及以上”等五个年龄段内各自占比分别为37.2%、31.3%、34.7%、20.0%、71.4%。除了“61岁及以上”年龄段人数很少（7人），比例有点差距外，其他四个年龄段内，汉语感觉“很好”“一般”或“不好”三个选项分布差不多。

表4-51　**被调查者“年龄”与其“汉语感觉”相关性**

		不好	一般	很好	卡方值	P值
18岁及以下	计数	1	35	58	8.649	0.373
	百分比（%）	1.1	37.2	61.7		
19—30岁	计数	12	184	391		
	百分比（%）	2.0	31.3	66.6		
31—45岁	计数	3	26	46		
	百分比（%）	4.0	34.7	61.3		
46—60岁	计数	0	1	4		
	百分比（%）	0.0	20.0	80.0		
61岁及以上	计数	0	5	2		
	百分比（%）	0.0	71.4	28.6		

注：检验的显著性水平为0.05。

4. 被调查者“学历”与其“汉语感觉”相关性

学历代表受教育程度，水平越高，对语言认识越全面。我们假定：学历不同，他们对汉语的感觉在“很好”“一般”或“不好”三个选项上会有差异，学历会影响人们对语言的感觉。表4-52是相关数据分析。

根据表4-52可知，在关于被调查者“学历”与其“汉语感觉”相关性的分析中，卡方检验法计算的结果显示，卡方值为15.349，P值为0.223，大于显著性水平0.05，不应拒绝检验的零假设，即我们认为学历不同的被调查者，其对汉语的感觉无显著性差异，学历不影响人们语言感觉的极性。

表 4－52　　被调查者“学历”与其“汉语感觉”相关性

		不好	一般	很好	卡方值	P 值
小学	计数	0	3	3	15. 349	0. 223
	百分比（%）	0. 0	50. 0	50. 0		
初中	计数	0	9	24		
	百分比（%）	0. 0	27. 3	72. 7		
高中	计数	8	58	109		
	百分比（%）	4. 6	33. 1	62. 3		
高职高专	计数	0	34	75		
	百分比（%）	0. 0	31. 2	68. 8		
本科	计数	6	107	226		
	百分比（%）	1. 8	31. 6	66. 7		
硕士及以上	计数	2	29	55		
	百分比（%）	2. 3	33. 7	64. 0		
其他	计数	0	11	9		
	百分比（%）	0. 0	55. 0	45. 0		

注：检验的显著性水平为 0. 05。

从上述的分析结果可知，学历不同的被调查者对汉语的感觉无明显的差异，表现差不多。“很好”选项在“小学、初中、高中、高职高专、本科、硕士及以上、其他”等七个学历层次内各自占比分别为 50. 0%、72. 7%、62. 3%、68. 8%、66. 7%、64. 0%、45. 0%；“一般”选项在“小学、初中、高中、高职高专、本科、硕士及以上、其他”等七个学历层次内各自占比分别为 50. 0%、27. 3%、33. 1%、31. 2%、31. 6%、33. 7%、55. 0%。除了“其他”学历层次人数本来很少（20 人）比例有点差距外，其他六个学历层次内，汉语感觉“很好”“一般”或“不好”三个选项分布差不多。选择“很好”选项的比例大都在 60% 以上，选择“不好”选项的比例非常少。

5. 被调查者“职业”与其“汉语感觉”相关性

我们假定：职业不同，受访者对汉语的感觉在“很好”“一般”

或“不好”三个选项上会有差异。表4－53是相关数据分析。

表4－53　被调查者“职业”与其“汉语感觉”相关性

		不好	一般	很好	卡方值	P值
管理	计数	2	13	21	18.952	0.090
	百分比（%）	5.6	36.1	58.3		
商业	计数	1	13	28		
	百分比（%）	2.4	31.0	66.7		
农业	计数	1	2	2		
	百分比（%）	20.0	40.0	40.0		
教育	计数	4	46	127		
	百分比（%）	2.3	26.0	71.8		
工业	计数	0	5	6		
	百分比（%）	0.0	45.5	54.5		
旅游服务业	计数	0	5	18		
	百分比（%）	0.0	21.7	78.3		
其他	计数	8	167	299		
	百分比（%）	1.7	35.2	63.1		

注：检验的显著性水平为0.05。

根据表4－53可知，在关于被调查者“职业”与其“汉语感觉”相关性的分析中，卡方计算结果显示，卡方值为18.952，P值为0.090，大于显著性水平0.05，不应拒绝检验的零假设，即我们认为被调查者“职业”与其对汉语的感觉之间无显著性差异，职业不影响人们语言感觉的极性。

从上述的分析结果可得，职业不同的被调查者对汉语的感觉无明显的差异，表现差不多。“很好”选项在“管理、商业、农业、教育、工业、旅游服务业、其他”等职业中各自占比分别为58.3%、66.7%、40.0%、71.8%、54.5%、78.3%、63.1%；“一般”选项在“管理、商业、农业、教育、工业、旅游服务业、其他”等职业中各自占比分别为36.1%、31.0%、40.0%、26.0%、45.5%、21.7%、35.2%。除了"工业、农业"两种职业"很好"与"一般"选项比例差不多占半数外，其他五种职业，汉语感觉"很好""一般"或"不好"等三个选项分布差不多。选择"很好"选项的比例大都在半数以上，选择"不好"选项的比例非常少。

6. 被调查者"工作单位"与其"汉语感觉"相关性

我们假定：工作单位的性质不同，受访者对汉语的感觉在"很好""一般"或"不好"三个选项上会有差异。表4-54是相关数据分析。

表4-54 **被调查者"工作单位"与其"汉语感觉"相关性**

		不好	一般	很好	卡方值	P值
政府部门	计数	1	28	76	13.613	0.191
	百分比（%）	1.0	26.7	72.4		
公共事业	计数	2	14	33		
	百分比（%）	4.1	28.6	67.3		
企业	计数	1	12	30		
	百分比（%）	2.3	27.9	69.8		
旅游服务业	计数	0	4	16		
	百分比（%）	0.0	20.0	80.0		
商业	计数	3	13	25		
	百分比（%）	7.3	31.7	61.0		
其他	计数	9	180	321		
	百分比（%）	1.8	35.3	62.9		

注：检验的显著性水平为0.05。

根据表4-54可知，在关于被调查者的工作单位是否影响其对汉语感觉的相关分析中，卡方计算结果显示，卡方值为13.613，P值为0.191，大于显著性水平0.05，不应拒绝检验的零假设，即我们认为工作单位不同的被调查者，他们对汉语的感觉无显著性差异，工作单位的性质不影响人们语言感觉的极性。

从上述的分析结果可得，工作单位不同的被调查者对汉语的感觉无明显的差异，表现差不多。“很好”选项在“政府部门、公共事业、企业、旅游服务业、商业、其他”等六大类中各自占比分别为72.4%、67.3%、69.8%、80.0%、61.0%、62.9%；“一般”选项在“政府部门、公共事业、企业、旅游服务业、商业、其他”等六大类中各自占比分别为26.7%、28.6%、27.9%、20.0%、31.7%、35.3%。六大类工作单位中，汉语感觉“很好”“一般”或“不好”三个选项分布比例差不多。选择“很好”选项的比例都在61.0%以上，选择“不好”选项的比例非常少。

7. 被调查者“岗位性质”与其“汉语感觉”相关性

我们假定：岗位性质不同，受访者对汉语的感觉在“很好”“一般”或“不好”三个选项上会有差异。表4－55是相关数据分析。

表4－55 **被调查者“岗位性质”与其“汉语感觉”相关性**

		不好	一般	很好	卡方值	P值
领导	计数	0	11	11	9.167	0.328
	百分比（%）	0.0	50.0	50.0		
职员	计数	1	22	50		
	百分比（%）	1.4	30.1	68.5		
教师	计数	2	15	35		
	百分比（%）	3.8	28.8	67.3		
学生	计数	12	184	385		
	百分比（%）	2.1	31.7	66.3		
其他	计数	1	19	20		
	百分比（%）	2.5	47.5	50.0		

注：检验的显著性水平为0.05。

根据表4－55可知，在关于被调查者岗位不同是否会影响其对汉语的感觉的相关分析中，卡方检验结果显示，卡方值为9.167，P值为0.328，大于显著性水平0.05，不应拒绝检验的零假设，即我们认为岗位不同的被调查者，他们对汉语的感觉无显著性差异，岗位不影响人们语言感觉的极性。

从上述的分析结果可知，岗位不同的被调查者对汉语的感觉无明显的差异，表现差不多。“很好”选项在“领导、职员、教师、学生、其他”等五类岗位中各自占比分别为50.0%、68.5%、67.3%、66.3%、50.0%；“一般”选项在“领导、职员、教师、学生、其他”等五类岗位中各自占比分别为50.0%、30.1%、28.8%、31.7%、47.5%。除了“领导”岗位汉语感觉“很好”和“一般”选项各占一半外，其他四类岗位中，汉语感觉“很好”“一般”或“不好”三个选项分布比例差不多。选择“不好”选项的比例非常少。

8. 被调查者“中国经历”与其“汉语感觉”相关性

我们假定：有无到过中国经历，受访者对汉语的感觉在“很好”“一般”或“不好”三个选项上会有差异。表4－56是相关数据分析。

表4－56　**被调查者“中国经历”与其“汉语感觉”相关性**

		不好	一般	很好	卡方值	P值
否	计数	8	71	67	34.349	0.000
	百分比（%）	5.5	48.6	45.9		
是	计数	8	180	434		
	百分比（%）	1.3	28.9	69.8		

注：检验的显著性水平为0.05。

根据表4－56可知，在关于被调查者“中国经历”与其“汉语感觉”的相关分析中，卡方检验结果显示，卡方值为34.349，P值为0.000，小于显著性水平0.05，应拒绝检验的零假设，即我们认为被调查者是否来过中国，与其对汉语的感觉之间存在显著性差异，即“中国经历”影响受访者对汉语的感觉。

从上述的分析结果可知，来过中国的被调查者相比于没有来过中国的被调查者，其对汉语的感觉明显会更好。来过中国的被调查者选择“很好”的比例是69.8%，没有来过中国的被调查者选择“很好”的比例是45.9%；来过中国的被调查者选择“不好”的比例是1.3%，没有来过中国的被调查者选择“不好”的比例是5.5%。可见被调查者的“中国经历”会影响其汉语感觉。

9. 被调查者“中国交友”与其“汉语感觉”相关性

我们假定：有无中国朋友，受访者对汉语的感觉在“很好”“一般”或“不好”三个选项上会有差异。表4－57是相关数据分析。

表4－57　**被调查者“中国交友”与其“汉语感觉”相关性**

		不好	一般	很好	卡方值	P值
没有	计数	5	98	127	14.962	0.001
	百分比（%）	2.2	42.6	55.2		
有	计数	11	153	374		
	百分比（%）	2.0	28.4	69.5		

注：检验的显著性水平为0.05。

根据表4－57可知，在关于被调查者有无经常交往的中国朋友与其“汉语感觉”的相关分析中，卡方检验结果显示，卡方值为14.962，P值为0.001，小于显著性水平0.05，应拒绝检验的零假设，即我们认为被调查者有无经常交往的中国朋友，与其对汉语的感觉存在显著性差异，即“中国交友”影响受访者对汉语的感觉。

从上述的分析结果可知，有经常交往的中国朋友的被调查者相比于无经常交往的中国朋友的被调查者，其对汉语的感觉明显会更好。有经常交往的中国朋友的被调查者选择“很好”的比例是69.5%，没有经常交往的中国朋友的被调查者选择“很好”的比例是55.2%；有经常交往的中国朋友的被调查者选择“不好”的比例是2.0%，没有经常交往的中国朋友的被调查者选择“不好”的比例是2.2%。可见被调查者的“中国交友”情况会影响其汉语感觉。

10. 被调查者“中国新闻关注度”与其“汉语感觉”相关性

我们假定：是否关注中国新闻，影响受访者对汉语的感觉。表4－58是相关数据分析。

表4－58 **被调查者“中国新闻关注度”与其“汉语感觉”相关性**

		不好	一般	很好	卡方值	P值
否	计数	6	103	158	6.707	0.035
	百分比（%）	2.2	38.6	59.2		
是	计数	10	148	343		
	百分比（%）	2.0	29.5	68.5		

注：检验的显著性水平为0.05。

根据表4－58可知，在关于被调查者“中国新闻关注度”与其“汉语感觉”的相关分析中，卡方检验结果显示，卡方值为6.707，P值为0.035，小于显著性水平0.05，应拒绝检验的零假设，即我们认为被调查者是否关注中国新闻，与其汉语感觉之间存在显著性差异，即“中国新闻关注度”影响受访者对汉语的感觉。

从上述的分析结果可知，关注中国新闻的被调查者相比于不关注中国新闻的被调查者，其对汉语的感觉明显会更好。经常关注中国新闻的被调查者选择“很好”的比例是68.5%，不经常关注中国新闻的被调查者选择“很好”的比例是59.2%；经常关注中国新闻的被调查者选择“不好”的比例是2.0%，不经常关注中国新闻的被调查者选择“不好”的比例是2.2%。可见被调查者的“中国新闻关注度”会影响其汉语感觉。

（五）汉语感觉三维与汉语水平及中国影音的交叉相关性

本小节拟分析：与英语、法语、德语、俄语等外语相比，被调查者对汉语的感觉“①很好；②一般；③不好”这三个选项分别与“汉语水平、汉语工作、中国影视/音乐/表演/新闻等的语言版本选择”是否存在交叉相关性。

1. 被调查者“汉语水平”与其“汉语感觉”相关性

我们假定：汉语水平的高低，在受访者对汉语的感觉“很好”“一般”或“不好”三个选项选择上会有差异。表4－59是相关数据分析。

表4－59　**汉语水平不同的被调查者对汉语感觉的差异情况**

		不好	一般	很好	卡方值	P值
没有学过，不会	计数	5	15	16	67.823	0.000
	百分比（%）	13.9	41.7	44.4		
学过，会一点点儿	计数	4	73	72		
	百分比（%）	2.7	49.0	48.3		
能基本会话	计数	3	84	159		
	百分比（%）	1.2	34.1	64.6		
中级水平	计数	2	62	162		
	百分比（%）	0.9	27.4	71.7		
高级水平	计数	2	17	92		
	百分比（%）	1.8	15.3	82.9		

注：检验的显著性水平为0.05。

根据表4－59可知，在关于汉语水平不同的被调查者对汉语感觉的差异情况中，卡方检验结果显示，卡方值为67.823，P值为0.000，小于显著性水平0.05，应拒绝检验的零假设，我们认为被调查者汉语水平的不同，对其汉语的感觉存在显著性差异，即受访者的汉语水平与其汉语感觉呈现正向相关性。

从上述的分析结果可知，汉语水平较高的被调查者相比于汉语水平较低的被调查者，其对汉语的感觉明显会更好。“很好”选项在“没有学过，不会；学过，会一点点儿；能基本会话；中级水平；高级水平”五个等级上各自占比分别为44.4%、48.3%、64.6%、71.7%、82.9%，随着水平的提升，汉语感觉“很好”的比例逐步增大，提升到两倍；“一般”选项在“没有学过，不会；学过，会一点点儿；能基本会话；中级水平；高级水平”五个等级上各自占比分别为41.7%、49.0%、34.1%、27.4%、15.3%，随着水平的提升，汉语感觉“一般”的比例逐步降低。随着水平的提升，汉语感觉“不好”的比例也逐步降低。随着水平的提升，被调查者的汉语感觉越来越好，感觉“不好”的人越来越少。

2. 被调查者“汉语工作经历”与其“汉语感觉”相关性

我们假定：汉语工作经历，在受访者对汉语的感觉“很好”“一般”或“不好”三个选项选择上会有差异。表4-60是相关数据分析。

表4-60 **被调查者“汉语工作经历”与其“汉语感觉”相关性**

		不好	一般	很好	卡方值	P值
否	计数	12	176	276	17.248	0.000
	百分比（%）	2.6	37.9	59.5		
是	计数	4	75	225		
	百分比（%）	1.3	24.7	74.0		

注：检验的显著性水平为0.05。

根据表4-60可知，在关于被调查者“汉语工作经历”与其“汉语感觉”的相关分析中，卡方检验结果显示，卡方值为17.248，对应的概率P值为0.000，小于显著性水平0.05，应拒绝检验的零假设，即我们认为被调查者是否从事过与汉语有关的工作，与其对汉语的感觉存在显著性差异，即受访者的汉语工作经历与其汉语感觉呈现正向相关性。

从上述的分析结果可知，从事过与汉语有关工作的被调查者相比于没有从事过与汉语有关工作的被调查者，其对汉语的感觉明显会更好。从事过与汉语有关工作的被调查者有74.0%选择了“很好”，只有1.3%选择了“不好”；而没有从事过与汉语有关工作的被调查者只有59.5%选择了“很好”，有2.6%选择了“不好”。可见，被调查者“汉语工作经历”影响其“汉语感觉”的评价。

3. 被调查者“中国电影/音乐/表演/新闻等语言版本选择”与其“汉语感觉”相关性

我们假定：欣赏中国电影/音乐/表演/新闻等时的语言版本选择，受访者对汉语的感觉在“很好”“一般”或“不好”三个选项选择上会有差异。表 4 - 61 是相关数据分析。

表 4 - 61 **被调查者“中国电影/音乐/表演/新闻等语言版本选择”与其“汉语感觉”相关性**

		不好	一般	很好	卡方值	P 值
本国语言翻译过来的	计数	9	124	126	47.716	0.000
	百分比（%）	3.5	47.9	48.6		
汉语版的	计数	7	127	375		
	百分比（%）	1.4	25.0	73.7		

注：检验的显著性水平为 0.05。

根据表 4 - 61 可知，在关于被调查者“中国电影/音乐/表演/新闻等语言版本选择”与其“汉语感觉”的相关分析中，卡方检验结果显示，卡方值为 47.716，显著性检验对应的概率 P 值为 0.000，小于显著性水平 0.05，应拒绝检验的零假设，即我们认为被调查者中国电影/音乐/表演/新闻等语言版本的选择与其汉语感觉存在显著性差异，中国电影/音乐/表演/新闻等语言版本的选择，影响受访者对汉语的感觉。

从上述的分析结果可知，喜欢汉语版的中国电影/音乐/表演/新闻等的被调查者相比于喜欢“本国语言翻译过来的”中国电影/音乐/表演/新闻等的被调查者，他们对汉语的感觉明显更好。在“很好”选项的比例上，喜欢汉语版的中国电影/音乐/表演/新闻等的被调查者有 375 人，占全部被调查者的 48.8%，内部占比为 73.7%；喜欢“本国语言翻译过来的”中国电影/音乐/表演/新闻等的被调查者有 126 人，占全部被调查者的 16.4%，内部占比为 48.6%。在“不好”选项的比例上，喜欢汉语版的中国电影/音乐/表演/新闻等的被调查者只有 7 人，内部占比为 1.4%；喜欢“本国语言翻译过来的”中国电影/音乐/表演/新闻等的被调查者有9人，内部占比为3.5%。数据表明，中国电影/音乐/表演/新闻等语言版本影响受访者对汉语的感觉，汉语版本受欢迎程度高，汉语版的中国电影/音乐/表演/新闻等应该作为汉语形象建构的一条重要媒介和途径。

（六）汉语感觉产生依据的人口学分布特征：交叉相关性

前文已述，被调查者持有“很好、一般或不好”汉语感觉是有各种依据的，选择“汉语语音”选项的405人，占比52.73%；选择“汉语词语”选项的362人，占比47.14%；选择“汉语语法”选项的300人，占比39.06%；选择“汉字”选项的402人，占比52.34%；选择“书法”选项的210人，占比27.34%；选择“中国文化”选项的453人，占比58.98%；选择“朋友推荐”选项的56人，占比7.29%；选择“其他”选项的33人，占比4.30%。这些因素具体分布形态是怎样的？又会对语言形象有哪些深层次的影响？

我们假设：“国籍、性别、年龄、学历、职业、单位性质、岗位、中国经历、中国交友、中国新闻的关注度”等会影响被调查者的汉语感觉，它们之间存在较为复杂的相关性。以下是分项进行的具体相关分析。

1. “国籍”与其“汉语感觉产生依据”相关性

一般说来，被调查者的国家与中国关系的远近亲疏，会影响他们的汉语感觉依据选取，“汉语语音、汉语词语、汉语语法、汉字、书法、中国文化、朋友推荐”这七种影响因素的主次和排序存在差异，二者具有一定的相关性。

表4-62 **被调查者“国籍”与其“汉语感觉产生依据”相关性**

		汉语语音	汉语词语	汉语语法	汉字	书法	中国文化	朋友推荐
越南（Việt Nam）	计数	120	95	83	92	62	167	10
	百分比（%）	19.1	15.1	13.2	14.6	9.9	26.6	1.6

续表

		汉语语音	汉语词语	汉语语法	汉字	书法	中国文化	朋友推荐
泰国（Thailand）	计数	86	71	67	71	35	74	8
	百分比（%）	20.9	17.2	16.3	17.2	8.5	18.0	1.9
老挝（Laos）	计数	74	52	44	64	37	52	13
	百分比（%）	22.0	15.5	13.1	19.0	11.0	15.5	3.9
韩国（Republic of Korea）	计数	28	16	11	30	7	31	6
	百分比（%）	21.7	12.4	8.5	23.3	5.4	24.0	4.7
印度尼西亚（Indonesia）	计数	16	22	21	27	14	24	3
	百分比（%）	12.6	17.3	16.5	21.3	11.0	18.9	2.4
印度（India）	计数	11	23	8	17	2	14	2
	百分比（%）	14.3	29.9	10.4	22.1	2.6	18.2	2.6
巴基斯坦（Pakistan）	计数	7	15	5	14	5	6	1
	百分比（%）	13.2	28.3	9.4	26.4	9.4	11.3	1.9
美国（U.S.A.）	计数	7	5	5	7	5	6	3
	百分比（%）	18.4	13.2	13.2	18.4	13.2	15.8	7.9
尼泊尔（Nepal）	计数	1	5	4	4	0	7	1
	百分比（%）	4.5	22.7	18.2	18.2	0.0	31.8	4.5
哈萨克斯坦（Kazakhstan）	计数	6	4	4	5	4	6	1
	百分比（%）	20.0	13.3	13.3	16.7	13.3	20.0	3.3
柬埔寨（Cambodia）	计数	6	6	5	7	5	6	0
	百分比（%）	17.1	17.1	14.3	20.0	14.3	17.1	0.0
斯里兰卡（Srilanka）	计数	4	4	5	6	3	6	0
	百分比（%）	14.3	14.3	17.9	21.4	10.7	21.4	0.0
土库曼斯坦（Turkmenistan）	计数	2	1	2	4	1	2	1
	百分比（%）	15.4	7.7	15.4	30.8	7.7	15.4	7.7
喀麦隆（Camerounaise）	计数	4	3	4	4	1	3	0
	百分比（%）	21.1	15.8	21.1	21.1	5.3	15.8	0.0

续表

		汉语语音	汉语词语	汉语语法	汉字	书法	中国文化	朋友推荐
俄罗斯（Russia）	计数	3	3	2	4	1	3	0
	百分比（%）	18.8	18.8	12.5	25.0	6.3	18.8	0.0
新加坡（Singapore）	计数	1	1	0	2	0	1	0
	百分比（%）	20.0	20.0	0.0	40.0	0.0	20.0	0.0
坦桑尼亚（Tanzania）	计数	4	5	3	4	3	4	1
	百分比（%）	16.7	20.8	12.5	16.7	12.5	16.7	4.2
缅甸（Myanmar）	计数	2	3	2	4	1	2	0
	百分比（%）	14.3	21.4	14.3	28.6	7.1	14.3	0.0
英国（UK）	计数	0	3	1	3	2	2	0
	百分比（%）	0.0	27.3	9.1	27.3	18.2	18.2	0.0
蒙古（Mongolia）	计数	2	3	1	3	3	3	1
	百分比（%）	12.5	18.8	6.3	18.8	18.8	18.8	6.3
马来西亚（Malaysia）	计数	3	3	3	3	1	3	0
	百分比（%）	18.8	18.8	18.8	18.8	6.3	18.8	0.0
瑞典（Sweden）	计数	3	2	2	4	4	3	0
	百分比（%）	16.7	11.1	11.1	22.2	22.2	16.7	0.0
意大利（Italy）	计数	2	3	2	2	1	3	1
	百分比（%）	14.3	21.4	14.3	14.3	7.1	21.4	7.1
朝鲜（Korea）	计数	0	0	0	0	0	1	0
	百分比（%）	0.0	0.0	0.0	0.0	0.0	100.0	0.0
日本（Japan）	计数	1	2	1	2	1	1	0
	百分比（%）	12.5	25.0	12.5	25.0	12.5	12.5	0.0
乌干达（Uganda）	计数	0	1	3	1	0	0	0
	百分比（%）	0.0	20.0	60.0	20.0	0.0	0.0	0.0
刚果（布）（Congo）	计数	0	0	2	0	1	1	1
	百分比（%）	0.0	0.0	40.0	0.0	20.0	20.0	20.0

续表

		汉语语音	汉语词语	汉语语法	汉字	书法	中国文化	朋友推荐
法国（France）	计数	0	1	0	1	1	0	0
	百分比（%）	0.0	33.3	0.0	33.3	33.3	0.0	0.0
贝宁（Benin）	计数	1	0	0	1	0	0	0
	百分比（%）	50.0	0.0	0.0	50.0	0.0	0.0	0.0
吉尔吉斯斯坦（Kyrgyzstan）	计数	1	1	1	2	1	2	1
	百分比（%）	11.1	11.1	11.1	22.2	11.1	22.2	11.1
乌兹别克斯坦（Uzbekistan）	计数	0	1	0	1	0	0	0
	百分比（%）	0.0	50.0	0.0	50.0	0.0	0.0	0.0
埃及（Egypt）	计数	0	1	0	0	0	2	0
	百分比（%）	0.0	33.3	0.0	0.0	0.0	66.7	0.0
孟加拉国（Bangladesh）	计数	1	1	1	1	1	2	0
	百分比（%）	14.3	14.3	14.3	14.3	14.3	28.6	0.0
苏丹（Sudan）	计数	1	1	1	0	1	2	1
	百分比（%）	14.3	14.3	14.3	0.0	14.3	28.6	14.3
奥地利（Austria）	计数	0	1	1	0	0	0	0
	百分比（%）	0.0	50.0	50.0	0.0	0.0	0.0	0.0
新西兰（New Zealand）	计数	1	0	0	1	0	0	0
	百分比（%）	50.0	0.0	0.0	50.0	0.0	0.0	0.0
马里（Mali）	计数	0	0	0	1	0	0	0
	百分比（%）	0.0	0.0	0.0	100.0	0.0	0.0	0.0
也门（Yemen）	计数	1	1	1	1	1	1	0
	百分比（%）	16.7	16.7	16.7	16.7	16.7	16.7	0.0
冈比亚（Gambia）	计数	0	1	0	0	0	0	0
	百分比（%）	0.0	100.0	0.0	0.0	0.0	0.0	0.0
葡萄牙（Portugal）	计数	1	0	0	0	0	0	0
	百分比（%）	100.0	0.0	0.0	0.0	0.0	0.0	0.0

续表

		汉语语音	汉语词语	汉语语法	汉字	书法	中国文化	朋友推荐
伊拉克（Iraq）	计数	0	0	0	0	0	1	0
	百分比（%）	0.0	0.0	0.0	0.0	0.0	100.0	0.0
塞拉利昂（Sierra Leone）	计数	1	0	1	1	0	1	0
	百分比（%）	25.0	0.0	25.0	25.0	0.0	25.0	0.0
突尼斯（Tunisia）	计数	0	0	1	0	0	1	0
	百分比（%）	0.0	0.0	50.0	0.0	0.0	50.0	0.0
乍得共和国（Tchad）	计数	0	0	1	0	0	0	1
	百分比（%）	0.0	0.0	50.0	0.0	0.0	0.0	50.0
加纳（Ghana）	计数	0	0	0	1	1	1	0
	百分比（%）	0.0	0.0	0.0	33.3	33.3	33.3	0.0
中国（香港、澳门）	计数	4	2	2	7	5	9	0
	百分比（%）	13.8	6.9	6.9	24.1	17.2	31.0	0.0

根据表4－62的结果可知，在关于被调查者“国籍”与其“汉语感觉产生依据”的相关分析中，交叉列联表的计算结果显示，不同国籍的被调查者汉语感觉的影响因素存在一定程度上的差异，被调查者“国籍”与其“汉语感觉产生依据”之间呈现一定的相关性。

按受访人数由多至少的顺序，各国的具体情况为：越南的被调查者汉语感觉影响的主要因素是中国文化，其他因素的程度递减顺序为汉语语音、汉语词语、汉字、汉语语法、书法、朋友推荐；泰国的被调查者汉语感觉的主要影响因素是汉语语音，其他因素的程度递减顺序为中国文化、汉语词语和汉字、汉语语法、书法、朋友推荐；老挝的被调查者汉语感觉的主要影响因素是汉语语音，其他因素的程度递减顺序为汉字、中国文化和汉语词语、汉语语法、书法、朋友推荐；韩国的被调查者汉语感觉的主要影响因素是中国文化，其他因素的程度递减顺序为汉字、汉语语音、汉语词语、汉语语法、书法、朋友推荐；印度尼西亚的被调查者汉语感觉的主要影响因素是汉字，其他因素的程度递减顺序为中国文化、汉语词语、汉语语法、汉语语音、书法、朋友推荐；印度的被调查者汉语感觉的主要影响因素是汉语词语，其他因素的程度递减顺序为汉字、中国文化、汉语语音、汉语语法、书法和朋友推荐；巴基斯坦的被调查者汉语感觉的主要影响因素是汉语词语，其他因素的程度递减顺序为汉字、汉语语音、中国文化、汉语语法和书法、朋友推荐；其他国家的被调查者的汉语感觉“汉语语音、汉语词语、汉语语法、汉字、书法、中国文化、朋友推荐”这七种影响因素的主次和排序也存在一定的差异。

2. 被调查者“性别”与其“汉语感觉产生依据”相关性

我们假定：性别不同，他们对汉语感觉“好、一般或不好”的依据会有差异，性别会影响人们汉语感觉的产生依据。表4－63是相关数据分析。

表4－63 **被调查者“性别”与其“汉语感觉产生依据”相关性**

		汉语语音	汉语词语	汉语语法	汉字	书法	中国文化	朋友推荐
男	计数	140	147	105	156	77	144	34
	百分比（%）	17.4	18.3	13.1	19.4	9.6	17.9	4.2
女	计数	265	215	195	246	133	309	22
	百分比（%）	19.1	15.5	14.1	17.8	9.6	22.3	1.6

根据表4－63可知，在关于被调查者“性别”与其“汉语感觉产生依据”的相关分析中，交叉列联表的计算结果显示，不同性别的被调查者汉语感觉的影响因素存在一定程度上的差异，即人们对汉语产生某种感觉时所依据的因素在性别分布上存在差异。

数据交叉分析的具体情况是：男性被调查者汉语感觉的影响因素主要是汉字，其他因素的程度递减顺序为汉语词语、中国文化、汉语语音、汉语语法、书法、朋友推荐；而女性被调查者汉语感觉的影响因素主要是中国文化，其他因素的程度递减顺序为汉语语音、汉字、汉语词语、汉语语法、书法、朋友推荐。

3. 被调查者“年龄”与其“汉语感觉产生依据”相关性

我们假定：年龄不同，他们对汉语感觉“好、一般或不好”的依据也会有差异，年龄会影响人们汉语感觉的产生依据。表4－64是相关数据分析。

表4－64 **被调查者“年龄”与其“汉语感觉产生依据”相关性**

		汉语语音	汉语词语	汉语语法	汉字	书法	中国文化	朋友推荐
18岁及以下	计数	56	47	28	55	39	53	11
	百分比（%）	19.4	16.3	9.7	19.0	13.5	18.3	3.8
19—30岁	计数	313	285	244	307	150	354	38
	百分比（%）	18.5	16.9	14.4	18.2	8.9	20.9	2.2
31—45岁	计数	32	28	26	35	18	39	7
	百分比（%）	17.3	15.1	14.1	18.9	9.7	21.1	3.8
46—60岁	计数	1	2	1	2	0	4	0
	百分比（%）	10.0	20.0	10.0	20.0	0.0	40.0	0.0
61岁及以上	计数	3	0	1	3	3	3	0
	百分比（%）	23.1	0.0	7.7	23.1	23.1	23.1	0.0

根据表4－64可知，在关于被调查者“年龄”与其“汉语感觉产生依据”的相关分析中，交叉列联表的计算结果显示，不同年龄的被调查者汉语感觉的影响因素存在一定程度上的差异，即人们对汉语产生某种感觉时所依据的因素在年龄分布上存在差异。

具体情况是：“18岁及以下”的被调查者汉语感觉的影响因素主要是汉语语音，其他因素的程度递减顺序为汉字、中国文化、汉语词语、书法、汉语语法、朋友推荐；“19—30岁”的被调查者汉语感觉的影响因素主要是中国文化，其他因素的程度递减顺序为汉语语音、汉字、汉语词语、汉语语法、书法、朋友推荐；“31—45岁”的被调查者汉语感觉的影响因素主要是中国文化，其他因素的程度递减顺序为汉字、汉语语音、汉语词语、汉语语法、书法、朋友推荐；“46—60 岁”和“61 岁及以上”的被调查者人数较少，不再细说。

4. 被调查者“学历”与其“汉语感觉产生依据”相关性

我们假定：学历不同，他们对汉语感觉“好、一般或不好”的依据也会有差异，学历会影响人们汉语感觉的产生依据。表 4 – 65 是相关数据分析。

表 4 – 65 **被调查者“学历”与其“汉语感觉产生依据”相关性**

		汉语语音	汉语词语	汉语语法	汉字	书法	中国文化	朋友推荐
小学	计数	2	2	2	3	3	5	3
	百分比（%）	10.0	10.0	10.0	15.0	15.0	25.0	15.0
初中	计数	20	16	10	19	15	14	1
	百分比（%）	21.1	16.8	10.5	20.0	15.8	14.7	1.1
高中	计数	97	91	67	87	43	104	10
	百分比（%）	19.4	18.2	13.4	17.4	8.6	20.8	2.0
高职高专	计数	55	39	35	47	30	76	5
	百分比（%）	19.2	13.6	12.2	16.4	10.5	26.5	1.7
本科	计数	175	168	146	185	86	190	29
	百分比（%）	17.9	17.2	14.9	18.9	8.8	19.4	3.0
硕士及以上	计数	48	37	34	48	28	53	7
	百分比（%）	18.8	14.5	13.3	18.8	11.0	20.8	2.7
其他	计数	8	9	6	13	5	11	1
	百分比（%）	15.1	17.0	11.3	24.5	9.4	20.8	1.9

根据表 4 – 65 可知，在关于被调查者“学历”与其“汉语感觉产

生依据”的相关分析中，交叉列联表的计算结果显示，不同学历的被调查者某种汉语感觉的影响因素存在一定程度上的差异，即人们对汉语产生某种感觉时所依据的因素在学历分布上也存在差异性。

具体分布情况为：“小学学历”的被调查者汉语感觉的影响因素主要是中国文化，其他因素的程度递减顺序为汉字、书法、朋友推荐、汉语词语、汉语语音、汉语语法；“初中学历”的被调查者汉语感觉的影响因素主要是汉语语音，其他因素的程度递减顺序为汉字、汉语词语、书法、中国文化、汉语语法、朋友推荐；“高中学历”的被调查者汉语感觉的影响因素主要是中国文化，其他因素的程度递减顺序为汉语语音、汉语词语、汉字、汉语语法、书法、朋友推荐；“高职高专学历”的被调查者汉语感觉的影响因素主要是中国文化，其他因素的程度递减顺序为汉语语音、汉字、汉语词语、汉语语法、书法、朋友推荐；“本科学历”的被调查者汉语感觉的影响因素主要是中国文化，其他因素的程度递减顺序为汉字、汉语语音、汉语词语、汉语语法、书法、朋友推荐；“硕士及以上学历”的被调查者汉语感觉的影响因素主要是中国文化，其他因素的程度递减顺序为汉语语音、汉字、汉语词语、汉语语法、书法、朋友推荐；“其他学历”的被调查者汉语感觉的影响因素主要是汉字，其他因素的程度递减顺序为中国文化、汉语词语、汉语语音、汉语语法、书法、朋友推荐。

5. 被调查者“职业”与其“汉语感觉产生依据”相关性

我们假定：职业不同，他们对汉语感觉“好、一般或不好”的依据也会有差异，职业会影响人们汉语感觉的产生依据。表 4－66 是相关数据分析。

根据表4－66 可知，在关于被调查者“职业”与其“汉语感觉产生依据”的相关分析中，交叉列联表的计算结果显示，不同职业的被调查者某种汉语感觉的影响因素存在一定程度上的差异，即人们对汉语产生某种感觉时所依据的因素在职业分布上也存在着差异。

表4－66　被调查者“职业”与其“汉语感觉产生依据”相关性

		汉语语音	汉语词语	汉语语法	汉字	书法	中国文化	朋友推荐
管理	计数	19	14	13	22	10	16	7
	百分比（%）	18.8	13.9	12.9	21.8	9.9	15.8	6.9
商业	计数	18	23	18	23	13	22	3
	百分比（%）	15.0	19.2	15.0	19.2	10.8	18.3	2.5
农业	计数	4	1	1	2	1	4	0
	百分比（%）	30.8	7.7	7.7	15.4	7.7	30.8	0.0
教育	计数	112	85	82	105	51	112	12
	百分比（%）	20.0	15.2	14.7	18.8	9.1	20.0	2.1
工业	计数	6	6	3	6	4	4	0
	百分比（%）	20.7	20.7	10.3	20.7	13.8	13.8	0.0
旅游服务业	计数	8	8	6	8	5	12	2
	百分比（%）	16.3	16.3	12.2	16.3	10.2	24.5	4.1
其他	计数	238	225	177	236	126	283	32
	百分比（%）	18.1	17.1	13.4	17.9	9.6	21.5	2.4

具体分布情况为：“管理”职业的被调查者汉语感觉的影响因素主要是汉字，其他因素的程度递减顺序为汉语语音、中国文化、汉语词语、汉语语法、书法、朋友推荐；“商业”职业的被调查者汉语感觉的影响因素主要是汉字、汉语词语，其他因素的程度递减顺序为中国文化、汉语语音、汉语语法、书法、朋友推荐；“农业”职业的被调查者汉语感觉的影响因素主要是汉语语音和中国文化，其他因素的程度递减顺序为汉字、汉语词语、汉语语法、书法、朋友推荐；“教育”职业的被调查者汉语感觉的影响因素主要是汉语语音和中国文化，其他因素的程度递减顺序为汉字、汉语词语、汉语语法、书法、

朋友推荐；“工业”职业的被调查者汉语感觉的影响因素主要是汉字、汉语语音、汉语词语，其他因素的程度递减顺序为中国文化和书法、汉语语法、朋友推荐；“旅游服务业”的被调查者汉语感觉的影响因素主要是中国文化，其他因素的程度递减顺序为汉语语音、汉语词语和汉字、汉语语法、书法、朋友推荐；“其他”职业的被调查者汉语感觉的影响因素主要是中国文化，其他因素的程度递减顺序为汉语语音、汉字、汉语词语、汉语语法、书法、朋友推荐。

6. 被调查者“工作单位”与其“汉语感觉产生依据”相关性

我们假定：工作单位不同，被调查者对汉语感觉“好、一般或不好”的依据也会有差异，工作单位会影响人们汉语感觉的产生依据。表4－67是相关数据分析。

表4－67　**被调查者“工作单位”与其“汉语感觉产生依据”相关性**

		汉语语音	汉语词语	汉语语法	汉字	书法	中国文化	朋友推荐
政府部门	计数	69	53	50	62	33	65	8
	百分比（%）	20.3	15.6	14.7	18.2	9.7	19.1	2.4
公共事业	计数	28	18	18	24	14	29	2
	百分比（%）	21.1	13.5	13.5	18.0	10.5	21.8	1.5
企业	计数	23	22	14	23	15	26	4
	百分比（%）	18.1	17.3	11.0	18.1	11.8	20.5	3.1
旅游服务业	计数	6	11	6	9	5	9	3
	百分比（%）	12.2	22.4	12.2	18.4	10.2	18.4	6.1
商业	计数	21	16	15	19	10	19	5
	百分比（%）	20.0	15.2	14.3	18.1	9.5	18.1	4.8
其他	计数	258	242	197	265	133	305	34
	百分比（%）	18.0	16.9	13.7	18.5	9.3	21.3	2.4

根据表4－67可知，在关于被调查者“工作单位”与其“汉语感觉产生依据”的相关分析中，交叉列联表的计算结果显示出，不同工作单位的被调查者汉语感觉的影响因素存在一定程度上的差异，即人们对汉语产生某种感觉时所依据的因素在工作单位分布上也存在差异性。

具体分布情况为：“政府部门”的被调查者汉语感觉的影响因素主要是汉语语音，其他因素的程度递减顺序为中国文化、汉字、汉语词语、汉语语法、书法、朋友推荐；“公共事业”单位的被调查者汉语感觉的影响因素主要是中国文化，其他因素的程度递减顺序为汉语语音、汉字、汉语词语和汉语语法、书法、朋友推荐；“企业”单位的被调查者汉语感觉的影响因素主要是中国文化，其他因素的程度递减顺序为汉语语音和汉字、汉语词语、书法、汉语语法、朋友推荐；“旅游服务业”单位的被调查者汉语感觉的影响因素主要是汉语词语，其他因素的程度递减顺序为汉字和中国文化、汉语语音和汉语语法、书法、朋友推荐；“商业”单位的被调查者汉语感觉的影响因素主要是汉语语音，其他因素的程度递减顺序为中国文化和汉字、汉语词语、汉语语法、书法、朋友推荐；“其他”单位的被调查者汉语感觉的影响因素主要是中国文化，其他因素的程度递减顺序为汉字、汉语语音、汉语词语、汉语语法、书法、朋友推荐。

7. 被调查者“岗位”与其“汉语感觉产生依据”相关性

我们假定：岗位不同，他们对汉语感觉“好、一般或不好”的依据也会有差异，岗位会影响人们汉语感觉的产生依据。表4－68是相关数据分析。

根据表4－68可知，在关于被调查者“岗位”与其“汉语感觉产生依据”的相关分析中，交叉列联表的计算结果显示，不同岗位的被调查者某种汉语感觉的影响因素存在一定程度上的差异，即人们对汉语产生某种感觉时所依据的因素在岗位分布上也存在着差异性。

表 4－68 **被调查者“岗位”与其“汉语感觉产生依据”相关性**

		汉语语音	汉语词语	汉语语法	汉字	书法	中国文化	朋友推荐
领导	计数	9	11	9	13	9	10	2
	百分比（%）	14.3	17.5	14.3	20.6	14.3	15.9	3.2
职员	计数	36	34	27	35	14	43	8
	百分比（%）	18.3	17.3	13.7	17.8	7.1	21.8	4.1
教师	计数	26	19	17	29	14	31	2
	百分比（%）	18.8	13.8	12.3	21.0	10.1	22.5	1.4
学生	计数	315	284	238	315	165	350	39
	百分比（%）	18.5	16.6	14.0	18.5	9.7	20.5	2.3
其他	计数	19	14	9	10	8	19	5
	百分比（%）	22.6	16.7	10.7	11.9	9.5	22.6	6.0

具体分布情况为：“领导”岗位的被调查者汉语感觉的影响因素主要是汉字，其他因素的程度递减顺序为汉语词语、中国文化、汉语语音、汉语语法和书法、朋友推荐；“职员”岗位的被调查者汉语感觉的影响因素主要是中国文化，其他因素的程度递减顺序为汉语语音、汉字、汉语词语、汉语语法、书法、朋友推荐；“教师”岗位的被调查者汉语感觉的影响因素主要是中国文化，其他因素的程度递减顺序为汉字、汉语语音、汉语词语、汉语语法、书法、朋友推荐；“学生”身份的被调查者汉语感觉的影响因素主要是中国文化，其他因素的程度递减顺序为汉语语音和汉字、汉语词语、汉语语法、书法、朋友推荐；“其他”岗位的被调查者汉语感觉的影响因素主要是中国文化和汉语语音，其他因素的程度递减顺序为汉语词语、汉字、汉语语法、书法、朋友推荐。

8. 被调查者“中国经历”与其“汉语感觉产生依据”相关性

我们假定：中国经历有无，被调查者对汉语感觉“好、一般或不好”的依据也会有差异，中国经历会影响人们汉语感觉的产生依据。表 4－69 是相关数据分析。

表4－69 被调查者“中国经历”与其“汉语感觉产生依据”相关性

		汉语语音	汉语词语	汉语语法	汉字	书法	中国文化	朋友推荐
否	计数	73	73	50	73	43	75	9
	百分比（%）	18.4	18.4	12.6	18.4	10.9	18.9	2.3
是	计数	332	289	250	329	167	378	47
	百分比（%）	18.5	16.1	14.0	18.4	9.3	21.1	2.6

根据表4－69可知，在关于被调查者“中国经历”与其“汉语感觉产生依据”的相关分析中，交叉列联表的计算结果显示出，被调查者是否来过中国对其某种汉语感觉的产生依据影响不明显，即人们对汉语产生某种感觉时所依据的因素在是否有“中国经历”的分布上不存在相关性。

具体分布情况为：来过中国的被调查者汉语感觉的影响因素的程度递减顺序为：中国文化、汉语语音、汉字、汉语词语、汉语语法、书法、朋友推荐；没来过中国的被调查者汉语感觉的影响因素的程度递减顺序为：中国文化、汉语语音、汉字、汉语词语、汉语语法、书法、朋友推荐。

9. 被调查者“中国交友”与其“汉语感觉产生依据”相关性

我们假定：有无经常交往的中国朋友，他们对汉语感觉“好、一般或不好”的依据也会有差异，中国交友会影响人们汉语感觉的产生依据。表4－70是相关数据分析。

根据表4－70可知，在关于被调查者“中国交友”与其“汉语感觉产生依据”的相关分析中，交叉列联表的计算结果显示，被调查者有无经常交往的中国朋友对其汉语感觉的影响因素差异不大，中国交友对人们汉语感觉的产生依据没有明显影响，二者不具有相关性。

表 4 - 70 被调查者"中国交友"与其"汉语感觉产生依据"相关性

		汉语语音	汉语词语	汉语语法	汉字	书法	中国文化	朋友推荐
没有	计数	116	105	82	99	50	125	11
	百分比（%）	19.7	17.9	13.9	16.8	8.5	21.3	1.9
有	计数	289	257	218	303	160	328	45
	百分比（%）	18.1	16.1	13.6	18.9	10.0	20.5	2.8

具体分布情况为：有经常交往的中国朋友的被调查者汉语感觉的影响因素的程度递减顺序为：中国文化、汉字、汉语语音、汉语词语、汉语语法、书法、朋友推荐；没有经常交往的中国朋友的被调查者汉语感觉的影响因素的程度递减顺序为：中国文化、汉语语音、汉语词语、汉字、汉语语法、书法、朋友推荐。

10. 被调查者"中国新闻关注度"与其"汉语感觉产生依据"相关性

我们假定：中国新闻关注度不同，他们对汉语感觉"好、一般或不好"的依据也会有差异，中国新闻关注度会影响人们汉语感觉的产生依据。表 4 - 71 是相关数据分析。

表 4 - 71 被调查者"中国新闻关注度"与其"汉语感觉产生依据"相关性

		汉语语音	汉语词语	汉语语法	汉字	书法	中国文化	朋友推荐
否	计数	128	123	83	133	61	132	12
	百分比（%）	19.0	18.3	12.4	19.8	9.1	19.6	1.8
是	计数	277	239	217	269	149	321	44
	百分比（%）	18.3	15.8	14.3	17.7	9.8	21.2	2.9

根据表4－71可知，在关于被调查者“中国新闻关注度”与其“汉语感觉产生依据”的相关分析中，交叉列联表的计算结果显示，被调查者是否关注中国新闻，对他们汉语感觉的产生依据的影响不大，二者不具有相关性。

具体分布情况为：关注中国新闻的被调查者汉语感觉的影响因素的程度递减顺序为：中国文化、汉语语音、汉字、汉语词语、汉语语法、书法、朋友推荐；不关注中国新闻的被调查者汉语感觉的影响因素的程度递减顺序为：汉字、中国文化、汉语语音、汉语词语、汉语语法、书法、朋友推荐。

（七）七因素与汉语水平、中国影音语言版本相关性

本小节拟分析：与英语、法语、德语、俄语等外语相比，被调查者对汉语产生“很好、一般或不好”等其中某种感觉分别与“汉语语音、汉语词语、汉语语法、汉字、书法、中国文化、朋友推荐”七项因素是否存在交叉相关性。

1. 被调查者“汉语水平”与其“汉语感觉产生依据”相关性

我们假定：汉语水平的高低，在受访者对汉语的感觉“很好”“一般”或“不好”三个选项选择的依据上会有差异。表4－72是相关数据分析。

根据表4－72可知，在关于被调查者“汉语水平”与其“汉语感觉产生依据”的相关分析中，交叉列联表的计算结果显示，不同汉语水平的被调查者汉语感觉的影响因素存在一定程度上的差异，即受访者的汉语水平与其汉语感觉的产生依据呈现一定的相关性。

具体分布情况为：“没有学过，不会”的被调查者汉语感觉的影响因素主要是中国文化，其他因素的程度递减顺序为汉字、汉语语音、书法、汉语词语和汉语语法、朋友推荐；“学过，会一点点儿”的被调查者汉语感觉的影响因素主要是汉语词语，其他因素的程度递减顺序为汉字、汉语语音、中国文化、汉语语法、书法、朋友推荐；“能基本会话”的被调查者汉语感觉的影响因素主要是中国文化和汉语语音，其他因素的程度递减顺序为汉字、汉语词语、汉语语法、书法、朋友推荐；“中级水平”身份的被调查者汉语感觉的影响因素主要是中国文化，其他因素的程度递减顺序为汉字、汉语语音、汉语词语、汉语语法、书法、朋友推荐；“高级水平”的被调查者汉语感觉的影响因素主要是中国文化，其他因素的程度递减顺序为汉语语音、汉字、汉语词语、汉语语法、书法、朋友推荐。

表 4－72　被调查者“汉语水平”与其“汉语感觉产生依据”相关性

		汉语语音	汉语词语	汉语语法	汉字	书法	中国文化	朋友推荐
没有学过，不会	计数	13	9	9	18	10	22	3
	百分比（%）	15.5	10.7	10.7	21.4	11.9	26.2	3.6
学过，会一点点儿	计数	71	76	54	72	33	65	4
	百分比（%）	18.9	20.3	14.4	19.2	8.8	17.3	1.1
能基本会话	计数	136	113	105	133	68	136	15
	百分比（%）	19.3	16.0	14.9	18.8	9.6	19.3	2.1
中级水平	计数	124	112	84	125	65	151	28
	百分比（%）	18.0	16.3	12.2	18.1	9.4	21.9	4.1
高级水平	计数	61	52	48	54	34	79	6
	百分比（%）	18.3	15.6	14.4	16.2	10.2	23.7	1.8

汉语水平为“没有学过，不会；能基本会话；中级水平；高级水平”的被调查者汉语感觉的影响因素主要是中国文化，而汉语水平为“学过，会一点点儿”的被调查者汉语感觉的影响因素主要是汉语词语。

2. 被调查者“汉语工作经历”与其“汉语感觉产生依据”相关性

我们假定：汉语工作经历的有无，在受访者对汉语的感觉“很好”“一般”或“不好”三个选项选择的依据上会有差异。表 4－73 是相关数据分析。

表 4－73 被调查者“汉语工作经历”与其“汉语感觉产生依据”相关性

		汉语语音	汉语词语	汉语语法	汉字	书法	中国文化	朋友推荐
否	计数	225	214	168	242	120	254	29
	百分比（%）	18.0	17.1	13.4	19.3	9.6	20.3	2.3
是	计数	180	148	132	160	90	199	27
	百分比（%）	19.2	15.8	14.1	17.1	9.6	21.3	2.9

根据表 4－73 可知，在关于被调查者“汉语工作经历”与其“汉语感觉产生依据”的相关分析中，交叉列联表的计算结果显示，被调查者是否从事过与汉语有关的工作，对其某种汉语感觉的影响的差异情况不大，即受访者的汉语工作经历与其汉语感觉的产生依据之间不存在相关性。

具体分布情况为：从事过与汉语有关的工作的被调查者汉语感觉影响因素的程度递减顺序为：中国文化、汉语语音、汉字、汉语词语、汉语语法、书法、朋友推荐；没有从事过与汉语有关的工作的被调查者汉语感觉影响因素的程度递减顺序为：中国文化、汉字、汉语语音、汉语词语、汉语语法、书法、朋友推荐。二者的顺序除了“汉语语音、汉字”两项不同外，其他排序相同。

3. 被调查者“中国电影/音乐/表演/新闻等版本”与其“汉语感觉产生依据”相关性

我们假定：中国电影/音乐/表演/新闻等的语言版本选择，在受访者对汉语的感觉“很好”“一般”或“不好”三个选项选择的依据上会有差异。表 4－74 是相关数据分析。

根据表 4－74 的结果可知，在关于被调查者“中国电影/音乐/表演/新闻等版本”与其“汉语感觉产生依据”的相关分析中，交叉列联表的计算结果显示，被调查者对中国电影/音乐/表演/新闻等的语言版本选择不明显影响其产生某种汉语感觉，即受访者的中国电影/音乐/表演/新闻等的语言版本选择与其汉语感觉的产生依据之间不存在相关性。

表4-74 **被调查者“中国电影/音乐/表演/新闻等版本”与其“汉语感觉产生依据”相关性**

		汉语语音	汉语词语	汉语语法	汉字	书法	中国文化	朋友推荐
本国语言翻译过来的	计数	121	115	81	124	41	121	13
	百分比（%）	19.6	18.7	13.1	20.1	6.7	19.6	2.1
汉语版的	计数	284	247	219	278	169	332	43
	百分比（%）	18.1	15.7	13.9	17.7	10.8	21.1	2.7

具体分布情况为：喜欢汉语版“中国电影/音乐/表演/新闻等”的被调查者汉语感觉影响因素的程度递减顺序为：中国文化、汉语语音、汉字、汉语词语、汉语语法、书法、朋友推荐；喜欢本国语言翻译过来版本的“中国电影/音乐/表演/新闻等”的被调查者汉语感觉影响因素的程度递减顺序为：汉字、中国文化和汉语语音、汉语词语、汉语语法、书法、朋友推荐。二者的顺序除了“中国文化、汉字”两项不同外，其他排序相同。

第四节 中国语言形象的整体特征

一 人口统计学倾向性特征

1. 国别对语言形象建构有较大影响。近邻的越南、泰国和老挝三国的被调查者占了59.7%，加上印度尼西亚、柬埔寨、新加坡、马来西亚、缅甸等东盟八国的被调查者占比68.23%，亚洲二十一国的被调查者占比89.45%，说明距离的远近可以影响人们对语言形象的认知，对某种语言的熟悉程度是该语言形象建构的重要因素，文化的相近性（历史上与中国有密切交往的情况，或现实社会正受到中国经济、文化的影响，或者是能划入汉字文化圈）的国家，对汉语的认知度要高于其他国家。

2. 语言形象敏感性存在性别差异。女性对语言的敏感度优于男性，女性的语言形象有着更为鲜明的倾向。30 岁或 30 岁以下年轻人占了 88.6%，被调查者的年龄普遍较低。

3. 学历和教育状态影响语言形象的关注度。本科或本科以上学历占了 55.3%，被调查者的整体学历较高。教育工作者及正在接受教育的人群对问卷的响应度最高，受职业的影响，他们对“语言形象”这一新理念的确认或认知的动机（或曰欲望）较强，他们更愿意思考语言形象议题，他们应是语言形象建构与传播的主体力量。但青年群体也具有较大的不稳定性。

4. 单位类别和岗位性质影响语言形象评价。“政府部门、公共事业、商业、旅游服务业”等单位整体占比虽然较小，但因受它们的公共服务属性和公信力的影响，它们对语言形象的认知倾向必定是某一语言形象得以形成或改变的重要影响力量。岗位为“学生”的被调查者的人数（共有 581 人）最多，占比 75.7%。这一数据显示，年轻学生是语言形象认知的主体，是合意的汉语形象建构的重点人群。良好形象的建构必须依赖当代青年学生，抓住了他们就等于抓住了语言形象建构的主导权。

二　中国亲密度与其汉语水平、版本选择的正向相关性

1. 来过中国的被调查者相比于未来过中国的被调查者，他们的汉语水平明显会更高，其从事与汉语有关的工作的可能性明显会更高，他们更喜欢汉语版的“中国电影/音乐/表演/新闻等”。

2. 有经常交往的中国朋友的被调查者相比于无经常交往的中国朋友的被调查者，其汉语水平明显会更高，他们从事与汉语有关的工作的可能性明显会更高，他们也更为喜欢汉语版的“中国电影/音乐/表演/新闻等”。

3. 经常关注中国新闻的被调查者相比于不关注中国新闻的被调查者，其汉语水平明显更高，他们从事与汉语有关的工作的可能性明显更高；从事过与汉语有关工作的被调查者的中国新闻的关注度也较高，他们也更加喜欢汉语版的“中国电影/音乐/表演/新闻等”。

4. 被调查者接触中国的程度与其汉语水平及喜欢程度之间存在显著的正向相关关系。即一个人对中国的相关熟悉度越高，其汉语水平越高、越容易接受与汉语有关的工作、更喜欢汉语版的中国影视艺术与新闻；同样，一个“汉语水平高、做过与汉语有关的工作、喜欢汉语版中国影视艺术与新闻”的人，他对中国的相关熟悉度会更高。可见，语言形象建构主体“是否有来华经历”“是否有中国朋友”“是否关注中国新闻”影响着其对中国语言形象的建构。

三 他国语言印象与汉语印象的复杂相关性

1. 一个人若对其他国的语言有形象感，对汉语也会有形象感，即语言是有形象的。但其“他国语言感觉”和“汉语感觉”在“好、一般或不好”这三个具体维度上不一定是一致的，有1.9%的被调查者出现了极性相反的评价。

2. 选择对他国语言感觉好的被调查者相比于选择对他国语言感觉差的被调查者，前者的选择会明显影响他们自己的“汉语学习、到中国旅游的计划、与中国人交往”事项，对其他国家语言有“好”感觉的被调查者，更愿意主动学习汉语，他们一般都会有到中国旅游的计划，也更愿意与中国人交往。

3. 语言感觉不影响该国形象评价的被调查者相比于语言感觉影响该国形象评价的被调查者，其对汉语的感觉反而会更好一些，呈现负相关性。但仔细分析可发现汉语印象“很好”的问卷数在“不会影响、一般影响、严重影响”三个向度上都有最大响应数，说明受访者的汉语形象整体趋向上是正向的。语言感觉对语言所用国形象评价有影响的被调查者相比于无影响的被调查者，这一评价会明显影响他们的汉语学习、到中国旅游的计划、与中国人交往等事项。

4. 被调查者对他国语言的感觉与其对汉语的感觉之间存在显著的正向相关关系。因此，一个人的语言敏感度也会正向地在汉语形象上出现相应梯级的反应，在语言形象的建构途径上要充分认识这一趋向并加以合理引导，才能促进语言形象的塑造。

四 专设语言教学与传播机构的语言形象多维影响

1. 被调查者本国有无孔子学院（或孔子课堂）与“是否来过中国”不存在相关性。

2. 被调查者本国有无孔子学院（或孔子课堂）与其中国交友、中国新闻的关注度及其汉语水平、从事过与汉语有关工作等存在相关性，呈现正向相关关系。即本国有孔子学院（或孔子课堂）的被调查者，一般会有经常交往的中国朋友，也会更加关注中国的新闻，其汉语水平也明显会更高，其从事与汉语有关的工作的可能性明显会更高；而本国无孔子学院（或孔子课堂）的被调查者，一般也少有经常交往的中国朋友，也较少关注中国的新闻，其汉语水平明显较低，也很少从事与汉语有关的工作。

3. 孔子学院（或孔子课堂）的存在与否，对“中国电影/音乐/表演/新闻等”语言版本的选择影响不大，即二者不存在明显相关性。说明后起的孔子学院（或孔子课堂），虽然已成为了中国的一张亮丽名片，但其影响领域和影响力还是有限度的；而“中国电影/音乐/表演/新闻等”大众传媒却有着独特而持续的影响力，孔子学院（或孔子课堂）等专设的语言教学与传播机构与“中国电影/音乐/表演/新闻等”形象载体两者之间既能相互关联、互相促进，又能各自为政、单兵作战，都能对汉语形象进行建构和提升，发挥“两翼”作用。

4. 孔子学院（或孔子课堂）的有无与受访者的“他国语言感觉”以及“这种感觉对该国国家形象的评价”等存在正相关。即本国有孔子学院（或孔子课堂）的被调查者相比于本国没有设立孔子学院（或孔子课堂）的被调查者，他们对他国语言的感觉明显会更好一些，他们的语言形象会更加明显地影响自己对该国国家形象的评价。

5. 孔子学院（或孔子课堂）的有无与受访者的“汉语感觉”不存在相关关系。即被调查者的国家孔子学院（或孔子课堂）的设置情况对其汉语感觉整体上无明显的影响。但在汉语感觉“很好”这一维度上，“有”和“没有”孔子学院（或孔子课堂）二者共有501

人响应，占比65.23%，占了三分之二比例，表明“孔子学院（或孔子课堂）的设置”只是汉语形象建构的一种策略或是一条途径，汉语形象的建构还应探索并拓展其他的相关途径。

6. 孔子学院（或孔子课堂）的有无与受访者的“汉语学习、中国旅游与交友”不存在相关关系。也就是说孔子学院（或孔子课堂）等专设机构存在与否，对所在国民众的汉语学习选择、到中国旅游的计划、与中国人交往等没有明显的因果关联，促使他们“选择学习汉语、计划到中国旅游或与中国人进行交往”还有其他更重要和直接的因素，需进一步探究和建构。

五 外语比较中汉语感觉的人口学分布特征：交叉相关性

通过分析，发现与英语、法语、德语、俄语等外语相比，被调查者之所以对汉语产生“很好、一般或不好”这种感觉，与其“国籍、性别、年龄、学历、职业、工作单位、岗位、中国经历、中国交友、中国新闻关注度”等各项因素之间存在程度不等的交叉相关性。

1. 被调查者“国籍”与其“汉语感觉”呈现正向相关性，受访者数量前三位的越南、泰国、老挝具体情形有异，越南、泰国的被调查者相比于老挝的被调查者，其对汉语的感觉明显会更好。排在第四的韩国，只有42.0%的调查者选择了“很好”，有54.0%的调查者选择了“一般”，可见韩国受访者对汉语的亲切度不如前三个国家。巴基斯坦只有25.0%的调查者选择了“很好”，有64.3%的调查者选择了“一般”，另有10.7%的调查者选择了“不好”，虽然巴基斯坦目前和中国的关系很好，但“巴铁”的受访者对汉语的感觉却出奇的“冷静”和“中立”，中亚的哈萨克斯坦、非洲东部的坦桑尼亚、东亚的日本等三国的情况与巴基斯坦的统计结果差不多，选择“一般”的占比最大，这可能是我们的汉语教学或相关宣传没有做好。美、英两国的调查者人数虽少，但美国有一半的调查者选择了“很好”，一半的调查者选择了“一般”；英国的调查者全都选择了“一般”；可见发达国家受访者还没摆脱优越感，对汉语仍存在一定的偏见。

2. 性别不同的被调查者对汉语的感觉存在显著性差异，被调查者“性别”与其“汉语感觉”呈现相关性。女性有329人选择了“很好”，占全体被调查者的42.8%，男性有172人选择了“很好”，占全体被调查者的22.4%。女性被调查者相比于男性被调查者，其对汉语的感觉很明显会更好。

3. 不同年龄的被调查者对汉语的感觉无显著性差异，年龄不影响人们语言感觉的极性。除了“61岁及以上”年龄段人数本来很少（7人）比例有点差距外，“18岁及以下、19—30岁、31—45岁、46—60岁”等四个年龄段内，汉语感觉“很好”“一般”或“不好”等三个选项分布差不多。选择“很好”选项的比例都在61%以上，选择“不好”选项的比例很少。

4. 学历不同的被调查者对汉语的感觉无显著性差异，学历不影响人们语言感觉的极性。除了“其他”学历段人数本来很少（20人）比例有点差距外，“小学、初中、高中、高职高专、本科、硕士及以上”等六个学历段内，汉语感觉“很好”“一般”或“不好”三个选项分布差不多。选择“很好”选项的比例大都在60%以上，选择“不好”选项占比很少。

5. 职业不同的被调查者对汉语的感觉无显著性差异，职业不影响人们语言感觉的极性。除了“工业、农业”两种职业“很好”与“一般”选项比例差不多占半数外，“管理、商业、教育、旅游服务业、其他”等五种职业，汉语感觉“很好”“一般”或“不好”三个选项分布差不多。选择“很好”选项的比例大都在半数以上，选择“不好”选项的比例非常少。

6. 工作单位不同的被调查者对汉语的感觉无显著性差异，工作单位的性质不影响人们语言感觉的极性。“政府部门、公共事业、企业、旅游服务业、商业、其他”等六大类工作单位中，汉语感觉“很好”“一般”或“不好”三个选项分布比例差不多。选择“很好”选项的比例都在61.0%以上，选择“不好”选项的比例非常少。

7. 岗位不同的被调查者对汉语的感觉无显著性差异，岗位不影响人们语言感觉的极性。除了“领导”岗位汉语感觉“很好”和

“一般”选项各占一半外，“职员、教师、学生、其他”等四类岗位中，汉语感觉“很好”“一般”或“不好”三个选项分布比例差不多。选择“不好”选项的比例非常少。

8. 是否来过中国的被调查者对汉语的感觉存在显著性差异，“中国经历”影响受访者对汉语的感觉。来过中国的被调查者相比于没有来过中国的被调查者，其对汉语的感觉明显会更好。

9. 被调查者有无经常交往的中国朋友，对汉语的感觉存在显著性差异，即“中国交友”影响受访者对汉语的感觉。有经常交往的中国朋友的被调查者相比于无经常交往的中国朋友的被调查者，其对汉语的感觉明显会更好。

10. 被调查者是否关注中国新闻，对汉语的感觉存在显著性差异，即“中国新闻关注度”影响受访者对汉语的感觉。关注中国新闻的被调查者相比于不关注中国新闻的被调查者，其对汉语的感觉明显会更好。

六 汉语感觉三维与汉语水平、中国影音等的交叉相关性

与英语、法语、德语、俄语等外语相比，被调查者对汉语产生“①很好；②一般；③不好”等感觉与其“汉语水平、汉语工作、中国电影/音乐/表演/新闻等”三项因素存在程度不等的交叉相关性。具体表现为：

1. 被调查者汉语水平的不同，对其汉语的感觉存在显著性差异，即受访者的汉语水平与其汉语感觉呈现正向相关性。汉语水平较高的被调查者相比于汉语水平较低的被调查者，其对汉语的感觉明显会更好。随着水平的提升，汉语感觉“很好”的比例逐步增大；汉语感觉“一般”的比例逐步降低，降低至少一半；汉语感觉“不好”的比例也逐步降低。随着水平的提升，被调查者的汉语感觉越来越好，感觉“不好”的人越来越少。

2. 被调查者是否从事过与汉语有关的工作，其对汉语的感觉存在显著性差异，即受访者的汉语工作经历与其汉语感觉呈现正向相关性。从事过与汉语有关的工作的被调查者相比于没有从事过与汉语有

关的工作的被调查者，其对汉语的感觉明显会更好。被调查者“汉语工作经历”影响其“汉语感觉”的评价。

3. 被调查者中国电影/音乐/表演/新闻等语言版本的选择与其汉语感觉存在显著性差异，中国电影/音乐/表演/新闻等语言版本的选择，影响受访者对汉语的感觉。从上述的分析结果可得，喜欢汉语版的中国电影/音乐/表演/新闻等的被调查者相比于喜欢“本国语言翻译过来的”中国电影/音乐/表演/新闻等的被调查者，他们对汉语的感觉表现明显更好。数据表明，中国电影/音乐/表演/新闻等语言版本影响受访者对汉语的感觉，汉语版本受欢迎程度高，汉语版的中国电影/音乐/表演/新闻等应该作为汉语形象建构的一条重要媒介和途径。

七 汉语感觉依据的人口学分布特征：交叉相关性

被调查者产生“很好、一般或不好”等汉语感觉是有各种依据的，各因素的重要性表现不同，可依次排序为：“中国文化”（58.98%）>“汉语语音”（52.73%）>“汉字”（52.34%）>“汉语词语”（47.14%）>“汉语语法”（39.06%）>“书法”（27.34%）>“朋友推荐”（7.29%）>“其他”（4.30%）。各项人口学分布特征的具体情况也有差异。

1. 不同国籍的被调查者与其产生某种汉语感觉的影响因素之间存在一定程度上的差异性，被调查者“国籍”与其“汉语感觉产生依据”呈现一定的相关性。受访人数较多的三个国家具体情况为：越南的被调查者汉语感觉的影响因素的程度递减顺序为：中国文化>汉语语音>汉语词语>汉字>汉语语法>书法>朋友推荐；泰国的被调查者汉语感觉的影响因素的程度递减顺序为：汉语语音>中国文化>汉语词语和汉字>汉语语法>书法>朋友推荐；而老挝的被调查者汉语感觉的影响因素的程度递减顺序为：汉语语音>汉字>中国文化和汉语词语>汉语语法>书法>朋友推荐；其他国家的被调查者的汉语感觉“汉语语音、汉语词语、汉语语法、汉字、书法、中国文化、朋友推荐”这七种影响因素的主次和排序也存在一定的差异。

2. 性别不同的被调查者汉语感觉的影响因素存在一定程度上的差异，即人们对汉语产生某种感觉时所依据的因素在性别分布上存在差异。数据交叉分析的具体情况是：男性被调查者汉语感觉的影响因素程度递减顺序为：汉字 > 汉语词语 > 中国文化 > 汉语语音 > 汉语语法 > 书法 > 朋友推荐；而女性被调查者汉语感觉的影响因素的程度递减顺序为：中国文化 > 汉语语音 > 汉字 > 汉语词语 > 汉语语法 > 书法 > 朋友推荐。

3. 年龄不同的被调查者汉语感觉的影响因素存在一定程度上的差异，即人们对汉语产生某种感觉时所依据的因素在年龄分布上存在差异。“18 岁及以下”的被调查者汉语感觉的影响因素的程度递减顺序为：汉语语音 > 汉字 > 中国文化 > 汉语词语 > 书法 > 汉语语法 > 朋友推荐；“19—30 岁”的被调查者汉语感觉的影响因素的程度递减顺序为：中国文化 > 汉语语音 > 汉字 > 汉语词语 > 汉语语法 > 书法 > 朋友推荐；“31—45 岁”的被调查者汉语感觉的影响因素的程度递减顺序为：中国文化 > 汉字 > 汉语语音 > 汉语词语 > 汉语语法 > 书法 > 朋友推荐；“46—60 岁”和“61 岁及以上”的被调查者人数较少，不再细说。

4. 不同学历的被调查者与其汉语感觉的影响因素之间存在一定程度上的差异性，即人们对汉语产生某种感觉时所依据的因素在学历分布上存在差异。具体分布情况为：“小学”学历的被调查者汉语感觉的影响因素的程度递减顺序为：中国文化 > 汉字、书法、朋友推荐 > 汉语词语、汉语语音、汉语语法；“初中”学历的被调查者汉语感觉的影响因素的程度递减顺序为：汉语语音 > 汉字 > 汉语词语 > 书法 > 中国文化 > 汉语语法 > 朋友推荐；“高中”学历的被调查者汉语感觉的影响因素的程度递减顺序为：中国文化 > 汉语语音 > 汉语词语 > 汉字 > 汉语语法 > 书法 > 朋友推荐；“高职高专”学历的被调查者汉语感觉的影响因素的程度递减顺序为：中国文化 > 汉语语音 > 汉字 > 汉语词语 > 汉语语法 > 书法 > 朋友推荐；“本科”学历的被调查者汉语感觉的影响因素的程度递减顺序为：中国文化 > 汉字 > 汉语语音 > 汉语词语 > 汉语语法 > 书法 > 朋友推荐；

“硕士及以上”学历的被调查者汉语感觉的影响因素的程度递减顺序为：中国文化 > 汉语语音和汉字 > 汉语词语 > 汉语语法 > 书法 > 朋友推荐；“其他”学历的被调查者汉语感觉的影响因素的程度递减顺序为：汉字 > 中国文化 > 汉语词语 > 汉语语音 > 汉语语法 > 书法 > 朋友推荐。

5. 职业不同的被调查者汉语感觉的影响因素存在一定程度上的差异，即人们对汉语产生某种感觉时所依据的因素在职业分布上存在差异。具体分布情况为：“管理”职业的被调查者汉语感觉的影响因素的程度递减顺序为：汉字 > 汉语语音 > 中国文化 > 汉语词语 > 汉语语法 > 书法 > 朋友推荐；“商业”职业的被调查者汉语感觉的影响因素的程度递减顺序为：汉字和汉语词语 > 中国文化 > 汉语语音 > 汉语语法 > 书法 > 朋友推荐；“农业”职业的被调查者汉语感觉的影响因素的程度递减顺序为：汉语语音和中国文化 > 汉字 > 汉语词语、汉语语法、书法；“教育”职业的被调查者汉语感觉的影响因素的程度递减顺序为：汉语语音和中国文化 > 汉字 > 汉语词语 > 汉语语法 > 书法 > 朋友推荐；“工业”职业的被调查者汉语感觉的影响因素的程度递减顺序为：汉字、汉语语音、汉语词语 > 中国文化和书法 > 汉语语法；“旅游服务业”职业的被调查者汉语感觉的影响因素的程度递减顺序为：中国文化 > 汉语语音、汉语词语和汉字 > 汉语语法 > 书法 > 朋友推荐；“其他”职业汉语感觉的影响因素的程度递减顺序为：中国文化 > 汉语语音 > 汉字 > 汉语词语 > 汉语语法 > 书法 > 朋友推荐。

6. 工作单位不同的被调查者汉语感觉的影响因素存在一定程度上的差异，即人们对汉语产生某种感觉时所依据的因素在工作单位分布上存在差异。具体分布情况为：“政府部门”的被调查者汉语感觉的影响因素的程度递减顺序为：汉语语音 > 中国文化 > 汉字 > 汉语词语 > 汉语语法 > 书法 > 朋友推荐；“公共事业”的被调查者汉语感觉的影响因素的程度递减顺序为：中国文化 > 汉语语音 > 汉字 > 汉语词语和汉语语法 > 书法 > 朋友推荐；“企业”的被调查者汉语感觉的影响因素的程度递减顺序为：中国文化 > 汉语语音和汉字 > 汉语词语 >

书法 > 汉语语法 > 朋友推荐；“旅游服务业”的被调查者汉语感觉的影响因素的程度递减顺序为：汉语词语 > 汉字和中国文化 > 汉语语音和汉语语法 > 书法 > 朋友推荐；“商业”的被调查者汉语感觉的影响因素的程度递减顺序为：汉语语音 > 中国文化和汉字 > 汉语词语 > 汉语语法 > 书法 > 朋友推荐；“其他”单位的被调查者汉语感觉的影响因素的程度递减顺序为：中国文化 > 汉字 > 汉语语音 > 汉语词语 > 汉语语法 > 书法 > 朋友推荐。

7. 岗位不同的被调查者汉语感觉的影响因素存在一定程度上的差异，即人们对汉语产生某种感觉时所依据的因素在岗位分布上存在差异。具体分布情况为：“领导”岗位的被调查者汉语感觉的影响因素的程度递减顺序为：汉字 > 汉语词语 > 中国文化 > 汉语语音、汉语语法、书法 > 朋友推荐；“职员”岗位的被调查者汉语感觉的影响因素的程度递减顺序为：中国文化 > 汉语语音 > 汉字 > 汉语词语 > 汉语语法 > 书法 > 朋友推荐；“教师”岗位的被调查者汉语感觉的影响因素的程度递减顺序为：中国文化 > 汉字 > 汉语语音 > 汉语词语 > 汉语语法 > 书法 > 朋友推荐；“学生”身份的被调查者汉语感觉的影响因素的程度递减顺序为：中国文化 > 汉语语音和汉字 > 汉语词语 > 汉语语法 > 书法 > 朋友推荐；“其他”岗位的被调查者汉语感觉的影响因素的程度递减顺序为：中国文化和汉语语音 > 汉语词语 > 汉字 > 汉语语法 > 书法 > 朋友推荐。

8. 被调查者是否来过中国对其汉语某种感觉的产生依据影响不明显，即人们对汉语产生某种感觉时所依据的因素在是否有中国经历的分布上不存在相关性。具体分布情况为：来过中国的被调查者汉语感觉的影响因素的程度递减顺序为：中国文化 > 汉语语音 > 汉字 > 汉语词语 > 汉语语法 > 书法 > 朋友推荐；没来过中国的被调查者汉语感觉的影响因素的程度递减顺序为：中国文化 > 汉语语音 > 汉字 > 汉语词语 > 汉语语法 > 书法 > 朋友推荐。

9. 被调查者有无经常交往的中国朋友对其汉语感觉的影响差异不大，中国交友对人们汉语感觉的产生依据没有明显影响，二者不具有相关性。具体分布情况为：有经常交往的中国朋友的被调查者汉语感觉的影响因素的程度递减顺序为：中国文化 > 汉字 > 汉语语音、汉语词语 > 汉语语法 > 书法 > 朋友推荐；没有经常交往的中国朋友的被调查者汉语感觉的影响因素的程度递减顺序为：中国文化 > 汉语语音 > 汉语词语 > 汉字 > 汉语语法 > 书法 > 朋友推荐。

10. 被调查者是否关注中国新闻，对他们汉语感觉产生依据的影响不大，二者不具有相关性。具体分布情况为：关注中国新闻的被调查者汉语感觉的影响因素的程度递减顺序为：中国文化 > 汉语语音 > 汉字 > 汉语词语 > 汉语语法 > 书法 > 朋友推荐；不关注中国新闻的被调查者汉语感觉的影响因素的程度递减顺序为：汉字 > 中国文化 > 汉语语音 > 汉语词语 > 汉语语法 > 书法 > 朋友推荐。

八 七因素与汉语水平、中国影音等的交叉相关性

与英语、法语、德语、俄语等外语相比，被调查者对汉语产生“很好、一般或不好”等其中某种感觉分别与“汉语语音、汉语词语、汉语语法、汉字、书法、中国文化、朋友推荐”等七项因素存在某种交叉相关性。

1. 汉语水平不同的被调查者汉语感觉的影响因素存在一定程度上的差异，即受访者的汉语水平与其汉语感觉产生依据呈现一定的相关性。

具体分布情况为：“没有学过，不会”的被调查者汉语感觉的影响因素的程度递减顺序为：中国文化 > 为汉字 > 汉语语音 > 书法 > 汉语词语和汉语语法 > 朋友推荐；“学过，会一点点儿”的被调查者汉语感觉的影响因素的程度递减顺序为：汉语词语 > 汉字 > 汉语语音 > 中国文化 > 汉语语法 > 书法 > 朋友推荐；“能基本会话”的被调查者汉语感觉的影响因素的程度递减顺序为：中国文化和汉语语音 > 汉字 > 汉语词语 > 汉语语法 > 书法 > 朋友推荐；“中级水平”身份的被调查者汉语感觉的影响因素的程度递减顺序为：中国文化 > 汉字 > 汉语语音 > 汉语词语 > 汉语语法 > 书法 > 朋友推荐；“高级水平”的被调查者汉语感觉的影响因素的程度递减顺序为：中国文化 > 汉语语音 > 汉字 > 汉语词语 > 汉语语法 > 书法 > 朋友推荐。

2. 被调查者是否从事过与汉语有关的工作，对其汉语感觉影响的差异情况不大，即受访者的汉语工作经历与其汉语感觉产生依据之间不存在相关性。具体分布情况为：从事过与汉语有关工作的被调查者汉语感觉的影响因素的程度递减顺序为：中国文化 > 汉语语音 > 汉字 > 汉语词语 > 汉语语法 > 书法 > 朋友推荐；没有从事过与汉语有关工作的被调查者汉语感觉的影响因素的程度递减顺序为：中国文化 > 汉字 > 汉语语音 > 汉语词语 > 汉语语法 > 书法 > 朋友推荐。二者的顺序除了“汉语语音、汉字”两项不同外，其他排序相同。

3. 被调查者对“中国电影/音乐/表演/新闻等的语言版本选择”不明显影响其产生某种汉语感觉，即受访者的“中国电影/音乐/表演/新闻等的语言版本选择”与其汉语感觉产生依据之间不存在相关性。具体分布情况为：喜欢汉语版“中国电影/音乐/表演/新闻等”的被调查者汉语感觉的影响因素的程度递减顺序为：中国文化 > 汉语语音 > 汉字 > 汉语词语 > 汉语语法 > 书法 > 朋友推荐；喜欢本国语言翻译过来版本的“中国电影/音乐/表演/新闻等”的被调查者汉语感觉的影响因素的程度递减顺序为：汉字 > 中国文化和汉语语音 > 汉语词语 > 汉语语法 > 书法 > 朋友推荐。二者的顺序除了“中国文化、汉字”两项不同外，其他排序相同。

第五节 问卷调查设计及实施过程反思

此次调查采用网络问卷调查方式了解国外认知主体对汉语的印象情况，由于调查对象主要为国外民众，空间距离和文化差异等因素导致较一般调查难度大，为了尽可能了解到更多的不同国家民众对汉语的印象情况，采用网络问卷的调查方式（依托“乐调查”网站进行），以克服距离、时差等不利因素产生的影响。由于缺乏网络调查经验，在问卷设计及实施过程中仍有较多值得反思以及改进的地方，同时为了提高以后研究的调查效率、积累成功经验，具体总结如下：

一 此次调查实施的优势

1. 问卷语种版本较为丰富，可供选择性强。

本次网络调查共设计 7 份中外文结合的问卷，分别为：汉—英双语、汉—俄双语、汉—法双语、汉—德双语、汉—韩双语、汉—泰双语、汉—越双语。因本调查目标是获取外国人对汉语的实际印象，因而每份问卷都先中文（汉语）后外文；因问卷是想获得有关的“汉语形象”，会不会汉语的主体都应该调查到，必须最大限度地降低语言障碍的影响，因而设计了多种语言版本并进行了较有针对性的投放。每份问卷均得到一定的响应，访问次数较高，充分引起了调查对象的关注。

2. 对访问终端限制，对提交程序进行限定，以保证数据的真实性、客观性。

即在问卷设计过程中，限定手机微信及电脑终端填写权限，同一部手机或电脑终端有且只能有一次填写问卷权限，以防止同一手机同一人多次填写，充分保证了数据的真实性、客观性。但也限制了没有此类设备的人员或老人与小孩等操作不便人群填写的机会。

3. 自动剔除无效问卷。

在问卷填写设计中，在网络上设置了“只有在完成所有题目后方可提交”的限制，以保证数据的完整性与统一性。但也导致访问者数量大大超过有效问卷数量的情况出现，完成全部调查的有效问卷数量受到影响，而一些已经填写的题目虽然有效但因后台限定无法获取，致使部分有效题目不能统计，调查的效果受到影响。

二 此次调查存在的不足

1. 此次网络问卷调查出现访问次数多，实际完成份数较少，造成有效问卷较少、数据整体偏少的情况。

2. 虽然涉及国家较多，但人数参差不齐，难以以国家为变量进行主因素分析。

主要原因可推测为，一是由于问卷由客观选择题及主观填写题两部分构成，存在一定的填写难度；二是在调查国别上采用主观作答形式，不利于后期进行统计；三是访问者可能存在嫌麻烦心理或顾及隐私问题，在访问或浏览问卷后尚未完成就放弃了问卷的填写；四是由于网络存在不稳定性的弊端，访问者在填写过程中出现网络问题，从而影响已完成问卷的提交，导致系统无法收集数据；五是访问者在完成问卷后忘记保存及提交；六是在大规模实测时，小样本前测（预测）量较小，后期虽进行了改进，但后期填写问卷数量可能会受到一定的影响；七是问卷缺少不同程度梯级的题目，拟调查的汉语印象的“程度因素”不够细化，可适度增加当前通行的“5 度梯级”选择题项；八是大规模网络问卷调查从 2018 年 1 月实测，虽不断改进补充，但整体持续时间有点长，也可能影响了问卷的回收效率。

3. 未能限定是否为华裔这一因素。华裔群体可能会对调查结果有部分影响，当然，有可能是正向的，也有可能是负向的。

4. 版本太多，单个版本虽然可自动完成相关报表，但 8 个版本的各项数据之间不能相通，需要人工对 8 个版本的每一选项单独统计，增加了非常大的统计工作量，致使项目进度比预期延长了很多时间。

三 此次调查可改进方向

1. 应增加问卷前测（预测）样本数量，提高问卷的可行性（信度及效度）；

2. 缩短网络问卷调查时间，充分发挥网络快速、便捷的优势；

3. 进一步完善问卷题目设计，采取选择题形式了解受访对象国别情况，以便于数据统计；

4. 改善问卷调查方式，采取定点投放问卷方式，集中体现该领域受众对汉语印象情况，从而有利于提出针对性措施改善或提高人们对汉语认知情况，同时增加填写激励环节（如给认真完成者馈赠小礼品等）；

5. 增加纸质问卷调查或访谈等定性调查等方式，进一步丰富他国受众对汉语认知数据；

6. 提高问卷用语亲和力，充分考虑文化差异，事先请被调查国别精通汉语者对问卷进行跨文化交际冲突规避，避免发生不必要的误会，同时充分调动调查对象填写问卷的兴趣，提高问卷调查的成功率；

7. 适当增加“5 度梯级”问题，充分了解调查对象对汉语印象的具体态度，保证调查数据的充足性、科学性和完备性，为提出科学建议奠定基础。

第五章　英语、法语、孔子学院及店名用语形象个案分析

第一节　英语语言形象个案分析

作为当前世界上使用范围最广的语言，英语在世界语言比较中已经具有了很高的形象。以英语形象的现状、形成因素及其影响作为研究个案，分析并总结其国际传播的历史经验与发展路径，无疑将会对汉语的国际传播及世界汉语形象的塑造有着重要的借鉴意义。

一　英语在当今世界语种中的地位

在多种因素的共同促动下，在当今世界的众多语言中，英语业已发展成为排名第一的超级大语种，其影响力远远超过当今世界上的其他语种，其作为当今世界国际通用语的地位是确定无疑的了。据文献记载，早在1919年凡尔赛和会上，英语就成了重要的外交语言，在100年后的当今世界，“无数的国际团体——从联合国到国际奥委会——大都以英语为主要工作语言。全世界60%以上的媒体节目使用的是英语”。Crystal（1997）曾指出“某些地理、历史以及社会文化方面的因素对英语最初的传播有着重大的影响”①。国际互联网信息中，80%以上的网上信息和95%的服务信息是由美国提供的，信息输入和输出流量中，美国所占比例超过了85%，中国仅占到0.1%

① David Crystal, *English as a Global Language*, Cambridge University Press , 1997.

和0.05%。[①] 张天宇（2018）指出“目前世界上有60多个国家把英语作为官方语言，有85%的国际组织把英语列为通用语言。联合国框架内各种场合使用的语言中95%是英语，国际经贸活动中几乎100%使用英语，现在互联网上的信息85%是用英语表述和传播的”[②]。由此可见，英语实际上已经成为世界通用的交际语言，而且英语的使用业已成为一种霸权，已经为英美等英语国家赢得了许多先发优势——相比于英语母语者，使用其他语种（非英语）的国家及其国民，为融入世界将被迫付出更大的语言和交际代价。

二 英语世界语地位形成与全球传播原因

英语的全球范围传播和成为世界通用语言的地位确立既有所谓的天时，也拥有地利条件，同时在很大程度上仰仗人为因素。英语促进了国际沟通与交流，不过目前因其是“一语独大”，已极大冲击了语言生态的平衡性，造成了许多社会的不公平问题，这一现象亟须解决。“一种语言是否有生命力，在于人们是否使用它、如何使用它，当然外因最终还要通过内因起作用，正是语言使用者的取舍才决定了语言的进化方向和速度。”[③] 众所周知，作为当今世界影响力最大的语言——英语，其当前的强势地位是经历了漫长的发展过程才得以形成的。直到19世纪以后，真正作为国际性语言的英语才得以出现。

郭可（2002）认为当代英语的国际性地位主要有三大方面原因共同促成。首先，与使用这种语言的人及其国家的力量有很大关系。当今英语的国际语言地位主要源于二战后讲英语的美国的大国地位的凸显。其次，英语的强势也与英语作为语言本身具有的强大生命力有关。英语允许母语为非英语者进行“本土化”使用，创造出适合他们习惯的英语，如中式英语 Chinglish 等。再次，英语的这些“世界

---

① 韦大萍：《浅析英语与西方文化的传播》，《东方企业文化》2012年第6期。

② 张天宇：《“软权力”视阈下英国语言国际推广策略研究》，博士学位论文，东北师范大学，2018。

③ 王瑾、金娜娜：《生态语言学视角中的英语全球传播研究》，《中国外语》2018年第4期。

性”特征当然也与英美的文化价值体系密切相关。在地化的结果促成了英美文化价值观的变革，能更多地鼓励创新、能容忍“异己”。同时英美媒体业已形成的强大的技术优势和成熟的市场化运作模式也足以使英语在国际传播中占主导作用。英语强势的形成还与现今的大多数世界性文化事项都是以英语的语言形式出现有关。目前，这种先发优势已然形成了一种强大惯性，这反过来又必然会进一步强化、固化英语的强势地位。由于语言和政治、经济、文化和国际传播业等领域是紧密相连的，英语的强势必然也会反过来进一步强化英美等国在这些事项上的强势地位。①

申婷、高华敏（2012）曾对英语广泛传播的原因进行了系统的探讨。他们认为，首先是英语本身的语言因素奠定了其在世界范围内广泛传播的基础。英语词汇的世界性是其广泛传播的基石。“单从词汇的滋生和活力方面来看，英语明显是一门开放性很强、包容性很大的语言。在其1500多年的形成和发展史中，英语能不断地从世界上的其他语言直接借用大量词汇。”② 而且，从整个语汇系统来看，与欧洲的其他语言相比，英语的词汇系统整体上较为简单。英语已从屈折语偏向分析语转变，变得越来越简化、精练。现代英语词汇整体上的开放性、包容性与简练性等特征，为英语能够在世界范围内广泛应用和传播奠定了坚实的语言学基础。其次，海外殖民和移民、经济贸易和英语负载的文学艺术是其能在世界范围内广泛传播的重要社会因素。海外殖民和移民是英语早期在世界范围内广泛传播的第一推动因素。1648年以后，英国便逐步成为新兴的资本主义强国，旋即推行了海外扩张政策，不断地建立并扩张其海外殖民地。到20世纪初，英国的触角逐步遍及除南极洲的其他几个大洲，逐渐成为了“日不落”帝国。伴随英帝国不断进行的一系列海外殖民扩张，英语就这样被广泛地传播和频繁地使用，逐渐成为移民地和殖民地的行政或教育主导语言，成为当地占统治地位的语言，

① 郭可：《国际传播中的英语强势及影响》，《现代传播》2002年第6期。

② 申婷、高华敏：《关于英语传播全球化因素的分析》，《兰州教育学院学报》2012年第4期。

进而渐渐地发展成为一种国际性交际语言。因而，Mckay（2002）指出“殖民主义、移民以及新技术在英语国家的发展都在英语最初的传播中起到了重要的作用”[①]。除了海外殖民和移民外，英美等发达国家强势的世界经济贸易也奠定了英语在世界传播的经济和物质基础，极大地促进了英语的广泛传播。自19世纪产业革命以后，英国经济竞争力大大增强，随后的美国经济实力更是对之推波助澜。为了扩大海外市场，追求高额的利润，英美等英语国家通过各种渠道不断地开辟世界市场。伴随着产品、人员及技术的世界性流动，英语也获得了巨大的传播机会。同时，依托于英语这一语言载体的辉煌的文学艺术成就进一步奠定了英语在世界传播的文化基础。此外，作为人类重要文化和生活事项的宗教，一直是英语得以广泛传播的重要方式和途径。

张天宇（2018）基于“软权力”的研究视角，以英国文化教育协会为研究对象，分析了英国语言的国际推广策略与实施效果。他援引菲利普森（Robert Phillipson 1992；1994）对“众多殖民统治的管理者、继任者和英语语言教学领域的专业人员”所提供的大量关于语言实践、语言意识形态和语言管理的数据和对一系列问题的分析，指出“当前英语所拥有的全球霸权地位主要得益于来自英语国家的积极语言推广”[②]。

当然，文献考察可见，英语的广泛传播，发端于人类社会政治、经济等发展不平衡的资产阶级工业革命时期，只能是特定历史中的特定产物，不可复制，受到先前时代的经济、政治、军事及文化等因素影响。虽然“当前英语所拥有的全球霸权地位主要得益于来自英语国家的积极语言推广”，但长远来说，“英语广泛传播的历史已经过去，英语继续传播的现象虽依然存在，但英语主宰世界的局面已经发生了

---

① McKay S. L., *Teaching English as an International Language*, Oxford: Oxford University Press, 2002.

② 张天宇：《“软权力”视阈下英国语言国际推广策略研究》，博士学位论文，东北师范大学，2018年。

变化，而且正在面临着挑战”①。

综合起来看，英语世界传播的原因主要有：①英语本身的语言因素、强大生命力和英语所负载的文学艺术的吸引力奠定了其在世界范围内广泛传播的基础；②英帝国殖民扩张时的海外殖民和移民、经济贸易是其能在世界范围内广泛传播的重要社会政治经济因素；③与英美文化所形成的鼓励创新、能容忍“异己”的价值体系密切相关；④英美媒体业已形成的强大的技术优势和成熟的市场化运作模式是促使英语在国际传播中占主导作用的媒介因素；⑤英语强势的形成还与使用英语的人及其国家的实力与国家形象密切关联，特别是英国语言推广的准官方机构——英国文化教育协会的突出业绩。

我们已然可以察觉，随着信息时代的到来、世界政治、经济、文化与军事格局的重大变化以及多元化格局的形成，汉语等一些有较大区域性影响力的语言顺势而为，依托其源生国综合国力的提升，其全球地位逐渐跃升，必将承担着历史赋予的新的人类交际使命，在各类国际事务中必然会担当起越来越重要的交际使命。这样，英语“一语独大”（单一国际通语）的地位将被改变，汉语及其他区域性大语种今后在国际舞台上会变得更为活跃，汉语将会随着中国的和平崛起而获得形象上的巨大提升。

三 英语广泛传播的世界影响

张天宇（2018）研究发现，“英语的国际推广不仅为英、美等国家带来了丰厚的、直接的经济价值，同时还具有了提升英美等国家文化吸引力和价值观念认同力、促进英美社会制度辐射力等多种隐性价值，是提高英、美等国家‘软权力’的重要手段。……是一个比较成功的案例，对中国乃至世界都将具有重要的借鉴意义”②。

---

① 邢莲君：《略论英语的历史地位及面临的挑战》，《聊城大学学报》（社会科学版）2003 年第 6 期。

② 张天宇：《“软权力”视阈下英国语言国际推广策略研究》，博士学位论文，东北师范大学，2018 年。

（一）成为美英等国实施文化霸权的工具

菲利普森（Phillipson，1992）在其《语言领域的帝国主义》中较早提出“语言帝国主义”的观点，指出西方国家通常凭借英语以多种渠道和方式来实施文化帝国主义，例如常常依托报刊、影视、网络、语言教学、文化宣传等。中国国内对语言帝国主义的直接研究虽然还较少，但间接的研究却有不少，如郭蔷（2009）曾在其博士论文《英语霸权的历史演变研究》中指出“先从殖民地、移民地的地理平台英语使用范围的语言霸权发展到英语制度化的语言霸权，再到英语作为重要‘软权力’的语言霸权，英语霸权具有鲜明的民族国家霸权的独特属性”[①]。

关于英语霸权的体现，存在一个有较大影响的“三层同心圆”世界英语理论。该论点的提出者是布拉杰·卡奇鲁（Braj Kachru），他通过研究英语全球化的历史、社会和政治背景，先后在1986[②]、1990[③]、1995[④]年的文章中逐步明确地提出了世界英语理论的“三层同心圆”模型。“内圈”为本族语变体，如英式英语、美式英语；“外圈”是制度化的非本族语变体，涉及英语在印度、新加坡和菲律宾等国家的使用状况；“扩展圈”则是运用型变体，指中国、日本等国家的使用状况。就像水中的涟漪那样，波的能量由内逐步向外传递，英语霸权也会由“内圈”向外波动影响“外圈”，再由“外圈”向“扩展圈”波及。菲利普森（Phillipson，1992：56）将此概念界定为“一种语言使用者的生活被另一种语言所控制，以至于他们相信与更高社会地位的人交往时，他们应该只能使用这门外语”[⑤]。英语

---

① 郭蔷：《英语霸权的历史演变研究》，博士论文，吉林大学，2009年。

② Kachru, B. B., “The Power and Politics of English”, *World Englishes* 5, 1986: 121－140.

③ Kachru, B. B., *The Alchemy of English: The Spread, Function, and Models of Non－Native Englishes*, Urbana: University of Illinois Press, 1990.

④ Kachru, B. B., “World Englishes: Approaches, Issues, and Resources”, In: H. D. Brown & S. Gonzo (eds.), *Readings on Second Language Acaquistion*, Englewood Cliffs, NJ: Prentice Hall, 1995, 229－261.

⑤ Phillipson, R., *Linguistic Imperialism*, Oxford: Oxford University Press, 1992.

的传播重点服务于英语国家而剥削了当代的新殖民国家（Tollefson, 1991）[①]。

（二）英语全球化霸权影响中国与汉语形象建构

英语的强势地位在目前世界中已经无可比拟，在其成为全球通用语的同时，英语霸权也随之产生，对世界各国产生了巨大的影响。Kachru（1986）基于此影响曾指出“最重要的权力就是‘意识形态的改变’，这种改变是英语语言知识和‘外圈’‘扩展圈’的文化共同带来的”[②]。英美等国家总是有意无意地通过官方话语、民间话语、科技话语及文化话语的传播和应用推动着英语的全球化发展，英语在推广过程中所建构的这些交际形象、文化形象、政治形象已经被世界上大多数社会所接受，最后成为英语学习的工具性动机的主要组成部分。就我国而言，目前的英语学习已经严重地挤占了我国广大青年学生的学习时间，周建新、李雪岩、龙耀（2006）指出“有 29.7% 非英语专业的大学生，将在校期间的大部分时间都花在了英语学习上；有 54.8% 的学生经常利用其他课程的时间准备英语四、六级考试；有 43.7% 的人为应付英语四、六级考试而利用课余时间参加过校外辅导班”[③]。仅从英语学习时间和学生对它的重视程度，就能投射出英语对中国教育及年青一代的影响，英语已严重挤占了我国广大青少年学生的母语汉语和中国文化的学习时间，进而也会影响到汉语在国内的形象和地位。

可见“一种语言霸权一旦形成，就很容易帮助以这种语言为母语的国家和民族进一步拥有信息霸权和文化霸权”，进而还会影响到其在世界范围内的政治话语权。在当今世界的诸多语种当中，英语显然业已具有极高的语言形象，上面的统计数据也表明，在我国许多民众的心目中，英语实际上也有着比汉语较高的形象地位。可见，借鉴英

---

① Tollefson, J. W., *Planning Language*, *Planning Inequality*, New York: Longman, 1991.

② Kachru, B. B., “The Power and Politics of English”, *World Englishes* 5, 1986: 121－140.

③ 周建新、李雪岩、龙耀：《对我国现行外语教育制度的思考》，《教学与管理》2006 年第 7 期。

语传播经验，提升汉语形象已经迫在眉睫了。

四 英语全球化和“三圈”理论经验借鉴

张天宇（2018：122）研究发现，基于“三圈”理论，英国文化教育协会在“内圈”联合美国，既能节约文化输出资金、共享资源、提高效率，又可统一阵营、避免竞争，更可以借助美国扩大英国文化外交的效果；“外圈”旨在通过科技、民生等领域建立起英国的优质形象，借助语言推广消除历史偏见、维持英国权威形象；基于“扩展圈”“实用主义”语言态度，构建“国际交流的工具、现代化的标志、文明社会的标志”的语言形象，发掘语言推广宣传国家政治、文化形象的隐性价值。①

英国文化教育协会的“三圈”分层策略对中国和汉语形象建构有着至少三个方面可直接借鉴的经验：①找盟友、借巧力——节约资金、共享资源、提高效率；②巧包装、树形象——有的放矢、借科技民生、谋消除偏见；③讲实用、重态度——凸显便捷工具、现代特征、文明标志、理想感召。

英国文化教育协会基于自定的三项目标，非常成功地开展了“英语教学及考试”“艺术交流”“教育和社会活动”等三个领域的相关活动，旨在“更广泛、更优质地向全世界推广英式英语的教育、学习和评估；通过艺术建立英国与世界各国间沟通了解的新途径；提高英国在国际教育领域的领导地位，共享学习成果；促进英国社会的青年、公民和团体组织贡献和受益于一个包容的、开放的、繁荣的世界”②。综合来看，英语全球化传播有诸多经验可资借鉴。

（一）借鉴英语传播经验，完善汉语传播机构

张天宇（2018）③ 以英国文化教育协会的语言推广活动为横向

---

① 张天宇：《“软权力”视阈下英国语言国际推广策略研究》，博士学位论文，东北师范大学，2018年。

② British Council, *British Council Annual Report 2013 – 2014*, London: British Council, 2014: 36.

③ 张天宇：《“软权力”视阈下英国语言国际推广策略研究》，博士学位论文，东北师范大学，2018年。

维度，以卡奇鲁“三个同心圆”理论为纵向维度，尝试建构了一个以语言形象为中心，包含语言态度、语言价值、语言需求等影响因素的语言推广策略运行模型，从语言推广的“活动——策略——效果”三者的内在关系入手，探究了英国语言推广策略与实践。他指出相对于殖民主义时期的显性语言推广，“软权力”背景下的语言推广具有隐蔽性、模糊性和分散性，很难找到明确的、具体的官方政策文本和指导文件。张天宇的“英语案例和运行模型”对我们的研究有很大启发。

从某种意义上说，我国的海外孔子学院及孔子课堂等专设的汉语教学和传播机构，正是借鉴了英国文化教育协会及德国的歌德学院等组织的语言传播经验。当然，除了机构和活动形式借鉴外，还应深入借鉴其语言和文化推广的理念、目标及其本土化实施经验。

（二）分析汉语形象成因，促进中外书籍的翻译

前文已述，英语所负载的文学艺术的吸引力奠定了其在世界范围内广泛传播的基础，其中英语文学艺术的翻译也作出了巨大贡献。联合国教科文组织的世界书籍翻译数据库（UNESCO Index Translationum）2012 年的统计数据显示，在所统计的全部翻译书籍中，约 60% 是由英文译出或译为英文的。据此可见，英文是诸多语种中唯一的超级语言。

通常情况下，某个语言的影响力如何，通常以使用这种语言的国家的综合国力和使用这种语言的人数作为重要的评判标准。无论是母语，还是母语加上二语者的总和，汉语的使用人数都超过了当今世界的其他语种，若用这个标准来评判，汉语毫无疑义已是当今世界排名第一的语言；若综合考虑 GDP 因素，汉语虽不及英语国家 GDP 的总和，但也稳居世界第二位。不过，刘周岩（2016）指出“母语者人数和 GDP，二者都不能直接表征语言本身的信息价值和传播情况。……如果以书籍翻译（输出和输入）数量作为评判标准，那么中文再也不是世界前二了，统计数据显示中文仅能处于全部统计语言的第十四位。……知识产出与语言影响力之间不是单向的因果关系，当语言影响力提升后，也会反过来促进使用该语言的人更容易地向外传播乃至创造知识"①。

可见，除了语言教学等直接传播手段外，书籍的汉—外双向翻译工程等也是汉语形象提升的重要途径和依托手段。

（三）针对需求、改变态度、提升价值，综设汉语形象

由前文分析可知，汉语的传播、汉语形象的构建，都必须关注"语言需求、语言态度、语言价值"等问题，这是语言得以扩散并形成良好形象的三个重要维度。

"语言需求"是指语言推广对象基于某种语言能够满足其某种或某些需要而选择学习该门语言的需求，正是这些需求构成了人们学习该语言的行为动机。一般情况下，行为主体学习和使用某种语言的需求可以分解为交际需求、文化需求和政治需求。② 进行汉语推广和汉语形象的构建，既要满足国外民众的交际需求，又要满足他们的文化需求，还要考虑到他们的政治需求，这样才能有针对性地构建合意的汉语形象。

"语言态度"是语言推广对象依据某种语言在一定社区中的交际功能，以及使用该语言的集团的经济、文化、社会地位等因素，对该语言的认知感情及行为倾向。③ 一般情况下，对某种语言产生的这种"亲和力"和"地位价值"，是形成和判断语言推广对象的语言态度的两个重要标尺。进行汉语推广和汉语形象的构建，既要采取恰当的手段增强汉语的"亲和力"，也要基于民众的现有汉语形象认知，提升他们对汉语"地位价值"的认知水平。

索绪尔（Saussure，1980）认为："语言涉及所指和能指的等价系统，具有价值和使用价值。……就语言应用而言，语言在使用过程中所体现的有效表达、传递和理解的互换性特征，是语言的交际价值，

---

① 刘周岩：《汉语对现代文明的贡献有多大》，大象公会公众号（https：//mp. weixin. qq. com/s/g5BGZpeoI5hTJ8ZrR3bfPQ，2016 年 4 月 26 日）。

② 张天宇：《"软权力"视阈下英国语言国际推广策略研究》，博士论文，东北师范大学，2018 年。

③ 张天宇：《"软权力"视阈下英国语言国际推广策略研究》，博士论文，东北师范大学，2018 年。

即使用价值。”[①] “语言的交际价值是语言的使用价值，是指语言在使用过程中能够满足行为主体交际需求的属性；而文化价值和政治价值分别指语言背后所承载的文化信息和政治价值观，能够满足行为主体文化需求和政治需求，是语言的本体价值。”[②] 进行汉语推广和汉语形象的构建，必须明确汉语政治价值、文化价值和交际价值的内涵及其实现方式，既要基于工具性特征实现其交际价值，还要兼顾其文化价值和政治价值，通过汉语形象系统设计，进而指导、统合并提升国际民众的汉语认知形象。

（四）英语全球化、霸权化对中国及汉语形象的影响

基于多种因素的共同作用，英语已经成功实现从内圈到外圈、继而到扩展圈的全球化传播发展历程，已无可争议地成为世界通用语。英语的全球化必然涉及教育、传媒、国际关系、旅游业等众多历史、社会和文化因素，这不仅引发了学者们关于英语标准化、本土化等一系列问题的讨论，也引发了世人对英语国家意识形态的输出、未来世界格局的变化等宏观议题的重视。“随着英语语言的广泛传播与使用，英语文化、英语社会的生活方式、价值观念等也悄然进入了广大非英语国家，如中国等，英语的全球化已对非英语国家的本土语言与文化带来了冲击和挑战，导致一些国家和民族的文化正逐渐伴随着英国文化的传播而弱化并式微。”[③]

萨丕尔（2005）曾指出“语言的背后是有东西的”[④]。随着研究的深入，人们已普遍认识到，语言推广与国家权力间是一种相互依托、相互促进的关系。在现实中，二者已形成了一个循环往复、互促共生的系统。语言的国际推广已成为国家形象塑造、国际交流开展、国家“软权力”提升的一种有效工具，已成为国家语言战略的重要

---

① 费尔迪南·德·索绪尔：《普通语言学教程》，高名凯译，商务印书馆 1980 年版。

② 张天宇：《“软权力”视阈下英国语言国际推广策略研究》，博士学位论文，东北师范大学，2018 年。

③ 王克非、蔡永良、王美娜：《英国文化委员会与英语的国际传播》，《外语教学》2017 年第 6 期。

④ ［美］爱德华·萨丕尔：《语言论》，陆卓元译，商务印书馆 2005 年版，第 221 页。

构成部分。历史经验也证明，语言的传播与国家的发展是相辅相成的：一方面，国家的发展能为语言的传播提供强大的支持，另一方面，语言的传播能服务于国家的政治、经贸、外交、科技、文化、教育等多个领域，更好地助推了国家的发展，产生着巨大而持久的效应。因此，当今世界，英、美、法、德等各主要国家都越来越重视本国的代表语言的国际传播问题，从国家战略的高度对本国的代表语言的推广进行谋划与实施。“在经济全球化过程中，强势语言的广泛推广和传播虽能为某一个国家带来巨大的经济收获和难以估量的文化效益。但是，单一强势语言对世界多元文化而言不乏其负面效应：语言空间被挤占，地方语言遭威胁，文化生态受颠覆，这已成为当今国际社会密切关注的严峻问题。”③

英语全球化及其霸权地位的确立，对中国及汉语形象与地位产生了巨大的影响。英美等国作为既得利益者并不希望中国来分享其现有利益，更害怕中国在未来会取代他们，他们会利用其现有地位、权势等优势条件，采取多种方式更加紧迫地在全球范围内推广英语及其文化，散布“中国威胁论”，打压汉语的全球化。汉语的生存空间及可能的传播空间被挤占，中国文化的生态乃至世界文化生态也会受到影响，因而必须增强汉语国际传播的紧迫感，在借鉴英语传播经验的基础上，提出有针对性的汉语国际传播策略，既突出优势，又错位发展，才能更好地构建汉语形象，走出一条有中国特色的中国语言国际化发展道路。

第二节 法语语言形象个案分析

法语起源于古代的拉丁文，属于印欧语系的罗曼语族，目前世界上有9000多万人以之作为母语，加上将法语作为第二语言的国家和地区，现在法语的使用者也有2亿人之多。可见，在当今的世界范围内，法语也有着极大的影响力，在国际交流当中，法语也被欧盟以及联合国等许多国际组织较广泛且普遍地使用。可以说，除了英语之外，法语是世界上传播范围最广泛、使用国家最多的另一种大语言了。因此，选取法语为研究个案，分析总结其国际传播路径与历史经验，对我国的汉语国际传播和中国语言形象的提升都将具有重要的启示。

一 法语在当今世界语种中的地位

法语是世界上几十个国家的官方语言，除了法国之外，还有瑞士、比利时、卢森堡、摩纳哥、科特迪瓦、乍得、卢旺达、多哥、加蓬、几内亚、马里、布基纳法索、刚果（民）、喀麦隆、刚果（布）、贝宁、尼日尔、布隆迪、塞内加尔、吉布提、马达加斯加、科摩罗、塞舌尔、加拿大、海地、瓦努阿图等国家；另有突尼斯、摩洛哥、阿尔及利亚、毛里塔尼亚、毛里求斯、安道尔、留尼汪、马提尼克、瓜德罗普、法属圭亚那、法属波利尼西亚、新喀里多尼亚、瓦利斯和富图纳、圣皮埃尔和密克隆（Saint - Pierre - et - Miquelon）等多个国家和地区以法语作为通用语言。这些足以说明法语的通用范围之广，类似英语，法语的使用人数也几乎遍布于世界的各个角落。作为联合国六种工作语言之一，在国际范围的交流中，法语也是世界上传播最广、最重要的语言之一。在联合国会议中，大约有三分之一的代表使用法语发言，在联合国文件的签署当中，法语也有着非常重要的应用，这些都表明法语拥有很高的交际价值。可以说，法语已经成为了一门“世界性语言”。

二 法语在世界范围广泛传播的原因

法语能广为流传，能在数千种语言之中脱颖而出，获得“世界性语言”的地位，主要源于法语自身所具有的各种优势。

（一）法语本身的特质与内存价值

法语作为一门语言，其本身的特征和内存价值是其获得世界影响力的基础。法语有着其独特而典雅的语言形态、丰富的词汇和非常严密的语法系统，并且有着极为丰厚和历史悠久的素材。首先，法语具备严谨精确的语法结构，其语言秩序和法则方面有着精细入微的严格规范，词汇类型方面有着精准划定和明细分工特征，语句方面有着条理清晰、秩序井然特点。这些特点都使得法语很少会出现意思模糊、模棱两可的情况，因而能让法语被众多国际组织和机构列为官方语言并用于重要文件的撰写。其次，法语词汇体系丰富多变，其基本词汇多具有强劲的派生力与极佳的可塑性，可在不同语言环境中变化和延伸出丰富且多样的含义。最后，法语“脆、清、润、圆”的发音特色与乐音质感也使其具有了明晰雅致的语音特质，加之整体内敛而又不失缓急轻重的语调，虽不如别的语言抑扬顿挫，但也展现出庄重练达、平稳干脆的风貌，这种种听觉效果都可给予听者以愉悦舒畅的心理感受。总之，法语本身的特征和内存价值决定了法语在很多特殊场合和领域都有着独一无二的用武之地。特别值得一提的是，法语经常被首选作为要求严谨准确的国际性条约的书面语言，或者一些国际性组织的官方语言，这些都奠定了法语的吸引力和在世界范围传播的基础。

（二）法语哲学、文学、艺术等文化事项影响力

17、18 世纪法语哲学、文学、艺术等文化事项广泛传播所产生的影响力，强力助推了法语的世界传播。众所周知，在 17、18 世纪，法语文学、哲学、艺术等在世界上广泛传播，这一时期法国曾涌现出一大批世界著名的文学家、艺术家和哲人，此外，还拥有《巨人传》《巴黎圣母院》《罗兰之歌》等一大批重要的法语文学名著。法国文化的传播直接拉动了语言的传播，使得法语文化更迅速和广泛地在世界上流传。这些都进一步扩大了法语的传播范围和世界影响力。

（三）法国的殖民扩张和现实影响力

使用法语的人及其国家的力量等是法语在世界范围传播的重要条件。除了上文所述法语自身内在的价值外，法语成为世界上使用极为广泛的语言之一还得益于其政治、经济和历史文化方面因素的影响。其一是法语的早期广泛传播主要是其早期殖民地扩张的结果。大约 17 世纪初开始，法兰西逐渐成为第一殖民帝国，到拿破仑时期，法国的殖民扩张已遍布五大洲，伴随殖民需要，法语得以在这些殖民地快速而广泛地传播开来；其二是法国作为当今世界排名十分靠前的贸易强国和经济大国，法语的经贸影响力使其在世界上有着举足轻重的地位，这也是法语得以在世界传播的良好条件。

（四）法国政府和人民的主动作为

法语“祖语国”——法国政府和人民的积极主动作为是法语具有持续的世界影响力的坚强后盾。为了与英语的强势传播进行对抗，保护法国自身的语言，法国政府和人民已经采取了一系列积极的措施，如严格要求法语的规范使用，指导并大力支持法语联盟的工作等（法语联盟已在138个国家设立1100个分部）。[①] 政府还通过了一系列法规和法案，这些做法都很好地维护了法语的国际地位。[②] 如1992年法国议会通过的宪法修正案第二条补充了“共和国的语言是法语”；此后的《杜邦法》明确维护法语地位；政府专门设立“法语和法国方言总署”，并于1994年通过了《法语使用法》；此外法兰西学院、“保卫法语协会”“法语规范化协会”等机构和组织都积极维护和巩固法语的国际地位，规范法语的使用。

同时，法国的国家形象也赋予了法语以独特的魅力。法国的国内生产总值居世界前列，法国的航空航天、核电、高速铁路及现代通信技术等都名列世界前茅，这些都奠定了其作为贸易大国、经济强国和科技强国的良好国家形象，都使得法国在国际上有着举足轻重的地位。法国品牌如时装、香水，法国风景如名胜卢瓦尔河畔的古堡群、科西嘉岛、普罗旺斯的薰衣草等都在世界享有盛誉，加上法国历史形成的闲适浪漫的生活情调、丰富多彩的地形地貌、悠久的历史文化和各式美食佳酿，再加上巴黎“世界艺术之都”的美誉，这些自然而然地帮助法国成为了“艺术、美食、时尚、浪漫”的代名词，这些优美形象也潜移默化地赋予了法语以独特的吸引力和魅力，吸引着世人到法国去旅游。法国的国家形象魅力仿佛使法语的句词之间充盈着种种风情，吸引着很多人去学习和使用法语。“法国还经常借助国际奥委会与奥运会等各类国际组织或大型会议及活动的契机来推广法

---

① 郝平：《大力推广普通话 积极构建和谐语言生活》，2009年12月12日在全国语言文字工作研讨会上的讲话（http：//www. china - language. gov. cn/11/2009_ 12_ 21/1_ 11_ 442kmmm7_ 0_ 1261359154453. html）。

② 彭凡：《浅析法语在国际传播中的内外优势》，《传奇·传记文学选刊（教学研究）》2013年第8期。

语，法国政府还通过与其他国家举办大型文化交流活动来加强本国文化和语言的传播。法国政府的上述政策和措施极大地巩固了法语的国际地位，并有力地推广了法语的传播，增强了法语的竞争力。”①

经过法国政府和人民不懈努力，在经济合作、贸易协商，甚至政治互访等各项国际性的交流合作事务当中，法语都有着很高的使用频率。前文已述，目前世界上许多国家和重要国际组织，已经将法语作为仅次于英语的重要的官方或通用语言。若从语言的分层来看，法语俨然已是一种高阶语言，法语的作用有时候甚至能居于英语之上，其突出表现是，法语还是当前多个国际司法机构的重要工作语言。

三 法语广泛传播的经验借鉴

（一）加强汉语研究，凸显世界影响力

任何语言都有其交际价值。不过一旦使用的范围、场合和环境发生了改变，不同语言便会体现出高低不同的交际价值。从语言发展演变历史来看，法语经过从古法语、中古法语直至现代法语的演变，逐渐臻于完善，已发展成为一门简练、明晰、准确、成熟的语言。法语这一形象的形成，是值得我们借鉴的宝贵经验。因而我们要在对比中认真研究、统筹规划，特别要加强汉语本体研究，不断丰富并提升汉语研究水平，凸显汉语交际价值，形成独特的具有影响力的理论成果。具体说来，要在语言比较中总结提炼汉语的语音特点、词汇特色、语法优势、语用修辞规律以及独特的汉字与书法艺术，通过教学、宣传等多种方式来凸显汉语特色——依托独特的声调和语调所形成的悦耳的语音、丰富多样的词汇系统、简洁严密的语法体系和形象而具有艺术性的汉字及其书法作品，充分发掘汉语自身的特征和魅力，来增强其世界影响力。

（二）依托汉语文艺作品输出，扩大汉语影响力

我们知道，学习者一旦主动将某种语言作为必学语言，就会主动

---

① 肖菲菲：《浅析法语在国际传播中的内外优势》，《太原城市职业技术学院学报》2011 年第 12 期。

地去接受该语言的各种学习活动及其所负载的文化及其价值观念。法语所涉及的背景内容，也潜移默化地渗透了法国的相关文化，这也必然会影响并冲击着学习者对本国传统文化、价值观念等文化体系的认同感。同样地，我国英语的普及教育也会间接地、潜移默化地宣传英语的重要性，这也会在一定程度上弱化年轻人对中国语言与文化的学习和应用，也会不同程度地改变年轻人语言习惯、或多或少会降低他们学习本民族语言积极性。有鉴于此，我们需要认真总结法语世界传播的经验，做好相应规划，依托于精心整理的汉语哲学、文学、艺术等丰硕的中华文化事项，通过宣传、外译、多媒介传播等手段，逐步扩大汉语世界影响力。

语言是文化的载体，哲学、戏剧、文学、艺术等各文化门类无一不需要依靠语言来进行思维、记录、表现与传播；而文化又是语言的基础，二者相辅相成。人们在使用某种语言时，都会通过语言这个工具去解读其中所蕴涵的民族文化。从古至今，法语记载着法国的历史。同样，汉语承载着中华民族的悠久的历史文化，业已积淀了丰厚的中华文化底蕴，这使得汉语同样具备了与众不同的历史文化价值。因而，要加大汉语哲学、文学、艺术等的筛选、外译、传播的研发力度，通过有效的世界传播渠道，建构起合意的汉语形象，扩大汉语对世界的影响力。

（三）依托中国经济，提升汉语影响力

一种语言能广泛使用和传播的另一重要动力来自于该语言所在国的政治、经济、文化等因素的影响力。从某种意义上来说，政治、经济、文化等这些“外力”对语言广泛传播所起的作用有时比语言自身的价值来说，是更为直接和有力的。改革开放四十年来，中国的济实力快速增长，综合国力大幅提升，文化“软实力”进一步增强，“中国制造”“中国速度”，甚至连“中国梦”都不同程度地吸引了更多的世界眼光。汉语也因之倍受世人关注，“汉语热”已在世界范围兴起，并极大地助推汉语形象的提升。仅从杨玉玲 2010 年的论述便可见一斑：“目前，全球除中国外有 109 个国家共 3000 多所高校开设了汉语课程；世界其他国家学习汉语的人数已经超过 4000 万，……

美国出于国家安全的考虑，投入巨资开展所谓的‘关键语言（Critical Languages）’的教学，汉语就是六种关键语言之一。”[①] 当然，我们在对“汉语热”产生振奋、自豪和惊喜的同时，也需要清醒地认识到，“汉语热”表明汉语的影响力增大，确实是一件好事，但切不可沾沾自喜。当前的“汉语热”多是奠基于我国经济快速增长的基础之上的，加上汉语目前仅是一种“内敛”性语言（多被用来和中国人打交道），其世界交际语的工具价值还远远未能实现，因而必须继续下功夫、脚踏实地搞好中国的各项经济建设，夯实中国和汉语的发展基础，要想方设法去提升中华民族在各方面的自主创新能力，释放出更大的中国影响力，同时还要进一步搞好汉语国际教育的学科建设，夯实汉语母语教育、汉语研究和汉语文化作品的创作，提升汉语形象。

（四）依托孔子学院等机构带动汉语传播

前文分析可见，法国政府和人民的积极主动作为是法语具备持续的世界影响力的坚强后盾。法国还通过成立专门的传播机构并借各类国际活动契机来传播和推广法语，如成立于 1883 年的法语联盟就是专门的法语文化国际推广机构，如今“法语联盟”分支机构已遍布全球的上百个城市。

有鉴于英国文化教育协会、法语联盟、德国歌德学院等语言传播机构的成功经验，2004 年起，中国开始在海外建立孔子学院和孔子课堂，并依托这些专设传播机构进行中华文化与汉语的海外传播。多年来孔子学院和孔子课堂一直致力于积极开展“海外汉语教学、汉语教师培训与资格认证，提供汉语教学资源，进行中国教育文化信息咨询，开展 HSK 考试和中外语言文化交流活动等工作”[②]。经过十五年的发展，我国的孔子学院和孔子课堂项目业已取得十分丰硕的成绩，成为中国语言形象建构的主阵地和重要的建构途径。具体经验下节将做进一步分析。

① 杨玉玲：《“汉语热”背后的思考》，《光明日报》2010 年 12 月 9 日第 4 版。

② 汉办官网：《孔子学院介绍》（http://www.hanban.org/confuciousinstitutes/node-10961.htm）。

第三节　基于孔子学院的汉语形象建构分析

“语言不单纯反映社会，它还直接参与社会事务和社会关系的构成。”① 前文已述，英语凭借其本身的语言因素、强大生命力和所负载的文学艺术的吸引力奠定了其世界传播的语言基础；其次，依托英帝国殖民扩张时的海外殖民和移民、经济贸易奠定了其世界传播的政治经济基础；再次，英美文化所形成的鼓励创新、能容忍“异己”的价值体系是其世界传播的文化基础；最后，英美媒体所形成的强大技术优势和成熟的市场化运作模式是其国际传播的媒介基础。同时，英美等国的实力、国家形象和其主动推广行为（如英国文化教育协会）为其强势发展注入了巨大动力。张天宇（2018）基于研究发现，英语的国际推广不仅为英、美等国带来丰厚、直接的经济效益，还提升了英美等国的文化吸引力和价值观念认同力及社会制度辐射力等多种隐性价值。不同于殖民主义时期的显性语言推广，“软权力”背景下的语言推广更具有隐蔽性、模糊性和分散性，影响也更深远。② 英语的世界化是一个成功的案例，为中国的语言推广特别是汉语的国际传播提供宝贵的经验。

自中华人民共和国成立之初，我国就开始了对外国人的汉语教学，并得到党和国家几代领导人的关心。如 1989 年《关于印发〈全国对外汉语教学工作会议纪要〉的通知》中提出“发展对外汉语教学事业是一项国家和民族的事业”。1993 年《中国教育改革和发展纲要》中进一步提出要“大力加强对外汉语教学工作”。1999 年 12 月，第二次全国对外汉语教学工作会议召开，时任国务院副总理钱其琛接见与会代表并作了重要讲话，指出对外汉语教学是“国家利益之所在”“是国家和民族的事业”③。这就把对外汉语教学事

① 辛斌：《语言、权利与意识形态：批评语言学》，《现代外语》1996 年第 1 期。

② 张天宇：《“软权力”视阈下英国语言国际推广策略研究》，博士学位论文，东北师范大学，2018 年。

③ 张高翔：《对外汉语教学事业的过去、现在与未来》，《云南教育》2002 年第 24 期。

业提到了一个从未有过的高度。

我国从新中国成立之初接收少数交换留学生开始，到 60 年代较多地接收、80 年代大量接收来华留学生，再到 21 世纪每年有几十万各种类型的来华留学生，同时在海外合作开办孔子学院和孔子课堂，并大量外派汉语教师和志愿者，表明中国政府对来华留学生工作的高度重视和对国际汉语教育事业的大力支持。汉语的国际化已然成为不可逆转的趋势。① 下面具体分析一下汉语推广和孔子学院项目的发展情况。

一　早期的汉语推广经验

语言互通是国家和民族之间消除政治、经济、意识形态等冲突、实现有效沟通的重要手段，因此许多国家都十分重视本国语言的对外推广工作，都希冀藉此建立一个良好的国家语言形象。新中国成立后，经过研究很快就把普通话确定为国家通用语，并着手全面开展汉语推广的工作。现代汉语推广工作包括“对内”和“对外”两个方面：对内是“共同语普通话的普及”，对外是“汉语作为第二语言的教学与推广”。由于目标范围和内容重点的不同，“汉语作为第二语言的教学与推广”又可分为“早期的对外汉语时期”和“汉语国际推广时期”两个发展阶段，后来“汉语国际教育”的说法得到大家的普遍认可，逐渐取代了“汉语国际推广”，后者的使用频率慢慢降低。

早期的对外汉语时期可大致划定为从新中国成立之初至 2005 年 7 月 20—22 日首届世界汉语大会在北京召开前后的大体时段，这一时期工作的重点是来华留学生的汉语教学；第二阶段——汉语国际推广（汉语国际教育）是从 2005 年开始的，工作的重点集中在汉语的海外推广上。史料考察可知，若从“一傅众咻”（《孟子·滕文公》）的典故算起，汉语对外传播的历史已十分悠久。但新中国成立前的汉语对

① 李泉：《中国对外汉语教学七十年》（https://mp.weixin.qq.com/s/K9Y3JRdoytHBhPNOrzqIBw），2019 年 8 月 19 日。

外传播大都是自发性的，国家层面重视不够，也很少给予相应支持。历史上虽然也以中国为中心形成了一个“汉文化圈”，但当时的汉语仅是日本、朝鲜、韩国、越南等其他国家学习古代中国先进政治制度或文化时的附带工具。汉语对“汉文化圈”以外的欧美等其他国家的影响较小。随着中国封建社会制度及近代国势的衰落，中国在世界的地位下降，汉语对“汉文化圈”的影响力也逐渐减弱，部分国家还曾出现了“去中国化”转而学习借鉴西方发达国家语言的风潮，如越南摒弃“喃字”进行拉丁化改革、日语减少汉字而增加“片假名”等。

新中国成立初期，我国就曾把共同语规范与标准的研制、普通话的推广作为国家大事来抓，组建语言研究与推广机构，并把“国家推广全国通用的普通话”写进《宪法》之中，这为汉语推广打下十分坚实的基础。早期的对外汉语时期，几经努力，虽也有一些不足，但逐步确立了汉语推广的学科——对外汉语，在招收留学生、出版汉语教材、推出汉语考试等方面取得了较为坚实而丰硕的成绩。

2005 年首届世界汉语大会在北京召开，“是对外汉语教学的转折点，它标志着中国对外汉语教学向汉语国际推广的转变”。发展战略从对外汉语教学向全方位的汉语国际推广转变；工作重心从将外国人“请进来”学习汉语向汉语加快“走出去”转变；推广理念从专业汉语教学向大众化、普及型、应用型转变；推广机制从教育系统内推进向系统内外、政府民间、国内国外共同推进转变；推广模式从政府行政主导为主向政府推动的市场运作转变；教学方法从纸制教材面授为主向充分利用现代信息技术、多媒体网络教学为主转变。[①] 在 2005 年至今的近二十年里，汉语国际教育事业已经在众多方面获得较大的发展。

二 孔子学院的发展及其研究

经过早期“对外汉语教学”阶段，2005 年后进入“汉语国际推

① 许琳：《汉语加快走向世界是件大好事》，《语言文字应用》2006 年第 S1 期。

广”阶段，当今的汉语国际教育事业已经取得了众多丰硕成绩。特别是2004年起，对汉语推广品牌——孔子学院（或孔子课堂）的建设，迅速遍布全球，汉语在海外传播取得辉煌的成绩，汉语形象获得巨大的提升。但在新的国内国际发展形势下，伴随中国经济的快速增长、国际影响力的增强以及中国快速和平崛起态势，海外的汉语推广也引起了一起误解、恐慌，甚至一些别有用心的人的围攻，汉语的推广甚至被诬蔑为“语言入侵”，部分地方还出现了抵制孔子学院的情况，如美国一些州区曾出现抵制设立孔子学院或中止进一步合作的情况。这些情况说明汉语国际教育当前正面临着一些新的发展问题。当然，任何一项事业的发展，出现一些调整是很正常的事，不过这也从侧面暴露出语言背后意识形态冲突的问题，需要我们积极地去面对、化解，认真总结经验教训，以寻求更好的语言国际传播方式和途径。下面着重梳理一下孔子学院项目的发展情况。

自2004年全球第一所孔子学院建立，截至2019年6月，国家汉办官网显示，“全球已有155国家（地区）设立了539所孔子学院和1129个孔子课堂。其中，亚洲35国（地区），孔子学院126所，孔子课堂112个；非洲44国，孔子学院59所，孔子课堂41个；欧洲43国（地区），孔子学院184所，孔子课堂322个；美洲26国，孔子学院150所，孔子课堂559个；大洋洲7国，孔子学院20所，孔子课堂95个。”①“各地孔子学院充分利用自身优势，开展丰富多彩的教学和文化活动，逐步形成了各具特色的办学模式，成为各国学习汉语言文化、了解当代中国的重要场所，受到当地社会各界的热烈欢迎。”②

吴英成、林惜莱（2009）曾借鉴布拉杰·卡奇鲁（Braj Kachru，1985；1992）关于世界英语的“三层同心圆”模型，把全球汉语分

① 汉办官网：《“孔子学院”介绍》（http：//www. hanban. org/confuciousinstitute/node－10961. htm）。

② 汉办官网：《“孔子学院”介绍》（http：//www. hanban. org/confuciousinstitute/node－10961. htm）。

为“内圈”（中原区）、“中圈”（海外华人区）和“外圈”（外语区）。[①]“汉语三圈理论”对认识汉语世界传播的对象、层次及传播手段与策略有重要的借鉴意义，对汉语形象的建构也具有方法论的价值。

郭斌、蔡静雯（2019）通过对186篇CSSCI期刊论文的分析，发现伴随着孔子学院影响力的增强，我国孔子学院研究不断增多。孔子学院功能及影响力、文化传播、教育教学、可持续发展、运营管理及其评价是该领域主要研究内容。[②]特别是在孔子学院功能及影响力研究方面，聂映玉（2008）对孔子学院的内涵进行界定，即孔子学院是由国家汉办承办的，旨在开展汉语教学、中外教育、文化、经济等方面交流合作的非营利性教育机构。[③]国外个别学者（Peter Schmidt, 2010[④]; David M. Rabban, 2001[⑤]; Don Starr, 2009[⑥]）仍以“文化威胁论”的偏见来看待孔子学院的发展，并认为孔子学院缺乏学术自由和独立性，其已演变成中国政府意识形态输出的工具，但绝大多数学者对其功能及影响持积极态度。张西平（2007）认为孔子学院不仅是当今中国“走出去”的重要符号[⑦]，更是中国政治自信的一种标志[⑧]。当前，孔子学院发展所体现的影响是全方位的。肖萌（2018）认为孔子学院为推广汉语语言、传播中国文化、凸显中华文

---

① 吴英成、林惜莱：《汉语国际传播：全球语言视角》，李晓琪：《汉语教学学刊（第5辑）》，北京大学出版社2009年版，第1—15页。

② 郭斌、蔡静雯：《我国孔子学院研究综述及其展望》，《黑龙江高教研究》2019年第7期。

③ 聂映玉：《孔子学院概述》，《上海教育科研》2008年第3期。

④ Peter Schmidt, “Chinese - Financed Centers Prompt Worries About Academic Freedom”, *Chronicle of Higher Education*, 2010 (10): 27.

⑤ David M. Rabban, “Academic Freedom, Individual or Institutional”, *Academe*, 2001 (6): 17.

⑥ Don Starr, “Chinese Language Education in Europe: the Confucius Institutes”, *European Journal of Education*, 2009 (1): 79.

⑦ 张西平：《简论孔子学院的软实力功能》，《世界汉语教学》2007年第3期。

⑧ Don Starr, “Chinese Language Education in Europe: the Confucius Institutes”, *European Journal of Education*, 2009 (1): 44.

化的感召力作出巨大的贡献。[①] 在国家软实力提升方面，李松林、刘伟（2010）认为其重要影响体现为对内推动了传统文化的发展，对外搭建起宣传中国文化的平台[②]，此外，连大祥、王录安、刘晓鸥（2017）认为孔子学院对于加快国际旅游业发展[③]、有效地提升我国对外直接投资（谢孟军、汪同三、崔日明，2017）[④]、促进国家间贸易的便利化（姜慧、张志醒，2018）也具有重要影响。[⑤] 在外交影响力方面，冯韬（2017）认为文化日益成为新公共外交的主要内容[⑥]，孔子学院已成为公共外交的一种新渠道，有助于国家形象的建构以及国际话语权的掌控（高金萍、郭之恩，2013）[⑦]。

尹春梅、李晓东、吴应辉（2019）通过孔子课堂的专门研究指出，厘清分布状况与管理体系是实现孔子课堂优化分布与规范管理的前提和基础，也是关涉孔子课堂数量发展与质量建设的重要内容。他们基于自建数据库统计发现，“一带一路”沿线国家孔子课堂数量较少，亚洲孔子课堂仅在 2014 年出现过较大增幅；美洲孔子课堂数量最多但内部分布极不均衡，拉美各国孔子课堂总量很少且增速迟缓；以发达国家为主的少数国家集中了全球 90% 左右的孔子课堂，却仅覆盖了全球 13% 左右的人口。同时，孔子学院下设课堂逐渐成为主要管理模式，非孔子学院下设课堂管理类型多样。基于研究，他们提出了改善孔子课堂分布格局，启动重点国别和重点机构孔子课堂评

---

① 肖萌：《全球化背景下孔子学院的文化传播功能探析》，《现代传播：中国传媒大学学报》2018 年第 3 期。

② 李松林、刘伟：《试析孔子学院文化软实力作用》，《思想教育研究》2010 年第 4 期。

③ 连大祥、王录安、刘晓鸥：《孔子学院的教育与经济效果》，《清华大学教育研究》2017 年第 1 期。

④ 谢孟军、汪同三、崔日明：《中国的文化输出能推动对外直接投资吗？——基于孔子学院发展的实证检验》，《经济学：季刊》2017 年第 4 期。

⑤ 姜慧、张志醒：《孔子学院对“一带一路”沿线国家贸易便利化影响的实证分析》，《经济经纬》2018 年第 6 期。

⑥ 冯韬：《新公共外交视阈下孔子学院传播传统文化探索》，《广西社会科学》2017 年第 2 期。

⑦ 高金萍、郭之恩：《孔子学院与公共外交》，《中国文化研究》2013 年第 4 期。

估，建立片区管理中心、“普适+特色”评估指标体系等建议。①

三 孔子学院的经验与问题

孔子学院是中外人文交流的重要窗口和平台。自2004年设立以来，已有了迅速的发展，国际影响力日渐增强。

关于孔子学院存在的问题与经验、建议，我们可以借鉴王辉的观点。王辉（2019）指出“新时代孔子学院迎来空前的发展机遇，也面临着严峻的挑战：世界多极化与文化多样性、全球化与信息化、不确定因素的干扰、舆论环境复杂化、办学资源和办学模式的局限性等五个方面的机遇和挑战”②。由此王辉提出“转变发展理念，从文化传播走向文化融合；转变教学方式，更加注重在线教学；转变管理方式，从常规管理转向风险管理；优化运作模式，扩大社会力量的参与；丰富办学主体，从单一走向多元；转变发展方式，提质增效；优化布局，服务国家外交需要和‘一带一路’建设；进一步完善功能，谋取创新发展”③。

学者们研究发现，孔子学院的发展布局及合作办学方的选择，常常会受制于其他国家和机构举办意愿和条件的制约，发展中存在不均衡、不充分的问题。因此广大教师、学者和相关人士都要认真学习《关于加强和改进中外人文交流工作的若干意见》和《关于推进孔子学院改革发展的指导意见》，依据国家精神创造性地开展孔子学院和孔子课堂工作，力争在未来把孔子学院“打造成集教育合作、文化交流、学术研究、职业培训等功能为一体的国际一流的中外人文交流基地”。

---

① 尹春梅、李晓东、吴应辉：《孔子课堂分布状况与管理体系研究》，《新疆师范大学学报》2019年第3期。

② 王辉：《孔子学院转型发展的路径优化》，《语言文字周报》2019年5月8日第1、2版。

③ 王辉：《孔子学院转型发展的路径优化》，《语言文字周报》2019年5月8日第1、2版。

第四节 城市店名/招牌用语形象案例分析[①]

领域语言是中国语言形象建构的对象，不同的领域，语言使用多不尽相同，因此也会形成各自不同的语言形象。生活离不开语言，交际是人们接触语言最为普遍的一种方式。除此之外，日常生活中的购物也是我们接触语言最为直接的方式之一，具有自发接触的特点。商品中的语言尤其是其名牌名称吸引并指引着我们对其商品的购买欲望及购买方向，也可以说是商品名称语言的使用能形成一种影响人们对商品认可与否的形象价值判断的方式，一定程度上会影响商品销售的经济效益。虽然商品品牌名称的价值判断方式是由多方面因素共同作用形成的，但从语言的角度对之进行研究将会有别样的价值，因而下面只针对商品名称语言使用本身形成的形象进行个案分析。由于商品名称语言的使用属于公共服务领域，与人们生活密切相关，因此，以商品名称语言使用体现的语言形象作为案例来分析中国语言形象的建构问题必将具有一定的参考价值。

一 商品名称用语现状及其语言形象

建构以商品名称语言使用所体现出的语言形象，首先应对商品名称的来源进行调查。由于商品众多，其名称纷繁复杂，因此有必要对其用语情况进行调查，通过个案调查以归纳其普遍特点，从而提高建构分析的效率。此外，以商品名称语言情况为语言形象建构案例分析对象具有一定的价值，值得研究。

（一）商品名称用语调查

本次案例分析的商品名称来源，一是中国品牌网，这是一个中国品牌推广与传播的网站，目前是全球最大最权威的中文品牌推介网站；二是通过实地考察对南宁航洋国际购物中心、南宁万象城购物中心商品品牌名称使用情况进行拍照收集。南宁航洋国际购物中心及万象城

① 陈德银：《中国语言形象建构策略研究》，硕士学位论文，南宁师范大学，2019年。

购物中心是南宁较具代表性的购物中心，地理位置优越，交通便利，装修大气，档次较高，深受当地居民、外地人口、国际友人等的青睐，此外，其商品种类较多，涵括国内外知名商品品牌，具有一定的代表性。最后把收集到的商品名称根据其语言使用情况分成六大类。

（二）商品名称用语形象建构动因

李宇明（2013）曾指出："领域工作语言的问题主要是：某些领域没有工作语言的自觉意识，对会议和工作人员没有提出应有的要求，有不切实际的滥用外语的趋势。这些问题，对内影响工作效率，对外影响行业形象。"① 他的观点充分说明应加强对领域语言的使用管理力度及设定相应的规范标准，从而提高领域语言使用的准确性，以充分展现行业形象。从另一角度看，领域语言的使用恰当与否也彰显着相应的语言形象，而这种形象也会借着商品而具有一定的影响力。商品名称语言使用属于领域语言研究范围，在中国的商品中，不同的商品名称语言使用有别，有中文简体、繁体、纯外文、中外文结合等多种形式，不同的类型的商品名称语言具有不同的特点，并显现不同的语言形象，在此基础上对不同类型显现的语言形象进行分类对比，以发现他们之间的不同，对构建中国语言形象具有参考价值。

此外，随着"一带一路"倡议的深入推进，中国商品走出国门的机会越来越多，中国商品名称作为汉语形象传播的重要途径之一应得到更多的关注。在保持产品特色的同时，如何显现中国语言形象的特点值得我们深入思考，如何抓住机遇使商品在名称使用上高度体现商品形象，从而赢得市场认可，这是每一商家不可忽视的重要环节。而构建商品名称语言形象具有时代需求性及紧迫性，既有利于给予各商品领域语言形象设计以参考，也有利于拓宽语言服务的范围，进一步推动语言服务业的发展。

二 商品名称用语类型及其特点②

此次在两大购物中心收集到的商品名称全部来自现场拍照共 43

① 李宇明：《领域语言规划试论》，《华中师范大学学报》2013 年第 3 期。

② 陈德银：《中国语言形象建构策略研究》，硕士学位论文，南宁师范大学，2019 年。

个，通过整理发现，商品名称语言组合具有明显的差异，具体形式有：中外文结合（用简体字统称“中文”）、纯外文、中文繁体 + 粤语拼音类。但在两大购物中心几乎没发现纯中文类商品品牌。因此，特从中国品牌网获取了 4 个纯中文名牌名称，3 个中外文结合的品牌，分别为百度、阿里巴巴、联想。两种渠道来源名牌名称合计 50 个。虽然两大购物中心的商品种类众多，远不止 43 个，但考虑到品牌名称的相似性，因此有针对性地选择了部分商品名称作为分析对象。此外需特别说明的是，该案例分析只以商品展现给公众在可视范围内的商品名称语言为分析对象。

（一）纯中文类品名语言特点

纯中文类品名，即商品名称语言由中文简体字组成。此次共收集 7 个纯中文类商品名称，纯中文类商品名称在两大购物中心出现较少，而在街道两旁商店出现较多，为了使分析对象具有一定的代表性，该类商品名称来源于中国品牌网。其商品名称表现的语言特点：一是语言简洁，多数以二字、三字、四字词语组成为主，如图 5 – 1 所列商品名称所示，字数少有利于人们在与他人分享时更准确；二是语言通俗易懂，如图 5 – 1 的商品名称“海天”“金龙鱼”“欢乐牧人”用字简单、易读、易懂、易记；三是字体灵活多变，独具美感。图 3 的商品名称在字体上各有千秋，并融入相应美术元素，使得商品名称在语言上别具一格，更具吸引力。四是字里行间除了能让受众易于理解外，还能体现商品属性，如“欢乐牧人”中的“牧”字则与“畜牧”有关，让人容易把其“牛羊”进行联系，因此，符合中国人民对名称的认知思维，极具中国特色，又如“人如其名”，即通过名字能想象到其人的具体形象等。

通过对该类商品名称分析，纯中文类商品名称语言特点主要表现为：一是语言简洁，字数上多数以二字、三字、四字为主；二是语言通俗易懂，易读、易懂、易记；三是字体灵活多变，独具美感，吸引力强；四是商品名称体现商品属性。

海天 生活多美味　　　金龙鱼　　　欢乐牧人

调味品　　　粮油品　　　餐饮类（炭烤羊腿）

图5－1　纯中文类商品名称

（二）纯外文类品名语言特点

纯外文类即商品名称语言只由外文文字组成。在两大购物中心收集了18个纯外文商品名称，例图如图5－2所示。其表现的语言特点：一是多数由一个词或两个单词组合而成，如“BOSS”品牌、“Cartier”品牌由一个词构成，“UNDER ARMOUR”品牌、“BOY LONDON”品牌则由两个词构成；二是其名称多数以大写为主，外文字体粗细不一；三是名称表音不表意，很难从其名称上得知其主要含义，除非具备相关背景知识。简单类外文商品名称易于熟记，可直接翻译，如由固定外文单词构成的品牌名称“BOSS”“BOY LONDON”等，其余相对复杂的外文名称需对其进一步了解方可熟记；四是纯外文类商品名称多为外国著名品牌，为了进驻中国市场需要拥有中文名称，但并未展现给公众，仍保持其原来品牌名称。

通过对该类商品名称分析，纯外文类商品语言特点主要表现为：一是商品名称由单个或两个单词构成；二是其名称多数以大写为主，字体粗细不一；三是名称表音不表意，很难从其名称上得知其主要含义；四是纯外文名称多数保留外国著名品牌形象。

德国男装　　　美国体育运动装备　　　法国钟表及珠宝　　　英国服饰

图5－2　纯外文类商品名称

（三）中外文音译类品名语言特点

中外文音译类，即中文名称和外文名称，包括中国品牌音译为外文名称或外国品牌音译为中文名称，例如图 5－3 所示。其语言主要特点为：一是把汉语拼音作为外文名称，如“百度”（Bai du）、“华为”（HUAWEI）等品牌，无论国内或是国外公众，更容易接受其中外文名称；二是外文品牌名称用与其发音相似的汉字表示中文名称，如“Wlmart”（沃尔玛）；三是中国品牌名称用外文发音相似的单词组合成为外文名称，如“腾讯”（Tencent），曾经有外国人将腾讯的外文名称翻译为“十分钱”，因此此类翻译有待商榷；四是部分中国商品品牌省略其拼音发音字母后作为外文名称，如“红谷”（HONGU）省略拼音字母“G”，该类翻译对于国内外公众来说存在着较大误区。此外，此类别与纯外文商品有所区别，因其外文名称属于中国商品通过音译方式而得，故放在此类分析其中外文互译的效果。

通过对该类商品名称分析，中外文音译类商品语言特点主要表现为：一是中国商品名称拼音作为外文名称；二是把中文中与外国商品名称发音相似的形音字作为中文名称；三是把外文中与中国商品名称发音相似的外文单词作为外文名称；四是省略中文名称商品拼音字母作为外文名称。

互联网媒体　　互联网媒体　　手机通信　　皮具

图 5－3　中外文音译类商品名称

（四）中外文意译类品名语言特点

中外文意译类即中文商品名称和外文商品名称在翻译成为外文（中文）名称时采用对应意义类词语或相近意义类词语，例如图 5－4 所示。其主要特点有：一是采用直译，如“外婆家”（GRANDMA'S HOME），“联想”（lenovo）等，中外文名称互译正确，符合规定，因此有利于公众理解与接受；二是采用相近意义方式翻译，如“Marriott”（万豪），中文名称用词相对新颖并且寓意深刻，体现一定的中国特色，但理解有一定的难度，需进一步了解其商品历史方可有更深的了解；三是意义直译与相近意义方式相结合，如“Bread Talk”（面包新语），前者采用直译，后者采用相近意义方式翻译，“面包新语”赋予了“Bread Talk”全新的含义，比直接翻译为“面包谈话、面包交流”等更具形象性，更具吸引力。

通过对该类商品名称分析，中外文意译类商品语言特点主要有意义直译与相近意义意译方式，并且不同翻译方式表现出不同的翻译效果，体现的形象各有千秋。

电脑产品　　餐饮　　食品类　　酒店住宿

图5-4　中外文意译类商品名称

（五）中外文音译意译结合类品名语言特点

中外文音译意译结合指的是中外文商品名称在翻译上同时出现音译和意译两种方式，从而达到最佳翻译效果，例如图5-5所示。其主要特点表现在寻求音译和意译的高度结合，如“BeLLe百丽”中“百丽”音与外文相似，但意义上代表着其品牌宗旨。“PARKSON百盛”同样如此。“星巴克咖啡STARBUCKS COFFEE”中的“星”与“STAR”对应，“咖啡”与“COFFEE”对应，二者属于意译，其中“巴克”与“BUCKS”对应，属于音译。“和久寿司·铁板烧HEJIU SUSHI&TEPPANYAKI”与“星巴克咖啡”对译类似；其中“星巴克咖啡STARBUCK SCOFFEE”中外文名称品牌虽然同时出现，但其位置并不相连，与图5-5其他三个品牌存在差别，给人以不一样的视觉感受。

通过对该类商品名称分析，中外文音译意译结合类语言特点可以简单概括为音译和意译的高度结合，音译偏向读音，意译侧重其内涵的界定。

鞋业

百货

咖啡饮品

餐饮

图 5－5　中外文音译意译结合类商品名称

（六）中文繁体＋粤语音译外文名称语言特点

通过分析发现，在两大购物中心还存在着商品名称采用中文繁体＋粤语发音音译拼音作为外文名称的方式，主要为香港品牌，如图5－6 所示。其主要特点表现为：一是直接采用人名作为中文名称，如许留山、周大福品牌都属于人名等；二是外文名称由其中文名字粤语发音音译转化而成，如“周生生 Chow Sang Sang”，这与中文简体音译存在异曲同工之妙！三是中文繁体名称较其外文名称形体突出，更容易抓住广大消费者的眼球，同时表现出两种名称中中文繁体名称地位较重要的特点。

通过对该类商品名称分析，特殊类的语言特点主要为以中文繁体为主，外文名称为辅，善于用人名作为其主要名称。

甜品饮料（HUI LAU SHAN）

茶点（KWONG FONG YUEN）

珠宝首饰（Chow Sang Sang）

珠宝首饰（CHOW TAI FOOK）

图 5－6　特殊类商品名称

三 商品名称的语言形象对比分析

通过对不同商品名称语言组合类型分析可知，六大类型各表现出不同的语言特点，那么其体现的语言形象也会有所不同。因此，有必要把不同类型商品名称体现的语言形象进行对比分析，其中主要把纯中文类商品名称与外文类、中外文结合类（音译、意译）、特殊类进行对比，从而进一步挖掘建构中国语言形象的新方法。由于属于案例分析，因此只选择了部分商品名称作为分析对象，并对其体现的特点进行概括，虽有一定的局限性，但希望通过案例分析、对比分析找出建构领域语言形象以及建构中国语言形象的新思路。为了直观发现各类型表现的语言形象，因此把其语言特点及形象汇总放在同一个表格内，如表 5－1 所示：

表 5－1 商品名称类型对比分析表

类型	语言特点	语言形象（心理认知）
纯中文类	1. 语言简洁，字数上多以二字、三字、四字为主； 2. 语言通俗易懂，易读、易记； 3. 字体灵活多变，独具美感，吸引力强； 4. 商品名称大多体现商品属性。	表意、简单易懂、富有美感、符合汉语思维、能体现商品性质。本土化、体现出很强的汉语自信
纯外文类	1. 商品名称由单个或两个单词构成； 2. 其名称多数以大写为主，字体粗细不一； 3. 名称表音不表意，难从名称上得知含义； 4. 纯外文名称多数保留外国著名品牌形象。	表音、不易理解，但受青睐追捧，是著名品牌的标志。彰显的是外语形象。有媚外、媚俗倾向，较多地表现出汉语的不自信

续表

类型	语言特点	语言形象（心理认知）
中外文音译类	1. 把中国商品名称汉语拼音作为外文名称； 2. 把中文中与外国商品名称发音相似的形音字作为中文名称； 3. 把外文中与中国商品名称发音相似的外文单词作为外文名称； 4. 省略中文名称拼音字母作为外文名称。	既表音又表意、拼音类外文名称表现出准确易理解的语言形象；外文音译与省略拼音字母的外文名称类表现出不严谨、易困惑的语言形象。汉外语码混用，有媚外、媚俗倾向，潜存汉语的不自信
中外文意译类	直译与相近意译方式相结合，直译侧重翻译的准确性，相近意译侧重翻译的生动性。	既表音又表意、直译表现出准确、恰当的语言形象；外文意译为中文表现出贴切、生动、寓意深刻、新奇等语言形象，表现出较高的汉语自信
中外文音译意译结合类	音译和意译的高度结合。 音译偏向读音的准确性，意译侧重其内涵的界定。	既表音又表意、外文名称易于朗读，中文名称符合汉语语用特点，用词简单、寓意深刻、易于传达的语言形象，表现出较高的汉语自信
特殊类	以中文繁体为主，外文名称为辅，其中善于用人名作为其主要名称。	表音功能强于表意功能，多数繁体名称为“港澳台”商品的标志。追求复古、典雅，表现出较高的汉语自信

（一）纯中文与纯外文品名对比分析

据表5－1，纯中文类与纯外文类商品表现的语言形象存在着较大的差别。一是表音与表意的不同，中文类商品能通过名称了解其商品主要属性，外文类商品无法从名称上得知关于商品的信息；二是由于字体的丰富多样，中文类较外文类更具美感；三是纯外文类商品名称保持国外著名品牌形象，当进驻他国时，商品名称语言保持不变，但却受消费者的青睐及追捧；此外，在两大购物广场中，纯外文类商品往往在比较突出的位置，更容易吸引消费者的目光，而纯中文类的商品几乎不会出现在商场显眼位置。通过比较，我们清楚地发现中文类商品名称体现的语言形象重点在表意功能上，而外文类商品体现的语言形象重点在其商品的口碑以及质量上，其名称即为品牌的保证，也因此受更多人的追捧。作为中国商品，纯中文类商品名称应借鉴外文类商品名称经验，提升产品质量的同时，应增强汉语自信，提升其中文名称的语言形象，从而不断提升中文名称的影响力。

（二）纯中文与中外文结合类品名对比

据表5－1，中外文结合类商品名称存在着音译、意译、音意结合译三大类，由于类别不同，因此体现的语言形象又各有特点。通过与纯中文类的比较可以发现，中外文音译类中的拼音直译为外文名称表现出准确易理解的语言形象，外文音译（如“腾讯 Tencent”）与省略拼音字母类（如“红谷 HONGU”）中的外文名称表现出不严谨、易导致困惑的语言形象，间接影响消费者对其中文名称的误解，从而影响中文名称所体现的语言形象。中外文意译类无论是中文翻译为外文，还是外文翻译为中文都表现出相对准确、贴切、生动、寓意深刻、新奇的语言形象，其中外文翻译成中文体现出了汉语在表达上的魅力，如“Bread Talk 面包新语”使得其商品更具形象性，更具吸引力。中外文音译意译结合类由于综合音译和意译的优势，因此，在其体现的语言形象上既表现出外文名称的准确性，也体现出中文名称较强的寓意功能特点。然而，纯中文与中外文三大类主要区别在于无外文名称，中文名称是其共同的特点，也是建构领域语言形象的对象，纯中文名称在其表现上不受外文名称的影响，体现出较高的汉语自信，因此更具中国特色。对于中外文结合类，无论是中文翻译成外文，或者外文翻译成中文都考虑到其音、意的影响，因此在中文用词上受到一定的限制。但无论如何，第一原则需要保证其翻译的准确性，即用词用字准确无误；接着考虑其翻译的寓意性，即用词是否优美、形象、生动、吸引力强等。

（三）中文类与特殊类品名对比分析

中文类与特殊类之间的比较，实则为中文简体与中文繁体所体现的语言形象之比较。通过比较分析可以发现，中文简体类商品名称偏重商品的具体属性，其表意功能较强，即能从商品名称了解到部分商品信息。而中文繁体类商品名称重点在其商品的创办人身上，即以其创办人的姓名作为商品名称，消费者很难从其名称了解到商品信息，除非对此进行深入的了解。此外中文繁体类还配有外文名称，与中文繁体名称同时展现给消费者，与中文音译类极为相似，但其外文名称为粤语音译，保留其自身特色，又如同外文类商品名称，不受市场环境影响而改变其名称写法，即使在内陆地区，也没有改变其中文繁体写法，保留了其中文繁体的语言特色。然而，中国内陆产品即使在主打国内市场，也有部分商品名称直接采用外文名称作为其主要名称展现给国内外公众，如“红谷 HONGU”在商场中只有外文名称（图5－3）。然而，在与一位来自新加坡的学者接触时，当问及第一眼看到“HONGU”是什么感受时，他直言不讳：“这到底是什么东西啊，肯定不是外国品牌，根本没法读出来，如果是中国产品，为什么不用中国名称?”这位学者说得不无道理，作为中国商品，中文名称应该是其第一选择，外文名称应作为从属名称，这种用法投射出命名者和使用者有媚外、媚俗倾向，内心潜存着汉语的不自信。因而，应该采取一定的建构方式，增强他们的汉语自信。同时，商品的广告牌匾设计制作时还应该在字体大小、辨色亮暗、空间呈现位置、时间呈现先后等方面考虑中外文的主从关系。

（四）对比结论

通过以上对商品名称语言进行对比分析，可以得出以下结论：一是不同语言体现的语言形象有别；二是同一领域语言形象存在差异；三是受语言现实、国家地位、经济发展、语言已有地位等多种因素影响，外文类商品体现的语言形象优势较大，应学习其先进经验，加快建构中文类商品的语言形象；四是中文简体与繁体体现的语言形象存在差异，应增强汉语自信，保持中文名称自身语言优势；五是中外文结合类语言形象存在混淆之处，应加强商品领域语言使用规范研究，杜绝此类翻译现象并完善翻译服务；六是各大商场缺乏纯中文类商品，潜在显现缺乏汉语自信，应加强商场产品运营管理；六是增加商品名称文字美术元素，提高其语言吸引力。

如今，“一带一路”倡议给各个领域的发展带来了机遇，对于商品领域也不例外，同时也是建构商品领域语言形象的好契机。语言依附在商品上走出国门是汉语走向世界的重要方式，是建构中国语言形象的好机会。这就要求商品在命名以及产品的介绍语言上下功夫，尽量采取简单易懂的方式来命名以及进行产品介绍说明，同时准确无误地将其中文名称和产品介绍说明翻译为出口国语言并和出口国语言一起呈现，减少翻译中介语的使用。除了出口商品外，国内大型商场同样吸引国外公众前来消费，因此，大力推出纯中文类名称商品应是今后发展的主要方向。在第 16 届全国高校现代汉语教学研讨会上，中山大学李炜教授曾提出“文化自信从母语自信做起”的观点，其中的“母语”指的是现代汉语普通话。作为中国商品，有理由、有必要完全采用中文名称展现给各国消费者，以提升自身语言的自信。各大型商场在商品引进上，尤其在摊位布局上也应更加合理，应充分体现中国产品地位，让中文名称的商品突出地展现给国内外公众，不断提高其汉语形象。此外，对于中外文结合类商品名称，应遵循一定的翻译原则，确保准确无误，不产生混淆，既要保持中文名称的语言特色，也要让国外公众理解明白其外文对应的具体含义。

因此，成立专门机构提供商品命名服务以及商品语言翻译服务，是改善商品领域语言形象重要的方式之一。加强领域语言使用规范化研究，提高领域语言服务能力，改善领域语言使用状况，正确使用“领域语言”，将有利于建构符合“领域特色”的“语言形象”。“领域语言形象”是“中国语言形象”的有机组成部分，“领域语言形象”的建构有利于加快“中国语言形象”建构，从而进一步提升中国的“语言自信”。加快建构“中国语言形象”，不但可以进一步提升国内人民自身的“语言自信”，还可以改善他国受众对中国语言的整体认知水平，从而减小“中国语言”特别是汉语成为“世界通用语言”的阻力，提高“中国语言”的实际国际地位，从而助力于“中国国家形象”的整体提升。

下　编

中国语言形象建构实践：
规划、理论和策略

第六章　中国语言形象理论体系、建构内容与当代定位

关于汉语的形象，国内外学者虽然少有直接的研究，但也有部分学者基于自己的研究视角发表了一些相近的论述，关于国内学者的论见，涉及的相关文献在前文已基本引述。国外文献，多是从政治学、民族学、社会学或语言学的宏观视角来看待中国、看待中国文化、看待中国的语言，很少有关于中国语言“本身形象”（或在比较中显现的“形象”）的研究，虽有不少的中外“语言比较”研究，但未见有明确的“语言形象”理念。

不过，今天我们基于“语言形象”的视角去反观前人已有研究，还是发现有一些“语言形象”的萌芽，如洪堡特（Humboldt）就曾在其研究中国及汉语时指出，“在汉语的句子里，每个词排在哪儿，要你斟酌要你从不同的关系去考虑，然后才能往下读，由于思想的联系是由这些关系产生的，因此这一纯粹的默想就代替了一部分语法”①。洪堡特关于汉语的这一认识，也可算是他本人的“汉语形象”或者说是他的“中国语言形象”，而且这一形象也影响了许多西方学者和民众。当然关注“汉—外语言对比”的诸多学者所形成的对汉语这一特定语言的认知，也可算是他们的“汉语形象”。这些“汉语形象”是不是汉语的真实形象？这还需要我们进一步的审视和研判，当然这也是中国语言形象建构的重要内容。由于前文已有定义，中国语

---

① 洪堡特：《论语法形式的性质和汉语的特性》，载申小龙《中国语言的结构与人文精神》，光明日报出版社 1988 年版，第 32 页。

言形象是以汉语普通话为代表的中华民族语言的整体形象，因而本章即以汉语普通话形象为主来探讨中国语言形象的内容和当代定位问题。

我们的课题主要包括十个方面的内容，其中关于语言形象的相关概念、语言形象建构的理论基础、国家语言形象的构成要素及影响因素、中国语言形象的现状调查及成因分析、国家语言形象建构的“主体、对象、目标、类型”等内容，都在前文已经做了相应的论述。因而，本章第一节主要是理论体系构建方面的探讨，第二节重点探讨中国语言形象的建构规划、汉语本体形象的建构与研究等，第三节重点探讨语言形象的国际定位、语言兴衰与国力强弱间的关联互动规律等问题，第四节重点探讨中国刻板印象和汉语刻板印象的修复等内容，关于中国语言形象建构面临的机遇与挑战以及建构策略与提升途径等内容将在后面的章节中展开论述。

第一节　中国语言形象的理论体系

国家语言形象是一个体系，对其进行建构和研究必然会涉及多方面、多层级的内容，必须分阶段、多部门协调逐步推进。国家语言形象研究至少应该包括：语言形象现状调查、语言形象本体研究、语言形象的国际定位、国家语言形象的构成因素及影响因素研究、语言形象的建构策略与提升途径研究、中国语言形象的理论体系研究等六个方面内容。

一　中国语言形象理论的初步建构

核心概念的界定和拥有充足的文献是一项研究的基础，因此我们的首要任务是收集国内外关于国家形象研究与语言研究的成果，寻找国家形象研究与语言研究的结合点，界定国家语言形象概念并梳理国家语言形象的构成要素，进一步明确其对国家形象建构的作用。

（一）中国语言形象理念的确立

关于国家语言形象概念，前文已有界定。如杨绪明等（2014）在提出并界定“国家语言形象”概念的基础上，进而定义了“中国语言形象”，认为“中国语言形象是以汉语为代表的中华民族语言的整体形象，是中国形象提升的持久动力源与和平实现手段”。此文不仅明确了“国家语言形象”五个方面的研究议题，还探讨了构建国家语言形象的意义：既可为制定国家发展战略提供理论参考，又可统筹并深化孔子学院项目和汉语国际推广。杨绪明等（2014）虽提倡借鉴语言经济学的理论与方法并以语言学视角开展综合研究，但在具体深入的理论层面和现实操作层面尚无进一步的相关论述。[①]

随后，杨绪明、邱小琦（2017）又采用全新的视角，从生态语言学的角度出发，以语言系统与生态系统所具有的相似性特征为基础提出中国语言形象的建构应重视汉语语言生态环境的保护。全文从生态学的视角，借鉴生态语言学的理论和方法，总结了生态学对国家语言形象建构的启示，分析了语言环境污染、语言多样性减少等影响中国语言形象建构的生态问题，并尝试探讨了中国语言形象的合理建构途径。[②]

在杨绪明等（2014）论文的基础上，又有不少研究者在中国语言形象这一全新理论的指导下，分别从不同的研究层面对其进行了诠释和扩充。如：韦东（2016）从国家形象与汉语国际推广的关系、国家形象对汉语推广的作用以及当前国家形象建构对汉语推广的启示等三个方面，采取文献研究法、统计等方法，研究了自新中国成立以来我国国家形象的演变对汉语推广的影响及其内部联系，尝试探究国家形象的演变对汉语推广兴衰的影响，但该文没有落脚到国家形象的构建途径，缺乏实践层面的相关论述。[③] 顾楠（2016）从宏观的角度阐述了汉语国际推广的现状，并结合经济全球化的时代背景以及“汉语热”的国际浪潮提出国家语言形象构建的时代要求。顾楠认为，在

---

① 杨绪明、廖扬敏、贾力耘：《全球语境下中国语言形象构建刍议》，《广西师范学院学报》2014 年第 3 期。

② 杨绪明、邱小琦：《中国语言形象的生态学构拟》，《北华大学学报》2017 年第 1 期。

③ 韦东：《建国后中国国家形象演变对汉语国际推广的影响》，硕士学位论文，广西师范学院，2016 年。

“西强我弱”的总体语言和文化态势下，需要对汉语国际推广中的文化及汉语共同语的语言形象进行定位，此外还需要不断深入语言本体研究。顾文虽展现了中国国家语言形象的研究意识，对汉语国际推广的国家形象价值也有所论述，但因论述仅有一页，从总体上来看稍显空洞，更缺乏可实施性。[①] 陈艳彬（2016）则运用文献研究法在对国家形象的特点及影响因素、语言与文化的关系、汉语国际推广等问题进行梳理的基础上，运用跨学科研究法和定性分析法对中国语言形象的构成及影响因素进行分析，同时通过模型法构建出中国语言形象正多面体模型，并指出“国家语言形象质疑链”是合意中国语言形象的生成机制，具有一定的创新性。[②]

综观已有文献，杨绪明等（2014）的论述依然值得借鉴，“国家语言形象应指国际社会中某国通过其代表性语言所彰显的国家形象”。该观点从语言的地位出发，指出了国家语言形象不仅具有代表性，还具有工具性以及不可缺少性，为进行中国语言形象研究奠定基础。在以上概念的基础上，他们进一步界定了中国语言形象的概念：“中国语言形象是指国际社会中形成的以汉语普通话为代表的中华民族语言的整体形象，它既是中国国家形象的重要组成部分、重要载体和中国精神的主要表征符号，也是中国形象整体提升的持久动力源泉与和平实现手段”[③]。这一观点明确阐述了中国语言形象的内涵与研究价值，为本课题明确了建构对象与研究目标。

基于语言的视角来重新审视“国家形象”的内涵，发现孙有中[④]、吴一敏[⑤]二位学者的观点不谋而合，具体表现在二人所谓的“国家形象”都包括国内外公众对该国在众多方面的综合反映，这种

① 顾楠：《汉语国际推广与中国国家语言形象构建》，《佳木斯职业学院学报》2016年第5期。

② 陈艳彬：《中国语言形象的构成及其影响因素》，硕士学位论文，广西师范学院，2016年。

③ 杨绪明、廖扬敏、贾力耘：《全球语境下中国语言形象构建刍议》，《广西师范学院学报》2014年第3期。

④ 孙有中：《国家形象的内涵及其功能》，《国际论坛》2002年第3期。

⑤ 吴一敏：《中国国家形象及其定位研究综述》，《经济师》2012年第5期。

反映是一种意识形态。而语言往往是国家形象意识形态的表现形式，同时还是国家形象母系统与其他子系统形象的符号载体，其地位不可替代。再者，语言本身也能在公众心中投射出一定的意识形态性，如谈到英语，人们自然会在大脑中形成对英语的认识：由于政治、经济、科技、军事及历史机缘等各种因素合力的结果，当今的英语在国际上具有重要的地位，一般人们都会接受"学好英语将会对自己今后的生活、工作等方面有较大的帮助"的观念。可见，英语所彰显的形象已得到世界上众多人士的认可，同时这种对英语的观念会进一步促使人们呼吁英语教育，因此会带动政府对英语教育的投入，也会进一步促进英语的推广，强化了其作为世界通用语的地位。由此可见，语言所彰显的形象不但与国家形象同属意识形态，而且某国语言的良好形象所带来的益处也是不可估量的。

以上文章均可视为对于"中国语言形象"这一概念及相关理论的开拓与扩充，相关学者已经意识到了在全球化语境下，语言问题已上升至国家战略地位，纷纷萌生了中国语言形象意识并着手开展相关研究。关于"中国语言形象"的相关研究涵盖了定义（包括定位、定性等问题）、主要内容、传播途径、提升策略、研究意义、理论视角、影响因素及其与汉语国际推广和孔子学院建设的关系等等，在很大程度上推动了"国家语言形象"在实际操作和理论应用层面的不断发展和完善。

总之，中国语言形象是指在"国际社会中形成的以汉语普通话为代表的中华民族语言的整体形象。它既是中国国家形象的重要组成部分、重要载体和中国精神的主要表征符号，也是中国形象整体提升的持久动力源泉与和平实现手段"①。

（二）中国语言形象的构成要素

国家语言形象作为国家形象的一个分支系统，也是由多种因素构成的，只有明确其构成因素以及每一构成因素对国家语言形象建构的

① 杨绪明、廖扬敏、贾力耘：《全球语境下中国语言形象构建刍议》，《广西师范学院学报》2014 年第 3 期。

权重，才有可能对其进行系统建构。

陈艳彬（2016）曾尝试探讨了中国语言形象的构成要素及影响因素，提出了中国静态语言形象观和中国动态语言形象观。“强调中国语言形象动态观对构建中国语言形象的重要作用，基于此建立了一个具有自转属性的中国语言形象正多面体模型，并指出中国语言形象具有可以相互转换的两种模式：多面体模式和平面模式。”① 该观点通过“质疑链”“模型法”等手段对中国语言形象的构成要素进行了概括分析，并尝试设想了一条实施中国语言形象建构的可能路径。

中国语言形象的形成与变化受到语言内部构成、历史贡献和现实影响力、物质基础、自然环境、政治制度、意识形态、文化理念、经济水平、军事实力、外交方略、社会生活、教育状况、科技水平、体育理念、国民素质和民族精神等因素的影响。综合起来看，国家语言形象主要受该国所有语言的内部生态状况、分布层次、传播手段、发展趋势、国际地位及其对世界发展的历史贡献等多种因素的影响，同时也受到该语言自身的语音、词汇、语法及其记写文字特征的影响，同时，该语言主要使用国的国家地位、政治经济影响力、军事影响力及使用者普遍素质等也会影响语言形象。这些影响因素正是国家语言形象的主要构成因素。

因而，国家语言形象构成要素主要包括：语言地位形象（国内地位与国际地位，“自塑”地位与“他塑”地位）、语言本体形象（语音形象、词汇形象、语法形象、文字形象、修辞形象、语体形象）、语言习得与使用者形象（习得的动机、范围、效果及主体，使用者个体语言形象和群体语言形象等）、领域语言形象（行政用语形象、教学语言形象、商品名称语言形象、媒体用语形象等）、语言品牌形象等五个方面内容。

（三）中国语言形象建构的意义

关于中国语言形象建构的意义，杨绪明等（2014）较早探讨提出

① 陈艳彬：《中国语言形象的构成及其影响因素》，硕士学位论文，广西师范学院，2016 年。

建构中国语言形象的意义主要包括以下两个大方面：“一是可为制定国家发展战略提供理论参考；二是可统筹并深化孔子学院项目和汉语国际推广工作。”[①]该观点从国家层面及汉语传播角度出发探讨语言形象建构的意义，具有较强的针对性，充分体现出建构中国语言形象的价值所在，这也体现了我们课题研究的价值。

（四）中国语言形象建构策略与路径

杨绪明、邱小琦（2017）从语言生态学的角度出发提出了建构中国语言形象的途径，其中包括：“颁布并完善相关法律法规，净化语言生态环境；增强语言自信，直面强势语言；增强民众语言生态意识，自觉维护汉语的纯洁性；将国家语言形象上升到国家战略的高度，做好语言规划和语言政策的调整。”[①] 该观点首先提出了语言形象的生态构建，为保护语言多样性和纯洁性提出了建议，也为语言形象的可持续发展奠定了基础。生态视角的语言形象观是对语言形象研究的丰富和拓展。还有许多理论问题尚需研究，特别是要做好顶层设计和宏观规划，发挥基地作用，落实好已有较好基础的汉语国际教育和孔子学院项目，这样才能达到生态目标。

（五）汉语国际教育和孔子学院形象价值认知

1. 汉语国际推广及其研究

当前，语言竞争已成为国际焦点，语言推广倍受世人关注。李宇明（2006）提出了中国的话语权问题[②]；金立鑫（2006）对汉语国际推广的国家策略和学科策略进行了探究[③]；朱瑞平（2006）认为汉语国际推广要注重文化问题[④]；朱小健（2006）提出建设汉语国际推广基地的构想[⑤]；李凌艳（2006）剖析了海外的汉语教学师资现状与培

① 杨绪明、邱小琦：《中国语言形象的生态学构拟》，《北华大学学报》2017 年第 1 期。

② 李宇明：《中国的话语权问题》，《河北大学学报（哲学社会科学版）》2006 年第 6 期。

③ 金立鑫：《试论汉语国际推广的国家策略和学科策略》，《华东师范大学学报》（哲学社会科学版）2006 年第 4 期。

④ 朱瑞平：《汉语国际推广中的文化问题》，《语言文字应用》2006 年第 S1 期。

⑤ 朱小健：《汉语国际推广基地建设构想》，《语言文字应用》2006 年第 S1 期。

养问题[①]；高增霞（2007）剖析了汉语国际推广与汉语国际化的关联[②]；亓华（2007）提出“汉语国际推广更重要的应当是以汉语为载体，以中华文化为主要内容，把汉语与中华文化一起推向世界”[③]；张西平（2008）针对近年来孔子学院在全球迅速布点、海外汉语教学事业迅速发展的情况，提出“一要尽快制定国家的全球汉语推广政策，二要展开国别汉语政策的调查与研究”[④]；王建勤（2008）论述了要基于语言标准建设与竞争策略来做好汉语的国际推广[⑤]；郝平（2009）概述了国外的语言推广现状，指出美、英、法、德、韩及俄罗斯、西班牙、日本、印度等国都已在国外设立了多个语言中心以推广本国语言[⑥]，中国也加大了汉语国际推广力度，特别是2005年首届世界汉语大会召开，标志着我国汉语推广工作被提升到了国家战略的高度。

近年来汉语国际教育事业更是形式多样、范围宽广、层次丰富、成果丰硕。由于文献易于获取，限于篇幅，不再赘述。

2. 孔子学院项目及其研究

“孔子学院是中外合作建立的非营利性教育机构，致力于适应世界各国（地区）人民对汉语学习的需要，增进世界各国（地区）人民对中国语言文化的了解，加强中国与世界各国教育文化交流合作。孔子学院开展汉语教学和中外教育、文化等方面的交流与合作。”[⑦]

2004年，韩国首尔设立第一所孔子学院以来，孔子学院作为中

---

① 李凌艳：《汉语国际推广背景下海外汉语教学师资问题的分析与思考》，《语言文字应用》2006年第S1期。

② 高增霞：《汉语国际化与国际推广刍议》，《北京行政学院学报》2007年第6期。

③ 亓华：《汉语国际推广与文化观念的转型》，《北京师范大学学报（社会科学版）》2007年第4期。

④ 张西平：《汉语国际推广中的两个重要问题》，《长江学术》2008年第1期。

⑤ 王建勤：《汉语国际推广的语言标准建设与竞争策略》，《语言教学与研究》2008年第1期。

⑥ 郝平：《大力推广普通话 积极构建和谐语言生活》，2009年12月12日在全国语言文字工作研讨会上的讲话（http：//www. china - language. gov. cn/11/2009_ 12_ 21/1_ 11_ 442kmmm7_ 0_ 1261359154453. html）。

⑦ 汉办官网：《孔子学院介绍》（http：//www. hanban. org/confuciousinstitutes/node_ 10961. htm）。

外人文交流的重要窗口和平台，对其的研究也日渐成为学界研究热点。如张西平[①]（2007）剖析了孔子学院的“软实力”功能；孙鹏程[②]（2008）对国际语言推广机构和孔子学院进行了比较研究。此外，陈强、郑贵兰[③]（2007），李菊[④]（2008），朱陆民、刘梓红[⑤]（2009），张治国[⑥]（2009），吴瑛[⑦]（2010），吴瑛、提文静[⑧]（2009），吴瑛、阮桂君[⑨]（2010），刘伟[⑩]（2010）等都对孔子学院的相关问题进行了探讨，近期的研究更是如火如荼（限于篇幅，不再赘述）。尤其是2019年4月20日，为推动孔子学院高质量发展，在孔子学院总部的指导和支持下，浙江师范大学专门成立“孔子学院发展战略研究院”，标志着孔子学院项目有了专门的研究机构，十分有利于“学者的聚集”和“研究的集中”[⑪]。

综合来看，目前，语言竞争日益激烈，语言国际教育、汉语国际推广及孔子学院等研究方兴未艾，但2014年以前，国内外把语言与国家形象塑造关联起来的专门研究仍然不多，2014年以后虽有杨绪明及其研究生等对中国语言形象进行了一些探索，但目前国内外的研究仍存在以下几点不足：

---

① 张西平：《简论孔子学院的软实力功能》，《世界汉语教学》2007年第3期。

② 孙鹏程：《孔子学院和国际语言推广机构的比较研究》，硕士学位论文，山东大学，2008年。

③ 陈强、郑贵兰：《从“中国年”到“孔子学院”——文化传播与国家形象的柔性塑造》，《中国石油大学学报（社会科学版）》2007年第1期。

④ 李菊：《中国多边文化外交的新形式：孔子学院》，《理论观察》2008年第2期。

⑤ 朱陆民、刘梓红：《从孔子学院的兴建看中国文化软实力的提升》，《重庆社会主义学院学报》2009年第4期。

⑥ 张治国：《美国马里兰大学孔子学院田野调查》，《世界教育信息》2009年第3期。

⑦ 吴瑛：《对孔子学院中国文化传播战略的反思》，《学术论坛》2009年第7期。

⑧ 吴瑛、提文静：《孔子学院的发展现状与问题分析》，《云南师范大学学报（对外汉语教学与研究版）》2009年第5期。

⑨ 吴瑛、阮桂君：《中国文化在美国青少年中的传播效果调查——以匹兹堡地区孔子学院为例》，《学术交流》2010年第10期。

⑩ 刘伟：《孔子学院的文化软实力作用》，《云南师范大学学报（对外汉语教学与研究版）》2010年第4期。

⑪ 王辉：《谋汉推之方略，展孔建之洞见——孔子学院发展战略研究院公众号创刊》（https://mp.weixin.qq.com/s/iKiqN6d-d_wJw7Zj_fXO4A）。

①对语言作为工具与符号载体之于国家形象塑造、传播和表征的价值重视不够，国家语言形象塑造方面的专门研究未能受到应有的重视；

②现有研究宏观理论描述居多，分类和实证研究不足，研究的视角和方法相对来说还较单一，多是政治学、传播学或社会学角度的分析，亟须语言符号学角度的国家形象分支系统方面的专门、系统的研究；

③缺少基于汉语国际教育的宏观视角的中国语言形象研究，在多语言激烈竞争的背景下，这种探索能为实现“中国梦”探寻一条别样路径。

综合以上分析，虽然关于中国语言形象研究的文献不多，已有文献对中国语言形象的内涵、构成要素、建构意义、建构策略等已有阐述，但关于中国语言形象建构策略方面的研究角度单一，仍需更多综合性研究以丰富其理论体系。因此，为了进一步完善中国语言形象建构体系，加快中国语言形象建构步伐，仍需从建构角度出发，探寻中国语言形象的建构与传播策略，使其充分发挥优势，更好地为国家重大决策服务。

二 中国语言政策、规划的形象表征

综观当今学术研究，中国语言规划、语言政策、语言战略、语言资源与国家语言能力等命题备受学者关注，已经取得了丰硕的成果。这些研究领域从不同的侧面纷纷阐发了“语言”的相关命题，许多内容也是语言形象研究需要进行探讨的，不同程度上对中国语言形象建构有着重要的启示作用，因而需要特别梳理和借鉴。

（一）中国语言政策与规划的内涵、历史与实绩

“语言政策通常是指政府制定并实行的大规模的、国家层面的方针、措施、规划、改革，语言政策的制定旨在改变全社会的说话方式或识字方式。语言规划跟语言政策的名称不同，但内涵多有重合，而且语言规划的内涵比语言政策更宽，语言规划除了包括国家层面，还

包括非国家层面；除了包括政府层面，还包括非政府层面。”① 可见，语言政策是国家或政府层面的、具有一定强制作用的语言策略，属于行政事务范畴，针对所辖行政全体，往往会有较大影响；语言规划是一种语言计划或目标，制定主体和实施对象一般较为宽泛，其针对群体、影响范围及绩效评判等一般可大可小、可雅可俗、可正式也可不正式、可强制实行也可自愿处置。因而二者都可成为国家语言形象的展现标识、观测内容和建构对象。

对于新中国成立以来的中国语言规划及其相关政策，陈章太将其定义为：“当代中国的语言规划，是指20世纪50年代初以来的中国语言规划，实际指中华人民共和国建立至现在中国大陆的语言规划。”② 李宇明（2008）曾指出“语言规划（Language Planning）是政府或学术权威部门为特定目的对社会语言生活（Language Situation）和语言本身所进行的干预、调整和管理”③。因此，在谈及语言规划时，应与语言政策相结合。“中国是世界上最早进行语言规划的国家之一。孔夫子主张‘言而有信’，提倡在庄重场合使用雅言（‘子所雅言，诗，书，执礼，皆雅言也’）。秦国席卷天下、横扫六合之时，推行‘书同文’政策，用小篆统一了六国文字。特别是从清末到民国，出现了切音字运动、国语运动、白话文运动等。新中国语言平等政策、普通话推广、汉字改革、少数民族文字设计、汉语拼音方案的制定与推行，《国家通用语言文字法》的颁布等重大语言规划，对维护国家统一、促进民族团结、保障语言权利、和谐语言生活等，都发挥了作用。”④ 新中国成立以来制定并实施了一系列的语言规划与政策，如“中国科学院于1955年召开了现代汉语规范问题学术会议，把民族共同语定为普通话，主张向全国推广。”⑤ 从此拉开了促进汉

① 周庆生：《中国语言政策研究七十年》，《新疆师范大学学报》2019年第6期。

② 陈章太：《当代中国的语言规划》，《语言文字应用》2005年第1期。

③ 李宇明：《语言功能规划刍议》，《语言文字应用》2008年第1期。

④ ［英］苏·赖特：《语言政策与语言规划——从民族主义到全球化》，陈新仁译，商务印书馆2012年版，第1—3页。

⑤ 黄伯荣、廖序东：《现代汉语（增订四版）》（上册），高等教育出版社2007年版，第3页。

字改革、推广普通话、实现汉语规范化为语言文字工作的三大任务的序幕。“1956 年 2 月 6 日，国务院发布了《关于推广普通话的指示》，以北京语音为标准音的汉语普通话为主体的语言政策得以在新中国确立。”[①]“1956 年开始推行《汉字简化方案》，1958 年《汉语拼音方案》得到全国人民代表大会批准。如 1985 年 12 月 27 日，发布《普通话异读词审音表》；1988 年 1 月 26 日，发布《现代汉语常用字表》；1988 年 3 月 25 日，发布《现代汉语通用字表》；1988 年 7 月 1 日，公布《汉语拼音正词法基本规则》；1990 年 3 月 22 日，发布《标点符号用法》；1997 年 4 月，发布《现代汉语通用字笔顺规范》；2001 年 12 月 19 日，发布《第一批异形词整理表（草案）》。”[②]“而《中华人民共和国国家通用语言文字法》于 2001 年 1 月 1 日起施行，它首次明确了普通话和规范汉字作为国家通用语言文字的法律地位，为加强语言文字应用的管理和促进语言文字的规范化、标准化提供了法律依据。”[③]2013 年 6 月，国务院发布《通用规范汉字表》。2018 年 5 月，《国家通用手语常用词表》和《国家通用盲文方案》公布。

同时，在处理少数民族语言问题上，中国始终坚持“民族平等和语言平等的原则，提倡各民族相互学习语言的政策”[④]。“1954 年《宪法》赋予了少数民族使用和发展自己语言的权利。1984 年通过的《中华人民共和国区域自治法》，中国少数民族使用和发展自己的语言文字的权利再次得到法律保障。”[⑤]2000 年通过的《中华人民共和国国家通用语言文字法》第八条明确指出“各民族都有使用和发展自己的语言文字的自由”。2011 年 10 月通过的《关于深化文化体制改革推动社会主义文化大发展大繁荣若干重大问题的决定》提

---

① 沈海英：《中国“多元一体”语言政策发展概述》，《云南民族大学学报》2015 年第 5 期。

② 陈章太：《当代中国的语言规划》，《语言文字应用》2005 年第 1 期。

③ 黄伯荣、廖序东：《现代汉语（增订四版）》（上册），高等教育出版社 2007 年版，第 10 页。

④ 周庆生：《语言和谐思想刍议》，《语言文字应用》2005 年第 3 期。

⑤ 沈海英：《中国“多元一体”语言政策发展概述》，《云南民族大学学报》2015 年第 5 期。

出“在大力推广国家通用语言文字的同时，要科学保护各民族语言文字”。

周庆生（2019）通过对新中国成立以来七十年间有关中国大陆语言政策的中文文献的梳理，把 70 年间的语言政策大致分成了四个时期：第一个时期是形成期（1949—1986 年），新中国成立初期，国家实行文字改革和语言规范政策；第二个时期是发展期（1986—2000 年），改革开放时期，国家实行语言文字规范化、标准化、信息化政策，明确提出了“三化”的任务；第三个时期是成熟期（2000—2006 年），21 世纪初，实行语言立法政策，开始从人治走向法治；第四个时期是拓展期（2006 年至今），国家实行构建和谐语言生活、语言保护、语言服务和提升国家语言能力政策。2000 年《国家通用语言文字法》颁行，这是我国第一部语言文字专项法律，具有重要的里程碑意义。该法为建立国家语言法律法规体系奠定了坚实的基础；同时该法助力语言治理转型，将我国的语言治理及国家通用语言文字的使用推广，纳入了法治轨道，这标志着我国成功迈入了世界为数不多的语言法治国家行列。[①] “中国国家通用语言文字成为中国语言生活的主流，与中国政府正确的语言规划和语言政策是分不开的，推广普通话，简化汉字，推行汉语拼音方案等，都是语言生活协奏曲中的重要乐章。”[②]

由此可见，国家出台语言政策如通过相关法律及规范标准对语言的干预、调整和管理起到了关键作用。一系列法规与政策的制定、公布与施行，对中国的语言生活与语言形象产生了重大影响。因此，对于国家语言形象建构而言，特别是语言的国内形象建构，应充分利用国家相关语言政策提供的有利环境进行针对性的建构，同时还需要进一步完善相关语言法律及规范，从而确保语言形象能够顺利持续建构及发挥作用。

---

① 周庆生：《中国语言政策研究七十年》，《新疆师范大学学报》（哲学社会科学版）2019 年第 6 期。

② 郭熙：《语言生活书写时代编年史——新中国 70 年语言生活回眸》，《光明日报》2019 年 8 月 10 日第 12 版。

（二）当代中国语言规划类型

“当代中国的语言规划，明显地分为前后两个阶段，即从20世纪50年代初至70年代末的立国建设阶段，以语言地位规划为主，也就是实行语言平等，保障民族语言权利，选择、推广全民共同语，实行文字改革为主要任务的前一阶段；从80年代初至现在的改革发展阶段，以语言本体规划为主，也就是以加强语言文字规范化标准化和普及普通话，以及加强语言文字信息管理为主要任务的后一阶段。”①显然，陈章太从传统的二元论角度将中国语言规划分为语言地位规划以及语言本体规划。但是，郭龙生认为中国当代语言规划应该分为：“语言地位规划、语言本体规划、语言传播规划。”② 郭龙生认为语言传播规划在语言规划中起着重要的作用，并将对外汉语教学的推广列入语言传播规划范畴，充分肯定了对外汉语教学（现称汉语国际教育）促进汉语传播走出国门的重要意义，对中国语言形象传播机制、媒介等构建具有指导意义。

李宇明（2008）提出了不同的观点，他认为：“语言规划传统上分为语言地位规划和语言本体规划，还应专门进行语言功能规划，……把语言功能划分为国语、官方工作语言、教育、大众传媒、公共服务、公众交际、文化、日常交际等八个层次，……构建起多种语言现象互补共生、和谐相处的‘多言多语’生活。”③ 由此可见，李宇明先生的“语言功能规划”是从语言生活的角度出发来对语言规划进行的新研究，当然，语言来源于生活，并服务于生活，每个层次的语言除了要关注其功能外，我们也不可忽略其所具有的不同的语言形象性，每个层次的语言使用都会展现出不一样的语言形象，只有关注不同层次语言的形象性，时刻注意所在层次语言使用的整体效果，才能更好地发挥其语言功能，从而服务于生活。

当代中国语言规划的分类可谓见仁见智，随着“一带一路”倡议及中国语言形象概念的提出与相关研究的开展，建构中国语言形象对

① 陈章太：《当代中国的语言规划》，《语言文字应用》2005年第1期。
② 郭龙生：《略论中国当代语言规划的类型》，《语言教学与研究》2007年第6期。
③ 李宇明：《语言功能规划刍议》，《语言文字应用》2008年第1期。

服务并助推"一带一路"各项建设任务，将会有着不可代替的支撑作用。中国语言规划除了要进行语言地位规划、语言本体规划、语言传播规划、语言功能规划外，还应进行语言形象规划及其相关研究。语言形象规划是对"语言地位形象""语言本体形象""语言习得形象"以及"语言使用主体形象""语言服务形象""语言传播媒介形象"等语言形象分支所进行的一系列研究。通过开展语言形象规划，有利于建构中国语言形象，从而提升汉语的国际影响力，吸引更多的外国人学习汉语，促进汉语国际教育事业的良性发展，更好地服务"一带一路"建设，帮助提升中国的国家形象。

（三）语言规划的形象视角

在语言规划研究视角方面，张卫国认为："经济学对于语言规划相关研究的介入，有效地弥补了传统语言规划研究的不足，一是在理解语言相关的选择过程方面；二是在选择、设计、实施和评价语言政策方面。"① 同年，李宇明在《语言也是"硬实力"》一文中也主张"从经济学的视角来考察语言规划，增强语言规划中的经济学意识，对语言活动进行'成本·收益'分析，估算语言的经济贡献度"②。与张卫国观点不同的是，李宇明认为："语言的经济活动，需要语言产业的支撑。"③张卫国（2009）认为，语言经济学"主要是采用经济学的理论范式，把经济学理论和方法应用到存在语言变量的研究中，同时也研究语言与传统经济变量之间的关系等"③。以上观点将语言与经济相结合，以提升语言规划的效率，语言规划需要成本投入，而语言产业也会产出效益，应把经济学理论应用到语言规划与语言产业中，不断为语言规划研究注入新的"血液"。而杨绪明等在《全球语境下中国语言形象构建刍议》中也提出了可以"借鉴语言经济学理

---

① 张卫国：《语言政策与语言规划：经济学与语言学比较的视角》，《云南师范大学学报》2011 年第 5 期。

② 李宇明：《语言也是"硬实力"》，《华中师范大学学报》（人文社会科学版）2011 年第 5 期。

③ 张卫国：《语言经济学研究存在三个主要维度》，《光明日报》2009 年 11 月 24 日第 10 版。

论和方法来构建中国语言形象”[①]。不过，在借鉴语言经济学理论建构语言形象的同时，还应与语言产业相结合，而语言产业更多体现在语言服务领域上，如语言教育和语言测试能满足人们提高语言水平与语言能力测试的服务需求，语言翻译能给人们提供不同语言的转换服务等。因此，“中国语言形象”建构需要与“语言经济”“语言产业”“语言服务”相结合，从而研究出更适合的中国语言形象的建构策略。

此外，还有学者基于自身的研究兴趣，分别从所属社会生活领域、生态语言学、语言舆情、国家安全等视角出发对语言规划进行研究。如：李宇明从领域语言学视角出发提出了领域语言规划论，“领域语言规划的基本内容主要包括：支撑国家语言政策、建立与工作质量相关的领域语言文字规范标准、解决领域语言问题”[②]。骆玮提出“从西方生态语言学视域下看中国语言规划与政策，应注重语言与其周边环境的相互关系”[③]。李海英从语言规划形成机制角度，采用历时和共时相结合的方法，对当代本体规划进行发展趋势研究。提出“本体规划的优化和发展应从明确新的语言规划观、优化本体规划系统和提高本体规划效应三方面进行”[④]。魏晖（2017）基于语言舆情的影响，指出“基于舆情的语言规划是指建立在把握语言舆情规律、尊重民意基础上的语言规划，需要树立以人民为中心的观念，要以解决问题为目标，以系统、开放观为准则，提高语言规划的有效性和语言政策的传播效果”[⑤]。张日培基于国家安全视角，指出语言规划要“致力于解决可能引发安全问题的各类语言问题、促进语言文字更好

① 杨绪明、廖扬敏、贾力耘：《全球语境下中国语言形象构建刍议》，《广西师范学院学报》2014 年第 3 期。

② 李宇明：《领域语言规划试论》，《华中师范大学学报》（人文社会科学版）2013 年第 3 期。

③ 骆玮：《从西方生态语言学看中国语言规划与政策》，《天津职业技术师范大学学报》2015 年第 2 期。

④ 李海英：《中国当代语言本体规划研究》，博士学位论文，南京大学，2015 年。

⑤ 魏晖：《语言舆情与语言规划》，《语言文字应用》2017 年第 1 期。

地为国家安全服务”①。杨绪明、邱小琦（2017）从家庭语言规划与国家语言规划的关系、家庭语言规划现状、家庭语言规划重要性及影响因素等四个方面对家庭语言规划的相关问题进行了探讨。② 这一微观层面的语言规划研究对国家语言形象的内部构建提供了一个新的视角。

综合来看，以上学者的研究视角虽然各不相同，但出发点均在于如何更好地进行语言规划，研究视角的多样化，对丰富语言规划理论，提升语言规划的科学性、客观性具有重要意义，也为制定国家语言政策提供更多合理的参考。此外，对于语言形象建构来说，同样具有理论指导意义，如在构建语言形象时应充分了解不同领域的语言使用情况，特别要重视研究语言形象与环境的关系、语言舆情反映的形象需求、语言形象的安全性等。

语言规划取得的成果既包括理论成果，也包括实践成果，对我国语言规划的发展起着不可替代的作用，成为中国语言规划前进的主方向，当然还应不断更新观念，引入新理论，不断丰富理论指导，从而走好中国语言规划之路。虽然中国语言规划取得了一定的进展，但与国外相比仍有差距，因此，要进一步提升中国语言的国际影响力，就必须在现有语言规划成果基础上对中国语言形象加以建构，不断提升中国语言形象，这将更有利于加深人们对我国国家语言的自信心，也有利于提升中国语言在国际事务中的话语权。

三 中国语言战略研究的形象意义

高海洋（2014）指出：“我国语言战略研究急需解决四个方面的课题：建立语言规划机构；促进各民族间互相学习语言；改革汉语国际推广机制；外语教育压缩规模，提高效率。……建议由三个动态语

---

① 张日培：《国家安全语言规划：总体国家安全观下的范式建构》，《新疆师范大学学报》2018 年第 6 期。

② 杨绪明、邱小琦：《家庭语言规划及其影响因素》，郭龙生、郭熙：《语言能力与语言政策研究：第八届全国社会语言学学术研讨会论文集》，世界图书出版公司 2017 年版，第 145—162 页。

料库组成：语言使用动态语料库；语言态度动态数据库；语言特征动态数据库。"[①] 该观点指出了设立语言规划机构的重要性，通过专门机构的设定，才能充分发挥其对语言管理、规划的职能，因此，建构国家语言形象有必要先设立专门语言形象机构，从而解决语言形象队伍建设、内容建设、传播管理等存在的问题。此外，语言战略涉及汉语国际推广内容，应加快完善汉语国际推广机制，提升汉语国际教育的能力及影响力，从而促进我国语言战略的实施。而动态语料库的建设有利于对语言进行实时监控与管理，对语言形象建构具有借鉴作用。沈骑、夏天（2014）提出了国家利益视野下的中国语言战略应该考虑"国家语言生态战略、国家关键外语战略、国民语言能力战略、中华语言传播战略"等四个方面内容。[②] 该观点与高海洋的观点有异曲同工之妙，其中"国民语言习得与国民语言能力的提升、汉语国际推广与中华语言传播"等观点是相似的，与高海洋观点的最大差异在于他们提出了"国家关键外语战略"，"是指对中国国家安全及和平发展至关重要的外语语种，是国家处理海内外各种事务所需外语能力的核心组成部分"[②]。随后张天伟（2015）也提出了我国应制定"关键语言战略"的设想，并指出"关键语言主要是指与国家安全、国家战略、国家利益和国家发展相关的语言，一般多指非通用外语"[③]。该观点指出了国家制定关键语言的重要性，对建构以汉语普通话为代表的中国语言形象具有启发意义，同理，中国语言能否成为世界的关键语言或者他国的关键语言，首先应提升其语言形象。因为关键语言的选择往往受主观因素及其语言国际地位和自身形象的影响，正如同一性质的两种事物，人们往往偏向于具有优异特征且具有整体形象的事物。因此，构建良好的中国语言形象对当今中国及其未来发展就显得尤为重要了。

---

① 高海洋：《国家安全视角下的中国语言战略研究刍议》，《海南热带海洋学院学报》2014 年第 4 期。

② 沈骑、夏天：《论语言战略与国家利益的维护与拓展》，《新疆师范大学学报》（哲学社会科学版）2014 年第 4 期。

③ 张天伟：《我国关键语言战略研究》，《中国社会科学院研究生院学报》2015 年第 3 期。

四 中国语言资源与语言能力的形象反思

“语言是人类社会赖以生存的‘空气’，是透视社会现实的一面‘镜子’，语言也是同一社会或不同社会里人与人之间心智的桥。语言（以及关于语言的科学）成了创造物质财富和创造精神财富的基础。”①

（一）语言资源研究的形象视角

1. “语言资源”的内涵

国内较早使用“语言资源”术语的是邱质朴，1981 年他就论述了语言资源的开发、语言工程和汉语国际推广等问题。并指出汉语面向世界的推广工作是汉语资源开发的一个重要方面。② 魏晖（2015）在借鉴企业战略管理资源学派理论的基础上指出：“资源按其属性可分为自然资源和社会资源，语言是一种特殊的社会资源。语言资源具有社会资源的基本特性，如社会性、稀缺性和可开发性等，还有一些独特性，如共享性、生态关联性等。”③ 魏晖（2016）认为：“广义的语言资源是指语言本体及其社会、文化等价值；狭义的语言资源是指语言信息处理用的各种语料库和语言数据库，以及各种语言词典等。”④ 魏晖的这一界定，在学界获得了较高认可。中国语言形象的建构，首先要以资源的视角看待汉语，在汉语资源的开发、保护和传承进程中贯彻中国语言形象的建构策略。

2. 语言资源的分类与构成

关于语言资源的构成，学者们有不同的意见，如：陈章太认为语言资源分为语言本体和语言社会应用两个方面⑤；李宇明提出语言资

① ［苏］B. A. 兹维金采夫：《科学与研究方法体系中的语言学》，《国外社会科学著作提要》1979 年第 2 期。

② 邱质朴：《试论语言资源的开发——兼论汉语面向世界问题》，《语言教学与研究》1981 年第 3 期。

③ 魏晖：《国家语言能力有关问题探讨》，《语言文字应用》2015 年第 4 期。

④ 魏晖：《文化强国视角的国家语言战略探讨》，《文化软实力研究》2016 年第 3 期。

⑤ 陈章太：《论语言资源》，《语言文字应用》2008 年第 1 期。

源应“包括自然语言资源、衍生语言资源、公民的语言能力”等。[①]王世凯、李海宏认为语言资源“主要有语音资源、词汇资源、语法资源和语义资源”等四个方面。[②] 魏晖（2015）认为国家语言资源大致包括四大类：语言本体（知识）资源、语言应用资源、语言学习资源、人力资源（即掌握不同语种的人才）。在国家语言资源中，人力资源是最核心的资源，也是最具有能动性的资源。[③] 显然，魏晖的论述更为宏观。

李宇明还对语言资源的各个小类做了进一步的探讨，认为自然语言资源包括三类：“第一类是汉语及其方言，也包括汉字（简体字和繁体字）；第二类是少数民族语言文字；第三类是外国语言文字。”[④] 李宇明还提出了“衍生语言资源”的概念，“指对自然语言进行研究和加工处理而形成的语言资源，包括语言知识及其在各个方面的应用。此类资源主要是语言知识、语言产品和语言技术”[⑤]。他认为：“公民的语言能力”也属于语言资源，因而应“充分发挥其语言资源优势，倡导树立语言资源意识，善待语言资源和语言人才，提升公民语言能力，提升国家语言能力。”[⑥] 此观点指出了我国具有丰富的语言资源，但与其他观点不同的是他将“公民语言能力”纳入了“语言资源的范畴”。

尽管关于“语言资源的构成”有不同的看法，但是学者们都关注到了“语言本体资源”与“语言应用资源”两个基本类别。中国的语言资源种类丰富，每一种资源都是“中国语言形象”的重要组成部分，也是“中国语言形象”建构的基础和凭借，它们与汉语是共生关系，都是汉语形象的有益补充。

3. 语言资源的经济视角

徐大明（2010）从经济视角探讨了有关语言的七个问题，他把语

① 李宇明：《语言也是“硬实力”》，《华中师范大学学报》2011 年第 5 期。

② 王世凯、李海宏：《语言资源观再议——语言资源的结构、开发和语言资源观的价值》，《浙江传媒学院学报》2008 年第 1 期。

③ 魏晖：《国家语言能力有关问题探讨》，《语言文字应用》2015 年第 4 期。

④ 李宇明：《语言也是“硬实力”》，《华中师范大学学报》2011 年第 5 期。

⑤ 李宇明：《语言也是“硬实力”》，《华中师范大学学报》2011 年第 5 期。

⑥ 李宇明：《语言也是“硬实力”》，《华中师范大学学报》2011 年第 5 期。

言资源当作一种稀缺资源，认为“语言资源的开发和利用需要语言市场，规范和发达的语言市场是语言经济的保障。在决定语言政策和制定语言规划时，应该更多地考虑经济方面的激励措施。语言产品的贸易是当代贸易的重要组成部分”[①]。从语言经济学的视角来看，中国语言形象建构不仅是我国语言产品相关品牌的推广问题，更是中国民族品牌的国家形象展示问题。中国语言形象建构与研究要有经济意识、经营意识、绩效观念，当然也不能简单化、庸俗化，要把中国语言形象建构放到中国国家形象的大系统中进行规划与建构，既要关注“语言本身”，还要关注“语言与其使用者”之间的情感关系，更要关注语言之于国家形象的价值与意义。

4. 语言资源保护与形象提升

田立新阐述了中国语言资源保护工程的立项背景和依据，分析了该工程对于国家发展、社会进步、文化传承等方面的重大意义和作用。[②] 曹志耘认为，科学保护各民族语言文字既包括“语言保存”，也涵盖“语言保护”，包括“通过各种有效的政策、措施、手段，保持语言、方言的活力，使其得以持续生存和发展”[③]。周庆生提出“语言保护是指政府、社会群体和专家对不同语言状况采取的各种保护措施或治理措施，以应对语言生态受到的破坏”[④]。可见，语言保护是对语言多样化的保护，是语言和谐的应有之义，是语言亲和形象的必要要求，做好语言保护，就能提升整体语言形象，这也是“中国语言形象建构”的重要议题之一。

（二）语言能力研究的形象视角

语言使用的主体在人，一种语言能否被传承关键在于公民的使用程度。语言的使用情况反映了公民的语言能力，除了单一语言能力，

---

① 徐大明：《有关语言经济的七个问题》，《云南师范大学学报》（哲学社会科学版）2010 年第 5 期。

② 田立新：《中国语言资源保护工程的缘起及意义》，《语言文字应用》2015 年第 4 期。

③ 曹志耘：《中国语言资源保护工程的定位、目标与任务》，《语言文字应用》2015 年第 4 期。

④ 周庆生：《语言保护论纲》，《新疆师范大学学报》2016 年第 2 期。

公民的语言能力还体现为公民所会语种多少、每个语种水平的高低、掌握某个语种内方言数目的多寡及水平的高低等指标上。由于“人”又有个体和群体之分，公民虽是个体的人，但一个个公民组织起来就能形成国家，因而一国大部分公民的语言能力常常就代表着这个国家整体的语言能力。因此，李宇明提出要“倡导树立语言资源意识，提升公民和国家的语言能力。”[①] 刘丹青（2015）也提出应关注“‘作为社会成员的国民个体的语言能力’和‘作为一个国家一个社会整体具备的语言能力’”[②]。不过，从语言形象的视角来看，公民的个人语言能力是中国语言形象的基础，公民的国家语言能力影响着中国语言形象的整体质量。

赵世举（2013）提出“语言可以协调社会关系，营造和谐的社会环境；语言具有塑造良好形象的功能，而且必须依赖人的语言素质和语言能力的支撑；语言能力对文化传播有着极大的重要性”[③]，他的社会文化功能角度的分析给我们以重要启示：必须重视语言的社会文化功能，语言是塑造良好形象的主要媒介，我们要塑造中国语言形象必须得到社会的情感认同。此外，赵世举于2014年提出了关于“国家语言智库体系建设”的构想——“国家语言智库应是以重大语言问题为对象……以产出优质思想为己任”[④]，因此，构建中国语言形象也正是“国家语言智库建设”的题中之义。刘丹青（2015）把中国境内的国民语言能力分成9类。[⑤] 其中前两类“汉语群体使用通用语言即普通话的能力、汉语群体使用通用文字和规范书面语的能力”正是对应中国语言形象代表语言汉语的使用能力。

公民的语言能力能体现国家的语言能力，公民在语言能力提升过程中会展现出与之相适应的语言形象，由此可见公民的语言形象同样

---

① 李宇明：《语言也是“硬实力”》，《华中师范大学学报》2011年第5期。

② 刘丹青：《语言能力的多样性和语言教育的多样化》，《世界汉语教学》2015年第1期。

③ 赵世举：《从语言的功能看公民个人语言能力的地位和作用》，《云南师范大学学报》2013年第3期。

④ 赵世举：《关于国家语言智库体系建设的构想》，《语言科学》2014年第1期。

⑤ 刘丹青：《语言能力的多样性和语言教育的多样化》，《世界汉语教学》2015年第1期。

会影响国家语言形象的提升。因此，提升公民的语言能力，仍需要提升其语言形象，只有建立良好的个人语言形象，才能促进国家语言形象的提升，继而提升国家语言能力。然而，中国语言形象在建构过程中，还应进一步提升公民语言形象，从而建构更加完善的“中国语言形象”。

李艳红（2016）发现美国关键语言战略实施至今，美国的国家语言能力明显提升——“外语学习者人数呈波段式上升趋势，可教授语言300多种，外语教学和研究水平处于世界前列，语言人才库建设进展顺利，语言管理水平逐渐提高。……为应对未来可能发生的语言危机做好了人才及管理上的准备”①，并进一步提出：“美国的经验说明，要提升国家语言能力，必须制定一套切实可行的战略规划，有明确的战略目标，将外语人才管理制度化、科学化。……我国正在加紧实施‘一带一路’建设，所面临的国际问题复杂棘手（真正‘知彼’的智库型人才十分短缺②），语言问题更显严峻。将外语规划和外语教育与国家利益和国家安全联系起来，制定新时期外语教育规划，做好语言人才战备，是实现我国经济、安全、科技、文化、外交等战略目标的重要条件和重要保障。”③ 李建波在该文“编者按”中指出，李艳红这篇论文对我国注重战略目标制定，却较疏于实现手段设计与落实的做法是有启发意义的。这一观点是十分中肯的。

魏晖（2015）从语言资源观角度，借用企业战略管理资源学派理论对国家语言能力进行探讨，认为“国家语言能力指国家分配和管理国家语言资源的效率。国家之间语言能力的高低，不仅取决于语言资源的种类、系统性、标准化、数字化等，也取决于国民掌握语种的数量、水平情况，还取决于不同语言资源的组合。……文化强国对内主要表现为凝聚力，对外表现为影响力，这种凝聚力和影响力大小取决

① 李艳红：《美国关键语言战略实施体系的构建和战略目标》，《外语研究》2016年第6期。

② 李建波：《外国文学批评与情报分析》，《外语研究》2015年第3期。

③ 李艳红：《美国关键语言战略实施体系的构建和战略目标》，《外语研究》2016年第6期。

于构成文化的多种资源（包括语言资源）的组合情况。因此，国家语言能力是建设文化强国的基础"①。"公民语言能力"汇聚成"国家语言能力"，"语言能力"是"语言形象"的核心要素，"国家语言形象"是"国家语言能力"展现出来的形象，提升"公民语言能力"和"国家语言能力"既是"中国语言形象"建构的策略，也是其建构的目标。

五 "一带一路"背景下的语言服务形象建构实践

2013年9月7日，习近平主席在哈萨克斯坦纳扎尔巴耶夫大学发表题为《弘扬人民友谊 共创美好未来》演讲时，首次提出共建"丝绸之路经济带"构想。② 在随后的2013年10月3日，习近平主席在印度尼西亚国会发表题为《携手建设中国—东盟命运共同体》演讲时，首次向世界发出了共建"21世纪海上丝绸之路"③ 的倡议。到此，"一带一路"发展愿景已经成型，所倡导的"互利共赢、互学互鉴、开放包容、和平合作"理念很快就获得世界认可。正如习近平主席在推进"一带一路"建设工作5周年座谈会上的讲话中所强调的，"五年来，共建'一带一路'正在成为我国参与全球开放合作、改善全球经济治理体系、促进全球共同发展繁荣、推动构建人类命运共同体的中国方案"④。

随着"一带一路"倡议在沿线国家的深入推进，围绕"一带一路"建设的语言规划、语言战略、语言服务等研究也引起了学者们的广泛关注。加强服务于"一带一路"建设的语言研究，有利于提升"中国语言"服务于"一带一路"各领域的能力，促进各领域快速发展，从而进一步提升中国语言的国际地位及国际形象。目前关于"一

---

① 魏晖：《国家语言能力有关问题探讨》，《语言文字应用》2015年第4期。

② 习近平：《弘扬人民友谊 共创美好未来》（http：//www.xinhuanet.com//politics/2013－09/08/c_117273079.htm）。

③ 习近平：《携手建设中国—东盟命运共同体》（http：//www.xinhuanet.com//world/2013－10/03/c_117591652.htm）。

④ 习近平：《推动共建"一带一路"走深走实，造福沿线国家人民》（http：//www.xinhuanet.com//politics/2018－09/01/c_1123365939.htm）。

带一路”的语言服务研究主要集中在以下五个方面。

（一）直接塑形：做好汉语教育工作

汉语教育是语言服务的一项重要内容，既有中国境内的汉语教育，也有境外的汉语教育。中国境内的汉语教育既有对中国人的教育，也包括来华留学生教育。回顾近年的来华留学生教育发展状况，出现了人数增长、规模扩大、学生类别、层次、专业分布等进一步优化的可喜成效，但目前存在着“与国际教育强国相比学生规模差距依然明显，长期积存的结构性问题并没有实质性突破或解决”的问题，因而，戴东红（2016）指出：“其一，必须及时对近年来华留学生教育发展进行深刻反思，找出背后深层次问题并认真研究解决之策；其二，当前只有转换视角，从留学生教育的全局和整体出发，反思我国近年留学生教育，才有可能抓住问题的本质。从留学生教育发展的全局和整体出发，紧紧抓住规模、结构、质量、效益四个核心要素，将留学生教育发展推上新台阶。”①

除了来华留学生汉语教育，海外的汉语教育虽取得了很大成绩，但也存在诸多困境，特别是孔子学院（或孔子课堂）也需要突破发展瓶颈。王辉（2019）指出：“新时代孔子学院主要面临着世界多极化与文化多样性、全球化与信息化、不确定因素的干扰、舆论环境复杂化、办学资源和办学模式的局限性等五个方面的机遇和挑战。”②所以需要“转变发展理念，从文化传播走向文化融合；转变教学方式，更加注重在线教学；转变管理方式，从常规管理转向风险管理；优化运作模式，扩大社会力量的参与；丰富办学主体，从单一走向多元；转变发展方式，提质增效；优化布局，服务国家外交需要和‘一带一路’建设；完善功能，创新发展”③。

（二）间接塑形：做好语言服务保障

关于语言服务保障，赵世举（2015）提出“‘一带一路’建设，离不开语言保障。……面对丰富多样的语言需求，有关方面应尽快制

---

① 戴东红：《来华留学生教育发展探究》，《学术论坛》2016 年第 4 期。
② 王辉：《孔子学院转型发展的路径优化》，《语言文字周报》2019 年 5 月 8 日。
③ 王辉：《孔子学院转型发展的路径优化》，《语言文字周报》2019 年 5 月 8 日。

定专门的语言服务规划，加快培养语言人才，创新语言资源开发，构建相应的语言服务体系，不断提升国家和社会的语言服务能力”①。陆俭明（2016）也提出了类似的观点，“‘一带一路’建设需要语言铺路搭桥，语言互通是实施‘五通’的基础。……要加快培养语言人才，包括培养通晓沿线沿路国家语言的语言人才和为沿线沿路国家培养精通汉语的人才。”②“一带一路”涉及沿线的多个国家及地区，语言种类繁多，对语言的需求也必然极为复杂和紧张，做好“一带一路”建设所需的语言规划、语言人才培养规划，语言服务意识和语言保障措施就显得尤为重要。然而，所有关于语言服务的规划都应考虑语言现实的、未来的形象问题，良好的语言形象能更好地走出国门，走进国人及国外人群的心中，建构良好的语言形象不仅是对中国语言能力的一种肯定，更是对“一带一路”沿线国家的一种尊重。

（三）明确定形：确定国际通用交际语形象

“一带一路”建设需要实现“五通”，而“语言互通”既是目标之一，又是基础和工具。魏晖（2015）提出了实现“语言互通”的四种途径：“一是选择沿线国家比较常用的一种或多种国际通用语作为主要交际语；二是推行沿线国家比较认可的一种或多种语言作为主要交际语；三是提升个体语言能力；四是提升机器语言能力。”③由此可见，汉语不论是历史贡献还是当代影响，无论是相关的理论研究还是语言实践都可以担当“一带一路”沿线国家常用国际通用语的角色。杨迎华（2016）提出“在‘一带一路’建设过程中，应当使中文成为沿线国家重要的中介语言，以之促进文明间的对话沟通，真正实现‘民心相通’”④。然而想让中文成为重要的国际通用交际语，仍需大力提升中国语言的影响力及应用能力等，而这更需要做好中国语言的传播及形象建构，只有语言先行，建构良好的中国语言形象，

---

① 赵世举：《“一带一路”建设的语言需求及服务对策》，《云南师范大学学报》2015年第4期。

② 陆俭明：《“一带一路”建设需要语言铺路搭桥》，《文化软实力研究》2016年第2期。

③ 魏晖：《“一带一路”与语言互通》，《云南师范大学学报》2015年第4期。

④ 杨迎华：《“一带一路”建设下的中国语言战略》，《人民论坛》2016年第15期。

才能让“一带一路”国家首选中文（汉语）为通用交际语，由此可见，建构中国语言形象刻不容缓。

（四）全面统形：统筹做好语言服务规划

要做好“一带一路”的语言服务，必须要有相应的语言服务规划。对此，张日培（2015）提出“中国服务于‘一带一路’的语言规划应包括七个方面：一是中西部现代化进程提速背景下的语言资源保护研究；二是跨境语言与周边安全研究；三是丝路外语教学政策与规划研究；四是沿线国家和地区的汉语传播研究；五是沿线国家和地区的华语教育研究；六是‘一带一路’话语体系研究；七是语言智库建设与研究”①。该观点从“语言资源、语言安全、外语政策、语言传播、语言教育、语言体系、语言智库”等七个方面探讨了中国服务“一带一路”的语言策略，这一语言服务规划构想可为中国语言形象更好地服务“一带一路”建设提供策略参考。

在梳理语言战略规划概念的基础上，沈骑、夏天（2018）基于语言规划理论，提出“应针对沿线国家的语言需求，在语言地位、语言本体、语言教育、语言声誉、语言服务和话语规划等六个基本问题领域开展战略规划，希冀为构建服务于‘一带一路’建设的语言互通、中外人文交流的语言服务体系和机制，扩大中国语言文化的国际影响力提供理论参考和现实指导”②。正如该观点所言，只有正确处理语言地位、语言本体、语言教育、语言服务等领域的问题，并有针对地进行规划，才能更好地为“一带一路”建设提供有效的语言服务。

（五）融技新形：“互联网+语言服务”形象构建

互联网的快速发展带来了人类社会的巨大变革，人们的交际已经进入“互联网+”时代，人们的语言生活也变得更为多彩和丰富，“互联网+”时代的语言形象更为鲜明，已经引起大众的关注。邢欣、邓新（2016）基于“一带一路”核心区域分析，提出“要面向

---

① 张日培：《服务于“一带一路”的语言规划构想》，《云南师范大学学报（哲学社会科学版）》2015年第4期。

② 沈骑、夏天：《“一带一路”语言战略规划的基本问题》，《新疆师范大学学报（哲学与社会科学版）》2018年第1期。

沿线国家内外并举的语言发展战略构建；对外语言传播策略构建；对外语言文化交流与保护策略构建；语言文化冲突消解研究战略构建”；此外，还提出了“应在‘互联网+’模式下进行‘语言公共服务+语言咨询服务’平台构建”①。他们认为应将语言与互联网技术相结合，共同打造语言服务新形式、新体系，既要“融技”，又要“新形”（创新形式），以期提高为“一带一路”服务的效率。

对如何融入“互联网+”时代，做好“一带一路”语言服务，张亮、孙秋香（2016）也提出了与邢欣、邓新等相似的观点，“‘互联网+语言服务’新模式，可以为‘一带一路’建设提供强有力的语言支持，并为经济社会的发展做贡献。‘互联网+语言服务’旨在打造国家级语言服务战略平台，创建拥有中国核心技术的语言服务数据库，构建‘语言服务互联网云平台’”②。陈京京（2017）基于自己的研判也认为“在新时代背景下，‘互联网+’模式加入了语言服务，更是给语言服务提供了更好的平台，只有在速度上超越，语言服务的质量才会更上一层楼”③。综合以上观点，他们重点倡导要从“互联网+语言服务”出发助力“一带一路”建设，随着“互联网+”理念与实践的大力推进，语言服务借力互联网正发挥着越来越重要的作用，“互联网+语言服务”模式十分有利于提升“语言服务形象”，也能为建构“中国语言形象”打开新的大门。

综上，通过对国家形象、国家语言形象、中国语言规划、语言政策、语言战略、语言资源、语言能力、“一带一路”语言服务策略等研究可以发现，国家形象的研究已相当成熟，中国语言规划、语言战略、语言资源研究成果也相当丰富，“一带一路”的语言服务策略也随着“一带一路”倡议的实施和发展得到了较为深入的研究，这些研究同时也为从属于国家形象子系统的“国家语言形象”的研究奠

---

① 邢欣、邓新：《“一带一路”核心区语言战略构建》，《双语教育研究》2016年第1期。

② 张亮、孙秋香：《“一带一路”“互联网+”与语言服务——由〈汉语资源及其管理与开发〉所想》，《渤海大学学报（哲学社会科学版）》2016年第1期。

③ 陈京京：《“一带一路”与“互联网+”背景下的语言服务研究》，《现代职业教育》2017年第22期。

定了较为稳固的理论和实践基础，已有关于“国家语言形象”的研究成果也为“国家语言形象”建构指明了方向。因此，在此基础上提出“中国语言形象”构建策略将会对国家形象塑造、中国语言规划的发展、“一带一路”语言服务水平的提高等方面起到促进作用。

第二节 中国语言形象规划与汉语本体形象建构

一 中国语言形象的建构规划

作为顶层设计，“中国语言形象”建构规划建立在语言规划的基础之上，“语言形象规划”是针对语言形象的建构或改进而形成或制定的一种计划或目标，包括基于语言地位的形象规划、基于语言本体的形象规划、基于语言习得的形象规划、针对不同领域语言的形象规划、语言的传播形象规划以及语言的形象功能规划等内容。

其中，基于语言地位的形象规划指对语言（包括文字）及其变体的社会地位的形象所进行的规划，包括语言政策制定与实施过程中其所担任的角色形象，国语选择所体现的国家形象等。基于语言本体的形象规划是指对语言的语音形象、词汇形象、语法形象、文字形象、语体形象等语言本体要素所展现的形象进行规划，语言本体形象也包括其外在形象、内部规范形象等。语言的习得形象规划是指对获得“国家语言”“官方语言”或是“教育媒介语言”等定位的语言习得所体现出的好坏、难易程度等形象进行规划，包括教与学体现的整体形象及其变化等内容。领域语言形象规划指对语言生活的各个领域所体现的语言形象进行规划，主要包括四大重点领域。语言传播形象规划指的是对语言在传播中的形象问题进行管理及相关规划，使其更好地传播。语言形象功能规划指的是对语言形象产生的效用进行规划。这六种语言形象规划中，语言习得形象规划是重点。

就中国语言而言，汉语的形象规划，必须认真借鉴英语等外语的发展经验，做到全面、系统、有层级性，才能更快地切入建构进程，在语言形象满意度上追赶进而领先于其他语种的语言形象，助推中国国家形象的提升。

二 汉语本体形象的建构与研究

从常理上来看，中国语言形象研究应该是一个统摄汉语的语音研究、词汇研究、语法研究、汉字研究以及具有综合性质的汉语教学理论和实践研究的更为宏观的上位系统研究，要通过丰富的语言本体研究来审视汉语的语音形象、词汇形象、语法形象、汉字形象以及汉语教学理论形象和汉语实践形象，以“本体研究”支撑“汉语形象”研究。

同时，一个国家的语言要想在国内和国外都具有良好的形象，必须重视本体研究，要奠基于丰硕的语言本体研究成果之上。具体说来，既要能以先进“本体研究”理论去影响世界其他语言；也要能依托其先进的研究方法及技术手段去谋求作为世界语言的国际地位。

因而国家语言形象构建，必须注重对“国家代表语言”的语音形象、词汇形象、语法形象及文字形象等的基础研究，制定出本国语言（特别是代表语言）的国际化发展规划与策略，通过先进的本体研究促进本国语言形成“形象合力”，最终才能谋求以良好的语言形象作为良好国家形象建构的基础。①

（一）静态的汉语形象建构

1. 静态的汉语语音形象

通常认为现代汉语的语音特点包括：“声调是现代汉语音节结构中不可或缺的成分，具有区别意义的作用，汉语有重音，但一般情况下，没有因其位置改变而改变词性甚至意义的严格意义上的重音；现代汉语的音节结构中，元音占优势，元音同样是现代汉语音节结构中不可或缺的成分，元音都是响亮的乐音；现代汉语音节结构中没有复辅音。”② 关于现代汉语语音特点，学者们基本达成共识，另有学者

---

① 杨绪明、廖扬敏、贾力耘：《全球语境下中国语言形象构建刍议》，《广西师范学院学报》2014 年第 3 期。

② 杨文全：《现代汉语》，重庆大学出版社 2010 年版，第 36—37 页。

认为现代汉语语音特点为“没有复辅音、元音占优势、有声调”①。

中国语音形象的总体特征可概括为：首先，每一个汉语音节不论是音节的开头还是结尾，都没有两个或三个辅音连在一起的现象，而且至少有一个元音，如 ba［吧］、ne［呢］、a（啊）、ni（你）、hao［好］、xia［夏］、dong［冬］、biao［表］中，a、e、i、o、ao、ia、iao 都是元音，而 b、n、h、x、d、ng 为辅音。其次，元音和声调是汉语音节结构中的必有成分，声调的语音形象就是抑扬顿挫，元音听觉形象都是响亮的乐音，这就能使得汉语音节既抑扬顿挫、又界限分明，有鲜明的节奏感，这种节奏感是可以直接感知到的，所以听起来清晰悦耳，具有很强的音乐性。另外，汉语音节中辅音除了 m、n、l、r 四个浊辅音外，其余皆为清辅音，如 b、p、f、j、x 等。因为元音属于乐音，而清辅音发音时声带是不振动的，加上现代汉语中每个音节都带有声调，这就使得汉语音节富于高低升降变化，而且一般是声母辅音在音节开头进行间隔，音节的界限十分明显，具有音乐性强的特点。汉语音节的这些特征，赋予了汉语悦耳、动听的静态语音形象特征。

在中国的静态语言形象的有机结构中，语音形象担当起了汉语外貌表征的角色，它所提供的强弱间隔、松紧有度、音节响亮的音乐感通常能给人留下良好的第一印象，汉语语音所具有的这些形象特征，十分有助于中国静态语言形象展示其独特的语言特色和文化魅力。②

2. 静态的汉语词汇形象建构

汉语是语素文字，一般说来，汉语词汇具有“单音节语素多，双音节词占优势”③ 的特点，汉语词汇按结构类型可分为单纯词和合成词两大类。许多汉语单纯词和合成词都具有可分析的理据性。“词语的理据是指事物命名的根据，反映出词语的表达形式和词义之间具有

---

① 黄伯荣、廖序东：《现代汉语（增订四版上）》，高等教育出版社 2007 年版，第 6—7 页。

② 陈艳彬：《中国语言形象的构成及其影响因素》，硕士学位论文，广西师范学院，2016 年。

③ 黄伯荣、廖序东：《现代汉语（增订四版上）》，高等教育出版社 2007 年版，第 7 页。

的某种内在联系，大体可以分为语音理据、构成理据、语义理据、文字理据和历史文化理据五种类型。”① 因为后文会单独对汉字形象进行分析，这里主要从“语音理据、构成理据、语义理据和历史文化理据”四个方面去分析静态的汉语词汇形象。

词语的语音理据，指的是词语通过语音形式可为词语的意义生成和理解提供相应的理据支撑，主要体现在多音节单纯词中的音译词和拟声词上，如沙发、啤酒、巴黎、咖啡、可乐、巧克力、哗啦、呼呼、轰隆隆、噼里啪啦、叽叽喳喳、滴滴答答等，另外也有一些单纯词是由事物本身发出的声音而命名的，主要是通过摹拟事物的声音进而产生新词语，如猫、鸭、乒乓、蝈蝈、知了、布谷、蛐蛐等。

词语的构成理据，指的是构成词语的各个语素共同为词语的意义提供理据，主要体现在合成词上，“人们通常可以通过分析这类词的构成形态和各要素的含义便可大概推出它们的意思”②，例如一些派生词：盖子、椅子、瓶子、老板、老师、苦头、石头、第一、第二等。复合词如骨肉、雪白、笔直、花朵、书本、美容、失业等，“骨肉”是用人体的骨和肉来比喻至亲，如我们经常所说的亲生骨肉、骨肉团聚；“雪白”和“笔直”，意思就是“像雪那样白”和“像笔那样直”；“书本”和“花朵”中的“本”和“朵”分别是前面“书”和“花”的单位；“美容”和“失业”中，“美”和“失”分别支配后面的“容”和“业”。

词语的语义理据，主要指的是一个词的基本义通过引申和比喻衍生出其他的、与之相关的多个意义，并能为与之相关的词语的意义提供理据。例如我们经常使用的“花”，其基本义是指植物的繁殖器官，而后，因形状或颜色等方面的相似性，“烟花”“礼花”“雪花”“浪花”等词语，也能借助“花”的基本义，帮助人们更好地理解词语的意思。类似的词还有“门”等，词的本义是“双扇门”，后来通过引申和比喻衍生出许多意义与之相关的词，如“窍门”“门道”

① 刘伟乾：《词语的理据与词汇教学》，《徐州师范大学学报》（教育科学版）2010 年第 2 期。

“门生”“一门”“球门”“考试门”“艳照门”等。

词语的历史文化理据，指的是遗留在词义中的历史文化因素，可为词义的理解提供理据，多体现在成语、惯用语、歇后语中，以及一些表地名或姓氏的词语。例如“破釜沉舟”“四面楚歌”等成语源于历史典故，“掩耳盗铃”“狐假虎威”等出自寓言故事。惯用语如“开绿灯”“穿小鞋”“敲边鼓”等，歇后语有“铁打的公鸡——一毛不拔”“小葱拌豆腐——一青（清）二白”，等等。另外，我国很多表地名或姓氏的词语，也积淀着深厚的历史文化因素，如江西省的兴国县，是北宋太平兴国七年（即982年），以太平兴国的年号来命名的；景德镇，是宋真宗景德元年（1004年）因镇产青白瓷，质地优良，以皇帝年号命名，并沿用至今；再如“曾”姓为传统汉族姓氏，夏王少康封地给小儿子曲烈作为子爵王国，称为鄫子国。后来鄫国被灭，鄫国太子巫出奔邻近的鲁国，用原国名“鄫”为姓氏，但除去了邑旁（阝），表示离开故城，不忘先祖，称为“曾”，“曾”姓便由此而来。

可见，汉语词语的语音理据、构成理据和语义理据，在为词语提供理据的同时，也赋予了汉语生动、有趣、形象的静态汉语词汇形象特征。而汉语的成语、惯用语、歇后语以及一些姓氏词语，大都蕴含着丰富的历史文化内涵，这也大大增加了汉语词汇的形象性和趣味性。

总体来说，汉语词汇在形式上的特点一般可以概括为：①语素单音节化，单音节语素是汉语语素中的基本形式，而且占据绝对优势；②双音节词占绝对优势，双音节化是现代汉语词汇发展的总趋势；③词根复合构词为主、缀加式构词增多[①]，现代汉语最主要的构词法是采用词根复合法，词缀附加法在构词上近年虽有增加，但整体比例仍然不太大；④汉语有丰富的成语，且大多四字格；⑤有丰富的量词和语气词。

基于以上汉语词汇的五个方面特点，再结合“汉字”这一独特的

① 杨绪明：《新词语的族聚特征及其社会文化心理》，《语言教学与研究》2014年第1期。

词语书写形式和“词汇意义”，中国的词汇形象可以基本构建为：“从字面上看是以一个个成线性排列的方块字为依托，讲究用相对经济的双音节词作为表达丰富内容和深刻思想的主要方式，选择用成语、文化词、量词、语气词等具有民族特点的词来反映汉民族形象性的思维特征，从而表达意义上非线性的、委婉式的、某种特定的情感色彩和审美情趣，达到一种联想表意的效果。”①

词语的形象是由词语本身的物质形态（声音形态或书写形态）触发，经由大脑的想象而产生，词语的组合与运用记录并生产知识。可见，想象对人类知识的获得起着十分重要的作用。虽然想象是人脑对现实的感性反映，但人脑的很多想象所产生的形象却是通过词的作用（概括、抽象或标记）而形成，并且这些想象所形成的形象是需要通过词使之清楚而富有内容的。换言之，词能帮助人们想象，经由词的概括、抽象或标记，帮助树立起视觉形象与听觉形象，再经由词语的组合、变换能在人们的头脑中勾画出一幅幅或惊险、或缠绵、或静谧、或喧闹的生动图像，使世界有形有声，并能使人有身临其境的感觉。

在“中国静态语言形象”的有机结构中，中国“词汇形象”不但为其提供了“血肉之躯”，还提供了“语言形象”的“精神内核”，“词语的形象性”可以使汉语词汇的每一种属性都能得以释放，“词语形象”还能让“中国静态语言形象”更加凸显。

3. 静态的汉语语法形象建构

概括地讲，汉语语法的主要特点大致有四点：①没有严格意义上的形态变化；②词类和句法成分，二者不是一一对应的关系；③语序和虚词是主要的语法表达手段；④词、短语的结构跟句子的结构基本一致。

具体说来，首先，汉语语法明显呈现出“一套规则管三级单位”的特点，即一套规则能管到“词、短语、句子”等三个层级单位，

---

① 陈艳彬：《中国语言形象的构成及其影响因素》，硕士学位论文，广西师范学院，2016年。

这三级单位所使用的主要语法结构是基本一致的，即无论是词、短语还是句子，都有“主谓、动宾、偏正、补充、联合”五种基本语法结构关系，并且使用极其灵活，如要表达同一种意思，可用“天晴”（词），“天空晴朗”（短语），“天放晴了。”（句子）等等，它们都是有陈述关系的主谓结构。

其次，汉语词汇在语法方面也具有多功能性的特点，即“同一类词可以充当多种成分，同一类句法成分又可以由几类不同的词充当”①，如“星期天”在“星期天是儿童节”“今天是星期天”“星期天的机票已经卖完了”“我星期天去桂林玩了”中，分别充当主语、宾语、定语、状语等成分。

另外，词序和语序是汉语重要的语法手段，同样的构成成分因前后排列顺序不同而形成不同的结构体，表达不同的语法关系，很多时候也会具有不同的语义内涵，如“他们在学习文件”“文件学习过了”“学习文件已经发下去了”。

最后，汉语具有丰富的量词和语气词，不同语气的句子用不同的语气词，如“啊”多用于感叹句，“吗”和“呢”多用于疑问句等，而且量词的选择因中心语的不同而各异，例如，我们能说“一个人”“一匹马”，却不能说“一个马”或“一匹人”。语气词和量词的灵活运用，既避免了语言单调，又能大大增加汉语语法的变化性和趣味性。总之，汉语语法的这些特征，赋予了汉语灵活、有趣的静态汉语语法形象特征。

基于这些语法特点，“中国语法形象”就可以简单描述为：汉语语法基本不是通过语言符号（词）本身的形态变化，来表达相应的语法意义或语法关系，而是通过虚词以及语符与语符之间的组合顺序与方式来表达的；汉语的词类具有多功能性，词组成短语，词、短语加上句调后就能构成句子。因而，“中国静态语言形象体系中，汉语语法形象好比人的骨架一样，是整个中国静态语言形象的框架结构，

① 黄伯荣、廖序东：《现代汉语》（增订四版）（上册），高等教育出版社2007年版，第7页。

它通过类似神经元似的语法网络把汉语中的词汇和语音联系起来，让整个中国静态语言形象内部运转得井然有序”①。

4. 静态的汉字形象建构

“中国静态语言形象”是一个相对稳定的形象系统，前文已述，汉语之所以能被选作代表性语言，除政治和经济因素影响外，还因为汉语使用人口在中国人口中一直占多数，长期是官方语言，很早就有统一的文字，并存在不可计数的典籍。汉语虽有方言差异，但却因具有统一的书面语——汉字而能流传至今，从未中断。由于中国的其他语言使用人口较少，不具有代表性，只有汉语具有广泛的代表性，而汉语各方言间的差异主要表现在语音上，如果用这些语音存在较大差异的方言作为中国语言的代表，来塑造中国静态语言形象，就会很难构建一个统一的中国语言形象。汉字作为记录汉语的书写符号系统，与其他文字相比，有着极为强大的辅助交流功能。“因为汉字记录概念，不同方言间的人虽然对同一概念用不同的音，但他们都用同样的汉字记录同一个概念，因此写出来后能相互明白并实现交流。”② 经过历史积淀，汉字已显现出极强的超方言性，有助于中华民族内部获得对“中国静态语言形象”的统一认同。汉字对中国静态语言形象起到了稳定后方的作用。除此之外，汉字不但有了听觉上的形象，还具有了视觉上的形象，再加上书法这一独特书写艺术所带来的质感形象，从而更加丰富了中国静态语言形象在人们思想或感情活动中的具体形态。现代汉字是方块字，美观大方，且属于表意文字体系，以形声字为主，很多汉字我们可以察形知义，观形知音。例如“草”“芋”“芍”“芒”“芝”中，“艹”是表义部分，人们一看到这类字时，便能联想到与植物有关，有助于了解和区别词的意义，而“早”“于”“勺”“亡”“之”都为表音部分。然而，形声字形旁的表意功能和声旁的表音作用因社会的发展或古今语音的演变等各种原因，也有一些自身的局限性。

---

① 陈艳彬：《中国语言形象的构成及其影响因素》，硕士学位论文，广西师范学院，2016 年。

② 杨文全：《现代汉语》，重庆大学出版社 2010 年版，第 128 页。

另外，汉字还具有艺术性，其艺术性主要得益于五大字体的独特形象，有篆书的柔和婉转，隶书的庄重朴实，楷书的端庄优雅，行书的苍劲多姿、灵动活泼，还有草书的恣意奔放，而现代汉字多以楷书、行书和草书为主。基于汉字发展起来的书法艺术已经成为中华民族对于人类社会的一种独特贡献。

总之，汉字的方块字形，以及汉字五大字体的独特形象，使得汉字具有美观大方、实用性与艺术性完美结合的静态汉字形象。而形声字的“察形知义、观形知音”也有助于增加汉字的形象性和趣味性。

（二）动态的汉语形象建构

仅从静态层面去分析汉语形象是不够的，汉语形象的当代定位，就是要分析汉语的动态语言形象。冷战结束后，为获得国际社会的广泛认同，中国一直倡导塑造“和平、发展、合作、负责任”的大国形象。黎海波等提出“塑造中国温和而坚定的和平性形象”①。而张昆认为塑造中国国家形象要“弘扬中国的亲和力、感召力和吸引力，把硬实力与软实力有机地结合起来”②。汉语形象的当代定位应以“中国国家形象”的当代定位为基础，在“静态汉语语言形象”的基础上，赋予汉语以更多的、与时俱进的时代特色。

1. 动态的汉语语音形象建构

汉语的国际传播，既包括汉字的无声传播，也有媒体乃至独立个体的有声传播，这里“独立个体”主要包括国家领导人、外交使节、对外汉语教师、出境旅游者、海外工作者及海外华人，以及部分海外对汉语钟爱的外国人士等（当然，还应包括在国内有机会接触到外国人的普通民众），因他们与国外人士有着直接的、更广泛的言语上的交际和传播，因此，他们的用语行为在很大程度上（无论是有意的，或是无意的）会影响着汉语的形象。因此，有必要通过一定的方式让他们知晓一个事实：他们就是中国语言形象塑造的直接实践者，当他们与外国友人进行

---

① 黎海波、周聿峨：《温和而坚定：中国和平性国家形象的自塑》，《信阳师范学院学报》2008 年第 6 期。

② 张昆：《中国究竟需要树立什么样的国家形象》，《中州学刊》2014 年第 11 期。

交流时，应有意识地让自己所说的普通话的发音尽量标准，交流时注重做到语调平和却又不失坚定，从而能充分展现汉语语音本身独有的魅力。标准、亲切、富有亲和力、感召力和吸引力，充满自信地使用汉语，可以看作是当前汉语语音形象一个较为明确的定位。

2. 动态的汉语词汇形象建构

“绿色、生态、环保”是我国长久以来一直在努力倡导的重要发展理念，语言的发展和传播亦是如此，要重视语言生态环境的保护。因此，汉语词汇形象的当代定位应是文明、规范、纯洁、自信、美丽的。鲁迅曾指出“辱骂和恐吓绝不是战斗”，汉语词汇形象的“文明”主要指在一般语用场合中，坚决杜绝詈骂语等肮脏、粗鲁的用语行为。而“规范、纯洁、自信和美丽”，指现代用语场合（即使是在聊天、网络等非正式语境）中，也尽量避免语码混用现象，如尽量不用“稀饭（喜欢）、GF（女朋友）、BF（男朋友）”等这一类的词语，另外，商家在进行广告宣传时，也不要为了一时的经济利益而故意篡改成语或习惯格式，有意使用一些谐音、曲解、替代语符，或是把英语字母或词汇夹杂进去，如痔疮药物的广告“有痣（志）之士、痣（志）在必得”，蚊香广告“默默无蚊（闻）”“他们已经 OUT 了”，这些做法都是不可取的，增添了不合规的汉语词汇条目，多数情况下会增加外国人学习汉语的负担，进而也必然会影响到标准汉语的国际传播。因而，在当代对外交流的各种场合，尽量使用规范、得体的汉语词汇，这既是保持汉语的规范、纯洁和美丽，更能体现出言说者对汉语本身的一种自信，展现出正面的汉语形象。

3. 动态的汉语语法形象建构

相对于那些形态发达的语言而言，汉语在语法上与之有着很大的差别：首先，汉语缺乏丰富的形态变化，进行交流表达时主要以意合为主，既约定俗成又具有高度的抽象性。对于汉语母语者来说，由于自幼的耳濡目染，学习汉语语法并不那么困难。然而，对于其他国家的汉语学习者，在刚接触汉语时，可能会觉得汉语语法晦涩难懂。因此，汉语语法的当代定位应是通过系统梳理和选择安排，力求呈现给外国人的汉语语法是具体化、精练化的，对语法的描写也宜定位于

“清晰而且有条理”的目标。在这一过程当中，对于汉语国际教育教师，应该有着更高的要求，如要求汉语国际教育教师在汉语国际教育教学中应避免语法规则的生硬传授，避免将本就很抽象的语法规则进一步烦琐化，要注意化抽象的汉语语法规则为具体实例的讲解、比较、领悟和运用等。

4. 动态的汉字形象建构

汉语是语素文字，相对印欧语如英语等音素文字，汉字的形体确实较为繁难一些，常用的构成部件（或符号）也相对较多。汉字是汉语最重要的辅助性交际性工具，为了能更好地走向世界，其当代定位应该是追求严谨性和规范性，在对现行汉字进行全面、系统、科学研究和整理的基础上，早日实现“定量、定形、定音、定序”等“四定”标准化，以便于其能作为国际交际工具而更好地进行学习和使用，尤其是媒体、外交使节、汉语国际教育教师、出境旅游者等群体，在使用汉字时，更要注重汉字的严谨性和规范化。具体说来，就是要求人们不写不规范的简体字，不用异体字，不写错字和别字，多用规范简体字，少用繁体字等。

俗话说，静者定其位，动者充其实。一静一动，动静结合，融为一体，交融互生，静态与动态汉语本体形象共同构成中国语言形象建构的基本框架，为地位形象、习得形象、领域形象、传播形象的建构研究提供了坚实的基础。

第三节 中国语言形象的当代定位

一 中国国家形象的当代定位

国家形象的一切产品本质上都是公共产品，是必须由政府来规划、组织，同时也必须有全社会的普遍参与。对中国来讲，“社会参与、民间声音是当下国家形象塑造战略中最需提升和拓展的，而政府力量应更多地体现于‘后台’的公共财政支持和公共产品的组织协调”①。

① 刘康：《如何打造丰富多彩的中国国家形象?》，《新闻大学》2008 年第 3 期。

由于国家形象既具价值性功能，又具有工具性功能，“任何国家的形象都会有现实与想象、客观与认知的多重性，国内外公众的主观认知也会有差别，一旦认识差距较大甚至冲突，就会影响该国的认同感和凝聚力，进而也会影响到该国的外交、商贸、旅游等”①。可见，塑造积极的国家形象，将是一种名利双赢的过程。

许多学者就“如何重视中国作为当代崛起大国的国际形象、重视这种形象的虚拟性、观念性和品牌效应，通过积极影响和引导舆论来塑造良好的国家媒介形象，都提出了有见地的观点和建议，如打造强势媒体、建构整合传播策略、成立专门机构、开展公共外交、积极主办国际活动等等”②。虽然中国的相关机构和专家对之已经做出了很大的努力，但刘康（2009）经过研究后进一步提出“首先，针对政治价值观和社会治理方式上的挑战来定位当代中国的国家形象。……需要各有关方面从有效传播的角度积极应对，打造中国品牌，建立中国的国际话语权。其次，要基于中国目前的国际传播实力来定位中国国家形象。要区分‘内宣’与‘外宣’差异，‘只有内知国情，外知世界，才能有效向世界说明中国’”③。关于当前的中国传媒力量是否与中国国力相符、国际传媒大环境对中国是否不利等相关问题，已经引起部分中国学者的关注。如胡鞍钢、张晓群（2004）④，黄旦、屠正锋（2006）⑤ 等学者分别提出不同的论见。明安香（2007）提出：“国家形象的树立和传播，与一个国家的实物传播、人际传播有密切关系。”⑥

许多学者曾基于“当代传播体系”与“国家形象塑造”的认识，提出当代中国国家形象定位应该放弃不合适的高调外宣传统，向世界展示自己在迅速发展进程中的复杂全景和“相对正面”而真实的中

① 刘康：《如何打造丰富多彩的中国国家形象？》，《新闻大学》2008 年第 3 期。
② 刘康：《如何打造丰富多彩的中国国家形象？》，《新闻大学》2008 年第 3 期。
③ 刘康：《如何打造丰富多彩的中国国家形象？》，《新闻大学》2008 年第 3 期。
④ 胡鞍钢、张晓群：《中国传媒迅速崛起的实证分析》，《战略与管理》2004 年第 3 期。
⑤ 黄旦、屠正锋：《也谈中国的传媒实力》，《新闻记者》2006 年第 1 期。
⑥ 明安香：《关于国家形象传播的思考》，《对外大传播》2007 年第 9 期。

国形象，这才是中国国家形象的理性定位。

综合已有研究可知，我们既要正视目前中国传媒实力，也要警惕海外舆论中的刻板印象和偏见，还要考虑如何展示中国的正面形象。中国国家形象的当代定位，“应该以公共关怀、普遍参与的方式，鼓励各行各业对中国丰富多彩的符号、形象、意象和信息系列进行价值观上的深入理解和意义把握，……让国家形象的丰富价值意义在现实与想象、客观与认知之间得以不断地客观呈现，……从而在不断获得国内公众广泛认同和国外受众普遍接受的基础上，提升中国的国家形象和实际影响力”①。

二 汉语形象当代定位的思路

前文已述，语言形象是国家形象的分支系统，对国家形象的塑造与维护具有重要的价值。通过国家语言形象概念的界定，并在中国语言形象现状调查及成因分析的基础上，对中国语言形象的构成要素及其功用进行了探讨，使我们进一步确立建构的着力点和目标。

语言形象建构要针对国家语言形象现状来实施。中国语言形象包括国内人群形成的语言形象和国外人群形成的语言形象。和其他使用人口较多的语言（如英语、法语及德语）相比，当代中国的语言形象与中国在国际上的实际政治和经济地位是不相称的。这种不利地位既有历史发展的客观原因，同时也有我们自己不够重视、低效作为有关，特别是“我国语言观念滞后、信息化水平较低、缺乏规划以及过分强调英语等因素”②，综合造成了当前的中国语言形象现状。由于语言的国内形象和国际形象一般会受到多种因素影响，多是在语言的比较中凸显出来，在语言的传播和使用过程中得以实现。因而既要应对“威胁论”和“民粹主义”的无意误读或是有意诋毁，同时又要在全面总结汉语外传历史经验和教训的基础上，积极借鉴英语、法语

---

① 潘一禾：《“国家形象”的内涵、功能之辨与中国定位探讨》，《杭州师范大学学报》2011 年第 1 期。

② 杨绪明、廖扬敏、贾力耘：《全球语境下中国语言形象构建刍议》，《广西师范学院学报》2014 年第 3 期。

和德语等语言的语言推广经验，寻找语言兴衰与国力强弱间的关联互动规律，进行有针对性的改变，“积极探索官方与民间、国内与国外、宣传与实践相结合的多渠道、多层次的汉语国际推广方式，……才能够在全球化语境中探寻出有中国特色的国家语言形象提升策略和实现途径”[①]。

三 汉语形象当代定位的标识点

（一）汉语形象代表中国语言形象

汉语形象代表中国语言形象，这一定位明确了汉语及其形象建构的重要地位，是一个国家级的大命题，需要从中国全球发展的角度来统筹。前文已经定义，中国语言形象是指在“国际社会中形成的以汉语普通话为代表的中华民族语言的整体形象”[②]。这一定义既是理论建构，也包含基本的建构设计，需要高度重视并进一步细化实施。

（二）汉语本体形象是中国语言形象系统基础

国家语言形象涉及某国的语言地位形象、语言本体形象、语言习得与使用者形象、领域语言形象、语言品牌形象等五大内容，而其中的“语言本体形象”是其他四类形象的基础。因而，中国语言形象是一个统摄汉语语音形象、词汇形象、语法形象、汉字形象以及汉语教学理论形象和汉语实践形象等形象构成要素的更为宏观的上位形象系统。

要通过汉外比较，丰富汉语本体研究成果，提炼出独具魅力的汉语当代形象特征：如汉语语音拥有“强弱间隔、松紧有度、音节响亮、音乐感强”的特点；汉语词汇体现“构成理据强、双音占优势、数量众多、文化内涵丰富”的特色；汉语语法具有“不重形态变化、词类句法不求对应、语法结构相对统一、注重语序虚词”的特色；汉字具有“二维图画性、空间信息量大、书法艺术化、强大的超方言

① 杨绪明、廖扬敏、贾力耘：《全球语境下中国语言形象构建刍议》，《广西师范学院学报》2014 年第 3 期。

② 杨绪明、廖扬敏、贾力耘：《全球语境下中国语言形象构建刍议》，《广西师范学院学报》2014 年第 3 期。

性”等魅力；加上汉语教学实践历史悠久、汉语典籍丰富、便于国际交际等特征，通过统合提炼，共同构成当代汉语的综合形象。

（三）中国语言形象兼顾国内形象与国外形象

前文已述，不管是中国静态语言形象，还是中国动态语言形象，都又可分为本国语言形象和他国语言形象两种类别，也就是有中国人的汉语形象和外国人的汉语形象之分。本国语言形象多是基于祖国文化的长期熏陶，具有身份认同、民族认同、文化认同和国家认同等多方面价值，往往具有极强的稳固性、内涵丰富性，常常还带有情感夸张性。他国语言形象也可称为“他国语言映像”，因跨语言和跨文化理解受到政治、经济、文化、宗教、个人教育程度、语言的历史贡献等等多种因素影响，因而“他国语言形象”通常情况下都会带有片面性，常会以偏概全——或夸大、或贬损，多是一种刻板印象。外国认知主体对汉语所形成的“他国语言映像”，常常是中国语言形象扭曲的映像，而非中国语言形象的真实写照，因而需要认真研究，运用班尼特“形象修复理论”相关策略进行形象修复。本国语言形象和他国语言形象有时并不一致，常常会互相质疑，形成“国家语言形象质疑链”，因而进行中国语言形象定位时不要固化、防止僵化，要有动态观，同时还要注意“内”“外”兼修，从而真正提升汉语的国际形象。

（四）国家语言形象质疑链：形象建构动力源

“国家语言形象应重点研究语言符号之于受众的情感关系，是语言符号的再造符号。”① 国家语言形象具有系统性、互动性、主体间性、有机整合性等特征，这种“互动性”和“主体间性”是在多国语言的比较中凸显出来的。语言在两个国家之间传播，认知主体会各自对“对方国家的语言形象”做出主观情感评价，双方主体就会围绕“国家语言形象”形成认知链条②：

---

① 杨绪明、廖扬敏、贾力耘：《全球语境下中国语言形象构建刍议》，《广西师范学院学报》2014 年第 3 期。

② 陈艳彬：《中国语言形象的构成及其影响因素》，硕士学位论文，广西师范学院，2016 年。

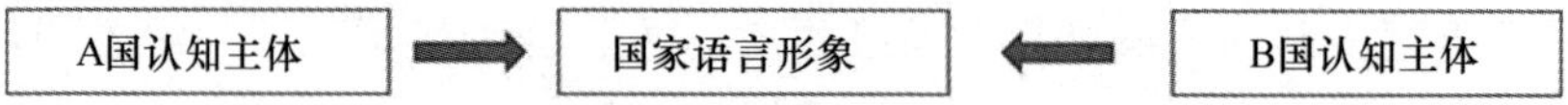

国家语言形象的主观性体现于这一链条的复杂互动关系上，即

若A国认识主体想塑造A国的国家语言形象，A国认识主体必然要展现对自己有利的主观认知的语言形象，可称之为国家静态语言形象。而在B国认识主体眼中，A国的国家语言形象未必如此，因为B国的认识主体会站在自己国家利益的角度对A国的国家语言形象作出主观判断，称为他国语言映象。目前A、B两国的认识主体的认知未能达成一致，不能进入共有空间。由于国家静态语言形象和他国语言映象存在矛盾，从而形成了错位国家语言形象。至此A国主体想塑造出合意的国家语言形象受阻，看来双方必须都能接受某一标准时才能进入共有空间，使得合意的国家语言形象得以塑造。

这一链条可进一步模型化为：

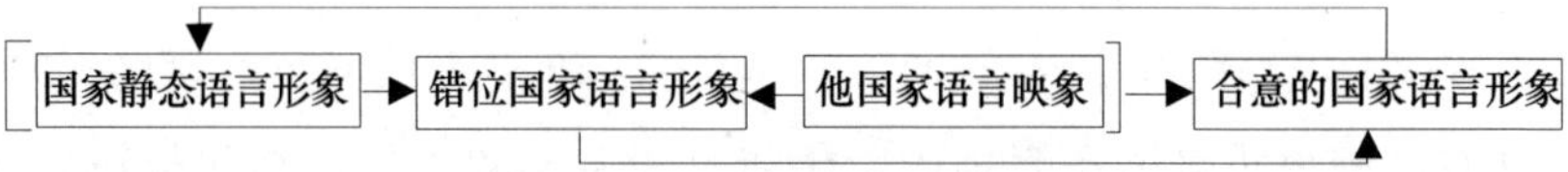

图6-1　国家语言形象质疑链

这一模型中，“A国主体”质疑“B国主体”的“他国语言映象”贬低或偏离了A国的“国家静态语言形象”，而“B国主体”质疑A国“国家静态语言形象”有夸大倾向，若质疑未解决，即双方

未达成一致认知，“他国语言映象”就同“国家静态语言形象”冲突，双方互不妥协，他们各自的某国语言形象之间是“错位”的，即形成“错位国家语言形象”，“错位国家语言形象”仍属于“他国语言映像”范围。那么作为语言形象构建方的“A国主体”当然对这一现状不满意，会想办法去排除“B国主体”的质疑，采取相应措施对“错位国家语言形象”进行新的整合；而“B国主体”的质疑没有消除，其形成的A国语言形象必然是“错位国家语言形象”，自然就归入“他国语言映像”之中。直到质疑消除，“错位国家语言形象”都能得以修正，进而形成合意的国家语言形象。当然，合意的国家语言形象一旦塑造成功，也就具有了一定程度的相对稳定性，在所属国家的不断维护与努力修正下，“他国语言映象”与“国家静态语言形象”将会在一定时期内处于平衡状态，形成比较稳定的国家语言形象。可见，动态的“国家语言形象质疑链”是中国语言形象建构的原生动力系统。

第四节 汉语刻板印象的修复

一 刻板印象与形象修复理论

20世纪20年代，美国新闻工作者李普曼最早提出了“刻板印象”术语，因其对现象的概括与洞见，随后传播学、心理学等学科便纷纷以之作为热门话题展开研究。刻板印象是指“人们关于某一社会类别所具有的共同属性的观念”①。刻板印象具体表现为：认知主体在认知或交际过程中，会对国籍、种族、地域、地位、性别、职业、商品及品牌等事项产生某种固定的或是固有的观念。刻板印象概念与我们前面的“静态形象”（有“静态的语言形象”“静态的中国形象”等）的内涵基本相似。一般说来，从是否有利于“宿主”（“印象”的对象）的角度来看，刻板印象有“正面刻板印象”与“负面刻板印象”之分，“负面刻板印象”有时也可称之为“偏见”。“偏

① 王沛、贺雯：《社会认知心理学》，北京师范大学出版社2015年版，第270页。

见”是“基于错误的判断，或先入之见，是对别的群体或个人采取的否定的态度，这是一种不健康不合理的状态”[①]。

不论是“正面”还是“负面”，刻板印象一旦形成就会暗示甚至影响主体的价值判断和行为方式，特别是“负面刻板印象”，有时会过度夸大某些特征进而引发偏见和歧视，可见“负面刻板印象”极易导致不同群体之间关系的紧张甚至对立，多数情况下还会阻碍人们接受和看到新的观点[②③]。张景云、田悦戎（2018）基于中国品牌国际形象塑造的角度，指出“人们对于中国品牌的形象认知与中国国家形象关系密切。海外受众对于中国品牌的认知，有时是沿着‘国家—城市—所属企业’这一路径展开的。”[④]。鉴于“负面刻板印象”的不利影响，人们一般都会想方设法规避“负面刻板印象”，对自身的不利形象进行修复。前文已述，威廉·班尼特（William L. Benoit）在1995年提出了“形象修复理论”（Image Repair），并提出了形象修复五步策略，即“否认、规避责任、减少敌意、纠正行为、表达歉意”[⑤] 等五个步骤。班尼特“形象修复五步策略”为我们在进行形象修复时提供理论指导，从而提出更加具体且合理的形象修复方法。

二 中国形象的刻板印象及其修复

由于历史，或东西方意识形态差异，或对中国崛起的嫉妒、担心等原因，中国在国际社会中的形象是比较复杂的，而且也多是刻板的、固化的，其中“负面形象”远远大于“正面形象”，鉴于这一现实，有必要先弄清中国形象现状，再进行有针对性的修复。

刘康（2008）研究发现，“虽然西方反华势力中的种族主义和欧

---

① 贾玉新：《跨文化交际学》，上海外语教育出版社1997年版，第106页。

② 金盛华：《社会心理学》，高等教育出版社2017年版，第141—144页。

③ 金光耀：《边疆少数民族在内地媒介的呈现：基于刻板印象视角的分析》，《视听》2019年第9期。

④ 张景云、田悦戎：《扭转负面刻板印象塑造中国品牌“优质高端”国际形象》，《对外经贸实务》2018年第12期。

⑤ 田卫东：《对班尼特形象修复策略的商榷》，《新闻知识》2015年第12期。

洲中心总是时隐时现，近年来西方主流社会对中国的看法总体上已经有了较大的转变。但西方文化优越心理和种族主义基础的削弱并不意味着对中国形象的根本性改变。现在中国这个‘他者’的属性更多转向为冷战意识形态残余的‘神秘莫测’‘专制集权’‘共产主义’等等。……形成中国国际形象中的负面刻板印象或脸谱化的议程设置。”①

詹乔（2010）在其博士论文中对美国人心目中的中国刻板印象进行了分析，指出“美国和整个西方社会对中国形象的极端化和非人化的刻板印象，是一种源于早期东方主义色彩的表述策略，目的是给西方社会树立一个无知、野蛮的中国‘他者’形象，期望以之来反衬出西方国家自恋式的‘进步、理智的自我形象’，同时也妄图通过这种手段使他们早期向中国扩张其利益范围的行径合法化”②。西方传媒眼中的中国，突出的是“神秘”“共产党国家”这两个特点，说明在西方社会，中国形象始终是一个“他者”（Other）的形象。③

范勇（2008）基于对《纽约时报》的实证研究，指出美国主流媒体涉华报道中的意识形态偏见词汇极大地影响着西方的“中国形象”，这种“偏见”不仅表现在涉华报道的内容、主题、倾向等宏观层面，也体现在报道的遣词上，而“政治意识形态是美国媒体的中国报道偏见的根源”④。考察发现，“中国自身所塑造的国际传媒形象与国际传媒中的实际的中国形象之间存在很大的差异，甚至在局部形象上出现正反极性现象”⑤，对之我们需要有清醒的认识和研究。“首先我们要对当前国际传播的文化大环境有充分的了解。单就塑造中国国家形象、中国声音的问题来说，我们有必要从历史、现实以及中外比

① 刘康：《如何打造丰富多彩的中国国家形象?》，《新闻大学》2008 年第 3 期。

② 詹乔：《论华裔美国英语叙事文本中的中国形象》，《暨南学报（哲学社会科学版）》2010 年第 4 期。

③ 周宁：《天朝遥远——西方的中国形象研究（上下卷）》，北京大学出版社 2006 年版。

④ 刘鉴强：《从李文和案看〈纽约时报〉的意识形态性》，《国际新闻界》2001 年第 1 期。

⑤ 范勇：《美国主流媒体涉华报道中的意识形态偏见词汇与“中国形象”塑造——基于对〈纽约时报〉的实证研究》，《湖北社会科学》2009 年第 8 期。

较等多个层面，从中国内部体制、国际传播环境、中外对比等层面，作认真严肃的研究与分析”①。

中国在文化传统、肤色种族、信仰与价值观上跟西方的区别，再加上前期宣传不够或实效不显著，西方眼中的中国形象并不是我们的真实形象，更不是我们想要的“中国形象”。在现在这个文化多样化、强调多元文化并存的全球化时代，转型中国的快速崛起，多样、复杂、多元化、全景呈现是任何国家、组织或个人都无法忽视、掩饰，也无法歪曲、简单妖魔化的事实。当前也正是对负面的中国刻板印象进行修复的最好时机，因而要做好中国形象建设的系统设计，积极构建正面的中国形象，还要下功夫努力修复他人对中国整体形象的不利看法，提升中国整体形象。当然，要打造合意的国家形象，还要做好宣传，要多元地、真实地再现中国全景，既要展现中国的丰富多彩，又要正视转型社会不可避免的各种复杂矛盾，展现给世界一个本真的中国。最终要让世界明白：当前的中国，虽是矛盾的、复杂的、不完美的，但也是自信的、开放的、透明的和大度的，未来的中国，必然是一个有责任感、有担当、有确定目标的、爱好和平的大国。

三 汉语形象的刻板印象及其修复

关于外国人对汉语的印象，有美化的，如“汉语是图画般的、艺术的，神秘、悠久、充满魅力的”，也有刻板的，如汉字“难认、难读、难写、难记”、汉语“难学”等。这些说法也影响了一些外国人形成汉语的刻板印象，加上没有对之及时纠正，“汉语难学”“难以接近”等评价还常常见诸媒体、文章和论著，表明“汉语难学”的负面刻板印象还有不小的市场。李泉、杨志盛（2019）认为，当今一些中国人及媒体也跟着炒作“汉语难学”这些说法是令人不解的，更不是一件可以“自豪”的事。“白乐桑先生就曾不解地指出‘说中文难学的，都是你们中国人’。的确，中国人常常问外国人‘汉语难不难?’国内人士编写的对外汉语教材中，有的课文就是讨论‘汉语

① 刘康：《如何打造丰富多彩的中国国家形象?》，《新闻大学》2008 年第 3 期。

难学’的，并且往往是默认乃至引导学生认可汉语难学。……把汉语渲染和塑造成一种难以习得的语言，既不符合汉语的实际，更不符合汉语国际推广的国家战略，也无益于各国人民对汉语学习的需求和愿望。”①

众所周知，偏见一旦形成，就会“定型”，进而会守恒性地顽固维护自己，拒绝改变，一般会形成“负面的刻板印象”。单从内涵上看，“刻板印象”与“定型”同类。定型是一个心理学概念，指人们对特定的人或事物所持有的固定化、简单化的总体观念和刻板印象，定型的功用是可以帮助人们简化思维过程和提高认知效率，因而“定型”同时具备描述和评价的功能。W. Lippmann 最早将定型概念引入社会学研究领域。通过研究可以发现，“定型能在民族共同体成员的衣食住行、言谈举止中不同程度地表现出来”②。Дейк ван Т. А. （2000）认为：“现实世界实在是太丰富、太复杂，而且变化又快，我们根本来不及对所有的细微之处、多样性以及它们内部所表现出来的大量变化和组合作出反应。……但我们在认识世界时还是得借助一些简单的模式，通过这些模式来比较着去认识这个世界。”③

可见，“定型”的功用有利有弊，但“偏见”却是要必须进行改变的，是要进行必要的“形象修复”的。因而要引导人们认识到作为人类重要的交际工具，每种语言都有语音、词汇和语法等，语言之间既有一致性，也有独特性。语言之间的一致性会形成正迁移，学习时感觉会相对容易，不一致的地方有时会形成负迁移，学习时感觉会相对较难，这是外语学习时的常态，不能以此来作为褒贬某种语言的依据。“中介语”理论及相关的第二语言习得理

---

① 李泉、杨志盛：《完善教学形象规划 提升汉语国际声誉》，《中国社会科学报》2019 年 4 月 9 日第 1 版。

② 曹越明：《社会性别与语言文化——俄语语言世界图景中的男女形象》，《齐齐哈尔大学学报》2015 年第 4 期。

③ Дейк ван Т. А. , Язык. Познание. Коммуникация. Благовещенск: БГК им. Бодуэна Дэ Куртэне, 2000: 85.

论表明，不管多么努力，第二语言学习者只能不断地接近母语者水平，成年人学习和掌握任何一种外语，哪怕是与第一语言很相近的语言，都不是一件容易的事。除了书写文字的差异，汉语与世界上其他语言一样，都是需要努力学习才能提高的。

若要对两种或几种语言的“学习难易情况”进行对比研究，很难找到一个大家普遍认可的标准，既然没有一个普遍接受的评价标准，又怎么能乱扣“汉语难学”的帽子呢？外语学习虽然在不同的学习阶段、不同的学习内容（语音、词汇、语法、文字等）上会有先、后、快、慢及关系远、近等感觉，但其实并不存在所谓大家公认的难学语言与好学语言。因为“即使是同一拨实验对象、同一拨教师，学生对不同语言的情感、动机和学习方法等是否一样，教师的教学方法是否符合所教语言的特点和教学规律等，都是难以控制的不确定的因素。因此，炒作‘汉语难学’是一种缺乏科学根据的负能量，无补于汉语的国际传播”①。李泉、杨志盛（2019）引述赵元任先生在《谈谈汉语这个符号系统》中的观点，认为“汉语汉字具有‘简单和优美’、符号‘大小适当’的特征，而且汉语的各方言中有一批共同的词汇单位，有大致统一的语法结构和有整套关系密切的音系”②。在此基础上指出“汉语具学习和记忆优势”和“有好教易学的‘亲民’形象”。所以我们既要对之深入研究，提炼好汉语特点，充分挖掘汉语所具有的学习和记忆优势，做好国际汉语教学与传播的形象规划和顶层设计，又要纠正偏见，打造汉语好教易学的“亲民”形象。“正面建构”与“形象修复”形成合力，在提升中国整体形象的同时，也不断加深世界人民对汉语的情感认同与整体印象，最终加快汉语国际教育的发展。

---

① 李泉、杨志盛：《完善教学形象规划 提升汉语国际声誉》，《中国社会科学报》2019年4月9日第1版。

② 赵元任：《谈谈汉语这个符号系统》，载吴宗济、赵新那《赵元任语言学论文集》，商务印书馆2002年版，第877—889页。

第七章 “一带一路”与中国语言形象建构机遇及挑战

在全球化语境下，提出建构中国语言形象，具有重要的意义，作为一个新的交叉研究领域，不仅要借鉴语言学、符号学、传播学、社会学、政治学、经济学、文化学等多种学科的理论和方法，还应该时刻关注时代背景对其发展的影响，审时度势，针对当前实际和未来趋势提出相应的建构策略，以实现中国语言形象的建构目标。

“一带一路”倡议的提出给沿线国家各行各业的发展既带来了机遇，也发起了挑战，中国语言形象建构也同样面临这些机遇和挑战。如何充分利用发展机遇所带来的有利形势以及应对这些挑战所带来的不利影响，将会直接影响中国语言形象的建构成效。因此，在当前的背景下，有必要研究并清楚认识“一带一路”倡议给中国语言形象建构带来的机遇及挑战。

第一节 中国语言形象建构的当前机遇①

“一带一路”倡议给语言形象建构带来的机遇可从国际环境、国家政治及政策环境、国际合作交流实践等三个大方面进行分析。显然，国际环境的变化是无法控制与左右的，既有机遇也有挑战，因而要重点思考如何借助国际有利环境促进良好语言形象建构并助力中国语言走向世界。国家政治及政策环境会直接影响中国语言形

① 陈德银：《中国语言形象建构策略研究》，硕士学位论文，南宁师范大学，2019年。

象建构的可行性，因此应顺应国家政策及相关规定加快语言形象建构的研究步伐。国际合作交流实践是汉语走出去的有利机会，是中国语言形象建构的基础之一。

一 开放合作的国际环境

经济全球化、文化多元化已是当前国际社会的主要特点，机遇与挑战共存。各国都在积极面对这一机遇与挑战，我国政府因之于2013年提出了“一带一路”倡议。在博鳌亚洲论坛2018年年会开幕式上，习近平主席在主旨演讲中指出：“2018年是中国改革开放40周年。放眼全球，当今世界正在经历新一轮大发展大变革大调整，人类面临的不稳定、不确定因素依然很多。新一轮科技和产业革命给人类社会发展带来新的机遇，也提出前所未有的挑战。综合研判世界发展大势，经济全球化是不可逆转的时代潮流。”① 面对挑战，我们应该有所作为。论坛秘书长周文重认为：“‘一带一路’倡议为应对逆全球化的挑战提供了新的路径和方法，既可以成为适应和解决全球化过程中所出现问题的一个非常有效的政策和工具，也是实现经济社会发展经验分享和成果共享的平台和途径。”②“共建‘一带一路’倡议源于中国，但机会和成果属于世界。”③ 随着“一带一路”的稳步推进，其受关注度也越来越高（见图7－1）。

中国“一带一路”网站数据④充分说明“一带一路”倡议得到了越来越多的认可。在经济全球化大背景下，随着“一带一路”关注度的不断上升，其国际地位在逐渐提高。“一带一路”倡议提出六年来，已显示出巨大的发展成效，但其仍然具有较大的发展空间，

① 习近平：《开放共创繁荣 创新引领未来——在博鳌亚洲论坛2018年年会开幕式上的主旨演讲》，《人民日报》2018年4月11日第3版。

② 《博鳌亚洲论坛亚洲竞争力2018年度报告》，对外经济贸易大学出版社2018年版，第3页。

③ 习近平：《开放共创繁荣 创新引领未来——在博鳌亚洲论坛2018年年会开幕式上的主旨演讲》，《人民日报》2018年4月11日第3版。

④ 中国“一带一路”网：《“一带一路”数据观丨“一带一路”的2017》（https://www.yidaiyilu.gov.cn/xwzx/gnxw/43662.htm）。

2017年，‘一带一路’倡议进一步吸引全球关注，关注热度持续攀升。‘丝绸之路经济带’、‘一带一路’、‘21世纪海上丝绸之路’三大热词被提3.77亿次，互联网相关发文量399万篇。2017年国外媒体和网民对“一带一路”积极态度由2013年的16.5%提高至23.61%，五年内呈稳步上升趋势。

图7－1 2017年“一带一路”词频及关注度数据

《2018年度东亚区域经济展望报告》预计，“中国将继续增加‘一带一路’相关投资，未来5年与此相关的对外投资可达6000亿至8000亿美元”①。随着投资的增加，必将促进合作的增多及发展的深入推进，其带来的机遇也会逐渐增多。沿线诸国，特别是作为中国近邻的东盟国家将持续受益于“一带一路”倡议。习近平主席强调：“面向未来，我们要兼容并蓄、和而不同，加强双边和多边框架内文化、教育、旅游、青年、媒体、卫生、减贫等领域合作，推动文明互鉴。”②加强合作、共建人类命运共同体正成为当今及未来社会发展的主旋律，中国作为“一带一路”倡议的发起国，合作领域增多更是给中国提供了一个提升国际地位的大好舞台，合作促进交流，交流促进语言的碰撞与发展。语言作为实现“政策沟通、设施联通、贸易畅通、资金融通、民心相通”等“五通”的重要工具，是“国家软实力”的重要组成部分。因而，汉语更应顺势而为，在世界传播进程中提升其影响力。当然，建构中国国家语言形象应抓住“一带一路”建设的历史发展机遇，充分利用经济全球化、文化多元化的国际大环境所带来的有利条件，积极应对挑战、规避风险，不断提升汉语在国际交往与合作中的话语权，谋求汉语形象的快速提升，以达成提升国家软实力、促进国家综合实力提高、建构合意中国形象的目的。

---

① 董成文、王羽：《报告认为东盟国家将持续受益于“一带一路”》，2018年5月3日，新华网（http://www.xinhuanet.com/world/2018－05/03/c_1122777999.htm）。

② 习近平：《开放共创繁荣 创新引领未来——在博鳌亚洲论坛2018年年会开幕式上的主旨演讲》，《人民日报》2018年4月11日第3版。

二 积极稳健的国家政治及政策环境

（一）成熟稳定的国家政策

自《推动共建丝绸之路经济带和21世纪海上丝绸之路的愿景与行动》（以下简称《愿景与行动》）2015年3月28日发布以来，为贯彻落实《愿景与行动》，我国先后发布了《标准联通“一带一路”行动计划（2015—2017）》《标准联通共建“一带一路”行动计划（2018—2020）》，当前的《行动计划（2018—2020）》提出了九大重点任务、九大专项行动、四项保障措施。其中首次提出了政策法规保障措施，“推动将标准联通共建‘一带一路’行动计划要素纳入与沿线国家多双边合作机制。加快推进标准化法以及相关配套法规规章的制修订，为标准联通共建‘一带一路’工作提供法制保障”①。从“中国‘一带一路网’”了解到，目前，相关政策法规文件已有176份，其中包括税收、投资、金融、劳务、保险、通信、司法服务等方面；相关计划规划等有35份，其中包括教育、文化产业、科技创新、旅游体育、质量监督、卫生、铁路等方面。“一带一路”倡议是国家重点决策之一，相关政策及法规的完善为“一带一路”建设提供了法律基础，为开展政治、经济、教育、科技、文化、旅游等领域的合作提供了充足的政策保障，中国语言形象建构从国家语言视角出发，旨在建立起合意的代表中华民族语言的整体形象，上述已经制定和发布的政策法规所标示的良好的国家政策环境可为其建构过程提供安全、持续、稳定的内部环境、依据和保障。

（二）奋发有为的地方政策

除了国家政策外，多数省（自治区）、市等也纷纷抓住历史发展机遇出台相关政策以谋求本省、区、市的发展，提高自身经济实力，共同助力于“一带一路”建设。如：广西壮族自治区人民政府办公厅印发了《广西加快推进中新互联互通南向通道建设工作方案

① 中国“一带一路”网：《标准联通共建“一带一路”行动计划（2018—2020年）》（https：//www. yidaiyilu. gov. cn/zchj/qwfb/43480. htm）。

(2018—2020年)》，提出了强化人才支撑。引进国际国内物流中高端人才，鼓励区内高校设立物流专业……加强与新加坡以及中国香港、重庆等物流先进发达地区的人才培训与交流等措施。[①] 注重加强与沿线国家开展人文交流合作是“一带一路”建设的主旋律，通过人文交流合作促进了不同国家语言之间的相互碰撞，进一步激发语言服务的多样化需求，为语言的学习、研究及传播提供良好的发展机遇。另如，天津市印发了《“一带一路”科技创新合作行动计划（2017—2020年)》；青海省印发了《丝绸之路文化产业带发展规划及行动计划（2018—2025)》；中国民间组织国际交流促进会启动《中国社会组织推动“一带一路”民心相通行动计划（2017—2020)》；河南省人民政府印发《郑州—卢森堡“空中丝绸之路”建设专项规划(2017—2025年)》；上海市印发《上海服务国家“一带一路”建设发挥桥头堡作用行动方案》，等等。以上各种“计划”“行动”等，都是由各地方（机构）结合自身特点及优势所制定，目标明确，对接重点有别，从不同的层面支撑和带动了“一带一路”建设的蓬勃发展。仔细研读发现，这些“计划”和“行动”几乎都提出了应加强与沿线国家人文交流合作的措施，表明人文交流合作在政策上得到大力支持，这也间接地给语言发展提供了广阔的空间，对中国语言形象建构同样也是一个重大的机遇，语言交流增多迫切需要提升语言形象，以提升他国公众对共同交际语与本国语言的认知水平及认可度，从而拉动语言需求服务的进一步发展。语言服务包括语言教育服务、语言翻译服务等，这些可直接拉动汉语的教学、传播，提升汉语的形象。地方关于“一带一路”建设的相关政策为中国语言形象建构带来机遇的同时，与国家政策相辅相成、相互促进，为语言形象建构提供了广阔的政策环境空间。

---

① 广西壮族自治区人民政府办公厅：《关于印发广西加快推进中新互联互通南向通道建设工作方案（2018—2020年）的通知》，桂政办发〔2017〕197号（http://www.gxzf.gov.cn/html/41436/20180111-676005.shtml）。

三 国际合作交流实践

（一）平等互惠的政治合作

目前，中国与“一带一路”沿线国家的政治合作进一步加强，政治互信增强，合作环境得到了进一步优化。“5 年来，已经有 80 多个国家和国际组织同中国签署了合作协议”[1]，其中，2017 年情况[2]见图 7－2：

2017年，中国与“一带一路”沿线国家元首首脑访问43次，与11个国家签署15份推动双边关系发展文件。

高峰论坛期间，18个“一带一路”沿线国家元首首脑访华，中国与相关国家签署270多项经贸等多领域合作文件。

图 7－2 中国与“一带一路”沿线国家合作情况数据

相关文件的签署是两国政治意愿的体现，也充分表明其对“一带一路”发展前景的信心与展望。国家高度重视，是促进各领域合作的基石，中国与“一带一路”沿线国家开展广泛的政治合作不仅为经济、教育、文化、科技等领域的相关交流合作创造了广阔的平台，同时提高了其合作的效率，也进一步增强了政治自信。因此，中国与沿线国家政治合作的增多及加强，为中国语言形象建构打开了大门，为“一带一路”沿线国家的汉语教学与传播打开了方便之门，营造了宽松的政治环境，提升了汉语形象的可接受性，为中国语言形象建构提供了更为广阔的空间。

（二）深入务实的经济合作

2017 年“一带一路”网数据显示：中国与沿线国家在基础设施合

---

① 习近平：《开放共创繁荣 创新引领未来——在博鳌亚洲论坛 2018 年年会开幕式上的主旨演讲》，《人民日报》2018 年 4 月 11 日第 3 版。

② 中国“一带一路”网：《“一带一路”数据观丨“一带一路”的 2017》（https://www.yidaiyilu.gov.cn/xwzx/gnxw/43662.htm）。

作、经贸往来、金融服务等领域开展了广泛的合作，并取得了可喜的成绩。基础设施包括铁路、航空、港口和海上物流、跨境光缆等主要方面。如“中欧班列开行数量增多，到达欧洲 12 个国家 34 个城市；中国民航与 43 个沿线国家实现空中直航（截至 2017 年 5 月）；中国与沿线 36 个国家及欧盟、东盟分别签订了双边海运协定（截至 2017 年 5 月）；我国已与沿线 12 个国家建有 34 条跨境路缆和多条国际海缆”①。经贸往来和金融服务方面的具体数据见图 7－3 和图 7－4。

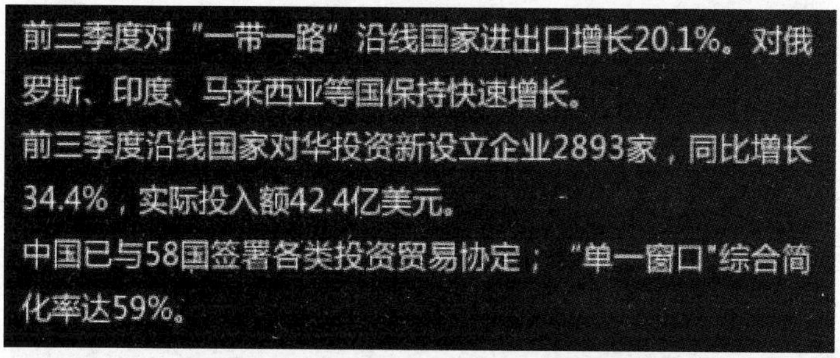

前三季度对“一带一路”沿线国家进出口增长20.1%。对俄罗斯、印度、马来西亚等国保持快速增长。
前三季度沿线国家对华投资新设立企业2893家，同比增长34.4%，实际投入额42.4亿美元。
中国已与58国签署各类投资贸易协定；“单一窗口”综合简化率达59%。

图 7－3　2017 年中国与沿线国家经贸往来数据

通过相关数据分析可以得出以下结论：中国与沿线国家基础设施合作、经贸往来越来越密切，中国对沿线国家金融服务能力逐步提高，为基础建设、经济交往提供了资金保障；基础设施建设、经贸往来、金融服务三者密不可分，相互促进；“引进来”“走出去”相结合的经济交往活动越频繁，语言交流需求就越多，沿线国家与中国的交往不可能仅仅借用中介语达到合作的目的，为了减少误解、节约交际成本，双方更倾向于使用对方语言。由于世界范围内汉语的影响力在提升，汉语一般会成为中国与沿线国家交往的期待交际工具。密切的经济交往活动会在很大程度上激发沿线国家及民众对汉语的需求，语言畅通将会进一步提高经济合作的效率及减少合作成本。因此，无

① 中国“一带一路”网：《“一带一路”数据观丨“一带一路”的 2017》（https：//www. yidaiyilu. gov. cn/xwzx/gnxw/43662. htm）。

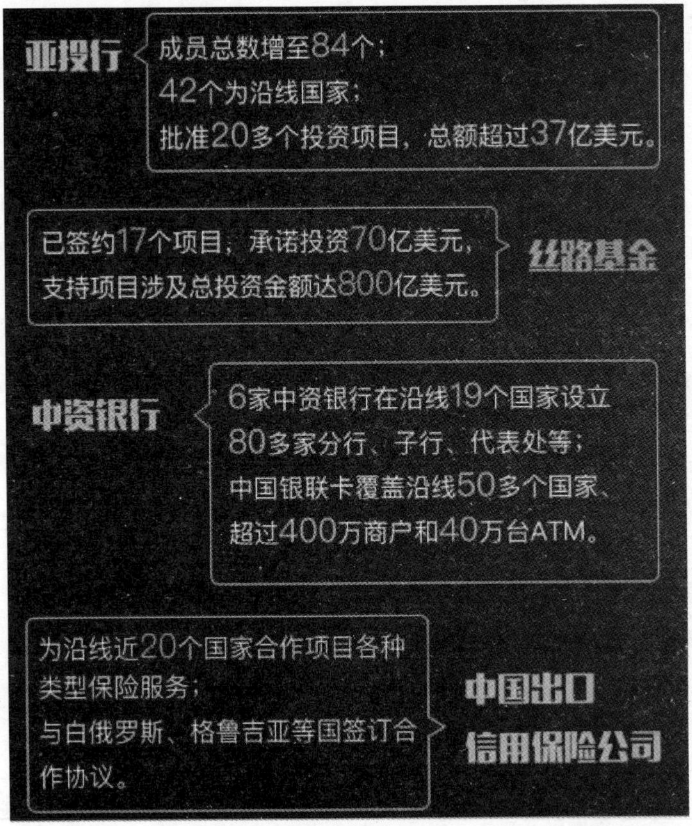

亚投行
成员总数增至84个；
42个为沿线国家；
批准20多个投资项目，总额超过37亿美元。
已签约17个项目，承诺投资70亿美元，
支持项目涉及总投资金额达800亿美元。
丝路基金
中资银行
6家中资银行在沿线19个国家设立
80多家分行、子行、代表处等；
中国银联卡覆盖沿线50多个国家、
超过400万商户和40万台ATM。
为沿线近20个国家合作项目各种
类型保险服务；
与白俄罗斯、格鲁吉亚等国签订合
作协议。
中国出口
信用保险公司

图 7－4 2017 年中国对沿线国家金融服务数据

论是基础设施合作，还是经贸往来或是金融服务都需要语言服务，其发展将会进一步带动语言服务的发展，中国语言形象是以汉语普通话为代表的中国语言整体形象，中国与“一带一路”沿线国家的经济合作会给语言形象建构提供直接的动力，语言服务的发展，需要进一步提升“汉语形象”，提升认知主体对汉语的认知水平，这样良性循环，又可进一步提高语言服务经济合作的效率。

（三）全面有效的教育合作

2016 年公布的《推进共建“一带一路”教育行动》提出了“一带一路”教育合作的三大重点，“开展教育互联互通合作；开展人才培养培训合作；共建丝路合作机制。涉及教育政策合作、合作渠道、语言互通、民心相通、学位认证、留学计划、合作办学、师资培训、人才联合培养、人才交流、国际合作平台、教育援助、表彰工作等13个方面”[①]，其中，语言互通是教育互联互通重要的一环，为语言服务“一带一路”建设指明了方向。“截至当前，我国已经建立中俄、中美、中法、中英、中欧、中印尼、中南非、中德八大中外人文交流机制，并与188个国家和地区建立了教育合作与交流关系，与46个重要国际组织开展教育合作与交流；党的十八大以来，我国已在全球146个国家和地区建立525所孔子学院和1113个孔子课堂。”[②] 孔子学院（课堂）数量的增加充分表明国外学习汉语人数的增加以及国外民众对汉语的认可度在逐渐提升，他们愿意学习汉语代表着国外民众接受汉语的程度越来越高，也体现出汉语自身的形象赢得了更为广泛的群众基础，这对中国语言形象建构来说是历史发展的大好机遇。此时，提出中国语言形象理念并对之进行研究和进一步建构，能继续提升汉语的国际地位，也将更有利于人们认可汉语，从而促进汉语的国际化传播，助推中国国家形象的快速提升。

此外，瞿振元指出：“我们不仅与发达国家继续深入交流合作，而且也要与其他国家不断扩大交流合作，‘一带一路’沿线国家成为扩大教育交流合作的重点。”[③] 教育合作给语言交流、传播与发展提供了平台，也是中国语言“引进来”与“走出去”最为直接的方式，因此需要继续加强孔子学院（课堂）项目，从中国语言形象建构的层面来统合并谋划汉语的国际化发展路径。

（四）多样互补的文化交流合作

文化交流包括与“一带一路”沿线国家和地区相关的文化、旅游、博览会、电影节、论坛、中医等方面的交流。2017年数据显示：

---

① 中华人民共和国教育部：《教育部关于印发〈推进共建“一带一路”教育行动〉的通知》，教外〔2016〕46号（http://www.moe.gov.cn/srcsite/A20/s7068/201608/t20160811_274679.html）。

② 黄金鲁克：《这5年，教育开放筑新局》，《中国教育报》2018年3月20日第9版。

③ 瞿振元：《做好新时代教育对外开放》，《中国教育报》2018年4月10日第1版。

“中国与53个沿线国家建立734对友好城市关系；……中国已与24个沿线国家实现公民免签或落地签，逐步向西亚北非、中东欧等地区扩大。（截至2017年07月）。”①《标准联通共建“一带一路”行动计划（2018—2020年）》在“重点任务”中指出“推动人文领域标准化合作，促进文明交流互鉴……促进人文领域标准制定合作，与沿线国家合作开展标准制定研究……加强与沿线国家的旅游标准化合作交流，推介旅游业标准。强化健康服务领域标准化合作，增进民心相通。……打造国际标准化论坛（青岛），推动设立中国—东盟博览会国际标准专题论坛。”② “重点任务”的确定为人文交流更好地服务“一带一路”指明了方向，也为中国文化以不同形式“走出去”提供了发展机遇。文化旅游合作的深化，民意基础的夯实，都将有利于传播中国文化。“中国语言文化要想在国外落地生根，不仅需要走出去，还要走进去、融进去。……要增强中国文化的吸引力，彰显中国文化的不同特质，还要尊重并学习他国文化，找到共性和契合点，从而增加中国文化的亲和力和接受度。”③ 中国文化丰富多样，并以不同的媒介形式展现给世界人民，汉语在中华文化的传播过程中起着重要的载体作用，汉语与汉字、书法、汉语文艺作品等一起，共同构成了中国文化的主体内容。因此，提升不同形式的传播文化的媒介形象将会进一步促进中国语言形象的建构。

（五）深入互补的科技交流

“2017年12月3日，第二届世界互联网大会上，我国与老挝、沙特、塞尔维亚、泰国、土耳其、阿联酋等国家相关部门共同发起《“一带一路”数字经济国际合作倡议》。”④ 这为加快建构数字语言形象奠定了基础。《标准联通共建“一带一路”行动计划（2018—2020

---

① 中国“一带一路”网：《“一带一路”数据观丨“一带一路”的2017》（https://www.yidaiyilu.gov.cn/xwzx/gnxw/43662.htm）。

② 中国“一带一路”网：《标准联通共建“一带一路”行动计划（2018—2020年）》（https://www.yidaiyilu.gov.cn/zchj/qwfb/43480.htm）。

③ 王辉：《孔子学院转型发展的路径优化》，《语言文字周报》2019年5月8日。

④ 中国“一带一路”网：《“一带一路”数据观丨“一带一路”的2017》（https://www.yidaiyilu.gov.cn/xwzx/gnxw/43662.htm）。

年)》同样指出了今后与沿线国家加强科技领域合作的愿望：“加强电子商务标准国际合作，发展电子商务标准服务新模式。建设‘一带一路’国际合作诚信电子商务网络，推动中、俄、欧铁路跨境电商物流业务发展标准合作。促进电子商务数据服务、物流应用、追溯体系标准化，实现线上线下、国内国外一体化发展。”① 无论是数字化还是电子商务模式，都离不开科学技术的合作，大力发展“互联网 +”技术，从而提高服务“一带一路”建设的效率，因此，中国语言形象在建构中合理借力科学技术，形成“互联网 + 汉语”，将会更有利于加快建设汉语数字化的语言形象，进而丰富中国国家形象的内容。

第二节 中国语言形象建构所面临的挑战

虽然中国语言形象建构在“一带一路”背景下具有较多的发展机遇，但是也要清醒地认识到目前也面临着巨大的挑战，其中挑战是多方面的，如中国语言形象建构的基础面临诸多挑战——语言本体研究还存在不足，语言文字规范面临着新挑战，普通话的普及不平衡，普通话与方言及民族语言的关系还有待改进等。再者，语言形象建构的主体还存在单一、不明确等问题，对作为主体的个人及群体机构，以及作为客体的认知主体等都缺乏研究。此外，中国语言形象建构作为新的研究领域，各方面的研究才刚刚展开，还缺乏较完善的理论体系，领域语言的案例研究还较薄弱等，承担汉语传播重大使命的孔子学院及汉语国际教育也面临新的挑战，如当前的孔子学院（课堂）项目仍存在发展理念单向、管理常规、主体单一、运作模式易引发负面舆论、未能实现双向交流与融合、不够注重在线教学和风险管理、社会力量参与不足等一些问题，它们作为中国语言形象建构不可或缺的重要窗口，应不断改进，以充分发挥其提升中国语言形象的有利优势。

① 中国“一带一路”网：《标准联通共建“一带一路”行动计划（2018—2020 年)》(https://www.yidaiyilu.gov.cn/zchj/qwfb/43480.htm)。

一 语言本体工作面临新挑战[①]

（一）语言文字工作存在短板

教育部副部长、国家语委主任杜占元在2018年全国语言文字工作会议上指出："面对新形势新要求，中国语言文字工作存在短板。首先是认识不到位。对语言文字在经济社会生活，包括教育、文化等领域中的基础性、先导性作用认识不足，没有将语言文字工作摆到应有的重要位置，在机构、人员、经费等方面投入明显不足，有的省份没有专业化的语言文字工作队伍，甚至没有一名专职语言文字工作干部。二是目标任务不清晰……三是服务能力不足。新时代中国特色社会主义建设和人民日益增长的美好生活需要对语言文字工作提出新需求，带来新机遇，但语言文字工作的发展水平和服务能力还不能完全适应国家发展战略需求，国家语言文字能力滞后于国家综合实力。四是机制创新不够。"[②] 中国语言形象包括"本国语言形象"与"他国语言形象"、"静态语言形象"与"动态语言形象"，"本国语言形象"是"他国语言形象"产生和改变的基础。前文已经分析了英语和法语的经验，因此，为进一步增强我国语言文字的国际影响力，充分发挥汉语的交际功能价值，应及时改进目前语言文字工作中所存在的不足，在思想上要高度重视、明确目标、提高语言服务能力、积极调动各方力量等，做好中国语言文字工作，增强中国语言本身的吸引力，这也将十分有利于建构合意的中国语言形象。

（二）语言文字规范面临网络新挑战

进入21世纪，互联网的高速发展使得我国语言文字也受到了网络传播的新挑战。《国家语言文字事业"十三五"发展规划》明确指出"语言文字规范应用面临网络时代新挑战"，并对今后语言文字工作提出了具体的任务："完成第三次普通话审音工作，完善普通话语

---

① 陈德银：《中国语言形象建构策略研究》，硕士学位论文，南宁师范大学，2019年。

② 杜占元：《深入学习贯彻党的十九大精神推动新时代语言文字事业创新发展——在2018年全国语言文字工作会议上的讲话》（http：//www. moe. gov. cn/jyb_ xwfb/moe_ 176/201804/t20180410_ 332753. html）。

音规范。加强对《通用规范汉字表》《普通话异读词审音表》等规范标准的配套专项研究，制定基础教育用汉字相关字形标准、大字符集汉字相关属性规范标准……加强对网络语言、新词新语、字母词、外语词等的监测研究和规范引导。强化对互联网语言文字使用的规范和管理。倡导文明用语用字，抵制低俗语言，推动社会语言文明建设。”① 通过这些任务目标可以看出，网络语言对语言规范的冲击力相当大，对语言文字的语音及语义影响较广，例如2016年网络流行语“蓝瘦”“香菇”，“这本是不规范的汉语使用现象，违背了汉语构词的一般规则，是不恰当的。然而在方言口音歧解和网络视频的诱导下，‘蓝瘦’‘香菇’却成了具有新义的网络流行语。……通过调查发现，留学生对于‘蓝瘦’‘香菇’表示出了一种困惑，这无形之中也会给中国语言形象的塑造带来负面影响”②。而中国语言形象建构的对象是以现代汉语为代表的中国语言文字形象，即“汉语普通话”的国际形象。语言文字规范是语言形象建构的基础，只有规范的语言文字才能建立具有代表性的语言形象，从而提升中国语言的“软实力”，网络语域对语言使用的挑战，将是汉语形象建构所必须面对的新问题和新领域。

（三）普通话普及率不平衡

《中国语言生活状况报告（2017）》指出：“普通话普及率从2000年的53%提高到2015年的73%左右，识字人口使用规范汉字比例超过95%。”③ “虽然我国的普通话平均普及率已超过70%，但东西部之间、城乡之间发展很不平衡，西部与东部有20个百分点的差距；大城市的普及率超过90%，而很多农村地区只有40%左右，有些民

---

① 教育部 国家语言文字工作委员会：《教育部 国家语委关于印发〈国家语言文字事业“十三五”发展规划〉的通知》（http：//www.moe.edu.cn/srcsite/A18/s3127/s7072/201609/t20160913_ 281022.html）。

② 杨绪明、陈德银、程茹佳：《基于“蓝瘦”“香菇”的新词语社会文化心理考察》，《广西师范学院学报》2017年第4期。

③ 国家语言文字工作委员会：《中国语言生活状况报告（2017）》，商务印书馆2017年版，第4页。

族地区则更低。”① 汉语普通话普及率是体现国家通用语地位的标准之一，只有扩大普通话使用的范围，降低东西部、城乡之间普通话普及的差距，才能营造良好和谐的汉语氛围，从而增强自身的语言自信，建构起符合中国特色的中国语言形象，为汉语走向世界、发挥国际交际语的功能奠定坚实的基础。

（四）汉语普通话与方言及民族语言关系还需改进

“普通话是国家法定的全国通用的语言。国家推广全国通用的普通话，并不是消灭少数民族语言，也不是消灭汉语方言，而是要使公民普遍具备普通话应用能力，并自觉使用普通话，以消除障碍。少数民族语言和汉语方言都可以在特定地区、一定范围内继续使用。”② 同理，建构以汉语为代表的中华民族语言形象，并不是要排除少数民族语言及汉语方言，而是通过汉语形象建构为少数民族语言和汉语方言的形象建构提供范式，也为加强对少数民族语言和汉语方言研究提供新的视野和研究思路。

二 缺乏对语言形象建构主体、客体的专门研究

中国语言形象的建构主体如前文所言，主要包括中国语言的使用个人、群团、机构、国家性实体以及国外关注中国语言的相关的个人、群团、机构、国家性实体等，作为主体的个人同样也属于建构（客体）对象之一，其中个人使用语言情况有所不同，对中国语言形象建构也存在一定的影响，也是目前中国语言形象建构存在的主要挑战之一，因此，关于语言形象建构主客体的研究同样是有必要的。

（一）缺乏相关组织机构

目前，尚缺乏关于中国语言形象研究的专门或相关机构。而我国关于语言文字工作的国家机构主要是“国家语言文字工作委员

---

① 教育部、国家语委：《关于印发〈国家通用语言文字普及攻坚工程实施方案〉的通知》（http：//www.moe.gov.cn/srcsite/A18/s3129/201704/t20170401_301696.html）。

② 黄伯荣、廖序东：《现代汉语（增订五版）》上册，高等教育出版社2011年版，第1页。

会”（即“国家语委”），其主要任务是“拟定国家语言文字工作的方针、政策；编制语言文字工作中长期规划；制定汉语和少数民族语言文字的规范和标准并组织协调监督检查；指导推广普通话工作”①。具体工作由语言文字应用管理司承担。相关研究所是“教育部语言文字应用研究所”（简称“语用所”），“语用所……研究语言文字应用的实际问题和理论问题，研究语言文字的规范化和标准化，研究语言政策和语言规划；开展国家通用语言文字培训、测试及有关的组织规划、教学与科研工作，指导各地的培训与测试工作；为社会各界提供有关语言文字的评测与咨询服务；编辑出版《语言文字应用》和《语文信息》，进行有关语言文字的网络建设和现代化的信息服务；培养研究生和其他相关人才”②。其中没有“语言形象建构”方面的职责，我国负责“汉语传播”工作的机构是“国家汉语国际推广领导小组办公室”（简称“国家汉办”），“致力于为世界各国提供汉语言文化的教学资源和服务，最大限度地满足海外汉语学习者的需求，为携手发展多元文化，共同建设和谐世界做贡献，主要职能为支持各国各级各类教育机构开展汉语教学和中华文化传播等”③。以上机构及单位还肩负着国家语言文字发展的重担，任务艰巨，工作任务达到饱和状态。国家语言形象作为一个新命题，目前尚无专门的研究、管理或建构机构，因此，就语言形象建构而言，急需设立新的语言工作机构或在已有机构下设一个分支机构，以便专门负责开展对语言形象的相关研究工作，包括语言形象的建构、语言形象研究人才队伍建设、语言形象的传播与管理相关工作等。

（二）缺乏研究人才队伍

2019 年 10 月 18 日下午 5：30，我们以“语言形象”为关键词在

---

① 教育部：《国家语言文字工作委员会工作职责和任务》（http：//www. china - language. gov. cn/jg/jgjxx/201704/t20170412_ 5217. html）。

② 教育部语言文字应用研究所：《我所简介》（http：//yys. moe. edu. cn/74/jianjie. htm）。

③ 国家汉办：《关于我们》（http：//www. hanban. edu. cn/hb/）。

“中国知网”（CNKI）进行搜索，硕博士学位论文只有10条，但其“语言形象”都不是语言本身的形象，而多是语言表达的形象效果的内涵。又以“中国语言形象”为关键词在“中国知网”（CNKI）进行期刊论文检索，结果只有37条，其中中文文献只有3条，以“国家语言形象”为关键词在“中国知网”（CNKI）进行搜索，结果只有1条，这4篇期刊论文全部是我们团队的成果。这一数据表明，自国家语言形象和中国语言形象概念提出以来，当前从事“中国语言形象”研究的学者很少，研究文献也不多。国家语言形象研究仍是一个全新的领域。即使有部分学者从事相近的专题研究，或在其他研究领域中有所涉及，但相对系统而直接地研究中国语言形象的学者目前却是极少的，这在一定程度上制约了中国语言形象研究的发展，对中国语言形象建构而言是一个很大的欠缺。因此，还需要更多学者从不同的研究角度对中国语言形象展开研究，才能不断完善中国语言形象研究体系，从而为建构起具有中国特色的语言形象提供保障。

（三）缺乏认知主体的相关研究

认知主体不同，其对同一事物的看法必然存在着差异。董军（2012）指出“中国的崛起使得中国对自己的认识与世界对中国的认识发生了新的分歧……‘西方的中国形象’、‘中国官方的自我想象’、‘中国民间的自我想象’形如三驾马车，划出了复杂的轨迹和发出着不同的声音，这无疑给中国的转型与发展造成了巨大的舆论压力”[①]。显然，“三驾马车”出现的根本原因在于其认知主体不同，对中国形象的认知也就存在着差异，而这种差异对中国的发展构成巨大的挑战，因此有必要回到现实，回到认知主体中去，结合中国形象加强对认知主体的研究，才能从根本上减少差异。同理，作为中国形象的子系统之一的中国语言形象，其展现的除汉语语言本体形象之外，其他形象表现的方式受到认知主体对语言进行内化加工的影响。由第

---

① 董军：《“国家形象建构与跨文化传播战略研究”开题会综述》，《现代传播》2012年第1期。

四章的问卷调查分析可知，认知主体的国籍、年龄、性别、文化程度、职业等都会影响他们对汉语的形象认知，如果是他国认知主体，可能还会受到其是否学过汉语、汉语水平高低的影响等。因此，这迫切需要加强对语言形象认知主体的研究，全面了解认知主体关于汉语形象认知的差异，这些对提出合理的中国语言形象建构策略将会具有极大的指导意义。

三 缺乏相关理论

目前，中国语言形象研究还没有形成自己的独特理论，目前所依据的多是其他学科理论，如认知理论、建构理论、传播学理论等。虽然目前中国语言形象的理论研究初见端倪，但从长远看是远远不够的。如陈艳彬（2016）在其导师指导下区分了“中国静态语言形象、他国语言映像、中国动态语言形象”，并提出了“国家语言形象质疑链”说法，认为“‘国家语言形象质疑链’是合意的中国语言形象的生成机制，是一个循环往复的系统”[①]。“国家语言形象质疑链”理论，能在一定程度上解释“语言形象”的生成机制，当然这一过程也是动态反复的系统过程，有利于在建构“中国语言形象”时正确处理“静态语言形象”“他国语言映像”“动态语言形象”三者之间的生成关系，从而可以加深对“中国语言形象”建构过程的理解。但语言形象的建构需要统一的规划，当语言形象出现问题时需要进行必要的修复，这些问题都还需要进一步研究，从而升华为理论，这对推动语言形象实践具有重要理论指导意义。

四 缺乏领域语言形象研究

对此议题，李宇明（2013）曾提出“我国领域语言研究的覆盖面较窄，领域研究不够深入，研究方法还比较传统，许多研究是就事

① 陈艳彬：《中国语言形象的构成及其影响因素》，硕士学位论文，广西师范学院，2016 年。

论事性质，较少进行理论的探讨与升华”[①]。领域语言研究除了需要进行领域语言规划外，还需对“领域语言现象”所呈现的语言形象进行关注。《中国语言生活状况报告》对中国语言使用状况进行了比较详细的介绍，使我们对中国语言生活有一个比较全面的了解，但我们仍需要关注语言生活领域所显现的汉语语言形象，因为它们所凸显的语言形象的好坏会影响某个领域或行业的整体形象，会在一定程度上降低或提升公众对该领域或行业的情感认知。例如在生活商品的服务领域，商品语言的使用形象会影响受众对该商品及其店铺的信任度，因此也会间接影响该商品的销售情况。领域语言形象是中国语言形象的重要组成部分，加强对领域语言形象的建构研究，会在一定程度上促进中国语言形象的建构。

五 孔子学院和汉语国际教育事业发展瓶颈

目前，主要是汉语国际教育研究者、教师和孔子学院承担着传播汉语、传播中国文化的重大使命，同时也是中国语言形象建构最为重要的主体，孔子学院和汉语国际教育的发展有利于为建构中国语言形象扩大国外认知主体，帮助国外认知主体积极地进行汉语形象认知，进而有利于语言形象建构效率的提高。但孔子学院和汉语国际教育的发展遇到了一定瓶颈。如张虹倩、胡范铸（2017）曾指出，孔子学院发展至今，面临着一定的发展瓶颈，其中主要表现为：“孔子学院发展增速明显放缓，孔子学院全球布局意图与设置分布随意性的矛盾，孔子学院发展目标与学科类型设置的矛盾，受目标国社会文化结构的制约越来越明显。”[②] 胡范铸、陈佳璇等（2018）也指出“汉语国际教育的高速发展有目共睹，但对于这一发展的目标和价值的理解似乎还并没有达成普遍的社会共识：国外的‘中国为何要如此费力推广汉语和中国文化’的‘文化侵略’猜忌此起彼伏，国内的‘为何不把如此巨大的经费投向自己的教育’的‘胳膊外拐’疑惑也从未

① 李宇明：《领域语言规划试论》，《华中师范大学学报》2013 年第 3 期。

② 张虹倩、胡范铸：《全球治理视域下的汉语国际教育及孔子学院建设：问题、因由与对策》，《社会科学》2017 年第 10 期。

消除；即使在汉语国际教育界本身，对于‘何为汉语国际教育’‘汉语国际教育何为’也尚未形成自觉的共同理念”[①]。在弄清当前孔子学院及汉语国际教育事业发展所存在的主要问题之后，作者也提出了应对措施，在此不做过多论述。其中引起我们重视的是，面对挑战，要重点思考该如何利用已有孔子学院和汉语国际教育及其所创造的机会，提升中国语言形象建构的效率。

① 胡范铸、陈佳璇、张虹倩：《目标设定、路径选择、队伍建设：新时代汉语国际教育的重新认识》，《世界汉语教学》2018 年第 1 期。

第八章 “一带一路”背景下中国语言形象建构策略

“语言影响力是一个国家软实力的重要组成部分，西方历来注重对语言的推广……目前世界语言文化输出‘西强东弱’的态势尚未发生根本的改变，汉语在世界范围内仍属于‘非普遍性教授语言’。近几年，越来越多的国家开始注重语言向外推广……汉语推广面临的国际语言推广环境并不乐观，汉语推广面临激烈的竞争，特别是与一直保持强势的英语的竞争。”① 因此，我国的汉语推广、汉语形象的构建议题就显得特别重要和紧迫了。

综合前文的英语、法语传播案例以及对已有汉语推广经验的剖析，使我们进一步明确了“中国语言形象建构”的方向。通过对“中国语言形象建构”的主体、对象、目标、类型等事项进行分析，有利于让我们了解应建构怎样的语言形象；对“一带一路”背景下的语言形象建构机遇及挑战的分析，能让我们清楚认识到当前环境下，应如何利用发展机遇建构合意的“中国语言形象”，以及如何应对挑战从而更好地完成“合意中国语言形象”的建构；对商品领域语言形象的对比分析可进一步验证建构“中国语言形象”的必要性。综合前文调查、研究和分析，本章具体谈谈“中国语言形象建构”的策略与构想。

① 《中国语言生活状况报告》课题组：《中国语言生活状况报告（2005）》，中国商务出版局 2008 年版，第 202—203 页。

第一节 完善理论体系，奠定语言形象理论基石[①]

叔本华曾言，“对于绝大多数学者来说，知识是手段而非目的”[②]，可见，理论指导对目标的实现具有重要意义。完善语言形象理论体系是语言形象研究得以不断前进的理论基础和保证，完善的理论体系也有利于为语言形象研究指出更为清晰的方向。鉴于目前语言形象理论研究尚不充分，因此提出完善语言形象理论体系建议。

一 完善静态语言形象理论

陈艳彬（2013）指出：“中国静态语言形象是指本国认识主体对中国语言形象做出的相对稳定的主观认知评价。”[③] 中国静态语言形象除了包括本国主体对中国语言做出的主观认知评价外，还应包括他国认知主体对中国语言所做出的相对稳定的评价，主要表现在他国认知主体对汉语语音、词汇、语法、汉字、汉语传播的主观认知评价，这种评价可以是积极的静态认知评价，也可能是消极的静态认知评价。积极的认知评价指的是对中国语言较为有利的正面的评价，消极认知评价指对中国语言产生负面影响的评价，消极认知评价有时也可称之为中国语言的刻板印象。有时为了减少不利影响，语言刻板印象是需要进行修复的，这就会用到班尼特的形象修复理论。静态语言形象并不是一成不变的，可在一定条件下发生改变成为另一静态语言形象或动态语言形象，如可受政策、经济、重大事件、国际交往、汉语传播方式等认知主体外的因素影响，同时也可受认知主体内在因素如年龄、性别、职业、汉语水平、中国经历、中国新闻关注度、文化水平等因素的影响。此外，静态语言形象中的积极认知评价和消极认知

① 陈德银：《中国语言形象建构策略研究》，硕士学位论文，南宁师范大学，2019 年。

② ［德］亚瑟·叔本华：《叔本华论说文集》，范进等译，商务印书馆 1999 年版，第 340 页。

③ 陈艳彬：《中国语言形象的构成及其影响因素》，硕士学位论文，广西师范学院，2016 年。

评价也会受到内外因素的影响而相互转化。

中国静态语言形象应包括本国认知主体和他国认知主体对汉语做出的主观认知评价，只有将二者的认知及其影响因素综合分析，才能把握更为客观的中国语言形象认知现状，如第四章的调查分析，这些将对调整语言政策、建构中国语言形象等具有极大的指导意义。

二 完善动态语言形象理论

语言的形象总是处于不断变动着的状态之中的，这一变动状态中的语言形象就是动态语言形象。“中国动态语言形象是中国静态语言形象与他国语言映像互动的结果。”① 虽然该观点指出了“动态语言形象”是指基于“静态语言形象”与“他国语言映像”互动形成的结果，三者具有密切的关联，同时还强调合意的中国语言形象建构成功与否，受不同认识主体对中国语言形象认识态度是否一致的影响。但是，动态语言形象还应包括本国主体和他国主体对“中国语言形象”做出的不稳定的主观认知评价，前文已述，这种主观认知一般是基于对汉语语音、语法、词汇、汉字、汉语传播等方面的，包括动态积极认知评价和动态消极认知评价，并且表现出不稳定的状态，在受到特定内外因素的影响下，动态语言形象又可转化为静态语言形象，其中的积极认知评价和消极认知评价也会在一定条件下互相转化。

中国动态语言形象是相对于中国静态语言形象而言的，具有与静态语言形象相类似的特点，通过分析动态语言形象，我们可以实时掌握最新的关于中国语言形象的主观认知评价，这将会对稳定其积极的主观认知评价，以及引导消极的主观认知评价转变为积极的主观认知评价等，具有极大的指导意义。

三 探究语言形象修复理论

李正国（2006）曾探讨了“国家形象修复的宗旨、原则、一般

① 陈艳彬：《中国语言形象的构成及其影响因素》，硕士学位论文，广西师范学院，2016 年。

规律和方式，认为国家形象修复的宗旨、原则是以人为本、信息透明、快速反应。……国家形象修复的方式是施救救援、受援维护”①。

基于已有“形象修复理论”成果的启发，可以提出语言形象修复的观点，即语言在对内普及或对外传播过程中一旦发生危机，相关机构应在第一时间承担责任，采取措施将语言形象的损害程度降到最低，并且寻找合适的策略以尽可能地修复受损语言形象。借鉴班尼特提出的形象修复五步策略，语言形象修复策略也应包括承担责任、安抚情绪、澄清事实、表达歉意、减少敌意、实施修复等环节。当语言危机发生后，相关组织机构应该积极出面发声，主动承担应有责任，控制局面，进一步安抚因危机而产生的不安情绪，并以最快效率了解产生危机的前因后果，澄清事实的真相，诚恳表达歉意，以减少敌意，减轻负面影响，并积极采取有效措施对语言形象进行修复。语言形象修复不仅要修复在语言普及或在传播过程中产生的语言危机，还应修复静态语言形象和动态语言形象中的消极主观认知评价，此类修复应遵循“实事求是、对症下药”策略，通过了解具体的消极认知评价及其源头和诱因，再采取针对性的策略引导认知主体转变对该语言的认知评价，从而建构起积极的动态和静态语言形象。

完善动、静态语言形象理论是对原有动、静态语言形象理论的进一步扩展，同时也是为了进一步巩固语言形象建构理论的基础，探究语言形象修复理论旨在进一步完善中国语言形象建构理论体系，发挥其语言形象修复功能优势，为相关机构提出更加合理的语言形象修复策略，同时也为了合理处置“语言摩擦”或“语言冲突”带来的负面影响，从而有利于建构“合意的中国语言形象”。但语言形象修复的定义以及策略仍需进一步完善，这也是我们今后努力的方向，只有不断完善及创新中国语言形象建构的理论基础，建构中国语言形象之路才能畅通无阻。

---

① 李正国：《国家形象建构》，中国传媒大学出版社 2006 年版，第 185—218 页。

第二节 做好规划，明确中国语言形象建构方向

在语言规划的基础上，中国语言形象建构同样需要政府、社会组织或学术部门对其进行干预、管理及做出相关的建构计划。前文已述，做好语言形象建构规划有利于明确语言形象建构方向、建构目标、建构对象、建构内容及建构效果评价标准等，从而有利于建构符合中国特色的中国语言形象。中国语言形象建构规划主要包括“语言地位形象规划”“语言本体形象规划”“语言习得形象规划”“领域语言形象规划”“语言传播形象规划”“语言功能形象规划”等方面，具体分析如下：

一 语言地位形象规划

语言地位形象规划指对语言（包括文字）及其变体的社会地位的形象规划，包括语言政策制定与实施过程中规划主体所赋予语言的角色形象，国语选择所体现的国家形象，以及对语言的交际语域、交际价值的定位等。中国是多民族国家，是一个多语言的社会，语言种类丰富，既包括汉语普通话和各民族的语言，还有承担不同交际任务的各种共同语变体——方言等。在所有语言中，国家根据现实状况和发展需要，较早确定了汉语普通话作为国家通用语的法律地位。因此，中国语言形象首先要确定“以汉语普通话为代表的国家语言形象”，明确了“汉语形象”在“中国语言”中的主导地位，因而国家语言形象建构的主要任务就是建构好以汉语普通话为代表的合意的中国语言形象，从而不断丰富国家形象的内容，进而提升国家形象，并谋求在未来的发展中，通过中国语言形象建构来带动“中国方言形象”“中国民族语言形象”的建构。

二 语言本体形象规划

语言本体形象规划是指规划主体依据一定的目标和标准，对语言的语音、词汇、语法、汉字等方面所体现的形象进行规划，包括其语

音、词形、组合形态等外在形象以及其内部规范形象等。正如杜占元（2018）所言，“新形势下对语言文字工作的要求进一步加强。随着‘一带一路’的深入推进，中文所承载的功能逐渐增多，尤其体现在国际交际上，中文的地位越来越突出”①。面对目前语言文字工作存在的短板以及语言文字规范面临网络的新挑战，应及时调整语言文字工作思路，以适应“一带一路”语言服务需求。语言文字工作离不开对语言本体的监督管理，中国语言形象建构离不开汉语本体形象的建构，即研究并做好汉语在语音、语法、词汇、汉字等方面的规范，要对汉语语音形象、汉语语法形象、汉语词汇形象和汉字形象分别进行规划与定位。只有将汉语普通话为代表的中国语言形象的本体形象进行规划整合并加以系统、分层地建构，才能发挥其本体形象优势，才可促成中国语言形象建构形成最大合力，在汉语形象提升的同时提升中国国家形象。但当汉语语言本体（语音、词汇、语法、汉字等）受到网络语言的挑战时，语言本体规范会受到一定的冲击，“语言本体规范”会影响认知主体对语言的主观认知评价，从而影响到“语言本体形象”的建构。因此，有必要加强语言本体的规范化管理，从而进一步完善“语言本体形象规划”。

三　语言习得形象规划

语言习得形象规划是指对获得“国家语言”“官方语言”或是“教育媒介语言”“目标语言”等定位的语言，在习得时所体现的“难易程度”进行形象设定和对学习达成目标的规划，包括语言“教”与“学”过程中所体现的整体形象特征等。由于我国民族众多，语言多样化，汉语普通话作为全民通用语，是各民族相互之间沟通的重要工具，但是目前普通话普及率仍然不平衡，尤其是东西部之间、城乡之间、不同阶层之间，普通话普及存在不平衡现象，农村地区仍有较多人口只会说当地方言或者其民族语言，不会说普通话，这

① 杜占元：《深入学习贯彻党的十九大精神推动新时代语言文字事业创新发展——在2018年全国语言文字工作会议上的讲话》（http：//www. moe. gov. cn/jyb_ xwfb/moe_ 176/201804/t20180410_ 332753. html）。

就极大制约了当地的经济发展，这些人的语言形象也影响了中国语言形象的整体提升。从中国语言形象建构角度来考虑，汉语是中国的主体语言，普通话的普及率影响着中国语言形象的建构，良好的国家语言形象需要以强大的国民语言形象作为基础，只有大家都说标准的普通话，提高对汉语普通话的认可及自信，才能从根本上提升国家语言自信，从而建构起中国特色的语言形象。

然而，提高普通话普及率，建构中国特色的语言形象，汉语习得形象显得尤为重要。汉语普通话作为大多数人的母语，可以通过自然习得掌握，即出生后在自然环境中学会普通话，并在今后的成长中成为主体的主要语言。但也存在许多人不是自然习得的情况，即在国内大部分人第一接触是方言或者民族语言，汉语普通话往往在进入学校接受正规教育时才统一学习，这样他们就需通过教与学的过程来逐渐习得。但无论是自然习得，还是后天习得，都需要经过统一系统地学习汉语语音、语法、汉字书写、写作等，从而提高运用汉语的综合表达能力。再者，除了本国人民需统一学习语文外，他国认知主体习得汉语的过程多数属于后天习得，同样需要经历教与学的集中习得过程。在此过程中，教师的“教”与学生的“学”构成了汉语习得的互促共生的语言交际活动，由于国内的语文教学与汉语国际教学之间存在多方面的不同，因此有必要对其语言习得形象进行系统规划，合适的语言习得形象有利于学习主体更好地掌握所学语言，从而提高学习者的自信心。国内的语文教学与汉语国际教学这两种教学难易程度有别，应对各自的教学内容、学习方式、评价指标等进行针对性地规划与调整，建构起“汉语易学、易掌握”的语言形象。从而既要锚定本国学习主体对汉语的综合运用能力的提高目标，又要谋求他国的汉语学习主体运用汉语进行交际的能力的提升，进一步提升汉语国际化传播的效率，通过汉语习得形象的改善为中国语言形象建构奠定更广泛的认知主体基础。

四 领域语言形象规划

领域语言形象规划指对语言生活所涉及的各个领域中体现出的语

言形象进行建构的规划，语言生活包罗万象，所涉及的领域各不相同，不可能逐一研究，这里主要关注语言作用特别凸显的四大重点领域：学校、党政机关、广播影视媒体以及公共服务行业。鉴于语言价值尤其重要，这四大语言领域各自应该建构出怎么样的语言形象？这是一个特别需要进行统一规划的大问题。四大领域各具特殊性，因此建构的语言形象侧重点也就有所不同。就学校领域而言，规范语言的展示与学习应该是其首要的形象目标，具体可分为建构教师语言形象、学生语言形象、学科语言形象等细目；党政机关多是国家、政府、权威的代表，稳健、公正、平和、权威等特征应该是其语言形象的追求目标，具体又可分为建构党内系统语言形象和政府系统语言形象；广播影视媒体，主要依靠语言媒介来传递信息、娱乐和影响大众，又可根据其传播范围、受众定位、节目层次、媒介介质等不同对其语言进行分类、分层、分范围的形象设计，官媒要代表政府和国家发声，其语言形象应该追求规范、稳健、公正、平和、权威等目标，而其他媒体则可活泼一些、小众一些，也可根据其传播方式的不同建构不同的语言形象，如“广播语言形象”“新闻报刊语言形象”“电视电影语言形象”等；公共服务行业涉及面广，组成成分多样，不同的服务内容所体现的语言形象有所不同，如“商品领域语言形象”“乘客服务语言形象”“翻译服务语言形象”“景区语言指示服务形象”等等。因此，通过对“领域语言形象”进行规划，有利于细化领域语言形象类型，也有利于我们不断挖掘语言形象的多样化功能。

五 语言传播形象规划

前面四类语言形象规划，关注的是语言相关行为的结果或其静态呈现环节，而“语言传播形象规划”指的是对语言在传播进程中的形象问题进行管理及相关计划，以便使其更好地传播，既有“语言传播”这一行为和进程本身的形象关注，也有“语言传播”这一行为效果的形象审视。语言需要通过不同的媒介传播，媒介不同，其所彰显的形象有别，其语言传播的效果也不同。语言传播的媒介多种多样，通过对“一带一路”下的语言形象建构机遇分析发现，我国在政治合作、经济合作、教育合作、文化交流、科技交流等方面与其他国家联系越来越密切，语言接触越来越频繁，对语言传播起到了积极的促进作用，由于传播媒介不同，因此语言传播所体现的形象也就不尽相同。相对于大传播媒介而言，具体的传播媒介如电影、武术、中医、体育、音乐、旅游等也会体现出不同的传播形象。因此，采用何种方式传播，建构何种传播形象都需要进行统一的规划与管理，充分发挥这些特殊传播媒介的优势，从而使汉语传播的效率实现最大化，加快构建中国语言形象。

此外，语言传播形象规划还应该考虑语言危机公关、语言摩擦等极性语言形象问题。如汉语国际教育在传播汉语过程中存在的"'中国为何要如此费力推广汉语和中国文化'的'文化侵略'猜忌此起彼伏"等语言传播危机。其中语言摩擦包括汉语与国内方言、民族语言的摩擦，也包括国际上与"传入国"语言的摩擦，还包括与英语、法语、西班牙语等语言的竞争与摩擦。如何通过规划有效解决语言危机、减轻语言摩擦给汉语带来的负面影响，这不仅要充分运用语言形象修复理论及时修复因危机及摩擦受损的形象，还应在传播伊始规划好进入方案和应急处理方案，事先设计好应以何种语言传播姿态即何种语言传播形象传播汉语，随时有效管控和尝试消除认知主体对汉语传播产生的"文化侵略"猜忌思想，从而真正有利于中国语言形象建构。

六 语言形象功能规划

与前面五点论述角度不同，任何规划都是要讲求功效的，既要有功能追求，也要有绩效考评，接下来重点探讨这两个方面规划。

语言形象功能规划指的是对语言形象产生的效用进行规划。中国语言形象的建构会产生一定的效用，如建构具有权威性、实用性、通用性、经济价值性、易习得性等特点的中国语言形象可以保持和提升人们对汉语形象的主观认知。通过对语言形象产生的功能进行统一的引导、宣传和规划，有利于进一步提升本国认知主体的语言自信，也会提升国际友人对汉语的整体认知水平，并建立起积极的汉语形象认知，以带动更多国际友人提高对汉语的关注度及使用需求，从而提高汉语的国际地位，进一步提升中国国家形象。

七 建构效果研究及评估规划

“第四代评估理论以‘回应式聚焦’为主要特征，即把利益相关者的主张、焦虑、争议等作为组织要素，在利益相关者参与的基础上决定评估关注点和所需信息。评估不再是评估者处于主导地位、评估对象处于被动状态、强调‘证实’事实的单向过程，而是一种融合不同利益相关者多元价值的协商过程，通过‘探究’来建构现实。”①在此评估理论指导下，有利于对评估对象的过程及效果做出综合的评价，在此基础上形成对评估对象最新的建议，为其今后的发展提供改进的方向，为其继续发展提供更大的动力。中国语言形象建构是一个长期的动静结合的过程，保持其建构的动力、积极性以及保证建构的语言形象发挥最大效果，就应加强对建构效果的研究及评估，从而从内因上促进中国语言形象建构。

因此，为了提高中国语言形象建构的效率，保障其建构效果以及获得持续建构推动力，应提前对建构效果及评估进行相关的规划，通过“以评促建”“建评结合”的方式，既能关注进程，又能盯住目标，不断调整中国语言形象建构的内容、节奏和方向。语言形象建构的评估应以评估理论为指导，以建构主体及不同语言形象类型为评估对象，以建构目标为主要标准等，具体的评估规划应该包括以下工作内容：确定评估目的（为什么）、评估时间（时间跨度）、评估主体（谁来评估）、评估对象（评估谁）、评估标准（参照物）、评估方式（方法论）、评估结果及其使用（效果建议）。只有提前做好评估规划，才能保证中国语言形象建构效果在第一时间内得到反馈，同时也会让中国语言形象建构目标得到不断地调整和完善。

---

① 文雯、李雪、王晶：《第四代评估理论视角下的研究生项目评估》，《高等工程教育研究》2015 年第 3 期。

第三节 成立专门机构，明确语言形象建构主体

中国语言形象建构离不开建构主体，即需要研究机构负责相关研究管理事宜、需要人才队伍深入研究，以及需要加强受众研究、加强语言形象管理等。

一 成立专业机构

已有语言管理和研究机构任务重，应成立专业机构负责中国语言形象管理和建构相关研究工作。若条件许可，可组建工作领导小组，明确分工，提高语言形象建构效率。具体工作包括：负责语言形象建构的资金管理；管理和培养相关人才队伍；规划语言形象建构目标、内容、类型、传播媒介等；实时监控和管理语言形象的变化；修复语言形象相关危机；加强与各领域的合作往来等等。专业管理和研究机构任重道远，中国语言形象研究起步晚，各方面尚需完善，因此决不能“关起门”或“散兵游勇”式地研究，语言研究机构应充分发挥其引领、凝聚的作用，引导语言形象研究朝着正确的方向前进。

二 组建研究专家库

理论的提升必须依靠一定数量的学者和专家来推动和完成。因此，在语言形象研究机构的基础上，还应组建语言形象研究专家库，积极采取激励措施促进各领域学者从不同的角度来思考语言形象问题，并积极参与到中国语言形象建构的研究工作中来，吸引更多学者投入到语言形象建构中来，从而不断扩大语言形象研究的深度和广度。组建研究专家库，具体工作既包括成立学术专家委员会，定期开展语言形象研究学术交流研讨会，为研究人员提供共聚一堂、分享交流的舞台，不断促进语言形象研究的发展；也包括成立专业期刊，定期发表相关研究成果，保持研究学者的积极性，不断培养他们的创新性，从而提高研究人员的自信心；还应包括把理论应用于实践方面的专家，通过通力合作来完成对中国语言形象的全程、全系统研究。

三 加强认知主体研究

中国语言形象建构，归根结底是由认知主体对中国语言形象的主观认知态度决定的。认知主体不同，对中国语言的认知评价也就不同。而一般情况下国内认知主体与他国认知主体是存在一定差异的，应加强两类主体的对比研究。前文分析提出：认知主体的国籍、年龄、性别、文化程度、职业等都有可能影响他们对汉语形象的认知评价，应加强对不同类型认知主体的分析研究，全面掌握不同认知主体对中国语言形象的总体评价及其评价依据，以便采取有针对性的措施来改善认知主体对汉语形象的消极认知评价。这样，一方面可为中国语言形象建构提供稳定、和谐的舆论环境，另一方面可保证中国语言形象建构的客观性。在汉语国际传播过程中，其中的部分认知主体，如海外华人、国际友人、涉外事务人员等，他们在无形中会对中国语言形象的走向起着引导作用，对当地认知主体的汉语认知具有同伴感召或示范导引的影响力，在一定程度上影响着中国语言形象建构的积极认知主体的数量，因此，如何充分发挥海外华人、国际友人、涉外事务人员等认知主体的潜在优势，以带动更多认知主体形成对中国语言形象的积极认知评价，是很值得深入研究的。

四 加强语言形象管理

中国语言形象是动静结合的有机统一体，既有动态中国语言形象，也有静态中国语言形象，有积极的语言形象认知和评价，也有消极的语言形象认知和评价，同时还有可能会与其他语言发生摩擦误会等。然而，语言形象危机一旦出现，应在第一时间对受损的语言形象进行修复管理，这需要作为专门议题进行处理。因此，为了营造良好和谐的语言形象建构环境，应加强对语言生活的监控、加强对语言危机的处理能力、提高语言形象修复的效率等。

前文已述，语言领域不同，由此体现的语言形象也就存在差异。而语言形象来源于领域语言使用情况，语言生活状况的变化会影响语言形象的建构。以网络语言的使用为例，《光明日报》曾发文指出：

“‘牛掰’‘然并卵’‘屌丝’等不雅网络语言频频出现在领导干部的讲话中，……这不仅违背了公序良俗，损害了党和国家的形象，也是对民族语言文化的亵渎。”① 而在网络空间上，网络用语的使用往往起到标新立异、戏谑调侃、从众随俗等表达效果。由此，网络语言在不同领域使用所体现的语言形象也就存在差异，语言一旦使用不正确，混淆了使用语域的界限，往往会引起消极影响，损害语言的形象。各语域内的语言应该各随其体、各司其职。因此，有必要加强对“领域语言生活”的监督，这样有利于及时采取措施修复不规范语言使用情况，从而维持规范的领域语言生活状态，为建构中国语言形象提供良好的语言环境和实践阵地。

此外，健全的语言形象危机处理机制是提升语言形象危机处理、语言形象修复效率的重要保证。语言形象危机处理机制一般包括以下三个方面内容：一是语言形象研究机构及时发布语言形象危机信号；二是借鉴班尼特“形象修复”，主动积极地采用语言修复策略：承担责任、安抚情绪、澄清事实、表达歉意、减少敌意、实施修复；三是继续加强该语言形象危机领域的监控与管理，防止类似危机再次出现。

五 加强语言形象建构环境及动力研究

张治国在研究《新中国成立初期外语教育政策研究及其启示》时引用了“Spolsky 提出的语言政策研究的‘环境模式’和‘动力模式’理论。环境模式指出，语言政策的制定、实施和评价既要考虑社会语库的各个成分以及社会语库与非语言因素之间的共存关系，还要认识到语言政策存在于由政治、经济、文化、宗教和意识形态等元素构成的人类社会大环境之中。动力模式认为语言政策的制定与实施主要受到以下几种动力的影响：第一是社会语言环境；第二是语言的国家身份、民族身份或其他身份；第三是当今世界的变化；第四是日益

① 郑晋鸣：《规范使用网络语言》，《光明日报》2016 年 6 月 20 日。

增长的人权和民权意识”①。而中国语言形象建构目标的设定、建构过程和建构效果评价同样要考虑环境的影响以及动力因素。中国语言形象建构的环境包括国际环境、国家政治环境、经济环境、文化环境、宗教环境等，还包括人口环境、民族情况、语言使用习惯、区域大小、气候环境、交通环境等。因此，要充分对比不同环境因素对语言形象建构的影响，以便制定合理的建构策略。而中国语言形象建构的动力不仅可以通过“以评促建”“建评结合”的方式保障其获得源源不断的建构动力，充分发挥“国家语言形象质疑链”运作过程中产生的建构动力，还应拓宽其建构动力的范围。随着中国经济实力的提高，汉语越来越受到大众青睐，汉语逐渐获得世界民众的认可和学习。近年来，世界各国学习汉语的人数不断增加，这将是中国语言形象建构的持续动力之一，同时，通过建构符合中国特色的中国语言形象也会进一步提升汉语的国际地位，从而吸引世界各国更多的民众来学习汉语，良性互促，这样就能不断提升汉语的国际话语权。

第四节 搞好汉语传播，扩大中国语言形象认知主体

瞿振元指出：“‘一带一路’倡议是国际合作新平台，为进一步促进‘一带一路’倡议的进展，教育特别是高等教育要主动作为、创新作为，提供智力、人力、技术、文化、情感等多方面的支持，提供有效的教育助力。”② “一带一路”倡议给教育对外合作带来了机遇，中国与世界各国在教育领域的合作越来越密切，中国语言形象建构应抓住中国对外教育助力、履行国际义务的有利机遇，不断推动汉语国际传播，为中国语言形象建构奠定更为广泛的认知主体基础。此外，在“一带一路”倡议的推动下，孔子学院和孔子课堂数量不断增加，充分说明海外学习汉语人数在不断地增加，汉语需求不断扩

① 张治国：《新中国成立初期外语教育政策研究及其启示》，《外语界》2017 年第 2 期。
② 瞿振元：《做好新时代教育对外开放》，《中国教育报》2018 年 4 月 10 日。

大，汉语国际教育的发展势头在不断地增强。中国语言形象建构应积极抓住汉语国际教育发展的有利机遇，充分调动各方力量，推动中国语言形象建构。

哈贝马斯的交往行动理论曾重点探讨了社会交往行为的作用，指出“试图通过人们内在的活动，即学习、思维、辩论等主观因素，参与当代社会政治生活，推动当代社会发展”[①]。中国语言形象建构以语言为建构基础，在建构中具有一定的目的性与工具性，在与他国受众互动过程中需要遵循相互包容、相互借鉴的原则，并需要表现出一定的特点以吸引观众的关注，其中关键在于人与人之间的语言交流。因此，需要通过文化交流、汉语教育合作与交流等不同的交往行动方式，切实融入国际民众的思想认知中去，才能助推中国语言形象的建构。

一 发挥孔子学院优势，扩大汉语受众范围

2004 年，全球第一所孔子学院在韩国建立。截至 2019 年 9 月 30 日，国家汉办官网显示，全球已有 158 国家（地区）设立了 535 所孔子学院和 1134 个孔子课堂。孔子学院已经进入稳定发展期。[②] 截至 2018 年底，孔子学院共有中外专兼职教师 4.7 万人，各类面授学员 186 万人，网络注册学员 81 万人。全年举办各类文化活动受众达 1300 万人。[③] 由此可见，孔子学院得到了较大的发展，孔子学院作为非营利机构，肩负着汉语传播的重大使命。其作为世界各国人民学习汉语和了解中华文化的园地、中外文化交流的平台、中国人民与世界各国人民友好合作的桥梁，已经受到世界各国的广泛欢迎。通过其发展数量的增加，可以看出孔子学院为汉语传播提供了可持续发展的平台。学

① ［德］哈贝马斯：《交往行动理论·第一卷——行动的合理性和社会合理化》，洪佩郁、蔺青译，重庆出版社 1994 年版，第 9 页。

② 汉办官网：《孔子学院介绍》（http：//www. hanban. org/confuciousinstitutes/node_10961. htm）。

③ 汉办官网：《2018 年度孔子学院发展报告》（http：//www. sohu. com/a/316948351_100119508）。

员不断增加，受众数千万以上，充分表明孔子学院在汉语传播中效果显著。由此，中国语言形象建构应抓住孔子学院的有利优势，加强与“一带一路”沿线国家教育合作，继续办好孔子学院（或孔子课堂），不断扩大汉语受众的范围，从而提高受众对汉语的了解程度，以建立起汉语形象的积极认知和评价，为中国语言形象建构增加支持者、减少阻力，为合意中国语言形象的构建奠定广泛的受众和建构主体基础。

二 教师典型示范，引导受众积极认知汉语形象

洪向华在《习近平总书记的语言魅力》一文中指出：“习近平总书记的语言风格包括以下几个方面：简短精练，要言不烦；通俗易懂，接‘天’连‘地’；新颖别致，推陈出新；幽默生动，妙语天成；引经据典，诗情画意；高瞻远瞩，纵横捭阖。”[①] 习近平总书记的讲话艺术不仅是广大党员干部学习的目标，同时也是广大汉语教师应该学习的重要内容，只有提高自身的讲话艺术，才能真正将汉语及中国文化传播出去。

如果说孔子学院为汉语对外传播搭建了桥梁，那么汉语教师就是通过桥梁把汉语带向世界的“搬运工”，他们肩负着传播汉语、传播中国文化的重大使命，他们与桥梁相得益彰，成为桥梁上最亮丽的风景线之一。汉语教师的工作重点在于如何用汉语将汉语及中华文化传达给受众，吸引更多的学习者来学习汉语，真正了解汉语，从而建立起积极的汉语形象认知，这是每位汉语教师工作的重中之重。随着科技的进步，在“一带一路”倡议获得更多响应和深入发展的新形势下，传统型汉语教师已经难以满足新时代汉语国际教学的要求，唯有紧跟时代发展的步伐，依照习近平总书记讲话中“贴近受众、贴近实际、贴近生活”的指引，不断提升个人语言魅力，建构起准确、通俗易懂的个人语言形象，才能更有效地使汉语及中国文化易于理解和传播，让教学对象真正了解汉语、喜欢汉语，掌握使用汉语进行交际的能力，引导广大受众逐步形成“实用性、易习得性”等积极的汉语

① 洪向华：《习近平总书记的语言魅力》，《中国纪检监察报》2018年4月17日。

形象认知，为建构合意的中国语言形象奠定基础。

三 发挥海外华人华侨优势，提高汉语传播效率

吴英成、林惜莱（2009）曾把全球汉语分为“内圈”（中原区）、“中圈”（海外华人区）、“外圈”（外语区）。吴英成教授在2018年5月18日的报告《“一带一路”汉语国际教育可持续发展战略》进一步指出：“全球汉语有三大同心圈，内圈为‘中原区’、中圈为海外华人区、外圈为外语区，中圈又叫移民圈，在汉语没成为国际化语言之前就开始传播，汉语只传到中圈不算全球语言，关键是传到外圈。”通过该观点可以看出海外华人华侨在汉语传播过程中的作用及其作出的极大努力，尤其在东南亚的一些国家，很多华人华侨长期致力于华文教育与研究工作，为华语传承与传播作出了极大的贡献。他们长期在当地从事华语教学，对学习者（受众）的文化、思维方式、个人特点更为了解，也更有利于汉语进一步向外圈传播，从而提高学习者对汉语的整体认知能力。因此，在汉语国际传播的方式上，应联合当地华人华侨共同开展汉语传播，发挥华人华侨的“在地”优势、双重文化理解优势等，提高汉语传播的效率，不断提高他国受众对汉语的整体认知能力，为建构中国语言形象添砖加瓦。

四 代表元素精准传播，奠基中国语言形象建构

前文已述，中华文化代表元素汉语、汉字的传播有着多方面的价值。杜占元副部长在2018年全国语言文字工作会议上的讲话中也指出：“随着‘一带一路’建设全面展开，中国日益走近世界舞台的中央，中文必将承载更多国际交流工具的功能。联合国6种工作语言，中文文本也是最薄的一本。……我们要积极传播中国语言文字和中华文化，创新传播方式、增强传播亲和力、不断提升传播能力。”[①] 孔

---

① 杜占元：《深入学习贯彻党的十九大精神推动新时代语言文字事业创新发展——在2018年全国语言文字工作会议上的讲话》，2018年4月10日（http：//www.moe.gov.cn/jyb_xwfb/moe_176/201804/t20180410_332753.html）。

子学院的建立为中国语言文字及中华文化传播提供了舞台，汉语国际教育承担着汉语教学及中华文化传播的双重责任。在“158 个国家（地区）设立的535 所孔子学院和1134 个孔子课堂”中，由于国家不同，文化基础不同，受众不同等，传播中国语言文字与中华文化的方式也应做出相应的改变。因此，可创新语言及文化传播方式，针对特定对象精选合适内容，精准传播中国语言文字及中华文化，使受众精准了解中国语言文字，提高其对中国语言的认知速度，从而精准建构中国语言形象。

所谓精准传播，“是指综合运用现代传播理念和技术，以受众需要为目标，强调传播过程交互性、追求传播效果准确性的传播方式。精准传播首先要有明确的目标，其次，要对受众进行科学定位，再次，要结合受众的文化传统进行传播，最后，要重视传播的互动性，通过实时交流能够增进传播双方的相互理解，增强传播效果”①。有鉴于此，精准传播中国语言文字及中华文化，也特别要注意四个方面：明确国家及传播目标，科学定位受众、研究受众的特点，融合受众的文化传统灵活传播，还要在传播进程中重视实时交流与互动。

第五节 重视领域形象，提高中国语言形象建构效率

前文已对商品名称领域语言形象进行了对比分析，并分析了“一带一路”倡议下中国语言形象建构的挑战与机遇，可见，领域语言作为中国语言形象建构的主要对象，是国家语言形象建构的重要内容之一，需要进一步加强，以期能加快中国语言形象建构的步伐。而加强领域语言形象建构，关键在于提高领域语言服务能力，还要加强与其他领域的合作，从而提高建构的效率，传播“中国语言形象”。

---

① 王海建：《社会主义核心价值观精准传播论析》，《社会主义核心价值观研究》2017 年第1 期。

一 加强领域语言规范，提高语言的形象信誉

前文商品名称领域语言的对比分析结果显示，提高领域语言规范研究、改善领域语言使用状况，有利于建构符合特色的领域语言形象。如：在新闻领域，《语言战略研究》微信公众号刊发的郭熙教授的序文指出："段业辉的《新闻语言文字规范化问题研究》一书综合了时代性、区域性、领域性等不同的方面，打破了单一强调规范的模式，这种从实际出发的规范理念不仅对新闻语言文字规范工作具有重要的指导意义，对其他领域语言文字应用规范化也有重要的参考价值……"①再者，"在医药领域，为力求规范中成药命名、进一步体现中医药特色。……正式印发《中成药通用名称命名技术指导原则》《关于规范已上市中成药通用名称命名的通知》，明确规定已上市的中成药有以下三种情况的必须更名：明显夸大疗效，名称不正确、不科学，处方相同而药品名称不同的"②。除了新闻领域、中医药领域外，其他领域也应尽快完善领域语言用语规范指导意见，同时加快领域语言产业的开发，提供语言咨询、领域语言能力培训、领域语言翻译、领域语言应急等服务，不断提高领域语言服务能力，定期或不定期开展相关领域语言能力培训，提高从业人员的语言应用能力，使其正确使用领域语言，不断提高其语言使用效率，这样才能建立起良好的领域语言形象，从而进一步提升其行业形象。

二 语言文字艺术化包装，提高语言形象效果

对语言文字进行艺术包装是指通过对语言文字进行加工处理，打破传统字体形体的限制，加入艺术元素，使其呈现形态更加形象生动，从而提高语言文字的吸引力。如针对不同领域语言字体的要求，可采用不同形式的字体，以提高其表达效果，Microsoft Word 2010 所

---

① 郭熙：《〈新闻语言文字规范化问题研究〉序》，2018 年 2 月 28 日（https：//mp. weixin. qq. com/s/nlQEwRRMY－PhTH4xZ1u44w）。

② 田源、吕清林：《中成药命名新规征求意见稿引热议》，语言战略研究，2018 年 7 月 11 日（https：//mp. weixin. qq. com/s/MYCqWcVVpXvRZbxvZ_ mcsw）。

提供的中文字体类型就有 20 多种，用户还可根据需求自行下载字体进行添加，每一种字体所体现的艺术效果不同，因此在不同领域中的使用效果也有所不同。如政府部门文件字体一般采用宋体、楷体、黑体等，以体现其严肃、规范的语言形象；而广告字体、宣传海报字体、儿童游乐场用语字体可根据不同场合采用不同的艺术形式，增加自身的吸引力，以体现生动、活泼、独具特色的语言形象。因此，在特定场合，可以对语言文字进行艺术化包装，从而提高语言形象建构的艺术效果。

三　融合大众传媒优势，提高语言形象传播效率

万勇华（2017）认为：“对外传播当代中国主流价值观的过程中，一要充分利用报纸、广播、电视、通讯社等传统媒体，二要积极运用以互联网、手机、平板电脑为代表的新兴媒体平台，三要大力推动传统媒体与新兴媒体的深度融合，四要自觉提升我国主流媒体对外传播的原创率、首发率，五要有效整合国内优质媒体资源，六要加强国际合作。”[①] 主流价值观对外传播需要发挥大众媒体的渠道作用，中国语言形象建构除了借鉴英语、法语等语种的成熟经验、汉语国际传播的良好机遇外，还应加强与大众传媒的合作力度，充分发挥媒体的媒介作用，通过主流媒体促进中国语言形象的对内对外传播，从而提高语言形象传播效率。就国内中文传播媒体而言，从属于中国语言形象的四大重点语域中的公共服务领域，不仅要提高媒体自身领域内语言使用的规范性，建构起规范合意的媒体领域语言形象，还肩负着中国语言形象传播的重任。就国外媒体而言，不乏中文报刊或中文版网站，他们对汉语形象的传播同样起到促进作用。

总体来看，为了提高中国语言形象的传播效率，一是应充分发挥大众传媒传播速度快、效率高的优势，提高中国语言形象的传播速度，以赢得大众的认可。二是发挥权威媒体的带头作用，以提高其他媒体的积极性。如发挥人民日报、人民网、新华社、CCTV 电

---

① 万勇华：《主流价值观对外传播的四个维度》，《中国社会科学报》2017 年 7 月 20 日。

视台等权威媒体在传播汉语方面的带头作用，同时呼吁并引领其他媒体主动承担正确传播国家语言的责任，形成媒体最大合力，提高中国语言形象传播的效率。三是充分加强与海外媒体特别是海外中文媒体的合作，以提高中国语言形象海外传播效率，如加强与新加坡《联合早报》、纽约时报中文网、华尔街日报中文网等国外主流媒体的合作，提高国外中文媒体使用汉语的准确性，多方面凸显汉语特色，不断提升其汉语形象，从而促进合意中国语言形象的建构与传播。

第六节　加强“丝路”语言服务研究，提升中国语言影响力

虽然已有研究提出了较多措施提升语言服务能力，以满足“一带一路”发展对语言服务的需求。但随着“一带一路”倡议的深入推进，“一带一路”语言服务能力也应得到进一步提高，继续加强语言服务“一带一路”发展的能力，有利于提升中国语言形象影响力，提高中国语言作为国际交际语的地位，提高中国语言的国际话语权，进一步提升国家形象。因此，要进一步加强“一带一路”语言服务能力研究。

一　加强领域语言服务产业研究

李宇明（2011）曾指出：“我国目前的语言服务产业还处于初始阶段，应强调以下几点：一是中国境内的外语服务问题；二是信息时代语言资源的保护与利用意识；三是发展新的语言产业和语言职业，……努力将语言资源转化为社会的语言经济。”[①] 中国语言服务产业起步晚，发展前景广阔，但也存在不少问题，必须不断完善语言服务产业发展机制，进一步挖掘市场潜力，使其以产业的姿态成长，并发挥其主要作用。领域不同，语言使用要求也存在差异，因此语言

① 李宇明：《语言也是“硬实力”》，《华中师范大学学报》2011年第5期。

服务的对象、方法也就存在差异。不同领域语言使用要求不同，如商品领域用语、教师教学用语、政府官方用语、新闻媒体用语、日常交流用语等领域的要求均不相同，一旦使用出错，不仅会影响个人及相应领域的语言形象，可能还会影响到行业的整体形象，造成不必要的经济损失等。因此需要加强不同领域语言服务产业发展相关研究，以寻求适合各自领域实际的语言服务发展道路。除了继续创新性发展传统语言服务产业如语言翻译服务、语言培训服务外，还应发展语言新兴服务产业——分领域语言服务产业，如商品名称用语服务、个人语言形象提升服务、“一带一路”国别化语言服务等。此外，不管是境内或境外，需对语言服务产业的发展进行大体统一的规划，针对不同的服务对象及群体提供不同的语言服务，从而提高语言服务的效率和收益。

二 加强“互联网+语言”研究，建立相关数据库

如今已有不少学者提出“一带一路”语言服务应加强“互联网+语言”应用研究，提倡将语言与互联网技术相结合，共同打造语言服务新体系，以提高“一带一路”语言服务的效率。杜占元（2018）在讲话中指出：“语言文字信息化关键技术研究与应用、‘互联网+’语言文字服务和语言文字筑桥等工程取得重要进展。国家语委语言资源网建设完成；研制《汉字简繁文本智能转换系统》并免费向社会提供；智能语音、智能写作和批改等关键技术取得突破，并在教学和中高考语言类考试中得到实际应用。”[①] 语言技术取得的突破离不开互联网技术的发展，虽然“互联网+”语言文字服务取得了重要进展，但如何继续发挥“互联网+汉语”优势，提高汉语语言服务“一带一路”发展的效率仍将是今后语言文字工作的重点方向。“互联网+”的时代，同时也是“大数据”的时代。因此，在“互联网”技术支撑下，应积极建设“一带一路”语言服务大数据

---

① 杜占元：《深入学习贯彻党的十九大精神推动新时代语言文字事业创新发展——在2018年全国语言文字工作会议上的讲话》，2018年4月10日（http://www.moe.gov.cn/jyb_xwfb/moe_176/201804/t20180410_332753.html）。

库，实时监控语言服务状态，记录语言服务方式、收集语言服务对象、语言服务反馈情况，及时分析语言服务效果，为改善语言服务方式、提高语言服务效率提供准确的数据分析，以确保语言服务“一带一路”的时效性、准确性。

三 转换语言服务理念，更新语言服务版本

随着“互联网+”技术的提高，应逐步转换语言服务理念，要逐步由线下服务转变到线下、线上全面服务。更新语言服务版本，大力发展线上语言服务、人工智能（Artificial intelligence，以下简称 AI）语言服务，以提高语言服务“一带一路”的效率。“在 2015 年举办的第 53 届 ACL（计算语言学国际年会）上，由百度公司推出的小度机器人就曾在颁奖环节担任英文翻译，现场演示将中文翻译为英文，提供了近似‘同声传译’的服务。得益于其先进的自然语言处理内核，小度具备一流的多语言翻译能力。通过将机器翻译与语音识别完美结合，小度可以流畅应对多语言情景下的翻译工作，让来自不同国家、文化背景的人民实现无障碍的交流。小度所使用的百度翻译在基于大数据的翻译模型、翻译知识获取、枢轴语言翻译等方面都取得了重大的技术突破，解决了消歧、调序、语种覆盖等传统机器翻译公认的难题，将机器翻译技术推到了一个全新的高度。”① 除“小度机器人”外，科大讯飞的同声传译系统也很实用。随着科技的进步，手机越来越智能化，指纹识别解锁、人脸识别、AI 智慧美颜、AI 智慧拍照等功能不断出现，大大提高了人们使用手机的效率。不管是“小度机器人”的出现，还是手机越来越智能化，都离不开 AI 技术的提高。“小度机器人”处理语言的速度有利于提高 AI 语言服务的效率，因此，应扩大其语言服务的范围，尤其是要扩大其服务“一带一路”的范围，提高语言服务的效率，为“一带一路”建设节约语言服务成本。同时加强手机 AI 汉语语言服务的研发功能，发挥手机灵活、

① 大唐波斯将军：《外语不好有救了，小度机器人帮你“同声传译”》，2015 年 7 月 30 日（http：//www. sohu. com/a/24975769_ 124089）。

方便、多功能的优势，通过手机即可提供线上汉语语言服务，不断提高手机服务“一带一路”各个领域的效率。此外，线上汉语语言服务还应加强语言服务定位能力，实时提供语言定位服务，即当用户提出语言服务需求时，通过定位系统，第一时间明确其具体位置，了解周围信息，以提供最为准确的汉语语言服务。

四 加强自然灾害语言服务，提高语言服务应急能力

2018 年 7 月 6 日，中国新闻网发布题为“泰国普吉翻船事故 急需中泰志愿者翻译帮助同胞”信息，“由于翻船事故造成大概 100 名中国游客受伤，急需中泰志愿者翻译前去 Mission Hospital Phuket、Vachira Phuket Hospital 等医院协助”[①]。此消息一经发布，迅速得到了强烈响应，微信的朋友圈内纷纷转发此类信息，提高了其传播速度。如今，中国人民到境外旅游人数不断增多，在旅游过程中一旦发生危险，语言服务将会发挥极大作用，可以进一步提高营救效率，从而减轻因语言不通而带来的生命财产损失。此次事故从侧面表明，自然灾害领域汉语服务应引起我们的特别关注与思考。应针对不同国家培养多语人才，成立相应的境内外结合的汉语语言专业服务队伍，不断加强境内外汉语语言应急服务的能力。中国语言应急服务能力的提高，会进一步提升中国语言作为国际交际工具的重要地位，进一步提高语言自信，提升国内外认知主体对汉语的整体认知能力，这些都将有利于建构“合意的中国语言形象”。

五 加强语言扶贫服务，提高汉语形象感召力

语言能力是劳动力的重要构成要素，是重要的人力资本。费希曼与普尔曾在研究中发现语言与贫困具有相关性，这就是“费希曼 - 普尔假说”。“Fishman（1966）曾观察到语言与贫富有关联。Pool（1972）在此基础上，发现‘一个在语言方面极其繁杂的国家却总是

① 赵慧颖：《泰国普吉翻船事故 急需中泰志愿者翻译帮助同胞》，2018 年 7 月 6 日，中国新闻网（http：//www. chinanews. com/hr/2018/07 - 06/8558262. shtml）。

不发达的，而一个发达的国家总是具有高度统一的语言’”[①]。卞成林等学者（2017）通过研究发现：“普通话普及率大于60%后，对经济发展就会产生显著的正面效应，……普通话已经成为推动广西经济可持续发展的重要要素和动力源泉。”[②] 王春辉（2018）认为“语言作为资本，可以在改观教育劣势上发挥重要作用，并进而有助于改观就业和经济劣势，以达到扶贫脱贫的目的”[③]。因此卞成林（2018）指出“推广普通话无疑对加快我国深度贫困地区贫困人口转移，……推进脱贫攻坚具有基础性意义”[④]。

一般说来，语言素质是人的基本素质，语言能力是人的一切智能发展的基础和手段，要促进人的发展，离不开强有力的语言能力的支持。显然，开展语言扶贫，就有了从根本上治贫的意义和作用。“通过全面提升贫困人口以普通话为基础的多语能力，来提升他们的基本素质、交往能力以及获取知识和信息的能力，进而促进他们观念脱贫、知识脱贫、智力脱贫、发展能力脱贫。”[⑤]

鉴于语言对扶贫的重要价值，国内要加大研发力度，加强语言扶贫服务研究及其实践，做好国家通用语——汉语普通话的推广工作，提升贫困人口的多语能力，进而“提升他们的基本素质、交往能力以及获取知识和信息的能力，帮助他们早日脱贫”[⑥]，同时还可以通过中国语言扶贫的成功案例来提升国外认知主体对中国语言形象的认知水平。特别是在开展对外国际援助时，应针对不同国家的贫困情况，在进行经济帮扶援助时做好汉语帮扶服务，有意提升汉语形象的感召力，通过多种途径不断加强境内外汉语服务能力，提升中国语言充当

---

① 乔纳森·普尔：《国家发展与语言多样性》，《国外语言政策与语言规划进程》，语文出版社2001年版；李宇明：《修筑扶贫脱贫的语言大道》，《语言文字周报》2018年8月1日。

② 卞成林、刘金林、阳柳艳、苏丹：《少数民族地区普通话推广的经济发展效应分析：来自广西市场面板数据的证据》，《制度经济学研究》2017年第3期。

③ 王春辉：《论语言因素在脱贫攻坚中的作用》，《江汉学术》2018年第5期。

④ 卞成林：《深度贫困地区脱贫的语言要素》，《光明日报》2018年9月25日。

⑤ 赫琳：《语言扶贫有助于永久脱贫》，《中国教育报》2018年5月3日。

⑥ 赫琳：《语言扶贫有助于永久脱贫》，《中国教育报》2018年5月3日。

国际交际工具的价值，最终建构起合意的中国语言形象。

第七节 新时代中国语言形象建构展望

新时代的竞争更为激烈而多样，语言作为“软实力”会逐渐发挥其应有的作用，从而使其变成一种硬实力。“人们必须借助话语建构自己的身份，并在特定的话语系统里把自我表达出来，为他人所理解。而人们所言说的话语、所书写的文本中无不蕴含着某种权力关系，……掌握了话语权就掌握了世界。”① 中国语言形象从属于国家形象，是国家形象的重要组成部分。建构中国语言形象，提升认知主体对中国语言形象的主观认知能力，形成对中国语言有利的积极认知评价，进而为提高中国语言的国际地位、国际话语权营造良好的国际社会舆论环境，最终目标是提升中国的国家形象。

中国语言形象建构理念自杨绪明等 2014 年正式提出以来，即对其构成要素及影响因素进行了初步探讨，随后也出现了从生态学角度构拟中国语言形象的论见，这些早期研究渐进地奠定了建构中国语言形象的前期理论基础。但随着“一带一路”建设的深入推进，各领域的发展为中国语言形象建构提供了新的机遇，各领域也相继探讨“一带一路”下发展方向的转变以及相关发展策略，以便成功搭上“一带一路”建设的“快车”。

“一带一路”扩大了中国与沿线国家的合作领域，合作的深化离不开人与人之间的交往，交往离不开具体的目的，根据哈贝马斯的交往行动理论，“目的论行动概念就是哲学行动理论的中心点。行动者通过选择一定状况下有效益的手段，并以适当的方式运用这种手段，而实现一种目的。……交往行动的概念所涉及的，是个人之间具有的

---

① Michel Foucault, *Discipline and Punish: The Birth of The Prison*, New York: Pantheon Books, 1977, p. 27. 转引自李智《全球化时代的国际思潮》，新华出版社 2003 年版，第 109—110 页。

关系，至少是两个以上的具有语言能力和行动能力的主体的内部活动。”① 人与人的交往需要语言充当主要的媒介，才能进一步提高交往的效率，从而达到交往的目的。“一带一路”沿线国家语言多种多样，给各领域的合作带来了挑战，也带来了机遇，尤其给语言发展带来了机遇。中国作为“一带一路”倡议的发起国，与沿线国家合作、实现“五通”的前提是要解决交际语问题，而不能一味依赖英语作为交际媒介语，所以应逐渐确立以汉语普通话为代表的交际媒介语，不断提升中国语言的国际地位及作为交际语的重要功能。而随着中国经济实力的提升和“一带一路”倡议的巨大推动，已吸引了越来越多的他国民众来学习汉语，形成了世界性的“汉语热”，这一现状为中国语言形象建构提供了较大的发展机遇。

因此，为了不断完善中国语言形象建构体系，加快建构中国语言形象，以提升国家形象，在分析“一带一路”给中国语言形象建构带来的机遇的同时，结合领域语言形象案例分析，提出中国语言形象建构策略设想，希望通过其策略探讨，加快“中国语言形象建构”的研究，也为建构合意的“中国语言形象”提供策略参考。

新时代下的中国语言形象建构除了需要继续加强中国语言形象建构研究外，还需要结合时代发展特点，充分抓住机遇，适时调整研究思路、研究方法和建构目标。中国语言形象是动静结合的有机统一体，在新时代下，相信中国语言形象建构研究会更加完善，语言形象功能能够得以充分地发挥，推动中国语言国际地位的不断提升，最终实现提高中国国家形象的远大目标。

---

① ［德］哈贝马斯：《交往行动理论·第一卷——行动的合理性和社会合理化》，洪佩郁、蔺青译，重庆出版社 1994 年版，第 119—121 页。

结　语

人类社会正步入全球化交际语境时代，语言在国家博弈中的作用越来越受到重视，语言形象构建是国家形象塑造的重要内容，应给予应有的地位和前瞻性的研究与实践。伴随经济实力的增长，中国的综合国力和国际影响力不断攀升，特别是“一带一路”倡议的提出和推进更是让中国的和平崛起如虎添翼，中国正以崭新的大国形象参与到各种国际事务之中，中国国家形象得到空前的提振。藉此影响，出现了世界性的“汉语学习热潮”，自然使得汉语成了塑造新时代中国国家形象的重要媒介、“一带一路”建设的重要工具和推动力量，亟须重新审视和定位汉语的价值和作用。

本书有上、中、下三编，上编包括三章，主要是对中国语言形象进行理念镜源，论述了中国语言形象建构的目标、理论与方案；中编共有两章，主要是对中国语言形象现状及英语、法语的地位与成因进行调查分析，总结了中国语言形象的现有特征与成因，重点分析了英语的世界化传播案例、法语的世界化传播案例、孔子学院的汉语形象建构案例和城市店名/招牌用语形象的案例等；下编包括三章，主要探讨的是中国语言形象建构实践问题，论述中国语言形象建构的规划、理论和相关策略。

作为一个新的研究领域，中国语言形象涉及概念整合、主体间性、建构主义、议程设置、交往行动、形象修复与归因理论等相关理论，为了达成凸显价值、形成理论、统筹孔子学院和汉语国际教育项目、助力合意中国国家形象建构的目标，我们综合运用了文献法、案例法、问卷调查法、定性分析与统计推断相结合等多种研究方法，界定了中国语言形象概念、概括了中国语言形象的特点、理论基础、目标、主体、对象与类型，剖析了中国语言形象的现状成因、构成要素、生成机制、建构机遇、挑战及策略等问题，初步形成了中国语言形象研究范式。

国家语言形象指“语言国际比较中某国语言在不同主体的认知过程中所彰显的主观认知形象，是国家形象的组成部分、重要载体和观念代表，是国家精神的符号表征”。某国语言形象主要受该国语言的内部状况、发展趋势、分布现状、传播手段、对世界的历史贡献及该国的国际地位等因素影响。中国语言形象是以汉语为代表的中华民族语言的整体形象，是中国形象提升的持久动力源与和平实现手段。中国语言形象研究与构建是对汉语国际教育及孔子学院项目的全面统合与理论升华。

英、法等语种的世界化传播个案分析表明：语言本身特征及其所负载的文艺作品的吸引力是其世界传播的语言学基础，早期的海外殖民和移民、经贸等为其世界传播奠定了前期基础，当今社会鼓励创新、容忍“异己”等价值体系是其世界传播的思想文化基础，媒体的技术优势和成熟的运作模式是其国际传播的推动力量，国家的综合实力及其积极作为是其重要凭借。目前以汉语为代表的中国语言形象并不理想，这一现状亟须改变。

孔子学院（课堂）虽业已取得很大的成绩，提升了汉语形象。但仍存在分布不均衡、资金来源单一、管理欠规范等问题，需要完善功能、优化布局、注重在线教学，加强文化融合与风险管理，丰富办学主体、扩大社会力量的参与，以服务于国家外交和“一带一路”建设需要，探寻一条有中国特色的中国语言国际化发展道路。

基于“乐调查”网站的大规模调查，我们发现，国别、学历、教育状态、单位类别、岗位、语言熟悉度等人口统计学特征影响汉语形象建构；一个人对中国越熟悉，其汉语水平越高、越容易接受与汉语有关的工作、更喜欢汉语版的中国影视、新闻等；语言是有形象的，不同的维度会有别样的差异；受访者的“汉语形象感”整体趋向是正向的，其“他国语言印象”与“汉语感觉”存在显著正相关；孔子学院（课堂）专设的语言教学与传播机构对语言形象有多方面的影响，与受访者的中国交友、中国新闻的关注度及其汉语水平、汉语工作等存在正相关；受访者的国籍、性别、中国经历、中国交友、中国新闻关注度与其“汉语感觉”呈现正向相关性，而受访者年龄、学历、职业、工作单位、岗位与其“汉语感觉”不存在相关性；与英、法、德、俄等语言相比，受访者对汉语的感觉与其“汉语水平、汉语工作、中国影音/新闻等语言版本”等存在交叉相关性；受访者对汉语产生“很好、一般或不好”等感觉的原因多样，中国文化 > 汉语语音 > 汉字 > 汉语词语 > 汉语语法 > 书法 > 朋友推荐；与英、法等外语相比，被调查者对汉语的感觉及其汉语水平分别与“七因素”等存在某种相关性，而汉语工作经历、“中国影音/表演/新闻等语言版本的选择”等与之不存在相关性。

作为中国国家形象的一个重要而独特的子系统，中国语言形象在当今时代已经彰显出了不可替代的国家形象标记功能。因此，在全球语境下，亟须借鉴英语、法语等语种的世界传播经验，加强汉语本体研究，充分发掘汉语自身的特征和魅力，精心整理汉语哲学、文学、艺术等，通过宣传、外译、多媒介传播等手段，逐步扩大汉语世界影响力。同时做好中国语言形象规划，通过完善理论体系、加强学科建设、夯实汉语母语教育、加强汉语研究和汉语文化作品的创作，向世界展示更多更好的中国现代文明成果，提升汉语形象。

受限于自身研究能力的不足，中国语言形象建构的认知主体、领域语言形象建构、语言形象修复理论等方面的研究有待加强。中国语言形象认知主体因受其国别、年龄、性别、受教育程度、职业、是否学过汉语等诸多因素的影响，因此需要对此进行广泛的调查，方可确切了解认知主体对中国语言的态度，才能提出更有针对性的措施，为建构中国语言形象营造良好的社会环境。领域语言形象建构从属于中国语言形象建构，其涉及领域广，领域语言生活各有不同，因此建构的语言形象各有不同，如何加强领域语言使用规范，提高领域语言服务能力等尚需要更多的学者进行研究，从而不断改善领域语言生活状况，加快建构符合领域特色的领域语言形象，进一步完善中国语言形象建构。而语言形象修复理论体系仍需进一步深化，加强其与语言要素、语言实际的关系研究，从而提出更加合理有效的语言形象修复策略。以上这些问题，加上调查问卷数量还有所欠缺，以及囿于视野和常识的局限，笔者还会有一些其他盲区，这些都将是笔者需要认真思考并尽力在未来想办法去应对的。

参考文献

《中国语言生活状况报告》课题组：《中国语言生活状况报告(2005)》，商务印书馆2008年版。

北京大学美学教研室：《西方美学家论美和美感》，商务印书馆1980年版。

博鳌亚洲论坛主委会：《博鳌亚洲论坛亚洲竞争力2018年度报告》，对外经济贸易大学出版社2018年版。

常敬宇：《词汇与文化》，北京大学出版社2000年版。

陈望道：《修辞学发凡》，新文艺出版社1957年版。

段连城：《对外传播学初探》，中国建设出版社1988年版。

段鹏：《国家形象建构中的传播策略》，中国传媒大学出版社2007年版。

段鹏、周积华：《国际传播与国家形象》，北京广播学院出版社1999年版。

费尔迪南·德·索绪尔：《普通语言学教程》，高名凯译，商务印书馆1980年版。

高名凯、石安石：《语言学概论》，中华书局1963年版。

顾嘉祖：《跨文化交际——外国语言文学中的隐蔽文化》，南京师范大学出版社2000年版。

关锐、李智：《母语传播概论》，中国传媒大学出版社2011年版。

管文虎：《国家形象论》，电子科技大学出版社1999年版。

郭锦桴：《汉语声调语调阐要与探索》，北京语言学院出版社1993年版。

国家语言文字工作委员会：《中国语言生活状况报告（2017）》，商务印书馆2017年版。
韩源：《全球化与中国大战略》，中国社会科学出版社2005年版。
黑格尔：《美学》（第1卷），朱光潜译，商务印书馆1979年版。
洪堡特：《论语法形式的性质和汉语的特性》，载申小龙《中国语言的结构与人文精神》，光明日报出版社1988年版。
胡裕树：《现代汉语（重订本）》，上海教育出版社2011年版。
黄伯荣、廖序东：《现代汉语（增订四版）》（上册），高等教育出版社2007年版。
黄伯荣、廖序东：《现代汉语（增订五版）》（上册），高等教育出版社2011年版。
贾玉新：《跨文化交际学》，上海外语教育出版社1997年版。
金盛华：《社会心理学》，高等教育出版社2017年版。
卡斯柏·约斯特：《新闻学原理》，中国人民大学出版社1964年版。
凯塞尔：《语言的艺术作品》，上海译文出版社1984年版。
李彬：《大众传播学》，中央广播电视大学出版社2000年版。
李正国：《国家形象建构》，中国传媒大学出版社2006年版。
连淑能：《英汉对比研究》，高等教育出版社2002年版。
林语堂：《中国人（1939）》，郝志东，沈益洪译，学林出版社1994年版。
刘继南、何辉等：《中国形象——中国国家形象的国际传播现状与对策》，中国传媒大学出版社2006年版。
刘建明：《宏观新闻学》，中国人民大学出版社1991年版。
刘叔新：《汉语描写词汇学》，商务印书馆1990年版。
鲁迅：《鲁迅全集》（第8卷），人民文学出版社1963年版。
孟昭毅、曾艳兵：《外国文化史》，北京大学出版社2008年版。
萨丕尔：《语言论》，商务印书馆2002年版。
苏宝荣：《词义研究与辞书释义》，商务印书馆2000年版。
孙津：《赢得国家形象》，河南美术出版社2001年版。
谭永祥：《汉语修辞美学》，北京语言学院出版社1992年版。

王家福、徐萍:《国际战略学》，高等教育出版社 2005 年版。
王力:《王力语言学词典》，山东教育出版社 1995 年版。
王力:《中国古典文论中谈到的形式美》，《龙虫并雕斋文集》(第 1 册)，中华书局 1980 年版。
王沛、贺雯:《社会认知心理学》，北京师范大学出版社 2015 年版。
吴坚:《全球化下国家语言推广战略、政策、模式与中国的借鉴》，科学出版社 2013 年版。
吴平:《对外汉语教学中的文化词语》，世界图书出版公司 2012 年版。
吴英成、林惜莱:《汉语国际传播：全球语言视角》，李晓琪:《汉语教学学刊（第 5 辑)》，北京大学出版社 2009 年版。
徐子亮:《对外汉语教学心理学》，华东师范大学出版社 2007 年版。
许嘉璐:《语言文字学及其应用研究》，广东教育出版社 1999 年版。
颜迈:《现代汉语复式教程》，高等教育出版社 2009 年版。
杨文全:《现代汉语》，重庆大学出版社 2010 年版。
杨绪明、邱小琦:《家庭语言规划及其影响因素》，郭龙生、郭熙:《语言能力与语言政策研究：第八届全国社会语言学学术研讨会论文集》，世界图书出版公司 2017 年版。
姚斌:《拳民形象在美国：义和团运动的跨国影响》，世界知识出版社 2010 年版。
伊格尔顿:《二十世纪西方文学理论》，伍晓明译，陕西师范大学出版社 1986 年版。
英国朗文出版有限公司:《朗文当代英文词典》，外语教学与研究出版社 2004 年版。
张岱年、方克立:《中国文化概论（修订版)》，北京师范大学出版社 2004 年版。
张建萍、李岩:《德国》，张西平，柳若梅:《世界主要国家语言推广政策概览》，外语教学与研究出版社 2008 年版。
张昆:《国家形象传播》，复旦大学出版社 2005 年版。
张丽芬、孔德明:《由德国语言政策看提高汉语价值观的重要性》，殷桐生：《德意志文化研究》（第 6 辑），外语教学与研究出版社 2010 年版。
赵启正：《向世界说明中国》，王永亮等：《传媒精神》，中国传媒大学出版社 2005 年版。
赵蓉晖：《语言与性别——口语的社会语言学研究》，上海外语教育出版社 2003 年版。
赵元任：《谈谈汉语这个符号系统（1973）》，《赵元任语言学论文选》，叶蜚声译，中国社会科学出版社 1985 年版。
赵元任：《谈谈汉语这个符号系统》，吴宗济，赵新那：《赵元任语言学论文集》，商务印书馆 2002 年版。
中国社会科学院语言研究所词典编辑室：《现代汉语词典（第 5 版）》，商务印书馆 2005 年版。
周明伟：《国家形象传播研究论丛》，外文出版社 2008 年版。
周宁：《天朝遥远——西方的中国形象研究（上下卷）》，北京大学出版社 2006 年版。
朱纯：《外语教学心理学》，上海外语教育出版社 1994 年版。
朱光潜：《散文的声音节奏》，《艺文杂谈》，安徽人民出版社 1981 年版。
[德] 哈贝马斯：《交往行动理论 · 第一卷——行动的合理性和社会合理化》，洪佩郁、蔺青译，重庆出版社 1994 年版。
[德] 亚瑟 · 叔本华：《叔本华论说文集》，范进等译，商务印书馆 1999 年版。
[美] 爱德华 · 萨丕尔：《语言论》，陆卓元译，商务印书馆 2005 年版。
[美] 史景迁：《文化类同与文化利用：世界文化总体对话中的中国形象》，廖世奇、彭小樵译，北京大学出版社 1990 年版。
[美] 亚历山大 · 温特：《国际政治的社会理论》，秦亚青译，上海世纪出版集团 2000 年版。
[英] 苏 · 赖特：《语言政策与语言规划——从民族主义到全球化》，陈新仁译，商务印书馆 2012 年版。

B. A. 兹维金采夫：《科学与研究方法体系中的语言学》，《国外社会科学著作提要》1979 年第 2 期。

艾尔肯·肉孜·艾尔图其：《俄—维词语的形象色彩义比较研究》，《喀什师范学院学报》2006 年第 2 期。

鲍宗豪：《知识分类的原则和方法新探》，《社会科学》1988 年第 5 期。

卞成林：《深度贫困地区脱贫的语言要素》，《光明日报》2018 年 9 月 25 日。

卞成林、刘金林、阳柳艳、苏丹：《少数民族地区普通话推广的经济发展效应分析：来自广西市场面板数据的证据》，《制度经济学研究》2017 年第 3 期。

曹然：《“一带一路”视域下中国形象媒体建构策略分析——以巴基斯坦主流英语报刊涉华报道为例》，《苏州科技大学学报》2018 年第 1 期。

曹越明：《社会性别与语言文化——俄语语言世界图景中的男女形象》，《齐齐哈尔大学学报》（哲学社会科学版）2015 年第 4 期。

曹志耘：《中国语言资源保护工程的定位、目标与任务》，《语言文字应用》2015 年第 4 期。

陈德银：《中国语言形象建构策略研究》，硕士学位论文，南宁师范大学，2019 年。

陈建民：《文化语言学的理论建设》，《语文建设》1999 年第 2 期。

陈京京：《“一带一路”与“互联网 +”背景下的语言服务研究》，《现代职业教育》2017 年第 22 期。

陈琦、张建伟：《建构主义学习观要义评析》，《华东师范大学学报》1998 年第 1 期。

陈强、郑贵兰：《从“中国年”到“孔子学院”——文化传播与国家形象的柔性塑造》，《中国石油大学学报》2007 年第 1 期。

陈世阳：《“国家形象战略”研究综述》，《南京政治学院学报》2009 年第 4 期。

陈晓强：《论汉字的“象”》，《古汉语研究》2015 年第 1 期。

陈艳彬：《中国语言形象的构成及其影响因素》，硕士学位论文，广西师范学院，2016年。

陈燕玲：《菲律宾青少年关于中美日国家形象的认知——基于“词语自由联想”测试的分析》，《当代修辞学》2014年第2期。

陈媛媛：《普通话能力对中国劳动者收入的影响》，《经济评论》2016年第6期。

陈章太：《当代中国的语言规划》，《语言文字应用》2005年第1期。

陈章太：《论语言资源》，《语言文字应用》2008年第1期。

程曼丽：《大众传播与国家形象塑造》，《国际新闻界》2007年第3期。

戴东红：《来华留学生教育发展探究》，《学术论坛》2016年第4期。

董军：《“国家形象建构与跨文化传播战略研究”开题会综述》，《现代传播》2012年第1期。

董青岭：《国家形象与国际交往刍议》，《国际政治研究》2006年第3期。

董晓波：《语言教育是国家软实力的组成部分——西方语言规划观对我国语言教育的启示》，《中国教育报》2017年9月15日。

杜道明：《语言与文化关系新论》，《中国文化研究》2008年第4期。

杜雁芸：《国家形象的内涵及中国国家形象塑造》，《南京政治学院学报》2008年第4期。

杜悦：《富于独特美感的语音形象——汪曾祺小说探微》，《浙江学刊》1999年第4期。

段淳林：《从工具理性到价值理性：中国品牌精神文化价值提升战略研究》，《南京社会科学》2018年第9期。

范二平：《品牌价值提升策略探讨》，《企业经济》2013年第1期。

范勇：《美国主流媒体涉华报道中的意识形态偏见词汇与“中国形象”塑造——基于对〈纽约时报〉的实证研究》，《湖北社会科学》2009年第8期。

范勇鹏：《讲好中国故事需要“多元主体”》，《人民日报》2014年12月18日。

冯惠玲、胡百精：《北京奥运会与文化中国国家形象构建》，《中国人民大学学报》2008 年第 4 期。

冯韬：《新公共外交视阈下孔子学院传播传统文化探索》，《广西社会科学》2017 年第 2 期。

高海洋：《国家安全视角下的中国语言战略研究刍议》，《海南热带海洋学院学报》2014 年第 4 期。

高金萍、郭之恩：《孔子学院与公共外交》，《中国文化研究》2013 年第 4 期。

高增霞：《汉语国际化与国际推广刍议》，《北京行政学院学报》2007 年第 6 期。

顾明远：《教育大辞典》，上海教育出版社 1998 年版。

顾楠：《汉语国际推广与中国国家语言形象构建》，《佳木斯职业学院学报》2016 年第 5 期。

管文虎：《国家的国际形象浅析》，《当代世界》2006 年第 6 期。

郭斌、蔡静雯：《我国孔子学院研究综述及其展望》，《黑龙江高教研究》2019 年第 7 期。

郭可：《国际传播中的英语强势及影响》，《现代传播》2002 年第 6 期。

郭可教：《汉字认知与神经语言学研究简述》，《心理科学通讯》1989 年第 3 期。

郭龙生：《略论中国当代语言规划的类型》，《语言教学与研究》2007 年第 6 期。

郭蕾：《英语霸权的历史演变研究》，博士学位论文，吉林大学，2009 年。

郭熙：《语言规划的动因与效果——基于近百年中国语言规划实践的认识》，《新疆师范大学学报》2013 年第 1 期。

郭熙：《语言生活书写时代编年史——新中国 70 年语言生活回眸》，《光明日报》2019 年 8 月 10 日。

郭晓勇：《中国语言服务行业发展状况、问题及对策——在 2010 中国国际语言服务行业大会上的主旨发言》，《中国翻译》2010 年第

6 期。
韩彩英：《中西语言文字的形象与抽象》，《山西农业大学学报》1998 年第 4 期。
韩源：《全球化背景下的中国国家形象战略框架》，《当代世界与社会主义》2006 年第 1 期。
汉办官网：《关于我们》（http：//www. hanban. edu. cn/hb/）。
何克抗：《建构主义——革新传统教学的理论基础（上）》，《电化教育研究》1997 年第 3 期。
贺显斌：《语言与文化关系的多视角研究》，《西安外国语学院学报》2002 年第 3 期。
贺阳：《汉语学习动机的激发与汉语国际传播》，《语言文字应用》2008 年第 2 期。
赫琳：《语言扶贫有助于永久脱贫》，《中国教育报》2018 年 5 月 31 日。
洪向华：《习近平总书记的语言魅力》，《中国纪检监察报》2018 年 4 月 17 日。
洪晓楠、郭丽丽：《国家硬实力与软实力发展的辩证关系探析》，《文化学刊》2010 年第 6 期。
胡鞍钢、张晓群：《中国传媒迅速崛起的实证分析》，《战略与管理》2004 年第 3 期。
胡范铸、陈佳璇、张虹倩：《目标设定、路径选择、队伍建设：新时代汉语国际教育的重新认识》，《 世界汉语教学》2018 年第 1 期。
胡范铸、薛笙：《作为修辞问题的国家形象传播》，《华东师范大学学报》2010 年第 6 期。
胡胜高：《中西思维方式差异对语言的影响》，《重庆工学院学报》2005 年第 2 期。
黄旦、屠正锋：《也谈中国的传媒实力——评胡鞍钢、张晓群先生的〈中国传媒迅速崛起的实证分析〉》，《新闻记者》2006 年第 1 期。
黄金鲁克：《这五年，教育开放筑新局》，《中国教育报》2018 年 3 月 20 日。

姜慧、张志醒：《孔子学院对“一带一路”沿线国家贸易便利化影响的实证分析》，《经济经纬》2018年第6期。
揭春雨：《文字的视觉形象初论——认知过程、区别特征结构及其模糊性》，《汉字文化》1990年第2期。
金光耀：《边疆少数民族在内地媒介的呈现：基于刻板印象视角的分析》，《视听》2019年第9期。
金立鑫：《试论汉语国际推广的国家策略和学科策略》，《华东师范大学学报》2006年第4期。
瞿振元：《做好新时代教育对外开放》，《中国教育报》2018年4月10日。
匡芳涛、文旭：《图形—背景的现实化》，《外国语》2003年第4期。
黎海波、周聿峨：《温和而坚定：中国和平性国家形象的自塑》，《信阳师范学院学报》2008年第6期。
李海英：《中国当代语言本体规划研究》，博士学位论文，南京大学，2015年。
李红宇、倪小恒、李晶：《语言传播规律的数量化研究及其对汉语国际推广的意义》，《云南师范大学学报》2011年第4期。
李建波：《外国文学批评与情报分析》，《外语研究》2015年第3期。
李菊：《中国多边文化外交的新形式：孔子学院》，《理论观察》2008年第2期。
李凌艳：《汉语国际推广背景下海外汉语教学师资问题的分析与思考》，《语言文字应用》2006年第S1期。
李清清：《英语和法语国际传播对比研究》，博士学位论文，北京外国语大学，2014年。
李庆祥：《中日形象词语比较》，《日语学习与研究》2000年第6期。
李泉、杨志盛：《完善教学形象规划　提升汉语国际声誉》，《中国社会科学报》2019年4月9日。
李寿源：《国际关系与中国外交：大众传播的独特风景线》，北京广播学院出版社1999年版。
李松林、刘伟：《试析孔子学院文化软实力作用》，《思想教育研究》

2010 年第 4 期。
李先婷：《多模态语篇视角下国家形象传播的视觉语法分析——以韩国纪录片〈超级中国〉为例》，《佳木斯职业学院学报》2016 年第 9 期。
李现乐：《语言资源和语言问题视角下的语言服务研究》，《云南师范大学学报》2010 年第 5 期。
李晓燕、李光群：《英汉象形文字的应用与翻译》，《西安外国语大学学报》2007 年第 2 期。
李星：《论主体与客体的辩证关系及其当代意义》，《辽宁医学院学报（社会科学版）》2011 年第 3 期。
李艳红：《美国关键语言战略实施体系的构建和战略目标》，《外语研究》2016 年第 6 期。
李燕平、郭德俊：《目标理论述评》，《应用心理学》1999 年第 2 期。
李溢：《对“国家形象论”引入文艺批评后的理论思考》，《文艺争鸣》2009 年第 5 期。
李英姿：《宗教在语言传播中的作用》，《云南师范大学学报》2012 年第 5 期。
李宇明：《“一带一路”需要语言铺路》，《人民日报》2015 年 9 月 22 日。
李宇明：《领域语言规划试论》，《华中师范大学学报》2013 年第 3 期。
李宇明：《什么力量在推动语言传播》，《汉语国际传播研究》2011 年第 2 期。
李宇明：《探索语言传播规律》，《云南师范大学学报》2007 年第 4 期。
李宇明：《修筑扶贫脱贫的语言大道》，《语言文字周报》2018 年 8 月 1 日。
李宇明：《语言服务与语言消费》，《教育导刊》2014 年第 7 期。
李宇明：《语言功能规划刍议》，《语言文字应用》2008 年第 1 期。
李宇明：《语言也是“硬实力”》，《华中师范大学学报》2011 年第

5 期。
李宇明：《中国的话语权问题》，《河北大学学报》2006 年第 6 期。
连大祥、王录安、刘晓鸥：《孔子学院的教育与经济效果》，《清华大学教育研究》2017 年第 1 期。
林华东：《“制约语言传播的几个因素——论汉语的国际推广”》，《绍兴文理学院学报》2007 年第 3 期。
刘慈萱、宋保平、畅雅静：《基于网络分析的旅游目的地文字形象认知符号探讨——以北京市为例》，《东南传播》2014 年第 7 期。
刘丹青：《语言能力的多样性和语言教育的多样化》，《世界汉语教学》2015 年第 1 期。
刘焕辉：《修辞学纲要》，百花洲文艺出版社 1997 年版。
刘继南，何辉：《当前国家形象建构的主要问题及对策》，《国际观察》2008 年第 1 期。
刘鉴强：《从李文和案看〈纽约时报〉的意识形态性》，《国际新闻界》2001 年第 1 期。
刘康：《如何打造丰富多彩的中国国家形象?》，《新闻大学》2008 年第 3 期。
刘宓庆：《汉英对比研究的理论问题（上）》，《外国语（上海外国语学院学报）》1991 年第 4 期。
刘明：《历史和全球视野下的中国形象》，《对外大传播》2007 年第 8 期。
刘鸣：《汉字认知与形象思维》，《华南师范大学学报》1996 年第 4 期。
刘伟：《孔子学院的文化软实力作用》，《云南师范大学学报（对外汉语教学与研究版）》2010 年第 4 期。
刘伟乾：《词语的理据与词汇教学》，《徐州师范大学学报》2010 年第 2 期。
刘艳房、张骥：《国家形象及中国国家形象战略研究综述》，《探索》2008 年第 2 期。
刘玉琴：《试述建立语音形象之必要——关于如何缩小误差，提高普通活测评信度的思考》,《昆明师专学报》1995 年第 4 期。
刘自匪:《语言形象的生成与实现》,《北方论丛》2002 年第 3 期。
柳林、胡菁奕:《传统汉字在品牌形象设计中的创意表现》,《安徽文学》2010 年第 5 期。
陆俭明:《"一带一路"建设需要语言铺路搭桥》,《文化软实力研究》2016 年第 2 期。
陆经生、陈丹娜:《语言测试与语言传播——以西班牙语全球传播战略为例》,《外语教学与研究》2016 年第 5 期。
罗礼平:《汉字的形象优势及其在标志设计中的运用》,《福建艺术》1999 年第 2 期。
罗礼平、邱志芳:《从象形到形象:汉字审美的意象化过程——兼谈民俗观念下的汉字及其装饰》,《文艺评论》2005 年第 1 期。
骆玮:《从西方生态语言学看中国语言规划与政策》,《天津职业技术师范大学学报》2015 年第 2 期。
马琳:《试论汉语词语的形象色彩及其表达功能》,《南昌大学学报》2003 年第 2 期。
蒙象飞:《中国国家形象建构中文化符号的运用与传播》,博士学位论文,上海外国语大学,2014 年。
明安香:《关于国家形象传播的思考》,《对外大传播》2007 年第 9 期。
聂映玉:《孔子学院概述》,《上海教育科研》2008 年第 3 期。
聂振斌:《汉字何以成为艺术》,《中国书法》1997 年第 4 期。
宁继鸣:《汉语国际推广:关于孔子学院的经济学分析与建议》,博士学位论文,山东大学,2006 年。
潘晓瑜:《从语法隐喻理论视角看英语新闻语篇中的中国形象建构》,《齐齐哈尔大学学报》2019 年第 4 期。
潘一禾:《"国家形象"的内涵、功能之辨与中国定位探讨》,《杭州师范大学学报》2011 年第 1 期。
彭凡:《浅析法语在国际传播中的内外优势》,《传奇〈传记文学选刊(教学研究)〉》,2013 年第 8 期。

亓华：《汉语国际推广与文化观念的转型》，《北京师范大学学报（社会科学版）》2007 年第 4 期。

乔纳森·普尔：《国家发展与语言多样性》，《国外语言政策与语言规划进程》，语文出版社 2001 年版。

邱质朴：《试论语言资源的开发——兼论汉语面向世界问题》，《语言教学与研究》1981 年第 3 期。

屈哨兵：《语言服务的概念系统》，《语言文字应用》2012 年第 1 期。

屈哨兵：《语言服务研究论纲》，《江汉学术》2007 年第 6 期。

任平：《“三知”：中国文化影响世界的三个支点》，《人民日报》2017 年 7 月 21 日。

尚榕：《从动物词汇文化形象看中日文化差异——关于“龟”和“牛”》，《宜宾学院学报》2006 年第 3 期。

邵敬敏：《“语言服务业”与“语言服务学”》，《北华大学学报》2012 年第 2 期。

申婷，高华敏：《关于英语传播全球化因素的分析》，《兰州教育学院学报》2012 年第 4 期。

沈海英：《中国“多元一体”语言政策发展概述》，《云南民族大学学报》2015 年第 5 期。

沈骑、夏天：《“一带一路”语言战略规划的基本问题》，《新疆师范大学学报》2017 年第 1 期。

沈骑、夏天：《论语言战略与国家利益的维护与拓展》，《新疆师范大学学报》2014 年第 4 期。

宋羽田：《国际传播视角下中国国家形象塑造研究》，硕士学位论文，吉林大学，2008 年。

孙鹏程：《孔子学院和国际语言推广机构的比较研究》，硕士学位论文，山东大学，2008 年。

孙有中：《国家形象的内涵及其功能》，《国际论坛》2002 年第 3 期。

汤光鸿：《论国家形象》，《国际问题研究》2004 年第 4 期。

汤劲：《紧贴时代 还原生活——试论 2004 年英模人物通讯特色》，《新闻爱好者》2005 年第 7 期。

汤哲远：《全球化视野下孔子学院建设的时代意蕴》，《北京教育（高教版）》2007 年第 Z1 期。

唐伦：《文字形象教学在汉语言当中的创新应用与实践》，《吉林广播电视大学学报》2018 年第 7 期。

唐素华：《论文化语言学中的语言与文化》，《现代语文》2008 年第 6 期。

唐晓群：《哈贝马斯的交往行为理论》，《中国社会科学院研究生院学报》1997 年第 6 期。

田立新：《中国语言资源保护工程的缘起及意义》，《语言文字应用》2015 年第 4 期。

田卫东：《对班尼特形象修复策略的商榷》，《新闻知识》2015 年第 12 期。

万勇华：《主流价值观对外传播的四个维度》，《中国社会科学报》2017 年 7 月 20 日。

万宇：《书写者的永恒形象——读〈文字与书写：思想的符号〉》，《中国图书评论》2003 年第 6 期。

王春辉：《论语言因素在脱贫攻坚中的作用》，《江汉学术》2018 年第 5 期。

王海建：《社会主义核心价值观精准传播论析》，《社会主义核心价值观研究》2017 年第 1 期。

王海兰、宁继鸣：《基于个体语言技能资本投资特性的语言传播规律分析》，《社会科学辑刊》2014 年第 3 期。

王辉：《孔子学院转型发展的路径优化》，《语言文字周报》2019 年 5 月 8 日。

王建勤：《汉语国际推广的语言标准建设与竞争策略》，《语言教学与研究》2008 年第 1 期。

王瑾、金娜娜：《生态语言学视角中的英语全球传播研究》，《中国外语》2018 年第 4 期。

王克非、蔡永良、王美娜：《英国文化委员会与英语的国际传播》，《外语教学》2017 年第 6 期。

王丽斯：《社会书写：新闻在网络传播中的意义生成及其演变——基于新浪网 2016 年新闻排行的考察》，硕士学位论文，河北大学，2017 年。
王烈琴：《世界主要国家语言规划、语言政策的特点及其启示》，《河北学刊》2012 年第 4 期。
王敏：《视觉语法下〈战狼Ⅱ〉与国家形象构建》，《新闻爱好者》2018 年第 2 期。
王巧霞：《略论影视艺术语音形象塑造的基本原则》，《重庆师范大学学报》2005 年第 3 期。
王世凯、李海宏：《语言资源观再议——语言资源的结构、开发和语言资源观的价值》，《浙江传媒学院学报》2008 年第 1 期。
王小明：《布卢姆认知目标分类学（修订版）的教学观》，《全球教育展望》2016 年第 6 期。
王小明：《布卢姆认知目标分类学（修订版）对课程目标制定的启示》，《全球教育展望》2011 年第 4 期。
王啸：《国际话语权与中国国际形象的塑造》，《国际关系学院学报》2010 年第 6 期。
王娅：《语域分析与形象塑造——试从语音、词汇和语法角度对 *Pride and Pejudice* 典型人物性格分析》，《科技信息》2009 年第 6 期。
王一川：《汉语形象及其基本地位》，《诗探索》1998 年第 11 期。
王一川：《汉语形象与汉语形象美学》，《浙江学刊》1999 年第 1 期。
王志强：《国际关系的关系性和跨文化性》，《国际观察》2008 年第 3 期。
王志强、王爱珊：《德国对外文化政策视角下德语对外传播及其实践》，《德国研究》2014 年第 4 期。
韦大萍：《浅析英语与西方文化的传播》，《东方企业文化》2012 年第 6 期。
韦东：《建国后中国国家形象演变对汉语国际推广的影响》，硕士学位论文，广西师范学院，2016 年。
魏晖：《“一带一路”与语言互通》，《云南师范大学学报》2015 年第

4 期。
魏晖：《国家语言能力有关问题探讨》，《语言文字应用》2015 年第 4 期。
魏晖：《文化强国视角的国家语言战略探讨》，《文化软实力研究》2016 年第 3 期。
魏晖：《语言舆情与语言规划》，《语言文字应用》2017 年第 1 期。
魏淑华：《教师职业认同研究》，博士学位论文，西南大学，2008 年。
文秋芳、俞希：《英语的国际化与本土化》，《国外外语教学》2003 年第 3 期。
文雯、李雪、王晶：《第四代评估理论视角下的研究生项目评估》，《高等工程教育研究》2015 年第 3 期。
邬美丽：《国外语言规划研究述评》，《天津外国语大学学报》2012 年第 2 期。
邬美丽：《来华留学生汉语语言态度实证研究》，《中国社会语言学》2016 年第 1 期。
吴飞、陈艳：《中国国家形象研究述评》，《当代传播（汉文版）》2013 年第 1 期。
吴高福：《关于新闻起源问题的思考》，《武汉大学学报》1993 年第 4 期。
吴进：《低沉哀怨　凄幽宛转——张爱玲〈金锁记〉的语音形象分析》，《名作欣赏》2001 年第 4 期。
吴小冰：《政府公共危机沟通策略探讨——归因理论与形象修复理论的视角》，《东南传播》2010 年第 6 期。
吴一敏：《中国国家形象及其定位研究综述》，《经济师》2012 年第 5 期。
吴应辉：《国家硬实力是语言传播的决定性因素——联合国五种工作语言的国际化历程对汉语国际化传播的启示》，《汉语国际传播研究》2011 年第 1 期。
吴瑛：《对孔子学院中国文化传播战略的反思》，《学术论坛》2009 年第 7 期。

吴瑛、阮桂君：《中国文化在美国青少年中的传播效果调查——以匹兹堡地区孔子学院为例》，《学术交流》2010 年第 10 期。
吴瑛、提文静：《孔子学院的发展现状与问题分析》，《云南师范大学学报（对外汉语教学与研究版）》2009 年第 5 期。
习近平：《开放共创繁荣 创新引领未来——在博鳌亚洲论坛 2018 年年会开幕式上的主旨演讲》，《人民日报》2018 年 4 月 11 日。
肖菲菲：《浅析法语在国际传播中的内外优势》，《太原城市职业技术学院学报》2011 年第 12 期。
肖国忠：《让中国形象挺立世界》，《光明日报》2009 年 12 月 3 日。
肖萌：《全球化背景下孔子学院的文化传播功能探析》，《现代传播（中国传媒大学学报）》2018 年第 3 期。
谢孟军、汪同三、崔日明：《中国的文化输出能推动对外直接投资吗？——基于孔子学院发展的实证检验》，《经济学：季刊》2017 年第 4 期。
谢晓娟：《论软权力中的国家形象及其塑造》，《理论前沿》2004 年第 19 期。
谢照：《国家形象的柔性构建和传播》，硕士学位论文，天津师范大学，2008 年。
辛斌：《语言、权利与意识形态：批评语言学》，《现代外语》1996 年第 1 期。
邢莲君：《略论英语的历史地位及面临的挑战》，《聊城大学学报（社会科学版）》2003 年第 6 期。
邢欣、邓新：《“一带一路”核心区语言战略构建》，《双语教育研究》2016 年第 1 期。
徐大明：《有关语言经济的七个问题》，《云南师范大学学报》2010 年第 5 期。
徐大明：《语言资源管理规划及语言资源议题》，《郑州大学学报》2008 年第 1 期。
徐小鸽：《国际新闻传播中的国家形象问题》，《新闻与传播研究》1996 年第 2 期。

许静，孔洁：《词语形象感的认知机制及其教学的运用》，《管理工程师》2011 年第 1 期。
许琳：《汉语加快走向世界是件大好事》，《语言文字应用》2006 年第 S1 期。
薛梅：《词语的形象功能与修辞审美》，《平原大学学报》2006 年第 4 期。
杨爱芬、冯丽娜、毛俊萍：《词语的形象色彩与词汇教学》，《天津大学学报》2002 年第 4 期。
杨冬云：《国家形象的构成要素与国家软实力》，《湘潭大学学报》2008 年第 5 期。
杨绪明：《新词语的族聚特征及其社会文化心理》，《语言教学与研究》2014 年第 1 期。
杨绪明、陈德银、程茹佳：《基于"蓝瘦""香菇"的新词语社会文化心理考察》，《广西师范学院学报》2017 年第 4 期。
杨绪明、廖扬敏、贾力耘：《全球语境下中国语言形象构建刍议》，《广西师范学院学报》2014 年第 3 期。
杨绪明、邱小琦：《中国语言形象的生态学构拟》，《北华大学学报》2017 年第 1 期。
杨迎华：《"一带一路"建设下的中国语言战略》，《人民论坛》2016 年第 15 期。
杨玉玲：《"汉语热"背后的思考》，《光明日报》2010 年 12 月 9 日。
杨志梅：《好朋友和领导者形象建构——从人际语法隐喻角度对比分析奥巴马两次就职演讲》，《中山大学研究生学刊》2016 年第 2 期。
尹春梅、李晓东、吴应辉：《孔子课堂分布状况与管理体系研究》，《新疆师范大学学报》2019 年第 3 期。
游甜：《浅谈形象思维与汉语言文字》，《南方论刊》2007 年第 8 期。
于淼：《从孔子学院看汉语言文化推广的模式与效果》，《武汉大学学报》2010 年第 6 期。
詹乔：《论华裔美国英语叙事文本中的中国形象》，《暨南学报（哲学社会科学版）》2010 年第 4 期。

张高翔:《对外汉语教学事业的过去、现在与未来》,《云南教育》2002 年第 24 期。
张国良、陈青文、姚君喜:《媒介接触与文化认同——以外籍汉语学习者为对象的实证研究》,《西南民族大学学报》2011 年第 5 期。
张虹倩、胡范铸:《全球治理视域下的汉语国际教育及孔子学院建设:问题、因由与对策》,《社会科学》2017 年第 10 期。
张姣:《以汉字形象打造视觉时尚》,《大舞台》2010 年第 9 期。
张结海、曲玉萍、吴瑛、康岚:《西方视野下的中国人形象测量研究——基于词汇联想法的发现》,《现代传播》2012 年第 2 期。
张景云、田悦戎:《扭转负面刻板印象塑造中国品牌“优质高端”国际形象》,《对外经贸实务》2018 年第 12 期。
张昆:《大众媒介的政治属性与政治功能》,《武汉大学学报(人文科学版)》2006 年第 1 期。
张昆:《中国究竟需要树立什么样的国家形象》,《中州学刊》2014 年第 11 期。
张昆、徐琼:《国家形象刍议》,《国际新闻界》2007 年第 3 期。
张亮、孙秋香:《“一带一路”“互联网 +”与语言服务——由〈汉语资源及其管理与开发〉所想》,《渤海大学学报》2016 年第 1 期。
张日培:《服务于“一带一路”的语言规划构想》,《云南师范大学学报》2015 年第 4 期。
张日培:《国家安全语言规划:总体国家安全观下的范式建构》,《新疆师范大学学报》2018 年第 6 期。
张天伟:《我国关键语言战略研究》,《中国社会科学院研究生院学报》2015 年第 3 期。
张天宇:《“软权力”视阈下英国语言国际推广策略研究》,博士学位论文,东北师范大学,2018 年。
张卫国:《语言经济学研究存在三个主要维度》,《光明日报》2009 年 11 月 24 日。
张卫国:《语言政策与语言规划:经济学与语言学比较的视角》,《云南师范大学学报》2011 年第 5 期。

张卫国、刘国辉：《中国语言经济学研究述略》，《语言教学与研究》2012 年第 6 期。

张文、沈骑：《近十年语言服务研究综述》，《云南师范大学学报（对外汉语教学与研究版）》2016 年第 3 期。

张西平：《汉语国际推广中的两个重要问题》，《长江学术》2008 年第 1 期。

张西平：《简论孔子学院的软实力功能》，《世界汉语教学》2007 年第 3 期。

张像鄂：《论俄语成语汉译中的“用形象译形象”原则及其应用》，《湖北大学学报》2003 年第 3 期。

张晓青：《从动物词汇文化形象看中德文化差异》，《天津外国语学院学报》2001 年第 1 期。

张治国：《美国马里兰大学孔子学院田野调查》，《世界教育信息》2009 年第 3 期。

张治国：《新中国成立初期外语教育政策研究及其启示》，《外语界》2017 年第 2 期。

章新胜：《加强汉语的国际传播促进多样文化的共同发展》，《求是杂志》2005 年第 16 期。

赵利缘：《广州非洲留学生心目中的中国形象》，硕士学位论文，暨南大学，2014 年。

赵蓉晖：《语言与社会性别——俄语研究的新方向》，《外语研究》2002 年第 4 期。

赵世举：《“一带一路”建设的语言需求及服务对策》，《云南师范大学学报》2015 年第 4 期。

赵世举：《从服务内容看语言服务的界定和类型》，《北华大学学报（社会科学版）》2012 年第 3 期。

赵世举：《从语言的功能看公民个人语言能力的地位和作用》，《云南师范大学学报（哲学社会科学版）》2013 年第 3 期。

赵世举：《关于国家语言智库体系建设的构想》，《语言科学》2014 年第 1 期。

赵毅衡:《重新定义符号与符号学》,《国际新闻界》2013 年第 6 期。

郑晋鸣:《规范使用网络语言》,《光明日报》2016 年 6 月 20 日。

周国祥:《现代汉语词语形象色彩的形成和功用》,《菏泽学院学报》2007 年第 6 期。

周建新、李雪岩、龙耀:《对我国现行外语教育制度的思考》,《教学与管理》2006 年第 7 期。

周庆生:《语言保护论纲》,《新疆师范大学学报 (哲学社会科学版)》2016 年第 2 期。

周庆生:《语言和谐思想刍议》,《语言文字应用》2005 年第 3 期。

周庆生:《中国语言政策研究七十年》,《新疆师范大学学报》2019 年第 6 期。

朱凯兵、成曦:《论中国国际形象的定位、塑造与展示》,《南京政治学院学报》2006 年第 6 期。

朱陆民、刘梓红:《从孔子学院的兴建看中国文化软实力的提升》,《重庆社会主义学院学报》2009 年第 4 期。

朱瑞平:《汉语国际推广中的文化问题》,《语言文字应用》2006 年第 S1 期。

朱小健:《汉语国际推广基地建设构想》,《语言文字应用》2006 年第 S1 期。

Abbas Malek, *News Media and Foreign Relations: Amulti – faceted Perspective*, Norwood: Ablex Publication, 1997.

Aitchison, J. , "A World Empire by Other Means: The Triumph of English", *Christmas Special of The Economist*, 2001.

Boulding, K. E. , "National Images and International Systems," *The Journal of Conflict Resolution*, 1959.

Bruce, R & Joseph, N. S. , *Bound to Lead: The Changing Nature of American Power*, New York: Basic Books, Inc. , Publishers, 1990.

David Crystal, *English as a Global Language*, Cambridge University Press , 1997.

David M. R. , Academic Freedom, Individual or Institutional.

Academe, 2001.

Don Starr, "Chinese Language Education in Europe: the Confucius Institutes", *European Journal of Education*, 2009.

Eugene, D. J. & Israel, D. D. , *National Image and Competitive Advantage: The Theory and Practice of Country – of – Origin Effect*, Copenhagen: Copenhagen Business School Press, 2001.

Gao. W. & Smyth, R. , "Economics Returns to Speaking 'Standard Mandarin' among Migrants in China's Urban Labor Market," *Economics of Education Review* , 2011.

Haugen, E. , "Planning for a Standard Language in Modern Norway", *Anthropological Linguistics*, 1993.

Haugen, E. , "Planning for a Standard Language in Norway," *Anthropological Linguistics*, 1959.

Hudson, R. A. , *Sociolinguistics*, Oxford, U. K: the Alden Press, 1980.

Jervis, R. , *The Logic of Image in International Relations*, Princeton: Princeton University Press, 1970.

Joseph S. , Nye Jr. , *Soft Power: The Means to Success in World Politics*, New York: Public Affairs, 2004.

Kachru, B. B. , *The Alchemy of English: The Spread, Function, and Models of Non – Native Englishes*, Urbana: University of Illinois Press, 1990.

Kachru, B. B. , "The Power and Politics of English", *World Englishes* 5, 1986: 121 – 140.

Kachru, B. B. , "World Englishes: Approaches, Issues, and Resources", In H. D. Brown & S. Gonzo (eds.), Readings on Second Language Acaquistion, Englewood Cliffs, NJ: Prentice Hall, 1995.

Malinowski, B. , "The Problem of Meaning in Primitive Languages", In C. K. Ogden, & I. A. Richards (Eds.), *The Meaning of Meaning*, (1923), pp. 296 – 336. London. K. Paul, Trend, Trubner. Malinowski, *The Meaning of Meaning*, 1921.

McCombs, M. E. & Shaw, D. L. , "The Agenda – Setting Function of

Mass Media", *Public Opinion Quarterly*, 1972.

McKay, S. L., *Teaching English as an International Language*, Oxford: Oxford University Press, 2002.

Phillipson, R., *Linguistic Imperialism*, Oxford: Oxford University Press, 1992.

Schmidt, P., "Chinese – Financed Centers Prompt Worries About Academic Freedom", *Chronicle of Higher Education*, 2010.

Stevenson, R. L., *Global Communication in the 21st Century*, Longman Publishing Group, New York: Longman. 1994.

Tollefson, J. W., *Planning Language*, *Planning Inequality*, New York: Longman, 1991.

Weiner B., "Intrapersonal and Interpersonal Theories of Motivation from an Attribution Perspective", *Educational Psychology Review*, 2000.

Weiner, B., "Spontaneous Causal Thinking", *Psychological Bulletin*, 1985.

附录1：链接推送提示语

各位朋友，我们想调查一下外国朋友对汉语的印象，请您帮忙。刚才的链接有中英版、中泰版、中越版、中俄版、中韩版、中德版、中法版等不同的版本，会不会中文的都可以填写，需要找中国人以外的朋友填写，最好是不同年龄段、不同职业、不同性别、不同文化水平的人来填写。不同的国家我们想完成50份左右，若方便也请您的外国朋友帮忙填写一下。谢谢！

附录2：汉语印象调查问卷（汉语版）

汉语印象调查问卷

亲爱的朋友：

您好！随着国际间交往扩大，语言学习已成为大家共同关注的话题。为了进一步研究汉语、改进汉语教学，为各国人民提供更好的汉语服务。请根据您的真实意愿选择相应的选项，或在空白处写上您的建议。本调查问卷仅供学术研究和教学参考。谢谢您的配合与支持！

第一部分　基本情况

1. 您是哪国人？ ______________。

2. 您的性别：①男；②女

3. 您的年龄：①18岁及以下；②19—30岁；③31—45岁；④46—60岁；⑤61岁及以上

4. 您的学历：①小学；②初中；③高中；④高职高专；⑤本科；⑥硕士以上；⑦其他（请填写）______________

5. 您的职业：①管理；②商业；③农业；④教育；⑤工业；⑥旅游服务业；⑦其他（请填写）______________

6. 工作单位：①政府部门；②公共事业；③企业；④旅游服务业；⑤商业；⑥其他（请填写）______________

7. 您的岗位：①领导；②职员；③教师；④学生；⑤其他（请

填写）＿＿＿＿＿＿＿＿＿

8. 您到过中国吗？①是；②否

9. 您有经常交往的中国朋友吗？①有；②没有

10. 您关注有关中国的新闻吗？①是；②否

第二部分　汉语印象情况

11. 您的汉语水平：①没有学过，不会；②学过，会一点点儿；③能基本会话；④中级水平；⑤高级水平

12. 做过与汉语有关的工作吗？　①是；②否

13. 对于中国电影/音乐/表演/新闻等，您喜欢：①汉语版的；②本国语言翻译过来的

14. 你们国家有孔子学院（或孔子课堂）吗？　①有；　②没有

15. 您认为孔子学院（或孔子课堂）能（可多选）：

①帮助汉语学习；②帮助了解中国文化；③认识中国朋友；④体验中国生活；

⑤其他（若方便，请填写）＿＿＿＿＿＿＿＿＿＿＿＿＿

16. 对于外国语言，比如英语/汉语/法语/俄语/阿拉伯语/西班牙语等，您会有感觉好、感觉一般或感觉不好的不同感觉吗？

有，（若方便，请填写理由＿＿＿＿＿＿＿＿＿＿＿＿＿＿）；

没有，（若方便，请填写理由＿＿＿＿＿＿＿＿＿＿＿＿＿）

17. 您认为对某种外语的印象会影响到你对这个国家形象的好坏评价吗？

①不会影响；②一般会影响；③严重影响

18. 如果您计划学习一门外语，您的选择依据是什么？（可多选）

①文化因素；②经济因素；③政治因素；④留学；⑤旅游；⑥朋友推荐；⑦其他（若方便，请填写）＿＿＿＿＿＿

19. 与英语、法语、德语、俄语等外语相比，您对汉语的感觉是：

①很好；②一般；③不好

20. 您对汉语的这种感觉是根据什么因素得到的？（可多选）

①汉语语音；②汉语词语；③汉语语法；④汉字；⑤书法；⑥中国文化；⑦朋友推荐；⑧其他（若方便，请填写）___________

21. 您对汉语的这种感觉会影响您的汉语学习、去中国旅游的计划、与中国人交往或影响您对中国的评价吗？为什么？

影响，（若方便，请填写理由_________________）；

不影响，（若方便，请填写理由_____________________）；

22. 怎样才能让更多的外国人喜欢汉语？您有哪些具体建议？

附录3：汉语印象调查问卷8种版本的访问链接（8个版本16个入口）

注：每个版本选择其中一个链接入口即可。网上填写，每个终端只能填写一次。

1. 中英版：汉语印象调查问卷 Questionnaire about the Impression of Chinese language（早期版本，网站会收集终端设备型号等部分相关数据）

微信入口：https：//www. lediaocha. com/pc/s/vhy3us？ active = 1

网页入口：https：//www. lediaocha. com/pc/s/vhy3us

2. 中泰版：汉语印象调查问卷 ใบสอบถามการเรียนภาษาจีน

微信入口：https：//www. lediaocha. com/pc/s/f55yu3？ active = 1

网页入口：https：//www. lediaocha. com/pc/s/f55yu3

3. 中越版：汉语印象调查问卷 PHIẾU ĐIỀU TRA VỀ ẤN TƯỢNG VỚI TIẾNG HÁN

微信入口：https：//www. lediaocha. com/pc/s/eh3qdo？ active = 1

网页入口：https：//www. lediaocha. com/pc/s/eh3qdo

4. 中俄版：汉语印象调查问卷 Исследовательская анкета впечатлений о китайском языке

微信入口：https：//www. lediaocha. com/pc/s/x1cvlf？ active = 1

网页入口：https：//www. lediaocha. com/pc/s/x1cvlf

5. 中韩版：汉语印象调查问卷중국어에 대한 인상 설문 조사

微信入口：https：//www. lediaocha. com/pc/s/wmfvfp？ active = 1

网页入口：https：//www. lediaocha. com/pc/s/wmfvfp

6. 中德版：汉语印象调查问卷 Eindruck von Chinesisch Fragebogen

微信入口：https：//www. lediaocha. com/pc/s/p0gymq？ active = 1

网页入口：https：//www. lediaocha. com/pc/s/p0gymq

7. 中法版：汉语印象调查问卷 Impressions sur la langue chinoise

微信入口：https：//www. lediaocha. com/pc/s/p24gax？ active = 1

网页入口：https：//www. lediaocha. com/pc/s/p24gax

8. 中英版：汉语印象调查问卷 Questionnaire about the Impression of Chinese language（改进版本，网站不再收集终端设备型号等部分相关数据）

微信入口：https：//www. lediaocha. com/pc/s/x3ljz27y

网页入口：https：//www. lediaocha. com/m/s/x3ljz27y？ active = 1&from = singlemessage

后　记

对于一个高校教师来说，能获得国家社科基金项目立项，确实是一个十分令人心动的大事项，2014 年我有幸凭借“国家语言形象”选题进入这一行列。回想起这一选题的萌芽，首先应感谢曾广煜师弟，他当时受重庆师范大学委派到卢旺达基加利孔子学院进行海外汉语教学及文化交流工作，拓荒者的工作是相当艰辛的，于是我们兄弟间也有了很多交流。

2009 年与他的一次聊天使我很受触动：虽然中—卢两国于 1971 年 11 月 12 日就已经建交，并且两国关系一直以来也很融洽，但在该孔子学院初办阶段，当地的学生却只愿选择在晚上来上汉语课。探寻其原因，却很是让人深思，虽然英语、法语、汉语及其他一些语种同为该国的外语，但当地的学习者却在教学和学习时段的选择上做出了差异明显的区别对待，他们一般会选择在白天去上英语、法语课，却选择在晚上去上汉语课（当地学生认为，重要的语言要在白天这样的黄金时段学习，不被看重的语言才会被放在消闲时段或晚上来学习）。受此案例启发，我便萌生了“语言本身是具有形象的”思考，于是 2010 年 5 月 28 日（我当时还在河南省信阳师范学院工作），时逢《国家语委语言文字应用“十二五”科研规划课题指南》征集选题，我当时曾提交了《汉语国际推广背景下国家语言形象提升研究》的建议选题，并填写了 3000 多字的选题论证材料，此选题虽没能入选当年的《指南》，但这也可算是本书稿的一个雏形吧。

后来因工作单位变换，我来到了南宁师范大学（原广西师范学院），2011 年起我便先后以《全球语境下中国国家语言形象提升研究》《基于汉语国际推广的中国国家语言形象研究》《中国国家语言形象塑造研究》《多语竞争中的中国语言形象建构研究》等题目来冲刺国家社科基金项目，功夫不负有心人，经历多次的"修改—补充—完善—提交—期待"，终于在 2014 年有幸获批立项，这进一步坚定了我继续进行本专题研究的信心。

众所周知，随着我国经济实力和综合国力的不断提高，以及"一带一路"倡议的深入推进，中国的发展正不断地激发着沿线国家丰富多样的语言需求，其中持续升温的"汉语热"也表明汉语在世界语言中的重要性日益得以凸显，正逐渐受到世界各国人民的青睐，汉语已经成为当前继英语之后最为活跃的外语语种之一，汉语形象的作用正日益彰显，加强中国语言形象的建设及其相关研究业已成为一个新的重要课题。在本课题立项后，我便组建团队开始进行课题调研等相关研究。但由于单位需要，我兼任了一些行政事务，多有耽搁，又加上"国家语言形象"是一个全新的选题，实际调查和研究的难度要比预期的大得多，费时 5 年多才得以形成此书稿。

从选题萌芽至今书稿写成，俨然已过十载，可谓"十年一剑"，其中虽也凝聚了本人的一些心血，但相较于当初的设计，这"一剑"磨得并不甚满意，抑或也辜负了众多师长亲友的厚望。然则想到十年来的苦苦探索与历练，以及本人对此专题的一些开拓与思考，心里也平添了不少的慰藉。

我的研究生陈德银、邱小琦、陈艳彬、赵莹、陈晓、刘一丹、宁家静、向博等同学参与了相关课题资料的收集及部分任务的前期研究，李晓翠同学帮助进行了调查数据的统计处理，宁家静、吉网芹、温梦嫦、龙巧宇、余爽、王杰、刘璐、宋周曦等同学对书稿部分章节进行了分工校对。

感恩国内外众多师友和同学们，是你们在项目开始阶段帮助推送问卷链接或填写问卷，为本课题的研究奠定了坚实的基础。本书稿为 2014 年度国家社会科学基金项目（批准号 14XYY020，结项证书号 20200891）的结题成果之一，出版时得到了南宁师范大学教育学部

2020年教育学一流学科建设经费的资助。本书的出版还得到了南宁师范大学教育学部李强教授、中国社会科学出版社田文编审的关心和支持，在此一并表示感谢。

杨绪明

2020年12月12日